이 책을 나의 삶에
신학에 대한 지향점을 심어주신
나의 은사 허혁선생님께 바친다.
그리고 그의 은사
요아킴 예레미아스와
루돌프 불트만에게.

도올의
도마복음한글역주 3

도올 김용옥 지음

통나무

Contents

탈고소감 · · · · · · · · · · · · · · · · · · · 17
  기존의 복음서를 새롭게 바라보게 만드는 말씀의 황금광맥

Thomas 26 【제26장】 · · · · · · · · · · · · 27
  네 눈에서 들보를 빼라, 그제야 형제의 눈에서 티를 빼리

Thomas 27 【제27장】 · · · · · · · · · · · · 33
  세상을 금식하라

Thomas 28 【제28장】 · · · · · · · · · · · · 37
  취하여 목마름을 모르는 자들이여

Thomas 29 【제29장】 · · · · · · · · · · · · 44
  어떻게 이토록 위대한 부유함이 이토록 빈곤함 속에 거하느뇨?

Thomas 30 【제30장】 · · · · · · · · · · · · 47
  세 명의 하나님과 한 명의 인간

Thomas 31 【제31장】 · · · · · · · · · · · · 53
  선지자와 고향, 그리고 의사와 의사를 아는 자들

Thomas 32 【제32장】 · · · · · · · · · · · · 60
  높은 산 위에 지어진 동네

Thomas 33 【제33장】 · · · · · · · · · · · · 64
  등불은 등경 위에

Thomas 34 【제34장】 · · · · · · · · · · · · 68
  눈먼 자가 눈먼 자를

Thomas 35 【제35장】· · · · · · · · · · · · · · · · 71
　　지혜로운 도둑질

Thomas 36 【제36장】· · · · · · · · · · · · · · · · 76
　　무엇을 입을까 염려하지 말라

Thomas 37 【제37장】· · · · · · · · · · · · · · · · 80
　　부끄러워 말고 발가벗어라

Thomas 38 【제38장】· · · · · · · · · · · · · · · · 87
　　나를 발견치 못하는 날들도 있으리라

Thomas 39 【제39장】· · · · · · · · · · · · · · · · 93
　　바리새인들과 서기관들이 쥐고 있는 지식의 열쇠

Thomas 40 【제40장】· · · · · · · · · · · · · · · · 97
　　아버지 밖의 포도나무

Thomas 41 【제41장】· · · · · · · · · · · · · · · · 100
　　가진 자가 더 가지게 될 뿐

Thomas 42 【제42장】· · · · · · · · · · · · · · · · 104
　　방랑하는 자

Thomas 43 【제43장】· · · · · · · · · · · · · · · · 110
　　나의 말로 내가 누구인지를 모르느냐?

Thomas 44 【제44장】· · · · · · · · · · · · · · · · 114
　　성령에 대한 모독만은 용서받지 못한다

Thomas 45 【제45장】· · · · · · · · · · · · · · · · 119
　　포도는 가시나무에서 수확되지 않는다

Contents

Thomas 46 【제46장】· · · · · · · · · · · · · · · 122
어린이가 세례요한보다 더 위대하다

Thomas 47 【제47장】· · · · · · · · · · · · · · · 125
옛것과 새것은 양립하지 않는다

Thomas 48 【제48장】· · · · · · · · · · · · · · · 131
산도 움직이리라

Thomas 49 【제49장】· · · · · · · · · · · · · · · 136
너희는 나라에서 왔고 나라로 돌아간다

Thomas 50 【제50장】· · · · · · · · · · · · · · · 138
빛의 증표는 동(動)과 정(靜)

Thomas 51 【제51장】· · · · · · · · · · · · · · · 142
새 세상은 이미 와있다

Thomas 52 【제52장】· · · · · · · · · · · · · · · 146
이스라엘의 스물넷 예언자는 죽은 자들이다

Thomas 53 【제53장】· · · · · · · · · · · · · · · 150
영 속에서의 진정한 할례

Thomas 54 【제54장】· · · · · · · · · · · · · · · 152
가난한 자는 버린 자

Thomas 55 【제55장】· · · · · · · · · · · · · · · 156
부모·형제·자매를 버려라

Thomas 56 【제56장】 · · · · · · · · · · · · · · · 158
　　세상은 시체와도 같다

Thomas 57 【제57장】 · · · · · · · · · · · · · · · 160
　　좋은 씨와 가라지의 공존

Thomas 58 【제58장】 · · · · · · · · · · · · · · · 164
　　고통 끝에 생명, 고진감래(苦盡甘來)

Thomas 59 【제59장】 · · · · · · · · · · · · · · · 167
　　너희가 죽은 후에는 나를 보지 못한다

Thomas 60 【제60장】 · · · · · · · · · · · · · · · 170
　　사마리아 사람이 겁어진 양

Thomas 61 【제61장】 · · · · · · · · · · · · · · · 172
　　침대에서 하나는 죽고 하나는 살 것이다

Thomas 62 【제62장】 · · · · · · · · · · · · · · · 178
　　너의 왼손이 너의 오른손이 하고 있는 것을 알지 못하게 하라

Thomas 63 【제63장】 · · · · · · · · · · · · · · · 180
　　세속적 부의 축적의 허망함

Thomas 64 【제64장】 · · · · · · · · · · · · · · · 184
　　잔치에 초대된 자들

Thomas 65 【제65장】 · · · · · · · · · · · · · · · 192
　　포도원 주인 아들을 때려죽인 사악한 소작농부들

Thomas 66 【제66장】 · · · · · · · · · · · · · · · 204
　　모퉁이의 머릿돌

Gospel of Thomas

Contents

Thomas 67 【제67장】 · · · · · · · · · 207
　다 알아도 자기를 모르면

Thomas 68 【제68장】 · · · · · · · · · 208
　박해받는 너희는 복이 있도다

Thomas 69 【제69장】 · · · · · · · · · 210
　가슴속의 박해, 나눔을 위하여 배고픈 자

Thomas 70 【제70장】 · · · · · · · · · 214
　너희가 가지고 있는 그것이 너희를 구원하리라

Thomas 71 【제71장】 · · · · · · · · · 216
　내가 이 집을 헐겠노라

Thomas 72 【제72장】 · · · · · · · · · 218
　내가 분할자란 말이냐?

Thomas 73 【제73장】 · · · · · · · · · 221
　추수할 것은 엄청 많은데 일손이 모자란다

Thomas 74 【제74장】 · · · · · · · · · 225
　우물 속에는 아무도 들어가려 하지 않는다

Thomas 75 【제75장】 · · · · · · · · · 229
　단독자만이 혼방(婚房)에 들어갈 수 있노라

Thomas 76 【제76장】 · · · · · · · · · 230
　단 하나의 진주에 투자하라

Thomas 77 【제77장】 · · · · · · · · · · · · · 237
　　나는 빛이다, 나는 모든 것이다

Thomas 78 【제78장】 · · · · · · · · · · · · · 241
　　황량한 사막에서 화려한 옷을 입은 왕을 보려느냐?

Thomas 79 【제79장】 · · · · · · · · · · · · · 246
　　예수여! 그대를 낳은 자궁과 그대를 먹인 유방에 감사하라!

Thomas 80 【제80장】 · · · · · · · · · · · · · 253
　　세상이 육체임을 안 자에게는 세상이 합당치 아니 하다

Thomas 81 【제81장】 · · · · · · · · · · · · · 254
　　풍요로운 자여, 다스려라!

Thomas 82 【제82장】 · · · · · · · · · · · · · 256
　　나는 불이다

Thomas 83 【제83장】 · · · · · · · · · · · · · 260
　　모습은 빛 속에 숨는다

Thomas 84 【제84장】 · · · · · · · · · · · · · 262
　　닮은 꼴만 보고 기뻐하지 말라

Thomas 85 【제85장】 · · · · · · · · · · · · · 264
　　너희가 아담보다 더 위대하다

Thomas 86 【제86장】 · · · · · · · · · · · · · 266
　　여우도 굴이 있는데 인간의 자식인 나는 머리 누일 곳도 없다

Thomas 87 【제87장】 · · · · · · · · · · · · · 270
　　한 몸에 매달리는 그 몸은 비참하다

Contents

Thomas 88 【제88장】 · · · · · · · · · · · · · 272
천사나 예언자보다 더 심오한 너희여, 자문해보라

Thomas 89 【제89장】 · · · · · · · · · · · · · 274
어찌하여 너희는 잔의 겉만을 씻으려 하느뇨?

Thomas 90 【제90장】 · · · · · · · · · · · · · 280
나의 멍에는 쉽고 나의 다스림은 부드럽다

Thomas 91 【제91장】 · · · · · · · · · · · · · 284
너희는 하늘과 땅의 표정을 읽을 줄 알면서 너희 앞에 서있는 나를 모르느냐?

Thomas 92 【제92장】 · · · · · · · · · · · · · 289
왜 찾고있지 않느냐?

Thomas 93 【제93장】 · · · · · · · · · · · · · 292
거룩한 것을 개에게 주지말라

Thomas 94 【제94장】 · · · · · · · · · · · · · 295
두드리는 자에게 열린다

Thomas 95 【제95장】 · · · · · · · · · · · · · 296
돈을 꿔주려면 아예 받을 생각마라

Thomas 96 【제96장】 · · · · · · · · · · · · · 298
아버지의 나라는 빵 속에 효모를 숨기는 여인과도 같다

Thomas 97 【제97장】 · · · · · · · · · · · · · 302
아버지의 나라는 부지불식간에 밀가루를 흩날리며 걸어가는 한 여인과도 같다

Thomas 98 【제98장】· · · · · · · · · · · · · · 307
　　아버지의 나라는 엄청난 강자를 살해하는 사람과도 같다

Thomas 99 【제99장】· · · · · · · · · · · · · · 308
　　아버지의 뜻을 실천하는 자들이야말로 나의 형제요 나의 엄마다

Thomas 100 【제100장】· · · · · · · · · · · · 313
　　하나님의 것은 하나님에게, 나의 것은 나에게

Thomas 101 【제101장】· · · · · · · · · · · · 326
　　하나님 엄마가 나에게 생명을 주셨다

Thomas 102 【제102장】· · · · · · · · · · · · 328
　　여물통에서 잠자는 개가 되지마라

Thomas 103 【제103장】· · · · · · · · · · · · 331
　　도둑놈이 언제 들어올지를 아는 자는 복이 있도다

Thomas 104 【제104장】· · · · · · · · · · · · 333
　　신랑이 혼방을 떠난다면 그제서야 금식하고 기도하라

Thomas 105 【제105장】· · · · · · · · · · · · 339
　　세속적 엄마와 아버지만 아는 너는 창녀의 자식이다

Thomas 106 【제106장】· · · · · · · · · · · · 343
　　너희가 둘을 하나로 만들면 산도 움직일 수 있다

Thomas 107 【제107장】· · · · · · · · · · · · 344
　　가장 큰 양 한 마리

Thomas 108 【제108장】· · · · · · · · · · · · 348
　　예수 나 자신 또한 너희처럼 되리라

Gospel of Thomas

Contents

Thomas 109 【제109장】 · · · · · · · · · 350
나라는 보물이 숨겨져 있는것도 모르고 밭을 가는 농부와도 같다

Thomas 110 【제110장】 · · · · · · · · · 358
세상을 발견하여 부자가 된 자는 세상을 부정하라

Thomas 111 【제111장】 · · · · · · · · · 360
하늘과 땅이 두루말릴지라도 살아있는 너희는 죽음을 보지 아니 하리라

Thomas 112 【제112장】 · · · · · · · · · 364
부끄러울지어다! 영혼에 매달린 육체여!

Thomas 113 【제113장】 · · · · · · · · · 368
아버지의 나라는 지금 여기 이 땅에 깔려있다

Thomas 114 【제114장】 · · · · · · · · · 372
남성과 여성을 초월하여 살아있는 정기가 되어라

토마스에 의한 복음 【제 목】 · · · · · · · · · 374
The Gospel According to Thomas

로기온 주제 상관 도표 · · · · · · · · · 378

콥트어 도마복음 · · · · · · · · · 390

우리말 도마복음 · · · · · · · · · 412

찾아보기 · · · · · · · · · 430

AD 30년,	예수 죽음.
AD 50년경,	도마복음 성립.
AD 70년경,	마가복음 성립.
AD 100년경,	요한복음 성립.
AD 367년,	아타나시우스 27서 정경체제 발표. 외경소장 금지.
그즈음,	파코미우스 수도원 도서관에 있던 도마복음서를, 의식있는 수도승들이 항아리에 담아 밀봉, 소중하게 게벨 알 타리프에 매장.
1945년 12월,	엘 카스르의 무함마드 알리와 그의 친구들이 사바크를 캐다가 발견.
1947년 9월,	불란서 성서고고학자 쟝 도레쓰(Jean Doresse), 카이로 도착, 문서 발견사실을 처음 알게되어 세상에 알림(1948년 2월 23일자 『르몽드』지).
1966년,	미국신학자 제임스 로빈슨(James M. Robinson) 발견현장 방문.
1975년 가을,	제임스 로빈슨 이 지역 탐색.
1977년,	제임스 로빈슨 주편하에 나그함마디 라이브러리 전체 영역, 출판.
1983년 겨울,	도올 김용옥, 『세계의 문학』 30호에 나그함마디 문서 발표.
2007년 4월 21일,	도올 김용옥, 나그함마디 게벨 알 타리프 탐방.
2010년 4월,	도올 김용옥, 『도마복음한글역주』 전3권 출간.

젖과 꿀이 흐르는 약속의 땅 가나안으로 가기 위하여 모세가 이스라엘 민족을 이끌고 헤맨 시내광야를 걷다.

탈고소감
脫稿所感

기존의 복음서를 새롭게 바라보게 만드는
말씀의 황금광맥

영혼의 사투라고 해야 할 것이다. 한 줄기의 빛도 아니 보이는 기나긴 암흑의 터널을 죽도록 달렸다. 여기 도마복음이 말하는 살아있는 예수의 말씀은 결코 종말론적인 것들이 아니지만 이것을 기술하는 나의 심정, 그 심정을 전하는 붓끝 한 순간 한 순간의 움직임이 모두 종말론적이었다. 우리의 생애의 모든 순간이 종말론적이라는 불트만의 명제를 털끝으로 느끼며 붓을 움직여야만 했던 것이다.

나는 "동방고전한글역주대전"이라는 방대한 한문고전의 주석작업에 매달려있다. 치열한 그 시간표 속에서 희랍어·콥트어·독일어·영어의 방대한 문헌의 세계를 따로 더듬어야 하는 도마역주작업은 나에게는 감내하기 어려운 하중이었다. 그리고 불행하게도 나는 지난 연말에 탈장수술을 해야만 했었다. 그리고 또 극심한 치통을 겪어야만 했다. 내 생애에서 거의 최악의 건강상태에서 약 두 달 반 동안 1,500매의 원고를 긁어대는 이 붓의 질주는 지구 종말의 벼랑끝에 서있는 어느 광인의 난무(亂舞)와도 같았다. 지금 쓰지 않고 이 붓길을 포기하고 만다면 나의 생애에서 영원히 되돌아올 수 없는 삶의 자리가 되리라는 예감은 너무도 역력했다. 미완의 원고를 세업(世業)으로 쌓아 온 나의 죄목에 하나의 미완고가 더 붙게 되면, 스틱스 강의 뱃사공 카론에게 아무리 두둑한 금화를 건네주어도 나를 실어줄 것 같지 않았다.

물론 그런 불명예가 집필의 동기는 아니다. 중단하기에는 너무도 찬란한 진주들이 도마의 밭 속에서 영롱한 빛을 발하고 있었던 것이다. 그 빛은 외면할 수 없는 우리 양심의 호소였다. 정밀한 카운트방식이 다시 필요하겠지만, 도마복음서 114개의 파편 중에서 47개가 마가복음에 병행하며, 40개가 큐복음서에 병행하며, 17개가 마태복음에, 4개가 누가복음에, 5개가 요한복음에 병행하는 것으로 카운트되고 있다(Funk & The Jesus Seminar, *The Five Gospels* 15). 그러나 실상 114개 어느 하나도 기존의 복음서와 관련 아니 되는 것은 없다. 더구나 큐복음서의 핵심이 다 포섭되어 있다. 그러니까 도마복음의 주석은 단순히 도마라는 새로운 자료의 주석이 아니다. 기존의 복음서를 새롭게 바라보게 만드는 지식의 풍요로운 황금광맥의 집결체가 바로 도마복음인 것이다.

이 도마의 로기온자료가 기존의 정경 4복음서(대략 AD 70년부터 AD 100년 사이에 집필됨)보다 앞선 자료라는 것은 너무도 명백하다. 그 형식과 내용에 있어서 그 크로놀로지는 전도될 길이 없다. 사계의 거장들이 이 도마는 AD 50년 전후에 성립한 것으로 추정하고 있다(Helmut Koester, Stephen Patterson, Stevan Davies, John Dominic Crossan, and the Fellows of the Jesus Seminar). 그러나 서구신학계에서는 아직 이 도마를 본격적으로 활용하여 기존의 복음서를 분석하는 일을 감행하지 않는다. 왜냐? 도마라는 새로운 잣대를 들이대면 기존의 수치가 모두 달라져서 거대한 혼란이 야기되기 때문이다. 실상 도마는 아직도 이집트 나일강 상류 절벽 항아리 속에서 잠자고 있다.

나는 성북동 한양성곽에 맞대어 자리잡고 있던 보성학교를 다녔다. 그런데 고등학교 1학년 때인가, 키가 삐쭉 크고 희멀건한 얼굴에 흐릿한 눈동자의 미소를 머금은 특이한 모습을 하신 분이 독일어 선생님으로 부임하셨다. 독일에서 박사학위까지 받은 분이라는 것이다. 그때 보성학교는 서원출 교장이라는 걸출한 교육자가 기틀을 잡아놓았기 때문에 훌륭한 교사들이 많았다. 이 독일어 선생님이 바로 불트만과 예레미야스의 제자인 허혁 선생님이었다. 20세기 대한민국에서 허혁처럼 독일신학을 치열하게 흡수한 사람은 없다. 그와 동급의 큰 인물로서 우리가 안병무 선생을 꼽을 수 있을 것이다. 안병무 선생은 독창적 사유가 풍요롭고, 학문하는 스타일이 한국의 억압받는 민중의 현실에 촛점이 놓여 있었기 때문에 매우 포섭적이었다. 그러나 허혁 선생은 독일신학의 본류에 정통하고자 하는 치열한 열망에 사로잡혀 있었다. 독일신학계의 학문 수준을 우리가 따라잡을 수 없다면 그 학문의 실상을 정확히 흡수하는 것이야말로 우리 신학자들의 일차적 소임이라 생각하였던 것이다. 그는 독일신학의 대표적 저작들을 고증학적으로 접근하였다. 내 인생에 "번역의 중요성"을 일깨워주신 분도 바로 허혁 선생님이었다. "번역"에 기초하지 않는 편린적 날림발언은 모두 "개구라"에 불과하다고 일갈하셨던 것이다. 그런데 이러한 신학의 석학이 일개 고등학교 독일어선생님으로 부임한 데는 여러 가지 사연이 있다. 사적인 이야기는 여기서 회피하겠으나, 허혁의 학문은 당대 한국의 신학계에 받아들여질 수가 없었다. 그의 모든 것이 이단처럼 보였던 것이다. 아니 그것은 그의 개인에 대한 비판이라기보다는 고등한 비쎈샤프트(Wissenschaft)의 선진적 방법론이 신앙에 적용되는 것을 한국의 교계는 두려워했던 것이다. 허혁 선생께서 매달린 불트만만 해도 실상인즉슨, 매우 보수적인 신앙을 옹호하는 사람인데, 아직까지도 한국 교계와 신학계에서 그는 마치 이단처럼 취급되고 있다. 허혁은 신학대학의 교수로서 발붙일 자리가 없었다. 배가 고팠기 때문에 결국 보성학교에서 주는 교직이라도 감사히 수용할 수밖에 없었다. 거기서 허혁과 도올의 인연이 싹트리라고 누가 생각했겠는가?

나는 고등학교 2학년 때 허혁 선생이 독일어 수업을 하러 들어오셨는데 불쑥 다음과 같이 질문했다.

"선생님은 그래 겨우 고작 우리 독일어 가르쳐 주려고 그 어려운 독일유학을 하셨습니까?"

나도 참 어처구니없이 당돌한 학생이었다. 이런 나의 질문에 허혁 선생께서 무어라 답했겠는가? 허혁 선생은 그냥 미소만 짓고 말았다. 교외별전(教外別傳)의 염화미소(拈華微笑)라고나 할까?

그 뒤로 나는 신학대학을 가려고 했다. 부모님의 완강한 반대에 부딪혔다. 그래서 내가 생각해낸 사람이 허혁 선생님이었다. 그때 허혁 선생님은 신학대학으로 자리를 옮기신 후였다. 그로부터 나와 허혁 선생 사이에 약 6개월 동안 많은 편지가 오갔다. 나의 편지는 아마도 이런 내용이었을 것이다: "나는 신학대학에 가서 정말 위대한 신학자가 되려고 하는데 우리 부모는 내가 돌팔이 목사가 되고 말 것을 걱정하시오니, 우리 부모를 좀 설득시켜 주시옵소서." 나의 편지로 인하여 허혁 선생은 나의 장형 김용준을 알게 되었고 그 두 사람은 매우 절친한 친구가 되었다. 허혁은 실제로 나의 신학대학행(行)에 많은 도움을 주었다. 내가 서울에 올라가서 그를 만나뵈었을 때 그 분이 나에게 하신 말씀이 생각난다.

"용옥아! 학자가 된다는 건 말이지, 정말 수도승이 될 각오가 없으면 안돼. 정말 하루하루 딴 생각 말고 지독하게 책 보고 글 쓰고 해야 한단다."

허혁은 정말 "지독하게" 공부하는 사람이었다. 그가 번역한 독일신학의 대저들은 지금 어느 누구도 번역의 엄두를 못내는, 희랍어가 빽빽하게 들어가 있는 치열한 저작물들이다. 당대 그 많은 헤비급 신학서들이 허혁 선생에 의하여 번역되었다는 것은 참으로 놀라운 사건이었다.

나는 수유리 한국신학대학에 있을 때 이미 도마를 접했다. 접했다고 해야 이름만 접한 것이다. 그리고 먼 훗날 하바드 디비니티 스쿨에서 청강할 때, 헌 책방에서 『더 래핑 세이비어 *The Laughing Savior*』(웃는 구세주)라는 책을 한 권 사두었던 것이다. 그때만 해도 도마복음에 관한 책들이 희귀했다. 이 책은 존 다트(John

Dart)라는 로스앤젤레스 타임스 신문사의 종교기자가 나그함마디문서의 발견 경위와 그 의의를 서술한 책이다. 매우 드라마틱한 르포인데 모든 이야기가 아주 흥미진진하게 서술되어 있다.

그리고 나는 한국에 돌아와 『절차탁마대기만성』이라는 책을 집필하면서 나그함마디문서를 본격적으로 소개했다. 1983년 겨울의 일이었다. 그 후 내가 중앙일보사의 후원으로 나그함마디 지역을 세밀히 탐사하고 팔레스타인·레바논·시리아·터키·요르단 지역을 모두 두발로 다니면서 관계된 자료를 수집하고 그 결과를 일요판 신문인 『중앙선데이』에 연재한 그간의 사정은 주지하는 바와 같다. 도마에 얽힌 나의 사연은 십대로부터 육십대에 걸치는 기나긴 생의 여로이다.

『장자』에 보면 인간이 천지간에 태어나서 유한한 몸뚱아리를 기탁하는 시간은 천리마가 문풍지 사이로 휙 달려 지나가버리는 홀연한 순간과도 같다는 기막힌 표현이 있다(託於无窮之間, 忽然无異騏驥之馳過隙也). 기독교가 2천 년 동안 인간세에 화려한 족적을 남겼다고 하지만 그 역사는 어쩌면 문풍지 틈 사이로 지나가버리는 천리마의 모습과도 같을지 모른다. 무궁한 천지의 시간에서 본다면 찰나의 영화요, 순간의 기쁜 소식이다. 예수의 천국운동도, 바울의 부활케리그마도, 황제숭배교화 되어버린 가톨릭의 성세도, 루터·츠빙글리·칼빈의 종교개혁도, 정약용의 매부인 베드로 이승훈 이래의 한국가톨릭의 역사나, 언더우드·아펜젤러의 선교사업으로 시작된 한국개신교의 역사가 모두 문풍지 사이를 스쳐가는 천리마와 같다는 생각이 든다. 이 순간의 허상과 허세에 그다지도 확고한 영원성의 그림자를 드리우는 동포들의 문제의식 속에는 안타깝게도 진리에 대한 역사성의 성찰이 부재한 것이다. 모세오경을 초라하게 만드는 피라미드의 위용도 지금은 저열한 관광상품이 되어있을 뿐이라는 인간세의 성쇠를 그들은 받아들이기를 거부한다.

한국의 기독교가 지금 저 피라미드보다도 더 높은 반석 위에 우뚝 솟아있는 것처럼 보일지라도, 인류의 20세기에서 가장 화려한 선교의 역사를 과시할지라도, 그 절정의 위세는 조선역사의 기나긴 역정에, 보이지는 않지만 그 필연적 진로를 가능케 한 힘이 숨겨져 있다. 기독교인들은 그 모든 것이 하나님의 놀라운 역사(役事, 에네르게오)라고 말하겠지만 그것은 하나님의 역사가 아니라 사람의 역사다. 사람의 역사야말로 하나님의 역사인 것이다. 그런데 하나님의 역사는 인간의 사역이 항상 절정에 이르면 벌하시게 되어있다. 한국의 기독교는 많은 측면에서 조선민중에게 긍정적인 역사를 과시해왔음에도 불구하고 현재 인류사의 모든 종교형태의 죄악이 집결된 최악의 모습을 과시하고 있다. 광신, 독선, 배타, 강압적 전도, 권력과의 결탁, 세속적 부의 축적, 관용의 부재, 성직의 세습, 오만, 약자에 대한 저주, 빨갱이 타도 선동, 분열조장, 우상타파, 광열적 선교로 인한 타 문명의 파괴 등등 인류가 종교를 통해 저지를 수 있는 모든 죄업과 만행을 다 포용하고 있다. 사찰에 휘발유를 끼얹거나 단군상을 불태우는 것쯤은 다반사이며, 도올의 고등한 학문적 표현인 요한복음 강해가 EBS에서 탈락되게 만들고, 도마복음 주석이 중앙SUNDAY 연재에서 중단되도록 압력을 넣는 일쯤은 식은죽 먹기보다 쉬운 일이다. 나는 길거리를 다니면 누구보다도 불특정의 대중으로부터 인사를 많이 받는 사람이다. 그런데 일요일 동네의 교회에서 우루루 쏟아져 나오는 인파가 나를 스치게 되면, 몇 년을 수군거리면서도 단 한 명도 나와 눈을 마주치거나 인사하는 사람이 없다. 내가 사는 집 근처에도 무슨 대학선교단체가 있는데 성경을 끼고 우리집 앞을 지나다니는 젊은이들이 나에게 부드럽게 인사 한번 하는 것을 보지 못했다. 내가 인사를 건넬 눈길조차 주질 않는다. 도대체 이게 뭔 일일까? 나도 한때 신학대학을 다닌 사람이요, 목사 후보가 되었던 사람이요, 가산을 탕진해서 다 교회에 바친 집안의 자식이다. 그리고 그들이 신주처럼 모시는 성경에 관하여 이 세상 어느 누구보다도 지식이 많은 사람 중의 한 사람이다. 도대체 내가 언제 이토록 회피와 기피의 대상이 되는 "왕마귀"가 되었는가?

한국의 기독교인들이 나를 아무리 질타의 눈으로 바라본다 할지라도, 나는 니체처럼 불행해질 일은 없다. 기독교가 아무리 광란의 춤을 추어본들 그것은 본격적으로는 100여 년의 역사밖에 지니지 못하는 이방문화일 뿐이다. 그러나 내가 기독교라는 문제를 내 생애에서 방관하기만 할 수 없는 중요한 이유는 그것이 이미 "우리화"되어있기 때문이다. 기독교는 이미 이방종교가 아니라 자방종교가 되었다. 그것은 팔레스타인의 부활사건이 아니라 조선금수강산의 부활사건이 되어버린 것이다. 그래서 기독교는 우리의 내재적 문제로서 취급될 수밖에 없는 것이다.

내 인생에서, 나를 열렬한 기독교신앙인으로부터 동방의 초탈한 예지의 추구자로서 변모시킨 결정적 계기를 제공한 서물이 20대 초반에 접한 『노자도덕경老子道德經』이라는 책이다. 노자의 충격은 진실로 컸다. 그런데 이것과 똑같은, 아니 그 강도가 더 강렬하면 강렬했지 결코 못하지 않은 충격을 나는 도마로부터 받았다. 내가 신학대학을 떠나면서 풀지 못한 숙제들, 그 산적한 인생의 과제들이 이 도마를 계기로 풀려나가기 시작했다. 니체는 발악을 해야 했지만, 나는 그럴 필요가 없었다. 도마는 기독교의 심장 속에 들어있다. 그리고 도마는 기독교를 그 심장부로부터 서서히 해체시킨다. 바울은 예수를 십자가에 못박았지만 도마는 기독교를 십자가에 못박는다. 문풍지 사이로 지나가는 그 양천 년의 기독교, 그 전체를 십자가에서 피흘리게 만든다. 기독교야말로 이제 부활하지 않으면 안된다. 기독교가 부활하기 위해서는 아이러니칼하게도 바울의 부활과 재림의 케리그마를 포기하지 않으면 아니 된다. 초자연적 모든 사태를 내면화하지 않으면 아니 된다. 그러한 대부정이 없이는 대긍정은 일어나지 않는다. 물론 많은 자들이 나보고 미친놈이라고 깔깔대고 웃을 것이다. 그러나 머지않은 훗날 그들이 외칠 것이다: "당신이야말로 선지자였소!"

많은 대한민국의 기독교인들이 나를 적대세력으로 간주할지는 모르겠으나 대부분의 뜻있는 신학자들이 나의 편에 서있다. 그들은 나의 작업이 "불편한 진실"

이지만 한국기독교의 명운(命運)을 위하여 결정적으로 필요한 사업이라고 입을 모은다. 집필과정에서 두 번씩이나 서대문 감리교신학대학 대강당에서 성대한 신학토론회를 열어주신 이정배 교수에게 특별한 감사를 드린다. 그리고 이정배 교수 주변에 있는 많은 신학자들의 격려에 감사를 표한다. 그리고 내가 "한국기독교의 루터와 칼뱅"역할을 톡톡히 해내리라고 믿으시면서 항상 정신적인 후원을 아끼지 않으시는 김경재 교수님, 그리고 나의 독창적인 사유를 마음놓고 더 자신있게 내어 놓으라고 권유하시는 유동식 선생님, 그리고 감리교신학대학 대강당을 메웠던 많은 진지한 신학대학 학생들에게 감사를 드린다.

나의 이 한 권의 주석서가 오로지 나의 작품으로서 기억되기보다는, 이 시대의 세계지성들의 연구성과라는 것과 그리고 이 연구성과야말로 "한국의 기독교"를 만들어가는 미래 조선신학도들의 자산이라는 사실이 기억되어야 할 것이다. 도마복음의 내용을 누구나 이해하기 쉽도록 이토록 명료하게, 모든 가능한 출전을 밝혀가면서 해설한 사례는 현재 세계학계에서 찾아보기 어렵다.

예수는 젊다. 예수는 끊임없이 방랑한다. 이 지구상의 모든 "살아있는" 사람들에게 "살아있는 예수 The Living Jesus"의 평화와 사랑과 건강의 복음을 전한다.

2010년 2월 21일
일요일 오전 11시 53분
낙송암에서 탈고

2007년 5월 11일 감신대 신학대토론회의 열린 현장. 한국조직신학회 주최로 열린 이 토론회의 주제는 "한국교회와 성서"였다. 참석자는 도올 김용옥 이외로 김광식(전 연세대, 전 협성대 총장), 김경재(한신대 명예교수), 김준우(감신대 교수), 김은규(성공회대 교수), 이정배(사회자, 감신대 교수), 유동식(연세대 명예교수). 제2차 신학대토론회는 같은 장소인 감리교신학대학교 100주년 기념관 중강당에서 2008년 5월 27일에 열렸다. 감리교신학대학교 기독교통합연구소와 한국신학대학교 학술원 신학연구소가 공동주최했는데 토론주제는 "큐복음서와 한국교회"였다. 참석자는 도올 이외로 이정배(감신대 교수), 김명수(경성대 교수), 유태엽(감신대 교수), 채수일(한신대 총장). 두 번 토론회가 모두 3시간씩 진행되었는데 천여 명의 관중이 좌석을 뜨지 않고 토론에 집중하였다. 누구든지 참석할 수 있는 공개된 자리였다는 의미에서 모두가 한국교계 지성인들의 높은 수준을 과시하였다고 평가했다.

도마복음 파피루스 코우덱스 원본사진.
이집트 카이로 콥틱박물관 소장품.

네 눈에서 들보를 빼라, 그제야 형제의 눈에서 티를 빼리

제26장

¹예수께서 가라사대, "너는 네 형제의 눈 속에 있는 티는 보는도다. 그러나 너는 네 자신의 눈 속에 있는 들보는 보지 못하는도다. ²네 자신의 눈으로부터 들보를 빼낼 때에야 비로소 너는 밝히 보리니, 그제야 너의 형제의 눈으로부터 티를 빼줄 수 있으리라."

¹Jesus said, "You(sg.) see the speck that is in your brother's eye, but you do not see the beam that is in your own eye. ²When you take the beam out of your own eye, then you will see clearly to take the speck out of your brother's eye."

沃案 큐복음서에 나오는 예수 말씀의 핵심자료에 속하는 파편을 도마복음서에서 발견하는 것은 항상 경이롭고 즐거운 일이다. 그리고 이러한 자료의 대조를 통하여 초기예수운동으로부터 초기기독교가 어떻게 형성되어갔는지를 명료하게 더듬어볼 수 있다. 우리가 마 7:3~5, 눅 6:41~42에 나오는 복음서 자료에서 받는 인상은 예수의 말씀이 마치 인류보편을 향해 외치는, 구체적 맥락이 없는 메시지처럼 느껴져왔다는 것이다. 그래서 더 강렬한 보편적 진리인 것처럼 해석되어왔겠지만, 당대 팔레스타인의 한 청년 예수의 말이 역사적 맥락을 결여한 그러한 보편

적 메시지라고 상정하는 것은 사실 허무맹랑한 것이다. 역사적 예수는 역사적 인간이며, 역사적 인간은 그 인간이 실존한 환경의 제약 속에서 언어를 구성한다. 역사적 예수는 철저히 역사 속에 있을 수밖에 없다. 과연 예수의 "세계인식"이 어느 정도에 머무르고 있었는지, 과연 그의 "인류개념"이 어떤 한계를 지니고 있었는지도 항상 생각해봐야 할 문제이다.

여기서 우선 "너"는 콥트어로 단수형을 취하고 있으며, 따라서 구체적인 실존을 가리키고 있다. 그 "너"는 예수 곁에서 생활한 개체일 수밖에 없다. 그 "너"는 예수운동에 참여한 도반들(followers)이다. 제25장에서 "이웃"이라는 개념이 "형제"라는 개념으로 그 외연이 축소되어 있는 사실이 지적되었듯이, 여기서도 "너-형제"의 관계는 일관되게 지속되고 있다. 다시 말해서 큐의 기록자는 도마류의 원자료의 개념을 그대로 계승하였다. 그러니까 "너-형제"라는 관계설정은 이 로기온이 예수운동의 참여자들 사이에서 일어난 문제에 대한 예수의 훈계라는 것을 알 수 있다. 그리고 이 로기온은 개인의 실존적 문제이기보다는 예수운동의 참여자들의 그룹 아이덴티티(corporate identity)에 관한 문제라는 것을 알 수 있다. 우선 큐자료를 보자!

> (마 7:3~5) ³어찌하여 형제의 눈 속에 있는 티는 보고 네 눈 속에 있는 들보는 깨닫지 못하느냐? ⁴보라! 네 눈 속에 들보가 있는데 어찌하여 형제에게 말하기를 나로 네 눈 속에 있는 티를 빼게 하라 하겠느냐? ⁵외식하는 자여! 먼저 네 눈 속에서 들보를 빼어라. 그 후에야 밝히 보고, 형제의 눈 속에서 티를 빼리라.

> (눅 6:41~42) ⁴¹어찌하여 형제의 눈 속에 있는 티는 보고 네 눈 속에 있는 들보는 깨닫지 못하느냐? ⁴²너는 네 눈 속에 있는 들보를 보지 못하면서 어찌하여 형제에게 말하기를, "형제여 나로 네 눈 속에 있는 티를 빼게 하라"할 수 있느냐? 외식하는 자여! 먼저 네 눈 속에서 들보를 빼라! 그 후에야 네가 밝히 보고, 형제의 눈 속에 있는 티를 빼리라.

우선 마태자료와 누가자료를 검토해볼 때 도마자료가 과연 양 자료 중 어떤 자료에 더 가깝게 가는지를 판단하기는 힘들다. 아라이(荒井 獻)는 여기 도마자료가 마태자료와 더 친근성이 있다고 말하지만(164) 구체적인 근거를 제시하지 않는다. 그러나 마태자료와 누가자료 중에서 도마자료와 중복되지 않는 부분이 있다. 마 7:4와 눅 6:42a가 그것이다. 즉 자기 눈의 들보는 보지 못하면서 남의 눈의 티를 빼어주겠다는 호의를 베풀려 하는 행위에 관한 것이다. 이러한 행위에 관한 언급은 사실 문맥상으로 볼 때 매우 리던던트(redundant: 불필요하게 중복됨)한 것이다. 문맥을 잘 더듬어보면 이 리던던트한 부분을 큐자료에서 도마가 빼내버리고 기술하였다고 보기는 어렵다. 오히려 도마자료에다가 큐의 기록자가 이 부분을 강조점을 두기 위하여 첨가한 것으로 볼 수밖에 없다. 그렇다면 도마자료가 큐자료보다 더 앞선다는 것을 알 수가 있다.

모든 종교운동가들에게 가장 문제가 되는 것은 남을 구원해주겠다는 열의에 불탄 인간들의 오류에 관한 것이다. 기독교가 매우 열렬한 전도주의나 구세주의를 가지고 있는 것처럼 오해되고 있지만 예수운동은 오히려 이러한 과도한 전도주의나 구세주의를 거부하고 있었던 운동이었다는 그 실상이 여기 드러나고 있는 것이다. 눈에는 티가 있게 마련이다. 사실 눈에 티가 있어도 시력에는 큰 장애가 없다. 그러나 공연히 남의 눈의 티가 보인다고 그 티를 제거한답시고 달려들었다가는, 그 눈에 말뚝을 박아 영원히 시력을 상실케 하는, 하고 많은 사례를 우리는 목격할 수 있다.

길에 지나가는 잘 생긴 여인을 붙잡고 코를 높혀주는 수술을 해주겠다고 꼬여 결국 그 여인의 천연의 미모를 망쳐놓는 성형외과 뚜쟁이의 오류와 동일한 오류를 대부분의 종교운동가들이 범하는 것이다. 예수는 예수운동의 도반들에게 타인의 구원이 아닌 자기의 반성을 강렬하게 요구하고 있는 것이다. 타인의 눈의 티를 발견하려고 애쓰지 말고, 자신의 눈의 대들보를 없애려고 노력해야 할 것이다.

공자의 로기온자료에도 다음과 같은 말씀이 『중용』에 적혀있다.

> 활쏘기는 군자의 덕성에 비유될 만하다. 활을 쏘아 정곡에서 빗나갔으면, 항상 그 오류를 되돌이켜 자기 몸에서 찾는다.
>
> 射, 有似乎君子。失諸正鵠, 反求諸其身。『중용』14.

그리고 또 말한다.

> 군자는 항상 자기 내면을 살펴보아 티가 없어야, 그 마음에서 발출하는 뜻에 부끄러움이 없다. 범인들이 군자에 도저히 미치지 못하는 점은 바로 사람들이 쳐다보지 않는 홀로만의 내면의 덕성에 있다.
>
> 君子內省不疚, 無惡於志。君子之所不可及者, 其唯人之所不見乎! 『중용』33.

『논어』에도 관련된 언급이 전자의 경우 「팔일」7·16에 있고, 후자의 경우 「안연」4에 있다.

예수의 말은 공자의 "반구저기신反求諸其身"이나 "내성불구內省不疚"라는 말과 상통한다. 그리고 『중용』은 "내성불구"를 결국 "신독愼獨"(홀로 있을 때 삼감)과 연결시켰고, 이것은 『대학』에서는 "혈구지도絜矩之道"와 연결되고 있다. "혈구지도"란 한마디로 말하면 "서恕"를 말하는 것이다. 다시 말해서 지 눈에 들보를 끼고 있는 놈이 내 눈의 티를 빼내주겠다고 덤벼들면 기분이 나쁠 것이다. 따라서 나도 내 눈의 들보를 빼지 않으면서 남의 눈의 티를 빼겠다고 덤벼들면 "서恕"의 원칙에 위배되는 것이다. 또 『논어』「안연」편에는 공자께서 번지에게 하시는 말씀 중에 이런 말이 있다: "자신의 결점을 공격하고 타인의 결점을 공격하지 아니하는 것, 그것이 사특함을 닦아 없애는 것이 아니고 무엇이겠니? 攻其惡, 無攻人

之惡, 非脩慝與?"이와 같이 동·서·고·금의 사상은 하나로 상통한다. 오직 후대의 기독교가 이러한 오리지날한 소박한 지혜를 잘못 해석한 것이다.

그러나 여기서 우리가 주의해야 할 점은 이러한 논점이 남의 눈에서 티를 빼주는 작업을 포기하라는 명령으로 해석될 필요는 없다는 것이다. 그리고 또 나의 눈에서 들보가 완전히 제거된 후에만, 그러한 도덕적 순결성이 확보된 후에만 비로소 남의 눈의 티를 제거할 수 있다는 것을 의미하는 것은 아니라는 것이다. 다시 말해서 "수신-제가-치국-평천하"를 말한다 해서, 수신이 완료되어야만 제가가 시작되고, 제가가 완료되어야만 치국이 시작된다는 것을 의미하는 것이 아니라는 논리와 같은 맥락에서 해석되어야 하는 것이다. 즉 예수운동에 참여한 자들은 서로가 서로에게서 눈의 티를 제거해주는 관심을 보임으로써, 그 예수운동의 그룹 아이덴티티가 진보하는 것이다. 그러한 필요성은 있으되, 항상 전제되어야 할 것은 내 눈 속에 더 큰 티, 즉 대들보 같은 말뚝이 들어있을 수 있다는 자성(自省)의 자세를 견지하지 않는 한 아버지의 나라운동은 이루어질 수 없다는 것이다. 인간세는 어차피 인간관계로서 형성되는 것이다. 관계 속에서 서로에게 구원의 관심을 보이는 것은 정당하지만, 그 대전제는 항상 "자기 눈의 들보"를 볼 줄 아는 "깨달음"이다. 이것을 불타는 "각覺"이라 표현했고, 공자는 "신독愼獨"이라 표현했던 것이다. 심리치료사의 대부분이 자기 심리가 병들어 있다. 타인의 구원을 외치는 자들의 대부분이 진정한 구원의 대상이다. 이렇게 밥맛없는 종교행태가 오늘날 한국 기독교의 주류라고 말할 수 있는 흐름의 위선을 형성하고 있다. 아마도 초기기독교에도 오늘날 우리가 목격하는 그러한 위선이 판을 쳤던 모양이다. 그래서 공관자료는 "이 위선자들아! You hypocrite!"라는 표현을 첨가한 것이다.

『바빌로니안 탈무드』「아라킨Arakin」16b에는 이 장의 내용과 비슷한 말이 기록되어 있다: "이와 같은 가르침이 있었다. 랍비 타르폰(Rabbi Tarfon)이 말하였다: '과연 이 세대 중에서 참으로 충고를 받아들이는 자가 한 사람이라도 있을까?

그에게 누군가 "네 눈으로부터 티를 제거하라"고 말하면, 그는 곧 "네 눈에 있는 들보나 먼저 제거하라"고 반박할 것이다.'"

그리고 제25장과 제26장에 똑같이 "눈"에 관한 비유를 포함하고 있다는 것도 주목할 만한 텍스트의 사실이다. "네 이웃을 네 몸과 같이 사랑하라"고 하는 공관자료의 표현이 도마 25장에서는 "그 사람을 네 눈의 동자처럼 보호하라"로 되어 있고, 그에 연이은 26장에서는 "눈의 티를 빼다"라는 주제로 연결되어 있다는 것이다. 25장은 예수운동 참여자들의 호상적 보호를 말하였고, 26장은 예수운동의 참여자들의 내성을 통한 정신적 고양을 말하고 있다. 둘 다 예수운동 참여자들의 그룹 아이덴티티와 관련된 로기온이다.

이집트 카이로, 콥틱기독교 교황청. 여기에 마가(St. Mark the Apostle)의 몸이 안치되어 있다. 아타나시우스(20대 교황)의 묘도 여기에 있다. 마가는 콥틱기독교의 초대 교황으로 추존되고 있다. 현재 117대 교황은 시누다3세(His Holiness Pope Shenouda Ⅲ).

세상을 금식하라

제27장

¹(예수께서 가라사대,) "너희가 이 세상으로부터 금식하지 않는다면, 너희는 나라를 발견하지 못하리라. ²너희가 안식일을 안식일으로서 지키지 않는다면, 너희는 아버지를 볼 수 없으리라."

¹(Jesus said,) "If you do not fast from the world, you will not find the kingdom. ²If you do not observe the Sabbath as a Sabbath, you will not see the father."

沃案 우선 우리말의 표현상 좀 어색하고 이해가 되지 않는 부분부터 해석하는 것이 좋겠다. "이 세상으로부터 금식한다 to fast from the world"라는 뜻은 "세속적 관심으로부터 자신을 유리시킨다 to separate oneself from worldly concerns"는 뜻이다. "이 세상에 대(對)하여 금식한다 to fast against the world"라고도, "이 세상에 관하여 금식한다 to fast as regards the world"라고도, 번역될 수 있다. 『자치통감資治通鑑』이라는 방대한 역사서를 쓴 송나라의 사상가 사마광(司馬光, 1019~1086)은 『대학』에 나오는 "격물格物"이라는 구문을 해석하는 데 있어서, "격格"을 "한어扞禦한다"라고 풀이했다. 세속적 물사(物事)로부터 철저히 자신을 방어한다, 즉 물(物)의 유혹이 나에게 접근하지 못하도록 차단시킨다는 뜻으로 풀이했다(cf. 도올 김용옥, 『대학·학기 한글역주』 80~96). 여기 "이 세상으로

부터 금식한다"는 표현은 정확하게 "물폐物蔽를 한어扞禦한다"는 사마광의 격물 해석과 일치한다. 세속적인 물사(物事)로부터 자신을 멀리한다는 금욕주의적 자세를 가리키고 있다.

"금식"의 문제는 이미 6장과 14장에 나왔다. 거기서는 경건주의를 가장한 종교적 위선을 경계하는 맥락에서 부정적으로 언급되었지만, 여기서는 그러한 부정적 맥락은 포함되어 있지 않다. 오히려 진실한 금욕주의의 상징체계로서 언급되고 있는 것이다. "금식"이란 본시 음식의 양을 조절하든가, 어떠어떠한 아이템의 음식은 먹지 않는다든가 하는 식사에 관한 규정이다. 마찬가지로 "세상으로부터 금식한다"는 뜻은 세상을 식사라고 생각할 때에, 세상의 일에 대해서 어떤 것은 취하고 어떤 것은 취하지 않는다는 것을 의미하는 것이다. 나라의 발견이란 세상으로부터의 물러남(a disengagement from the world)을 요구하는 것이다. 전체 문장의 구조를 일별하면 두 개의 센텐스 사이에는 절묘한 파라렐리즘(parallelism)이 성립하고 있다는 것을 간파할 수 있다. 즉 "세상으로부터 금식함"과 "안식일을 안식일로서 지킴"이 병행구조로서 의미가 상통하며, "나라를 발견함"과 "아버지를 봄"이 또 하나의 병행구조로서 의미가 상통하고 있다.

	조건절	주절
병행구	세상으로부터 금식함 To fast from the world	천국을 발견함 To find the kingdom
	안식일을 안식일로서 지킴 To observe the Sabbath as a Sabbath	아버지를 봄 To see the Father

이러한 전체구조를 파악하고 나면 "안식일을 안식일로서 지킨다"는 애매한 듯이 보이는 말의 의미도 그 병행구의 맥락 속에서 저절로 명료해진다. 우리는 "안

식일을 지킨다"는 의미를 세속화된 교회의 논리, 즉 성 아우구스티누스 같은 교부철학자들의 교회론 이후에 성립한 논리를 가지고서 풀이하는 오류를 통상적으로 범한다. 마치 "안식일을 지킨다"라는 의미를 "꼭 교회에 나가야 한다"는 형식주의적 의례준수처럼 생각하는 것이다. 안식일의 본래적 의미는 매우 단순한 것이다. 천지를 창조한 야훼가 너무 피곤했기에 쉰 것이다. "안식安息"이란 "편안하게 쉼"이며 "마음의 번뇌가 없이 쉼"이다. "쉼"이란 병행구의 맥락에서 드러나듯이 "세속적 물사로부터의 리트리트retreat"이다. 안식일의 본래적 의미는 세사(世事)의 번뇌로부터 완벽하게 손을 떼고 피정(避靜)하는 시간을 갖는다는 의미이다.

따라서 여기 "안식일Sabbath"의 의미는 유대교의 제식주의적 준수의 대상으로서의 욕례(縟禮)를 말하는 것이 아니다. 어디까지나 금욕주의와 관련된 상징성인 것이다. 금식의 대상이 음식에서 세상으로 바뀌었듯이, 안식일의 대상이 제식적 준수에서 세상으로 바뀌고 있는 것이다. "안식일을 안식일로서 지킨다"는 것은 안식일이라는 형식적 의미를 넘어서서 그 본래의 피정(避靜)적 의미, 세사(世事)로부터의 리트리트를 삶 속에서 구현한다는 의미가 된다. 마르빈 메이어(Marvin Mayer)는 콥트어의 "안식일을 안식일로서"라는 용례에 있어서 앞의 안식일은 "삼바톤sambaton"이라는 단어가 쓰였고 뒤의 안식일은 "사바톤sabbaton"이라는 단어가 쓰였는데, 이 두 개의 단어가 의미론적으로 과연 명료하게 구분이 될 수 있을지는 의문이지만, 그 전체의미는 다음과 같이 해석될 수도 있는 가능성이 있다고 한다: "한 주일 전체를 안식일로서 지킨다"(To observe the whole week as the sabbath). 테르툴리아누스(Tertulianus, c.160~after220: 카르타고 중심으로 활약한 교부)는 『유대인을 반박함Against the Jewish People』4에서 다음과 같이 말하고 있다: "우리는 모든 비열한 행동으로부터 항상 안식일을 지켜야 한다. 제7일에만 지킬 것이 아니라 모든 시간에 걸쳐 지켜야 한다."

위의 도표에서 알 수 있듯이 "안식일을 안식일로서 지킨다"는 것은 곧 "아버지를 본다"는 것의 전제조건이다. 즉 아버지를 보기 위해서, 아버지를 만나기 위해서는 세상으로부터 물러나 안식을 취하는 삶을 구현하지 않으면 안된다는 것이다. 다시 말해서 안식일적 쉼이란 하나님의 비젼의 절대적 요청이다(The Sabbath rest is a prerequisite to the vision of God). 결국 안식일을 안식일로서 지킨다는 것과 세상으로부터 금식한다는 것은 결국 같은 의미이다. 세상으로부터 금식한다는 것에 관하여 알렉산드리아의 클레멘트(Clement of Alexandria, c.150~c.215)의 『잡록雜錄 Stromateis』 3.15.99.4에 다음과 같은 지복수훈(至福垂訓, a beatitude)이 실려있다: "하늘나라를 위하여 자신으로부터 모든 죄악을 거세한 자들은 복이 있도다. 그들은 이 세상으로부터 금식하는 자들이도다. Those who have castrated themselves from all sin for the sake of heaven's kingdom are blessed: They are the ones who fast from the world."

이러한 용례들은 도마복음에 수록된 예수운동의 오리지날한 성격이 초기교부들에게 전승되고 있다는 것을 말해준다. "이 세상으로부터 금식한다"는 것은, 세상으로부터 제공되는 모든 물질적 유혹에 대하여 금욕한다는 것을 의미하며, 그렇게 함으로써 인간은 아버지의 나라를 발견할 수 있게 된다는 것이다. 주절의 병행구를 해석해보면, "나라"를 발견한다는 것은 "아버지"를 만난다는 것이다(To find the Kingdom is to see the Father). 다시 말해서 "나라"는 어떤 로칼리티 즉 장소의 개념이 아니다. "나라의 발견"은 곧 "아버지와의 만남"이다. 아버지와 만날 수 있는 상태는 세상으로부터 금식하고, 안식일을 안식일로서 지킬 때만이 가능해지는 것이다. 이러한 금욕주의적 사상을 후대의 영지주의적 분위기의 반영으로서 주해하는 사람들도 있지만, 나는 예수운동의 오리지날한 성격 속에 이미 함장되어 있다고 본다. 세속에 대한 부정이 없이 천국운동을 운운할 수는 없는 것이다. 이것은 멸집(滅執)을 니르바나(Nirvana)로 해석하는 불교의 사상과도 대차가 없다. 본 27장은 42장의 대명제와 관련하여 이해되어야 할 것이다: **예수께서 가라사대, "방랑하는 자가 되라."** *Jesus said, "Be passersby."*

취하여 목마름을 모르는 자들이여

제28장

¹예수께서 가라사대, "나는 이 세상 한가운데 자리를 잡았다. 그리고 나는 육신으로 세상사람들에게 나타났다. ²나는 그들이 모두 술에 취하였음을 발견하였다. 나는 그들 어느 누구도 목마른 자를 발견할 수 없었다. ³나의 영혼은 사람의 자식들을 위하여 고통스러워 하노라. 왜냐하면 그들은 그들의 가슴속이 눈멀어 보지를 못하기 때문이요, 또 텅 빈 채 이 세상으로 왔다가, 텅 빈 채 이 세상을 떠나기만을 갈구하기 때문이다. ⁴그러나 지금 이 순간 그들은 확실하게 취해 있도다. 그들이 그들의 술을 뒤흔들게 될 때에는 그들은 그들의 생각을 바꾸게 되리라."

¹Jesus said, "I took my stand in the midst of the world, and I appeared to them in flesh. ²I found all of them intoxicated, and I did not find any of them thirsty. ³My soul ached for the sons of men, because they are blind in their hearts and do not have sight; for empty they came into the world, and empty too they seek to leave the world. ⁴But for the moment they are intoxicated. When they shake off their wine, then they will change their ways."

沃案 도마복음에서 소위 "영지주의적" 내음새가 짙게 나는 장이라 말할 수 있을런지도 모르겠다. 요한복음의 로고스기독론적 사유의 기본적 틀이 이미 본 장에 함장되어 있기 때문이다. 그렇다고 도마복음을 후대의 영지주의 계열에서 성립한 문헌이라고 규정할 수는 없다. 영지주의라는 것 자체의 규정성이 애매할 뿐 아니라, 요한복음에 나타나는 영지주의적 2원론의 틀과 여기에 드러나는 영지주의적 사유는 정확하게 부합하지 않는다. 이러한 장을 후대의 영지주의 파편의 삽입이라고 보는 학자도 있겠지만, 원래 예수의 오리지날한 사유의 한 켠에 영지주의적 측면이 있었다고 보아야 할 것이다. 영지주의의 핵심은 "구속신화 redeemer myth"라 할 수 있는데 불트만은 이것을 너무 특별한 신화적 세계관의 산물로 해석하여 과도한 의미를 부여하였다. 내가 생각하기엔, 구약의 초월적 인격신관 그리고 지혜문학전통을 플라톤철학과 결합시켜 창조적으로 오석(誤釋)하면 항상 영지주의는 저절로 생겨나게 마련이다. 플라톤의 이데아론이나, "동굴의 비유"와 같은 세계관이 당대 헬레니즘의 세계에서 근세의 인식론적 성찰과 같은 형태로서 받아들여졌을 가능성은 희박하다. 그것은 또 하나의 신화적 담론으로서 헬레니즘시대의 보편적 틀을 형성했던 것이다. 유대인들은 유일신과 인간세와의 대립적 긴장관계를 영지라는 매개로서 화해시키려고 노력하였고, 영지의 구현체로서의 대속자의 존재를 새롭게 등장시켰다. 영지주의는 구약과 플라톤의 창조적 오석(a kind of creative misinterpretation both of Plato and the Bible)이라고 규정할 수 있다. 그리고 이러한 오석(誤釋)을 또 다시 오석하면 기독교와 같은 1세기 후반의 종교운동이 생겨나는 것이다.

우선 여기 "나는 이 세상 한가운데 자리를 잡았다 I took my stand in the midst of the world"라는 표현은 16장 4절의 "홀로 서다"라는 표현과 관련되어 있다. "서다"라는 표현은 어떤 확고한 존재의 결단을 나타내고 있다.

"나는 육신으로 세상사람들에게 나타났다 I appeared to them in flesh"라는 표현에서 "나"는 "육신"이외의 존재일 가능성이 있다. 그리고 "세상사람들에게 나타났다"라는 표현은 세상 이외의 곳에서 세상으로 진입하였다는 것을 암시할 수도 있다. 그러나 과연 도마복음 속에서 예수의 자기이해가 육신에 대하여 대자적인 영(靈)으로서 자신을 전적으로 규정하고 있는가, 그리고 과연 이 세계와 이 세계 밖의 어떤 영역을 이원적으로 규정되고 있는가라는 질문에 대한 대답은 부정적이다. 도마복음은 세상과 세상 밖을 어둠과 빛으로 대비시키지 않는다. 그리고 세상이 비실재적 폄하의 대상이며, 세상 밖의 빛의 세계만이 실재라고 믿는 플라톤적 가치판단이 여기에는 배제되어 있다. 그러한 플라톤적 사유를 고지식하게 밀고가면 수육(受肉)의 예수는 결국 가현적 존재(docetic being, *dokēsis*)일 수밖에 없고, 그렇게 되면 천박한 영지주의에 함몰된다. "나는 육신으로 세상사람들에게 나타났다"라는 표현은 결코 영·육과 세상 안·세상 밖이라는 이원적 대립을 전제로 하지 않은 긍정적 표현이다. 물론 그 양자의 구분은 전제되어 있지만 그 구분은 방편적 표현이며 실체적 이분은 아니다. 다음 장(Th.29)에도 이러한 영·육의 착종(錯綜) 문제가 되풀이 되고 있다.

요한복음 1:14의 "말씀이 육신이 되어 우리 가운데 거하시매, 우리가 그 영광을 보니 아버지의 독생자의 영광이요, 은혜와 진리가 충만하더라"라는 구절에서 명백한 사실은 그 예수는 로고스(빛)이며, 하나님의 유일한 아들이며, 그는 자기 스스로의 결단에 의하여 세상에 나타난 것이 아니라 어디까지나 하나님에 의하여 어둠(세상) 속으로 파견되었다는 것이다(요 3:16). 이러한 "파견"의 사상이 영지주의의 핵을 이루는 것이지만 그러한 노골적인 영지주의적 신화는 여기에 나타나지 않는다(cf. 딤전 3:16). 예수는 스스로의 결단에 의하여 이 세상 한가운데 자리를 잡았고, 육신으로 세상사람들에게 나타난 것이다. 그러니까 도마복음의 소박한 원형적 사유가 요한복음의 신화적 로고스기독론으로 드라마적 각색을 더하여 간 발전경로를 우리는 쉽게 추론할 수 있다. 도마의 예수는 매우 중립적이며 자신의 실존적 사실만을 기술하고 있다. 자신을 하나님의 독생자라고 떠벌이지 않는다.

"세상사람들이 모두 술에 취하여 있음을 발견하였다"라는 표현은 부정적인 함의를 지닌다. 앞서 도마 13:5에서는 "취함"(intoxication)은 매우 긍정적인 함의를 지녔지만, 여기서는 취했다 하는 것은 정신이 흐려지고 진리를 인지할 능력이 사라진 비합리적 탈선(disorientation)의 상태를 가리킨다. 그러나 "취함"은 "깨임"의 가능성을 내포한 일시적 상태이다. 도마복음에는 인간의 사태에 대한 절대적 규정성이 별로 없다. 따라서 세속적 인간이 어둠의 자식들로서 부정적으로만 규정되고 있는 것은 아니다. 구원의 대상으로 비하되고 있는 것만은 아닌 것이다. 인간은 깨임의 가능성을 스스로 구비한 존재이다. "술에 취함"은 "목마르지 않음"과 연결되고 있다. 여기서 "목마름"이란 갈증이라는 생리적 상태로서의 부정적 의미를 지니는 것이 아니라, "진리에 대한 갈망"이며 바람직한 것이다. 도마 1장에 "말씀들의 해석을 발견하는 자"라는 표현이 있었고, 제2장에는 "구하는 자는 찾을 때까지 구함을 그치지 말지어다"라는 표현이 있었다. 도마복음은 모두(冒頭)에서부터, 발견과 추구를 내걸고 있다. 이 모든 것이 여기서 말하는 목마름 즉 갈망과 관련되어 있다. 술에 취하여 있다는 것은 잘못된 방향으로 갈증이 충족되어 있다는 것을 의미한다. 그래서 술에 취하여 있는 세상사람들은 목마름을 느끼지 않고 있는 것이다. 이것 역시 몽롱한 탈선상태인 것이다.

3절에서 예수는 자신이 이 세상에 서있는 이유, 육신으로 세상사람들에게 나타난 이유, 그 실존적 고뇌를 고백하고 있다. "나의 영혼은 사람의 자식들을 위하여 고통스러워 하노라." 이것은 불타가 "자비慈悲"를 말하고 있는 것과 동일한 표현이다. 그러나 자비의 고통이 피조물로서의 인간존재에 대한 존재론적 규정 때문에 생겨나는 것은 아니다. 자비의 고통은 인간의 탈선상태에 대한 동정과 공감 때문에 생겨나는 것이다. 탈선상태란 "가슴속이 눈멀어 보지를 못하는" 상태인 것이다. 눈은 눈 그 자체로 볼 수가 없다. 눈알을 후벼 파내어 책상 위에 놓을 때 그 눈알이 시력을 갖지 않는다. 시력이란 해부학적으로도 뇌신경 전체와의 관련 속에서만 생겨나는 것이다. 눈은 오직 마음의 눈이 열려 있을 때만이 진정한 시력을 갖는 것이다. 진리를 보지 못하면 비록 눈을 가지고 있어도 그는 장님이다. 취하면 가슴의 눈이 멀어버리는 것이다. 그리고 여기 "사람의 자식들"은 "인자人子"의 복수형이다. "인자"가 본시 특수한 용어가 아니었다는 것을 방증하기도 한다. 인자는 사람의 자식들 중의 하나일 뿐이다.

다음에 나오는 표현, "빈 채로 이 세상에 왔다가 빈 채로 이 세상을 떠난다"라는 구절은 결코 도가적(道家的) 허(虛)를 말하거나, 무상한 인생에 대한 달관을 말하는 것이 아니다. 여기서 "비었다empty"라는 표현은 그 앞의 "눈멀어 보지를 못한다"라는 표현과 상통한다. "빔"이란 곧 "비젼의 공백상태"이며, 쉽게 말하면 "골빔"의 "빔"이다. 의미없는 허깨비 같은 인생을 말하는 것이다. 아무 의미도 없이 골빈 놈으로 태어나서 골빈 놈으로 뒈질 생각만 한다는 것이다. 그들은 진리를 추구하지 않는다. 그런 골빈당들이 바로 취한 세상사람들이다.

제4절의 시작인 "그러나"라는 접속사는 좀 어색하다. 별 의미가 없다. 중요한 것은 "이 순간 그들이 확실히 취해있다"는 사실이다. "이 순간"이라는 표현은 그들의 취함이 영원할 수는 없다는 것이다. 예수의 자비는 그들에게 깨임의 기회를 주기 때문이다. 그러나 예수의 자비가 후대 복음서의 사상처럼 일방적인 구원의 논리로 귀결되지는 않는다. 인간의 구원은 의타적으로 이루어질 수 없다. 의타적 구원은 형이상학적 폭력이다. 인간은 스스로 취함에서 벗어나야 한다. 어떻게 벗어나는가? 술을 흔들어야 한다!

이 마지막의 수수께끼와도 같은 표현은 과연 무엇을 의미할까? 술을 흔든다는 것은 술을 휘젓는다는 뜻이다. 여기 헤라클레이토스의 단편 125를 한번 보자!

술은 저어지고 있을 때만 술이다. 저어지고 있지 않으면 그것은 분리된다.

여기 술에 해당되는 되는 단어는 퀴케온(*kykeōn*, κὐκεών)인데, 포도주이지만 우리가 상용하는 막걸리와 같은 걸쭉한 술이다. 희랍인들의 상용음료인데 포도주와 보리 미숫가루와 치즈가루를 혼합시켜 발효시킨 것이다. 이 퀴케온은 항상 휘젓지 않으면 요소들이 다 분리되어 따로놀기 때문에 그 맛이 제 맛이 나질 않는다. 퀴케온은 휘저어져서 잘 혼합되어 있는 상태, 그 모든 대립적 요소들이 융합되어 끊임없이 투쟁하고 있는 상태를, 살아있는 우주의 상태라고 헤라클레이토스는 간주하였다. 그 휘저어져 융합된 상태 속에만 로고스는 깃든다고 보았다. 대립의 화해, 모순 속의 통일성, 투쟁 속의 조화에만 로고스는 내재하는 것이다.

여기 도마 28장의 제일 마지막 구문은 헬레니즘세계에 있어서 파르메니데스의 전통이 아닌, 헤라클레이토스 전통의 흐름을 엿볼 수 있게 한다. 영·육의 분리나 세계 밖·세계 안의 대립이 아닌, 그러한 대립적 요소들의 융합 속에 비로소 인간의 구원이 있다고 본 것이다. 술 취한 상태, 마음의 눈이 먼 상태는 영과 육이 분리되어 있는 상태이며, 청주와 찌꺼기가 분리되어 있는 상태와도 같다. 이것을 휘저어 하나로 융합시킬 때 비로소 깨이게 되고 사유의 전환이 일어난다. 그 다음에 나오는 구절, "그들은 그들의 생각을 바꾸게 되리라"는 보통 "그들은 회개하리라 then they will repent"로 번역되어 있는데, 이것은 잘못된 번역이다. 여기 콥트어는, 희랍어 단어를 차용하여 쓴, "메타노이에인 *metanoiein*"이다. 마태복음 3:2에 세례요한이 한 말, "회개하라, 천국이 가까왔느니라" 그리고 마가복음 1:15에 예수가 한 말, "때가 찼고 하나님 나라가 가까웠으니 회개하라. 그리고 복음을 믿으라"에서 "회개하라"로 오역된 말과 동일하다.

메타노이아(μετάνοια)는 생각(노이아)의 바꿈(메타)일 뿐이다(參見. 도올 김용옥, 『큐복음서』 64~69). 영·육이 분리되어 있는 상태를 잘 휘저어 하나로 만들면 생각의 변화가 일어난다는 뜻이다. 생각의 변화가 일어나면, 즉 술취한 상태에서 깨어나면, 즉 진리를 인식할 수 있는 마음의 상태가 되면 곧 이 세계는 천국으로 변하게 되는 것이다. "천국"이란 장소개념이 아니라 "아버지의 나라"이며, "나라"는 "다스림" "질서"를 의미하는 말이라는 것은 이미 누차 상설하였다. 아버지의 질서가 지배하는 세계, 빈 채로 왔다가 빈 채로 떠나는 세계가 아니라 진리와 의미로 충만한 세계로 화(化)하게 되는 것이다.

결론적으로 말하자면 여기 28장도 결코 상투적인 영지주의 틀 속에서 파악되어서는 안된다. 그리고 요한복음의 해석의 틀과도 매우 다른 골격을 가지고 있다. 요한복음은 헤라클레이토스의 로고스를 철저히 플라톤화시킨 것이다. 그러나 도마복음은 헬레니즘세계에 있어서 헤라클레이토스적인 건강한 사유와 그 홀리스틱한 측면(holistic aspect)을 보지(保持)하고 있다고 보아야 할 것이다.

바알베크의 바카스신전의 지성소(naos)로 올라가는 계단 옆에 새겨져 있는 무희. 내가 이 지구상에서 목격한 가장 아름다운 조각 중의 하나였다. 미소를 띤 얼굴은 황홀경의 엑스타시를 나타내고 다이내믹한 다리의 율동과 살풀이춤의 긴 천과도 같이 몸을 휘감은 천자락의 동작은 우주를 희롱하는 태극 형상이다. AD 150년경 완성된 이 신전은 아테네의 파르테논보다도 크다.

어떻게 이토록 위대한 부유함이 이토록 빈곤함 속에 거하느뇨?

제29장

¹예수께서 가라사대, "육신이 영혼으로 인하여 존재케 되었다면, 그것은 기적이로다. ²그러나 영혼이 몸으로 인하여 존재케 되었다면, 그것은 기적 중의 기적이로다. ³그러나 진실로 나는 어떻게 이토록 위대한 부유함이 이토록 빈곤함 속에 거(居)하게 되었는지 불가사의하게 생각하노라."

¹Jesus said, "If the flesh came into being because of spirit, it is a wonder. ²But if spirit came into being because of the body, it is a wonder of wonders. ³Indeed, I am amazed at how this great wealth has come to dwell in this poverty."

沃案 본 장은 역시 제28장의 연속적 흐름 속에서 파악되어야 한다고 나는 생각한다. 처음에 언뜻 보면 매우 수수께끼처럼 들리는 표현들이지만, 세 절의 문장 속에서 우리는 다음과 같은, 명백하게 상호관련된 항목을 추출해낼 수 있다.

부유富裕 Wealth	빈곤貧困 Poverty
영혼 Spirit(*pneuma*)	육신, 몸 Flesh(*sarx*), Body(*soma*)

영혼을 부유한 것으로 보고, 육신을 빈곤한 것으로 보는 사유는 모든 이원론적 사유(dualistic thinking)의 전형이지만 여기 예수의 말씀의 기조는 이 양자의 분리에 있는 것이 아니라 양자의 혼융에 있다는 데 그 특색이 있다. 영혼과 육체를 각기 개념화시켜 논의하는 것 자체가 양자를 이원화시켜 생각하는 당대의 통념에서 크게 벗어나는 것은 아니지만, 양자는 어디까지나 방편적으로 구분되어질 수는 있으나 인간실존에 있어서 실체적으로 분리될 수는 없는 것이다(distinguishable but not separable). 인간이라는 존재는 영혼과 육신이 하나로 결합되어 있는 한에 있어서만 인간이며, 그 결합된 모습이야말로 바로 인간 현존재인 것이다.

1절 → 2절 → 3절로 진행되어가는 과정은 점차 그 경이로움의 도수가 진해지는 방향으로 그 주절의 표현이 이루어져 있다. "기적 → 기적 중의 기적 → 불가사의"라는 표현은 그 경탄의 도수가 강해지고 있는 것을 나타내고 있는 것이다.

제1절은 "육신의 존재케 됨"에 관한 것이다. 그리고 제2절은 "영혼의 존재케 됨"에 관한 것이다. 이 양자는 실제로 그 강조점에 차이가 있을 뿐 동일한 사태를 다르게 표현하고 있는 것이다. 제1절의 "육신이 영혼으로 인하여 존재케 됨"이란 육신이 영혼을 담지하기 위하여, 그러니까 육신이 영혼의 집으로서 존재하게 되었다는 것이다. 육신이 이와 같이 영혼을 담지하기 위하여 존재케 된 것은 매우 경이로운 사건이라는 것이다. 여기서도 영혼은 육신이라는 담지자가 없이 고립적

으로 존재할 수 없다는 생각이 깔려있다. 그리고 또 여기에는 예수의 수육이라는 사건이 암시되어 있는 것이다. 제28장의 "나는 육신으로 세상사람들에게 나타났다"는 메시지를 다시 한 번 표현을 달리하여 말한 것이다.

제2절의 "영혼이 몸으로 인하여 존재케 됨"이란 표현에서 주체는 어디까지나 "영혼"이다. 그런데 이 영혼이 몸으로 인하여 존재케 되었다는 것은 바로 앞장의 표현 중에서 "세상사람들에게 나타났다"라는 측면을 강조한 것으로 해석할 수 있다. 앞 절의 육신(flesh)이 여기서는 몸(body)으로 달리 표현되어 있는데, 여기서 "몸"은 실제로 "세상사람들"을 지칭할 수도 있다. 다시 말해서 나의 영혼이 세상사람들로 인하여 구원의 미션을 가지고 이 취한 세상 속에 존재케 되었다는 사실이야말로 기적 중의 기적이라는 것이다. 그러나 이러한 맥락적 함의를 떠나 "육신이 영혼으로 인하여 존재케 됨"과 "영혼이 육신으로 인하여 존재케 됨"이라는 두 사태를 동일사태에 대한 강조점의 차이로 볼 수도 있다고 나는 생각한다.

그러나 이 두 사태에 대한 최종적 경이는 무엇인가? 바로 이토록 위대한 부유함이 이토록 빈곤함 가운데 거하고 있다는 사실이다. 다시 말해서 위대한 영혼이 빈곤한 육신 속에 자신의 안식처를 만들어 놓고 있다는 인간실존의 사태야말로 최종적 불가사의라는 것이다. 빈곤한 육신이야말로 위대한 풍요로운 영혼의 영원한 동반자이며 고향이며 지향점이며 구속의 대상이다. 이 불가사의는 예수의 실존적 모습인 동시에 우리 모든 인간의 실존적 모습인 것이다. 이런 의미에서 예수는 인간을 대상화하지 않는다. 구원의 수단으로 비하하지 않는다. 하나님의 독생자라는 구세주의 의식을 가지고 인간을 굽어보지 않는다. 자신을 포함한 인간 모두의 실존적 모습에 대한 경이로움을 표현하고 있을 뿐이다.

Thomas 30

세 명의 하나님과 한 명의 인간

제30장

^{1}예수께서 가라사대, "세 명의 신들이 있는 곳에선, 그들은 신들일 뿐이다. ^{2}두 명이나 한 명이 있는 곳에선 나는 그 한 명과 함께 하노라."

^{1}Jesus said, "Where there are three gods, they are gods. ^{2}Where there are two or one, I am with that one."

 이 장은 관련된 다른 텍스트들을 검토하면 그 의미가 명료하게 된다. 약간의 추측작업(guess work)이 개입되지 않을 수 없겠지만, 도마복음서의 매력은 그 어느 누구도 단안을 내릴 수 없는, 고도의 추상성과 축약성, 간결성을 과시하고 있다는 데 있다. 해석의 독단 자체가 거부되고 있는 것이다. 그런데 이 장은 옥시린쿠스 사본이 있다. 그러니까 이 장에 해당되는 오리지날한 희랍어 사본이 있는 것이다. POxy 1.23-30(분류번호)의 내용은 다음과 같다.

^{1}예수께서 가라사대, "세 명이 있는 곳에선, 그들은 신과 함께 하지 못한다. ^{2}그리고 오직 한 사람만 있는 곳에선, 나는 말하노라, 내가 바로 그 한 사람과 같이 하리라. ^{3}돌을 들어보아라! 너는 거기서 나를 발견하리라. 장작을 쪼개 보아라! 나는 거기에 있으리로다."

¹Jesus says, "Where there are three, they are without God, ²and where there is only one, I say, I am with that one. ³Lift up the stone, and you will find me there. Split the piece of wood, and I am there."

이 옥시린쿠스 사본 파편에서 3절은 도마복음 77장 후반(2·3절)에 해당되는 것이므로 일종의 착간으로 간주되는 것이다. 따라서 1·2절과 3절은 일단 분리해서 생각하는 것이 좋을 것이다. 옥시린쿠스 사본의 1·2절은 도마복음서 30장 1·2절과 일치하는 내용이다. 구문의 스타일이 거의 비슷하다. 그러나 콥트어 사본이 본래의 희랍어 내용을 변형시켰다는 것을 알 수 있다. 콥트어 사본이 전사과정에서 오류가 생긴 것인지, 콥트어 사본의 필자가 의도적으로 어떤 콥트어 공동체의 철학을 반영하기 위한 목적으로 변형시킨 것인지는 단정지을 수 없다. 그리고 또 드문 가능성이긴 하지만, 옥시린쿠스 희랍어 사본도 역시 사본일 뿐이므로 콥트어 사본이 보다 본래적인 모습을 전승하고 있다고도 주장할 수 있다. 그러나 하여튼 필사의 연대는 옥시린쿠스 사본이 콥트어 사본을 앞지르는 것이므로 옥시린쿠스 사본이 더 원형에 가까운 모습이라고 상정하는 것이 더 상식적일 것이다. 양자를 비교하여 보자!

POxy. 세 명이 있는 곳에선, 그들은 신과 함께 하지 못한다.
Copt. 세 명의 신들이 있는 곳에선, 그들은 신들일 뿐이다.

이 양자를 비교해보면 콥트어 사본의 "세 명의 신들"이라는 표현에 나오는 "신들gods"은 뒤의 "신들"과 관련되어 생겨난 연문(衍文)일 가능성이 높다. 그렇다면 그 연문을 제거하고 나면 "세 명이 있는 곳에선"이라는 구문은 일치될 수 있다. 콥트어 사본의 한국어 번역문에서 "그들은 신들일 뿐이다"라는 나의 번역은 맥락을 살린 의역이다. 문자 그대로 하자면 "그들은 신들이다. They are gods."가 된다.

옥시린쿠스 사본의 "그들은 신과 함께 하지 못한다"와 콥트어 사본의 "그들은 신들이다"는 반대의 의미를 지닌다. 콥트어 사본은 신성이 있고, 옥시린쿠스 사본은 신성이 없다. 그러나 옥시린쿠스 사본도 탈자가 심한 파편으로부터 재구성된 것이므로 혹자는 부정사를 제거하기도 한다. 그러면 옥시린쿠스 사본의 내용은 "그들은 신과 함께 한다"가 된다(without God → with God). 그렇게 되면 양자의 의미가 얼추 비슷하게 된다. 그러나 이러한 텍스트의 일치·불일치 문제는 본질적인 문제를 해결하지 못한다. 옥시린쿠스 사본의 원래 모습은 그 나름대로 명료한 의미를 지닌다고 나는 생각한다. 세 사람과 한 사람이 대비되며, 세 사람은 신과도 함께 하지 못하며, 오직 한 사람만이 예수와 함께 할 수 있다. 개인의 득도가 단체의 득도에 선행되어야 한다는 것을 명료하게 주장하고 있는 것이다.

제2절을 비교하여 보면 콥트어 사본의 "두 명이나 한 명이 있는 곳에선"이라는 애매한 표현이 옥시린쿠스 사본에서는 "오직 한 사람만 있는 곳에선"이라는 표현으로 명료하게 바뀌어져 있다. 그러니까 여기 원래의 의미의 맥락 속에서 대비된 것은 "셋"과 "하나"라는 것이다. 나 도올은 "셋"은 집단의 상징이고, "하나"는 개인, 즉 고독한 단독자의 실존을 상징하는 것이라고 생각한다. 혹자는(Stevan Davies 등) "셋"은 후대의 "삼위일체론 Trinitarian doctrine"을 상징하는 것이라고 하고, 혹자는(荒井 献) 유대교의 "신의 임재(셰키나)"사상이 기독교화된 표현이라고 본다. 유대교의 랍비문헌에 의하면 "3인"이란 법정을 성립시키기 위하여 필요한 최소한도의 "세 명의 재판관"을 의미한다. 재판관이란 하나님의 이름에 의거하여 그 직분을 맡았으며, 또한 하나님의 의지를 대행하여 재판을 행한다. 이러한 재판관이 세 명이 모여야만 합법적인 법정이 열릴 수 있다. 세 명의 재판관이 모여 법정을 열 때만이 비로소 하나님은 그 자리에 임재(臨在)하게 된다는 것이다.

"삼위일체론" 운운한 것은 도마복음서의 성립연대를 4세기경으로 낮추어 보는 사람들의 논의일 것이다. 다시 말해서 세 명의 신들이 있는 곳에선 그들이 모두 신들이다라는 표현은 성부·성자·성신 삼위의 일체됨을 거부하는 다신론적인 반격이라는 것이다. 성부·성자·성신 3명이 모두 각자 신들이며 이들은 한 몸이 아니라는 것이다. 공관복음서나 요한복음이나 도마복음에 이미 성부·성자·성신에 해당되는 개념을 찾을 수는 있지만, 이러한 개념은 후대의 논(論)으로서의 실체(ousia) 논쟁과는 전혀 차원을 달리하는 것이다. 도마복음의 연대를 아무리 내려잡는다 해도, 여기 로기온의 메시지를 삼위일체론에 대한 다신론적 반격으로 이해할 수는 없다. 그것은 매우 천박한 개념적 혼동의 오류일 뿐이다. 예수의 "아버지"는 어떤 우주의 제1원리로서의 실체를 말하는 것은 아니다. 여기의 숫자적인 논의가 존재론적 단수와 복수의 문제가 될 수는 없다.

임재(셰키나) 사상적 해석은 마태복음 18:19~20과 관련된 것이다. 즉 구약적 임재사상에 관한 두 개의 다른 전승으로 보는 것이다. 초기기독교공동체 내의 유대인 크리스챤에 의한 다른 전승들이 마태와 도마에 각각 기록되었다고 보는 것이다.

> [19] 진실로 다시 너희에게 이르노니, 너희 중에 두 사람이 땅에서 합심하여 무엇이든지 구하면 하늘에 계신 내 아버지께서 저희를 위하여 이루게 하시리라. [20] 두 사람 혹은 세 사람이 내 이름으로 모인 곳에는 나도 그들 중에 있느니라.

마태 기사를 읽어보면 비로소 도마 30장의 의미가 선명하게 부각되는 동시에 양자간에 분명한 관계가 있다는 것을 상식적으로 느낄 수 있다.

마태 기사는 기본적으로 복수적 사태를 긍정하고 있다. 이 복수적 사태의 긍정은 결국 마태가 당면한 교회공동체라는 문제에 관하여 아버지의 임재나 아들 예수의 임재를 복수 사태에 있어서 긍정함으로써 다수의 결속을 강조하고 있는 것이다.

"두 사람이 합심하여 구하면,""두세 사람이 내 이름으로 모인 곳에는"과 같은 표현들은 교회공동체를 이루어 합심해나갈 때 그곳에 아버지나 내가 임재한다는 것을 말하고 있다. 그러나 옥시린쿠스 사본은 그러한 다수 속에 하나님이 임재한다는 것을 정면으로 거부하고 있다: "세 명이 있는 곳에선, 그들은 신과 함께 하지 못한다." 신의 임재는 다수 속에 있지 아니 하다. 다수의 연계 속에 신이 있는 것은 아니다. 그러한 느슨한 인적 연계(loose association)는 신의 임재의 자리가 아니라고 말하는 것이다. 그리고 예수는 또 자기의 임재를 말한다. 그것은 추상적 임재가 아니라, 살아있는 예수의 "함께 함"이다. 예수는 다수의 연계를 부정한다. "오직 한 사람만 있는 곳에, 나는 바로 그 한 사람과 같이 하리라!" 도마는 모두(冒頭)에서 "살아있는 예수"를 말했고, "해석의 발견"을 말했으며, "찾을 때까지 구함"을 말했다. 이 발견과 추구의 과정은 오직 한 사람의 내면 속에서만 이루어지는 것이다. 고독한 실존의 투쟁을 통해서만 계시(revelation)와 깨달음(enlightenment)은 성취될 수 있는 것이다. 이러한 마태와의 이념적 상치를 놓고 도마가 후대에 영지주의적 이해방식에 기초하여 마태사상을 전도시킨 것으로 보는 학자들도 많지만, 오히려 원래 예수사상에 인간의 고독한 실존과 자각에 대한 깊은 성찰이 있다고 보는 것이 더 역사적 실상에 접근하는 이해일 것이다.

예수운동의 핵심인 나라(천국)사상, 그리고 메타노이아의 사상은 결코 집단을 전제로 한 것이 아니라, 개체를 전제로 한 것이다. 예수가 "그 한 사람"을 말했다고 해서 집단을 거부한 것은 아니다. 나라는 일차적으로 개인에게 임재해야 하는 것이며, 그러한 자각적 인간들의 모임에 의하여서만 강력한 사회운동이 일어날 수 있는 것이다. 집단최면적인 임재는 항상 허망한 결과를 낳게 마련이다. 이러한 예수운동의 핵심적 사상이 마태의 집단사상으로 변형되었고, 그러한 집단사상으로부터 교회라는 공동체가 성립한 것이다.

옥시린쿠스 사본의 논지에 의하여 우리는 콥트어 사본의 논지도 재구성할 수 있다. 도마복음의 예수는 "하나님"이나 "신"에 대하여 종속된 위치로서 자신을 규정하지 않는다. 그리고 예수는 오늘날 우리가 생각하는 "유일신론자"가 아니다. 예수는 우주를 지배하는 유일한 하나님이라는 전제로부터 자신의 실존을 도출하지 않는다. "천국"이나 "하늘나라"도 그는 그냥 "나라"라고 말하거나, "아버지의 나라"라고 말할 뿐이다(제3장에서부터 이미 "나라"라는 주제가 예시되었고 그 개념이 계속 사용되고 있다). 그리고 제100장을 보면 "하나님"은 "카이사"와 "나"와 동등한 존재로서 상대화되어 있다. 따라서 "세 명의 신들이 있는 곳"에 예수는 관심이 없다. 세 명의 신들은 그냥 신들일 뿐이다. 예수의 구원의 대상일 수 없다. 그것은 객관적인 기술일 뿐이며, 개입의 여지가 없는 것이다. 예수가 함께 하고자 하는 것은 신이 아닌 인간이다. 나는 항상 그 한 명의 고독한 인간과 함께 하노라. 여기 "함께 하노라"라는 표현도 어떤 구원론적 독단(soteriological dogma)을 전제로 하지 않은 아름다운 표현이다.

"세 명의 신들"이라는 주어에서 "신들"을 연문으로 제거하여 버려도 문맥은 명료해진다. "세 명이 있는 곳에선, 그들은 신들일 뿐이다." 임재사상으로서 해석하면, 세 명이 있는 곳에 신이 임재하므로 그 세 명은 신들일 뿐이다. 완전한 존재임을 가장하는 세 명의 인간들이며 세 명의 신들이다. 예수는 이런 신들에게 관심이 없다. 그가 관심을 가지는 것은 28장에서 말하는 대로 술취한 인간이며, 가슴의 눈이 멀어 보지 못하는 인간이며, 텅 빈 채 왔다가 텅 빈 채 떠나는 외로운 인간이다. 예수는 바로 이러한 사람의 자식들을 연민하고 이들 때문에 고통스러워하는 위대한 영혼이다. 그 외로운 고독의 개체와 예수는 함께 하고자 하는 것이다. 본 장의 대의는 개인의 해탈·득도가 단체에로의 신의 임재보다 더 중요하다는 것이며 이것은 예수운동의 갈구하는 깨인 개체들에 대한 격려를 함의하고 있다. 42장에서 말하는 고독한 방랑자의 심상과 일치하고 있다고 보아야 할 것이다(Jesus said, "Be passersby." Th.42).

선지자와 고향, 그리고 의사와 의사를 아는 자들

제31장

¹예수께서 가라사대, "선지자가 고향에서 환영을 받는 자가 없느니라. ²의사는 그 의사를 아는 자들을 고치지 아니 한다."

¹Jesus said, "A prophet is not acceptable in the prophet's own town; ²a doctor does not heal those who know the doctor."

沃案 4복음서에 공통으로 나오고 있는 이 유명한 말의 한 원형을 우리는 도마복음에서 발견하게 된다. 우선 4복음서의 문구들을 한번 살펴보자.

(마 13:57) 예수를 배척한지라 예수께서 저희에게 말씀하시되, "선지자가 자기 고향과 자기 집 외에서는 존경을 받지 않음이 없느니라."

(막 6:4) 예수께서 저희에게 이르시되, "선지자가 자기 고향과 자기 친척과 자기 집 외에서는 존경을 받지 않음이 없느니라."

(눅 4:23~24) ²³예수께서 저희에게 이르시되, "너희가 반드시, '의원아! 너를 고치라'하는 속담을 인증하여 내게 말하기를, '우리의 들은 바 가버나움에서 행한 일을 네 고향 여기서도 행하라'하리라." ²⁴또 가라사대, "내가 진실로 너희에게 이르노니 선지자가 고향에서 환영을 받는 자가 없느니라."

(요 4:43~45) ^{43}이틀이 지나매 예수께서 거기를 떠나 갈릴리로 가시며, ^{44}친히 증거하시기를 선지자가 고향에서는 높힘을 받지 못한다 하시고, ^{45}갈릴리에 이르시매 갈릴리인들이 그를 영접하니 ……

이 4개의 파편을 비교해보면 공관복음서(마태·마가·누가)는 한결같이 예수가 자기 자신의 고향인 나사렛에 와서 예수의 전력이나(일개 동네 목수였다), 부모나 가족관계를 잘 아는 사람들에 의하여 배척당한 역사적 사실을 배경으로 뱉어놓는 이야기로서 구성되어 있다. 예수의 동선은 가버나움과 나사렛 주변, 그러니까 갈릴리 지방 내에 국한되어 있다. 그러나 요한복음은 특이하게 이 사건을 예루살렘에서 갈릴리로 돌아가는 과정에다가 설정해놓고 있다. "고향"이라는 의미가 결코 나사렛이라는 좁은 지역에 한정되지 않는다. 예루살렘에서 갈릴리로 돌아가는 과정에서 예수는 사마리아를 경유하게 되었고, "야곱의 우물" 주변에서 사마리아의 여인에게 영생의 샘물을 선사케 되는 그 유명한 사건을 체험한다. 그리고 사마리아를 떠나 갈릴리로 돌아가면서 이 이야기를 하고 있는 것이다.

더구나 공관복음서는 "선지자가 고향에서 존경(환영) 받지 못한다"는 메시지를 예수 자신이 처한 곤요로운 상황을 정당화하는 메시지로서 긍정하고 있지만, 요한복음은 공관복음서의 의미맥락을 객관화시키면서 그 메시지를 부정한다. "선지자가 고향에서 존경받지 못한다"는 통념에 대한 반역을 일으킨다. 즉 예수는 이러한 통념과는 달리 **고향에서 영접을 받았다**는 것이다. 혹자는 이러한 통념을 거스르는 상황을 무마하기 위하여, 요한복음의 "고향"(파트리스, *patris*)은 나사렛을 가리킨 것이 아니라, 그의 출생지인 베들레헴이나, 유대 지방(Judea), 혹은 그의 정신적 고향(spiritual homeland)이자 유대교의 센터인 예루살렘을 가리킨 것이라고 주장한다. 그러나 요한복음의 저자는 예수가 베들레헴에서 태어났다는 사실을 근본적으로 전제하지 않을 뿐 아니라, 다윗의 혈통과 관련된 베들레헴 탄생의 사실을 정면으로 거부한다(요 7:42). 전후 문맥으로 볼 때 파트리스(고향)는 사마리아라는 이방지역에 대한 유대인들의 본고장(his own country), 즉 유대 지방과 갈릴리 지방을 폭넓게 지칭한 것으로 보인다. 예수는 유대인들과 대적적 관계에 있는 사마리아 지방의 사람들에게도 환대를 받았으며, 또 유대인들의 본고장인 유대지방이나 갈릴리에서도 환대를 받았다는 것이다. 따라서 선지자는 고향에서 대접을 받지 못한다는 통념은 역전이 가능하다는 것이다. 따라서 도마복음 로기온과 요한복음 기사는 직접적인 관련이 없다. 요한복음 기자는 공관복음서의 논리를 여유롭게 역전시킬 수 있을 만큼, 거리를 가지고 자기의 드라마를 꾸며나가고 있다. 그러나 선지자가 고향에서 대접받지 못한다는 예수의 메시지는 빼놓을 수 없을 만큼 중요하게 회자되었던 로기온자료였음에 틀림이 없다.

공관복음자료와 도마자료를 비교하여 보면, 도마자료에 가장 근접하는 것은 누가자료라는 것을 알 수 있다. 마태와 마가는 모두 "… 밖에서는 존경을 받지 않음이 없다"라는 이중부정의 표현을 취하여 결국 존경을 받는다는 사실에 대한 강조를 나타내고 있다. 그러나 맥락적으로 볼 때, 이 메시지는 어디까지나 고향사람들에 의하여 배척당한 사실을 전제를 하고 있는 것이므로 이러한 이중부정의 표현은 심히 에두른 표현일 뿐 아니라 문맥을 명료하게 드러내지 않는다. 마태와 마가는 누가와는 다른 전승에 기초해 있거나, 누가와 같은 계열의 로기온을 오사하거나 와전시킨 것일 수 있다. 공관복음서 중에서는 누가가 가장 오리지날한 것이라고 볼 수밖에 없다.

그리고 재미있는 사실은 마태와 마가에는 "의원"(의사)에 관한 말씀이 빠져있는데, 누가에는 "의원"에 관한 로기온이 들어가 있다는 것이다. 그러나 누가의 맥락은 명료하지 않다. "의원아! 너를 고쳐라 Physician, heal yourself"라는 속담이 과연 무엇을 의미하는지 어떠한 주석가도 명료하게 해석하지 않는다. "의사여! 남 잘 고친다고 자랑 말고, 네 병이나 고쳐라"라는 야유 섞인 말인지(공동번역), "딴 데서 행한 기적을 고향에서도 행하여 보이라"라는 뜻에 상응되는 어떤 의사의 기적적 과시를 함축하고 있는 말인지 도무지 알 수가 없다. 유대인 속담에, "의원아! 네 발 저는 것이나 고쳐라 Physician, heal your own limp."라는 말이 있다고 한다. 불트만은 아랍 격언(Arabic proverb)으로서 "타인은 잘 고치지지만 자기 자신은 병이 난 의사 A doctor who cares other people and is himself ill." "놀라운 것은 안과의사가 되려는 사람이 눈병자라는 사실이다 A wonderful thing is a man with diseased eyes who proposes to be an oculist."와 같은 용례를 든다 (*The History of the Synoptic Tradition* 107). 아마도 "자신의 병신됨"이라는 것은 "자기 고향에서의 행위"와 연결되는 어떤 의미체계일 것이다. 그러나 어떠한 맥락으로 해석해도 그 전후의 인과관계가 그다지 명료하지는 않다. 여기 "의사"가 하나의 주제로 거론된 것은 단지 선지자가 고향에서 배척받는다는 사실에 상응하는 또 하나의 메타포로서, 예수의 삶과 관계없는 객관적 담론으로서 제시된 것이 아니라, 구체적인 예수의 삶의 행위와 관련되어 있다. 실제로 예수가 한 일이란 예언자적인 언행과 병든자를 고치는 일이었다. 예수는 선지자였고 의사였다.

불트만은 이 도마복음서의 구절에 해당되는 옥시린쿠스의 사본을 보았고, 도마복음서의 로기온자료야말로 누가자료의 원형에 해당되는 것이라고 간주하였다. 그렇게 되면 누가가 도마자료를 잘못 베낀 것이 된다. 대부분의 주석가들이 불트만의 이러한 생각에 동의하지 않는다. 오히려 누가자료를 보고 도마가 자료를 구성한 것처럼 생각한다. 이것은 도마자료를 공관복음자료의 원형으로 보기를 꺼려하는 편견의 소산일 뿐이다. 도마자료에 의하여 기존의 공관복음서의 권위가 훼손되는 것을 암암리 꺼려하는 것이다. 그러나 독자들이 이 로기온자료에 한하여 공관자료와 도마자료를 비교하여 본다면, 어느 것이 더 시대적으로 앞서는, 더 소박하고 의미가 명료한 원형인지 쉽게 판단할 수 있을 것이다. 아직도 이러한 편견 때문에 도마복음서의 진가가 묵살되고, 후대의 영지주의문헌이라는 개념적 규정 속에 묶여있는 것이다. 도마복음서의 필사시기와 무관하게, 그 로기온의 전승은 최소한 큐복음서와 같은 시기의, 혹은 그보다 빠른 또 하나의 자료체계라는 것은 의심의 여지가 없다. 마가 6:1~6을 읽어보면, 마가는 이러한 맥락없는 로기온을 바탕으로 하여 예수가 고향으로 돌아가는 내러티브를 구성했다는 것을 확연하게 알 수 있다.

선지자가 고향에서 대접을 받지 못한다거나, 의사가 자기를 너무도 잘 아는 환자를 잘 고치지 못한다는 일반적 논의와 관련하여 우리는 예수의 행한 일들의 허구성을 적나라하게 지적할 수도 있다. 점쟁이가, 점쟁이를 개인적으로 너무도 잘 아는 사람들 앞에서는 점을 치기가 어려울 것이다. 왜냐하면 점친다는 것 자체가 "뻥"이기 때문이다. 여기 문제가 되고 있는 맥락도 비슷하다. 예수가 행한 일의 대부분이 상식적 사태가 아닌, 상식적 인과를 거부하는 기적적 사태이기 때문이다. 갈릴리 호수의 풍랑을 잦게 하고, 악령들을 돼지떼 속으로 집어넣어 버리고, 예수의 옷에 손을 댄 여인의 병을 낫게 하고, 죽은 야이로의 딸을 살려내는 등등의 일들을, "저 놈이 요셉의 아들 목수놈 아니야?" "에미가 마리아고, 그 형제들이 우리와 같이 사는 야고보, 요셉, 유다, 시몬이 아닌가?"라고 코웃음치는, 어릴 적부터 보아온 고향 촌로들 앞에서 그러한 기적을 행하기는 실로 어려운 것이다. 촌로들의 상식이 문제가 아니라 예수의 기적이 더 큰 문제일 수도 있다. 과거에 장원급제하여 고향으로 돌아와 정의로운 판결을 내리는 암행어사 이몽룡을 고향사람들이 배척할 리 만무하다. 이상을 실현하기 위하여 주유천하, 기나긴 고난의 행군 끝에 고향으로 돌아온 공구(孔丘)를 노(魯)나라 사람들은 환대하였고 그를 국부(國父)로 모시었다. 오늘날의 국회의원도 국회에서 정의로운 발언을 하면 누구보다도 고향사람들이 먼저 그를 아끼고 사랑한다. 어찌 선각자가 고향에서 대접받지 못한다는 논리가 보편적 정칙일 수 있을까보냐? 돌아온 예수의 화려한 행적이 더 큰 문제가 아니겠는가?

이러한 문제와 관련하여 우리는 도마복음의 깊은 의미맥락을 철저하게 이해할 필요가 있다. 우선 도마복음에는 기적을 행하는 등등의 내러티브(사건기술양식)가 전제되어 있질 않다. 그러므로 사복음서는 그 내러티브가 로기온의 내용을 규정해버리지만, 도마복음 속의 "살아있는 예수의 말씀"은 그러한 드라마적 맥락의 한 요소가 아니라 진리를 발견하는 사람들에게만 그 의미가 드러나는 은밀한 그 무엇이다. 따라서 해석자가 어떠한 맥락에서 이 말씀을 이해하는가에 따라 그 의미는 달라질 수 있다. 모든 사람들이 공유하는 상식적 도덕의 축적을 성취해온 사람은 물론 고향에서 배척받을 일이 없다. 그러나 인간의 도덕이 꼭 그가 처한 시대의 상식적 인과와 일치되는 것은 아니다. 상식적 도덕의 인과를 뛰어넘는 행위도 때로는 상식에 쩔어버린 정체된 역사를 변혁시키는 힘이 된다. 예수의 기적은 마술이 아니라 이러한 "힘"의 상징적 표현일 수도 있다. 고향사람들은 과거에 자기들이 알았던 인간의 모습에만 집착하여 그 인간이 현실적으로 성취하고 있는 힘의 리얼리티를 인정하지 못한다. "우리가 잘 아는 아무개"라고 말하지만, 그 "앎"이란 살아움직이는 진리의 앎이 아닌, 이미 시간 속에 형해화되어버린 죽어버린 앎이다. 실제로 그들은 예수가 누구인지를 모르면서 "잘 안다"고 떠벌리는 것이다.

초등학교동창회를 나갔을 때, 지금 나의 모습을 보지 못하고, 초등학교시절에 그들이 알았던 "나"만을 가지고 우정과 의리와 애정을 운운하는 환경에 봉착했을 때, 누구든지 깝깝한 느낌만 들 것이다. "요셉의 아들인 동네 목수"와 지금 "아버지의 아들"로서 은밀한 말씀을 전하고 있는 예수와는 전혀 상관이 없다. 예수가 말하는 진리는 이러한 가족관계로부터의 단절과 해탈을 배경으로 하고 있다 (Th.16, 55, 99, 105). 따라서 여기 궁극적인 주제는 단독자인 예수의 실존적 고독이다. 예수는 자기가 살아가고 있는 세상의 사람들의 인식의 한계와 투쟁하고 있는 것이다. 술취한 사람들, 가슴속이 눈멀어 보지 못하는 사람들의 거짓된 인식과 타협하지 못하는 예수의 고독이 여기 묘사되고 있는 것이다. 이러한 고독은 예수라는 실존의 고독인 동시에 예수운동에 참여하는 모든 방랑자의 고독이기도 했다. 예수를 따르는 사람들은 그러한 고독을 자기 삶 속에서 실천함으로써 진리의 길로 나아가야 하는 것이다.

바알베크 바카스신전의 내부 모습. 바알베크에서는 "작은 신전 Small Temple"이라고 부르지만 아테네의 파르테논신전보다도 크다(길이 69m, 폭 36m). 로마세계에서 가장 아름답게 조각된 신전으로 알려졌다. 아직도 보존상태가 양호하다. 밖에는 33개의 계단(3단식)이 있고, 내부는 프로나오스와 나오스(지성소)로 나뉘고 그 사이는 두 단의 계단이 있다. 세부적으로 아름다운 조각이 많이 있으며 전체적인 짜임새가 탁월하다. 혹자는 이 성전이 비너스/아스타르테에게 바쳐진 것이라고 주장하기도 한다. 옆의 주신전인 주피터신전의 짝으로 지어졌으며 주피터컬트 신자들의 이니시에이션의 용도로 쓰인 곳이라는 것이다.

Thomas 32

높은 산 위에 지어진 동네

제32장

¹예수께서 가라사대, "높은 산 위에 지어진, 요새처럼 강화된 동네는 무너질 수 없고, 또한 숨겨질 수도 없다."

¹Jesus said, "A city being built on a high mountain and fortified cannot fall, nor can it be hidden."

沃案 큐복음서에 나오는 자료의 한 원형을 여기서 엿볼 수 있다(도올 김용옥, 『큐복음서』 115. Q22. 마7:21~27, 눅 6:46~49). 그러나 자세히 살펴보면 큐자료는 도마자료의 일면만을 분립(分立)시켰다.

(마 7:24~25) 그러므로 누구든지 나의 이 말을 듣고 행하는 자는 그 집을 반석 위에 지은 지혜로운 사람 같으리니, 비가 내리고 창수(漲水)가 나고 바람이 불어 그 집에 부딪히되 무너지지 아니하나니, 이는 주초를 반석 위에 놓은 연고니라.

(눅 6:47~48) 내게 나아와 내 말을 듣고 행하는 자마다 어떤 사람 같은지를 너희에게 보여주리라. 집을 짓되 깊이 파고 주초를 반석 위에 놓은 사람과 같으니, 큰물이 나서 탁류가 그 집에 부딪히되 잘 지은 연고로 능히 요동케 못하였나니라.

마태·누가에 공통된 이 큐자료의 특성은 도마의 메시지 중에 난공불락의 견고성(invincibility)의 한 면만을 부각시키고 있다는 것이다. 그러나 도마의 로기온 속에는 두 개의 메시지가 융합되어 있는 형태를 취하고 있다. 그 하나는 높은 산 위에 지어졌기 때문에 숨겨질 수 없다는 것이다. 드높은 곳에 있어 누구나 바라볼 수 있다. 그래서 감출 수 있는 성격의 것이 아니라는 것이다. 이것은 명명백백함, 당당함, 개방성(openness), 그리고 보편성을 함축하고 있다.

또 하나는 강력한 성채처럼 견고하게 구축되어 무너질 수 없다는 것이다. 이것은 명백히 외부로부터의 공격을 전제로 하고 있다. 세상사람들이 아무리 공격을 가해도, 비난하고 음해를 일삼아도, 결국 굳건히 견디어낼 수 있으며 궁극적인 승리를 맞이하게 된다는 것이다. 이 후자의 메시지가 마태-누가의 큐자료로 확대된 것이다. 그런데 도마자료를 잘 살펴보면 "높은 산 위에 지어졌고 또 요새처럼 강화되었다"라는 융합된 표현은 극히 자연스럽다. 마사다 요새처럼 높은 곳에 위치하여 누구든지 바라볼 수 있으면서도 견고하여 공격하기 어렵다는 표현은 조금도 부자연스럽지 않다. 그런데 이 융합된 표현 중 전자의 메시지는 마태 5:14에 분립되어 나타나고 있다. 마태를 조금 길게 인용하여 보겠다.

> (마 5:14~15) ¹⁴너희는 세상의 빛이라. 산 위에 있는 동네가 숨기우지 못할 것이요. ¹⁵사람이 등불을 켜서 됫박 속에 숨기지 아니하고 등경 위에 두나니, 이러므로 집안 모든 사람에게 비취느니라.

"높은 산 위에 있는 동네는 숨기우지 못한다"라는 메시지는 분명 도마에서는 "성채의 높음과 강함"의 융합된 표현이며, "빛의 비유"에 종속된 메시지는 아니었다. 그런데 재미있게도 마태의 5:15의 메시지는 또 하나의 큐자료(Q42)에 속하는 것으로, 또 다시 도마의 다음 장인 제33장에 등장하고 있다. 그러니까 마태는 도마복음 32장의 전반부와 33장을 합성하여 그 유명한 산상수훈의 일부로 활용한 것이다. 텍스트는 단순한 형태에서 복잡한 양식으로, 미분화된 덩어리에서 분화된 양식으로 발전하게 마련이다. 도마 32장에 한정하여 말해도, 이것을 공관복음서 자료와 비교하여 본다면, 누구든지 상식적으로 도마가 원자료이고, 이 도마의 자료들(최소한 原도마, Ur-Thomas)이 큐복음서와 공관복음서로 분화되어 나아간 과정을 쉽게 살피어볼 수 있을 것이다. 그런데 많은 주석가들이 오히려 공관복음서의 다양한 자료들을 놓고 도마가 간추려 구성한 것이라는 식으로 억지춘향의 논리를 편다. 도마라는 기록자가 과연 그러한 짓을 할 정도의 천재였는지는 내 알 바 없으나, 세계 성서주석학의 수준이 어떤 이념적 편견에 묶이어 있다는 것을 개탄할 수밖에 없다. 이것은 마치 우화중심의 방대한 『장자』의 다양한 파편들을 골라 모아 간결한 『노자』가 성립했다는 것을 입증하려는 노력과 같은 것이다. 사학자 치엔 무(錢穆, 1895~1990)가 한때 "장로사상莊老思想"을 운운했지만 간백문헌의 출현은 그러한 가능성을 일소시켰다.

 도마복음의 원래의 의미맥락에 관하여 우리는 두 가지 가능성을 논의할 수 있다. 그 하나는 "높은 산 위에 지어진 동네"를 예수를 따르는 자들의 내면적 실상(實相)으로 파악하는 것이다. 실존철학에서 말하는 "본래적 자아"라는 표현을 도입한다면, 예수를 따르는 자들의 본래적 자아는 항상 그렇게 높은 이상과 견고한 신념의 자질을 지니는 것이어야 한다는 것이다. 세상의 박해는 끊임없이 다가오지만 숨지 아니 하고 당당하게 맞서 이겨내는 그러한 강인함과 공적인 개방성을 견지해야 한다는 것이다. 그리하면 궁극적으로 승리를 맞이하리라는 격려의 메시지를 함축하고 있다.

 그러나 여기 "동네"로 번역된 말의 영어번역이 모두 "씨티city"로 되어 있듯이, "동네"는 "도시"의 규모이며, 그것은 사회적 제도(social institutions)이다. 개인의 내면적 수양의 문제일 수도 있지만, 예수운동의 공동체(Jesus Movement Community)를 전제로 한 논의일 수도 있다. 예수운동의 공동체는 남의 눈을 피해 다니는 비밀결사가 아니라 공적인 성격을 지니는 것으로서 그 명백함(visibility)와 견고함(invincibility)의 특징을 지닌다. 이 말씀은 예수운동의 방어와 궁극적인 승리를 보증하고 있는 것이다. 그러나 예수운동의 승리는 단체의 승리에 의존하는 것이 아니라 살아있는 예수의 은밀한 말씀들을 해석하는 개체의 내면에 의존한다는 의미에서, 우리는 이 두 개의 해석의 가능성을 융합할 수 있을 것이다. 예수의 말씀의 은밀함은 비밀스러움이 아니라, 난해한 상징성일 뿐이며, 그 궁극적인 성격은 이와 같이 드높고 명명백백하며, 개방적이면서도 무너지지 않는 것이다. 바로 이러한 측면 때문에 도마복음서는 밀교적 모호한 밀의를 벗어나는 위대성을 과시하고 있는 것이다.

유대광야의 마사다 요새. 거대한 바위산 정상 고지에 성이 자리잡고 있다. 주변 어느곳에서든지 보이지만 난공불락의 성이었다.

Thomas 33

등불은 등경 위에

제33장

¹예수께서 가라사대, "너의 귀로 네가 듣는 것을, 너희 집 지붕 위에서 타인의 귀로 전파하라. ²그 어느 누구도 등불을 켜서 됫박 아래 감추거나, 숨겨진 장소에 두거나 하지 않는다. ³오히려 그것을 등경 위에 올려놓나니, 이는 집안에 들어오고 나가는 모든 사람들로 하여금 그 빛을 보게하려 함이니라."

¹Jesus said, "What you(sg.) will hear in your(sg.) ear, in the other ear proclaim from your(pl.) rooftops. ²For no one lights a lamp and puts it under a bushel, nor does he put it in a hidden place, ³but rather he sets it on a lampstand so that everyone who enters and leaves will see its light."

 이 도마 로기온도 두 개의 큐자료로 분화되어 나갔다. 그 두 개의 자료를 보고 이 도마자료가 합성되었다는 논의는(아라이: 아라이는 도마복음 연구가 성숙하지 못한 초기의 독일신학계의 자료에 의존하여 계속 이러한 관점을 펴는데 그의 논의는 근원적으로 전체적 틀이 잘못 설정된 것이다) "장로莊老"의 오류에 불과하다. 1절은 Q45로 2·3절은 Q42로 분화되었다. 1절의 복음서 병행구절은 다음과 같다.

(마 10:27) 내가 너희에게 어두운 데서 이르는 것을 광명한 데서 말하며, 너희가 귓속으로 듣는 것을 집 지붕 위에서 전파하라.

(눅 12:3) 너희가 어두운 데서 말한 모든 것이 광명한 데서 들리고, 너희가 골방에서 귀에 대고 속삭인 것이 집 지붕 위에서 전파되리라.

보통 누가 쪽이 더 많이 큐의 원형을 보존하고 있다고 간주되고 있는데, 이 경우는 마태가 도마자료(혹은 같은 계열자료)를 전승하고 있다고 사료된다. 따라서 도마자료의 의미도 마태자료로써 보강되어질 수가 있다. 도마자료에서 "너의 귀로 in your ear"라는 구문이 두 번 반복되고 있다. 이것은 사본의 기록자가 실수로 같은 구문을 두 번 반복하는 것으로 보통 이런 전사의 문제를 "디토그라피 dittography"라고 부른다. 그래서 람브딘(Lambdin)은 아예 뒤에 나오는 "in your ear"를 생략해버렸다. 그래서 그는 다음과 같이 번역했다: "너의 귀로 네가 듣는 것을 너희 집 지붕 위에서 전파하라. Preach from your housetops that which you will hear in your ear." 그러나 메이어는 뒤에 나오는 "너의 귀로 in your ear"를 "타인의 귀로 in the other ear"로 재구성했다.

도마에서 "너의 귀로 네가 듣는 것을"이라는 표현은 그냥 귀로 듣는다는 것이 아니라, "가까이 귀에 대고 은밀하게 속삭여지는 것"이라는 의미가 내포되어 있다. 그것이 마태에는 "내가 너희에게 어두운 데서 이르는 것을"이라는 표현으로 조금 더 구체화되어 있다. "어두운 데서"라는 뜻은 은밀한 장소에서 은밀하게 일러준다는 뜻이다. 도마복음의 대전제가 "살아있는 예수의 은밀한 말씀"이었으므로, 예수의 전하는 말씀은 그 말씀을 이해할 수 있는 소수의 해석자들(interpreters)에게 은밀히 전한 말씀이었다는 매우 에소테릭(esoteric)한 분위기가 여기 깔려있는 것이다. 예수를 따르는 자의 깨달음은 결국 내면의 과정이므로 에소테릭(내밀內密의) 하지 않을 수 없다. 그러나 예수의 가르침의 위대성은 그러한 비전(秘傳)의 밀교적 분위기에 제자들을 가두지 않는다는 데 있다. 전통적으로 마태의 주석가들은 예수가 어두운 데서, 귓속말로 속삭이는 모습이 마태의 전체적 분위기에 잘 맞아떨어지지 않는다고 지적해왔다. 그래서 누가자료가 더 오리지날한 것이라고 생각했다. 누가자료에는 주체가 예수로 되어있지 않기 때문이다. 마태가 누가자료를 콘트라스트를 강조하기 위하여 변형시킨 것이라고 생각했는데, 도마자료의 출현으로 마태자료의 정확한 전승구조가 밝혀진 셈이다(NIGTC Mattew 435~6).

"너희 집 지붕 위에서 타인의 귀로 전파하라!"(도마). "내가 너희에게 어두운 데서 이르는 것을 광명한 데서 말하여, 너희가 귓속으로 듣는 것을 집 지붕 위에서 전파하라"(마태). "귓속으로 듣는 것을"이라는 표현도 "은밀하게 귓속에 속삭여지는 것을"이라는 의미이다. 깨달음의 과정은 이와 같이 은밀한 비전의 과정일 수 있지만, 일단 깨닫고 나면 반드시 그 깨달은 바를 공적으로 선포해야 한다. 타인에게 숨김없이 명명백백하게 전파해야 하는 것이다. 내면적 깨달음(interior knowledge)과 외면적 선포의 사명(external mission)이 동시에 설교되고 있다. 따라서 예수가 말하는 영지는 결코 비전적인 영지가 아니다. 영지는 반드시 공적인 정보체계로 전환되어야 한다. 감추인 것이 드러나지 않을 것이 없고, 숨은 것이 알려지지 않을 것이 없다(마 10:26). 이러한 표현도 복음서의 주석가들은 "심판의 날"을 전제로 한 말로서 해석하지만(a saying towards the eschatological climax), 진리에 대한 예수의 자신감으로서 순수하게 해석할 수도 있다. 모든 영지는 옥상에서 선포됨으로써 주변 사람들에 의하여 공적으로 검증되어야 한다. 이러한 공적인 검증과 관련하여 다음의 "빛"의 비유가 동원되고 있는 것이다. 밝은 등불의 빛 아래 오가는 누구든지 다 쳐다볼 수 있는 환경 속에서 검증되어야 하는 것이다. 도마복음서에는 이러한 은밀함과 공개성의 양측면이 항상 공존하고 있다.

"집 지붕 위에서 전파하라 Proclaim from your rooftops"는 표현은 팔레스타인

지역의 고가옥 구조와 관련되어 있다. 마가 2:4(눅 5:19)에는 중풍병자를 지붕으로부터 달아 내려보내는 장면이 기술되고 있지만, 실제로 지붕은 경사가 없이 평평하게 되어 있으며(본서 제1권 p.340 카즈린 마을의 가옥구조 참고) 다락방을 지나 쉽게 올라갈 수 있다. 옥상에서 동네사람들에게 크게 이야기하는 것은 팔레스타인 사람들의 흔한 풍경이었다. 요세푸스의『유대인전쟁 The Wars of the Jews』(Book 2. Chapter 21. 611)에도 옥상에 올라가 동네사람과 이야기하는 장면이 묘사되고 있다.

2·3절의 내용은 공관복음서에 다 나오고 있다.

(마 5:15) 사람이 등불을 켜서 됫박 아래 두지 아니 하고 등경 위에 두나니, 이러므로 집안 모든 사람에게 비취느니라.

(막 4:21) 또 저희에게 이르시되, 사람이 등불을 가져오는 것은 됫박 아래나 평상 아래 숨기려 함이냐? 등경 위에 두려함이 아니겠느뇨?

(눅 8:16) 누구든지 등불을 켜서 그릇으로 덮거나 평상 아래 두지 아니하고 등경 위에 두나니, 이는 들어가는 자들로 그 빛을 보게 하려 함이라.

(눅 11:33) 누구든지 등불을 켜서 움 속에나 됫박 아래 두지 아니하고 오히려 등경 위에 올려놓나니, 이는 집안에 들어가는 자로 하여금 그 빛을 보게 하려 함이니라.

이 4개의 파편을 비교해보면 도마의 로기온은 누가 11:33과 가장 근접하고 있음을 알 수 있다. 도마와 동일계열의 자료를 누가가 활용했음을 알 수 있다. 도마자료에 있어서 "빛"은 깨달음의 개방성과 관련되어 있었다. 마태자료는 그것을 인간에게 내재하는 빛이나 선한 행실, 교화의 능력 등의 맥락으로 활용하고 있다. 누가 11:33에 이어지는 말들은(11:34~36) 도마 24장과도 관련성이 있다.

Thomas 34

눈먼 자가 눈먼 자를

제34장

¹예수께서 가라사대, "눈먼 자가 눈먼 자를 인도하면 둘이 다 구덩이에 빠지리라."

¹Jesus said, "If a blind man leads a blind man, both of them will fall into a pit."

沃案 본 로기온도 큐복음서자료(Q19)와 일치하고 있다.

(눅 6:39) 또 비유로 말씀하시되, 눈먼 자가 눈먼 자를 인도할 수 있겠느냐? 둘이 다 구덩이에 빠지지 아니 하겠느냐?

(마 15:14) 그냥 두어라. 저희는 눈먼 자가 되어 눈먼 자를 인도하는 자로다. 만일 눈먼 자가 눈먼 자를 인도하면 둘이 다 구덩이에 빠지리라.

누가자료는 큐복음서의 원형을 보존하고 있다고 사료되고 있다. 배열순서나, 다음에 나오는(눅 6:40) "제자와 선생"에 관한 파편이 소경의 비유와 연접되어 있는 텍스트 형태로 볼 때, 누가자료가 큐자료의 원형에 더 가깝다고 간주되는 것이다. 누가자료에서는 문장이 반문형태를 취하고 있는데, 이 문장에서 앞의 "눈먼 자"는 예수 자신을 가리키고 있다. "만약 내가 눈먼 자가 되어 너희 눈먼 사람들을 인도한다면 결국 다같이 구덩이에 빠지고 말 것이 아니겠느냐?"라는 반문인 것이다. 즉 나 예수는 눈먼 자가 아니라는 자신감, 확신감을 내보이고 있는 것이다. 물론 여기 "눈이 멀었다"는 것은 문자 그대로 "시력이 없다"는 뜻이 아니라 "영적인 비젼의 결여 the lack of spiritual vision"를 의미하고 있다. 예수는 "눈을 뜬 자"이며, 아버지의 질서를 보는 자이다.

그런데 도마복음서 자료는 마태자료와 거의 일치하고 있다. 마태자료는 큐를 변형시켰다기보다는 도마계열자료를 계승하였다고 보아야 할 것이다. 그런데 더 중요한 사실은 도마와 마태에서는 앞의 "눈먼 자"가 예수 자신을 가리키는 것이 아니라, 예수와 예수를 따르는 자들 사이에 개입되기 쉬운 "이끄는 자"(Th.3), 즉 "지도자"라고 자칭하는 인간들이다. 도마 제3장에 "너를 이끈다 하는 자들이 너에게 이르기를"이라는 표현에 명시되어 있듯이 항상 영적 공동체에는 영적 리더들이 나타나게 마련이며, 대개 그러한 "영적 리더들"이 순진한 대중을 잘못 리드하는 것이다. 그들의 비젼 자체가 진리의 실상을 보지 못하는 것이다. 만약 우리나라 대형교회의 목사가 "눈먼 자"라고 한다면 그 대형교회에 열심히 헌신하는 신도들 전체가 목사와 함께 암흑의 구렁텅이에 빠지고 말 것이다. 소경을 이끄는 자가 소경이 되어서는 아니 된다는 이 경고는, 우리가 항상 내면적인 반성을 통하여 끊임없이 자기성찰을 해야만 한다는 당위성을 요구하고 있다. 우리나라 학교의 교사들이 눈먼 자가 되어 실제로 눈먼 자가 아니라 단순히 아직 눈을 뜨지 못했을 뿐인 순결한 학동들을 이끌어 간다면 과연 이 나라의 미래는 어떻게 될 것인가?

놀라웁게도 이러한 문제상황에 대한 해결책을 도마는 제시하고 있다. 교사여! 그대의 집을 누구든지 쳐다볼 수 있는 저 높은 언덕 위에 요새처럼 견고하게 지어라! 숨겨질 수도 없고, 무너질 수도 없도록!(Th.32) 네 가슴의 양심의 빛을 됫박 속에 숨기지 말고 등경 위에 올려놓아 모든 사람에게 비추도록 하라! 그리고 네가 깨달은 바는 항상 지붕 위에서 전파하여 모든 이의 검증을 받아라!(Th.33). 항상 술에 취하여 목마름이 없는 세상사람들을 위하여 고통스러워하라!(Th.28).

한국 교계의 가장 큰 문제점은 사회적 반성과 검증을 거부하고 두려워한다는 것이다. 그리고 단체적 압력으로 자신들의 권익만을 옹호하려 드는 것이다. 종교에 있어서 단체적 압력의 과시는 그 종교의 패망의 가장 확실한 싸인이다.

등경(燈檠) 위의 등잔. 바닥에 놓인 청동 오브제는 샹들리에인데 최외곽을 두르고 있는 구멍들 속에 유리등잔을 꼽아 매달게 되어 있다. 초대교회에서 쓰인 것이다. 이 진열품은 비잔틴시대의 것으로 보인다.

지혜로운 도둑질

제35장

¹예수께서 가라사대, "누구든지 강한 자의 집에 쳐들어가, 그의 양손을 결박하지 않고서는, 그 집을 늑탈하지 못하리라. ²결박한 후에야 강한 자의 집을 샅샅이 약탈할 수 있으리라."

¹Jesus said, "It is not possible for anyone to enter the house of a strong man and take it by force unless he binds the person's hands. ²Then he will be able to ransack the person's house."

沃案 본장도 공관복음서 전부에 병행구가 있다. 예수의 병고치심을 "바알세불의 권능"이라고 매도하는 스토리 속에 한 구절로 들어가 있는데 보통 큐복음서를 재구(再構)하는 학자들은 이 구절을 큐자료(Q37)에서 제외시키지만, 큐자료일 가능성도 있다(메이어 註).

(마 12:29) 사람이 먼저 강한 자를 결박하지 않고서야 어떻게 그 강한 자의 집에 들어가 그 세간을 늑탈할 수 있겠는가? 결박한 후에야 그 집을 늑탈할 수 있으리라.

(막 3:27) 사람이 먼저 강한 자를 결박하지 않고서는 그 강한 자의 집에 들어가 세간을 늑탈하지 못하리라. 결박한 후에야 그 집을 늑탈

할 수 있으리라.

(눅 11:21~22) 강한 자가 무장을 하고 자기 집을 지킬 때에는 그 소유가 안전하되, 더 강한 자가 와서 그를 이길 때에는 그가 믿던 무장을 빼앗고 그의 재물을 나누느니라.

마태와 마가는 동일계열의 자료에 의거하고 있고, 누가는 마가-마태자료를 전후문맥에 따라 보다 구체적으로 의미가 통하도록 윤색시킨 붓자국이 역력하다. "강한 자"와 "더 강한 자"를 대비시켜 사탄(강한 자)과 예수(더 강한 자)의 대결을 명료하게 부각시키고 있다. 그리고 "그가 믿던 무장을 빼앗고 그의 재물(전리품)을 나누어 갖는다"라는 표현으로서 "집을 늑탈한다"는 "도둑질thievery"의 의미를 완화시키고 있다.

마태와 마가가 동일계열의 자료를 공유하고 있는데 도마는 마가에 가깝다. 여기 밀집되어 있는 로기온 자료들(Th.31~36)이 공관복음서 어느 하나에 집중되어 있지 않고 마태·마가·누가에 골고루 그 친화성이 있는 것을 보아도, 도마가 마태·마가·누가 이전의 원자료라는 것이 방증된다. 도마복음의 출현으로 앞으로 연구성과가 축적된다면, 공관복음서의 전승문제가 상당히 복잡한 양상을 띠게 될 것이다.

여기 중요한 것은 이 장의 내용의 해석이다. 공관복음서는 다음과 같은 세팅 속에서 이 로기온을 원용하고 있다. 예수가 병고치심의 기적을 행하는 것을 보고, 바리새인들은 예수가 바알세불(바알신을 의미하는 어원으로부터 유래된 악의 힘의 수장)의 힘을 빌어 그러한 권능을 행하고 있다고 비난한다. 그러자 예수는 만약 내가 바알세불(사탄의 수장)의 힘을 빌어 사탄을 몰아내고 있다고 한다면 그것이야말로 사탄이 사탄을 탄압하는 꼴이 될 것이며, 그렇게 되면 사탄의 왕국이 자멸할 것이 뻔하다고 강변한다. 그러면서 사탄의 왕국의 자멸과 더불어 하나님의 나라의 필연적 도래를 선포하는 것이다. 예수의 병고치심의 대부분이 병자의 몸에서 귀신을 몰아내는 엑소시즘(exorcism)의 형태였기 때문에 이러한 논의가 일어난 것이다. 이러한 논의에 이어 그 논의의 의미맥락 속에서 이 로기온자료가 동원되고 있다. "강한 자"는 사탄이다. 요한계시록 20:2에는 다음과 같은 표현이 있다: **"용을 잡으니 곧 옛 뱀이요 마귀요 사탄이라. 그 놈을 잡아 일천 년 동안 결박하여 …"** 하여튼 메시아 시대에는 사탄을 결박시켜 감금시킨다는 생각이 있었다. 그렇게 하여 하늘나라가 방해를 안 받고 힘차게 전진한다는 것이다. 사탄은 하늘에서 쫓겨나 지상으로 내려와 인류를 거짓된 예배와 하나님에 대한 적극적 반역 행동을 하도록 활동한다. 그러나 하나님의 나라에서는 그리스도의 권능으로써 사탄이 활동을 하지 못하도록 결박시킨다는 것이다. 그러나 하나님의 나라는 아직 오지 않았다. 따라서 사탄의 결박도 미래적 사건이다. 이런 류의 공관복음서 해석은

팔미라의 바알신전 입구에 남아있는 파괴된 돌조각. 바알신상을 낙타 위에 모시고 끌고 가는데 그 뒤를 팔미라 여인들이 쫓아가고 있다. 신상을 받들고 행진하는 풍습은 이집트인이 창시하고 그리스인이 받아들였다고 헤로도토스는 쓰고 있다. 제일 앞의 여인은 오른손을 낙타 위에 얹고 있다. 여인들의 모습이 사막기후에 적응하는 사람들의 자연스러운 복장을 하고 있다. 아랍문화와 관계없다. 그리고 그 묘사가 후대의 성모마리아상과도 연결되어 있음을 알 수 있다.

이미 교회질서와 아포칼립스를 전제로 하고 있는 해석이다. 아버지의 나라는 이미 묵시론적 하늘나라로 변질되어 있는 것이다.

그러나 도마에는 예수의 엑소시즘이 없다. 예수는 마귀를 내쫓는 심령술사가 아닌 것이다. 그리고 아포칼립스의 긴박한 도래의 위협도 없다. 그러면 이 로기온을 어떻게 이해해야할까?

여기 이 로기온의 표현이 도둑질과 관련되어 있기 때문에 예수운동의 주체세력을 도둑놈으로 상정하는 것 같은 느낌을 줄 수가 있다. 그러나 여기 "도둑놈"은 결코 하나의 은유적 표현일 뿐, 어떠한 도덕적 의미를 부여해서는 아니 된다. 이 로기온에서 도둑놈은 결코 부정적 의미에서 사용되고 있질 않다. 여기 "강한 자"는 문자 그대로 강한 자이다. 즉 세속적으로 권세와 부를 손아귀에 쥐고 있는 강자들이며 예수를 따르는 빈곤하고 소외된 자들을 탄압하는 자들이다. 예수운동은 강자에 의하여 억압받는 소외계층을 위한 운동이다.

여기 강자의 집으로 들어간다는 것은, 강자의 집 속에 약탈할 가치가 있는 귀중품이 있다는 것을 말해주고 있다. 그런데 강자는 손이 풀려있으며 자유롭게 자신의 강권을 발동하여 귀중품을 보호할 수가 있다. 이것은 오늘날의 기득권사들(the Establishment)의 상황을 생각해보면 쉽게 이해할 수 있다. 강자들은 자신의 권익을 보호할 수 있는 자유로운 수단들을 확보하고 있는 것이다. 따라서 이 강자들의 집을 약탈하기 위해서는 먼저 강자의 풀려있는 손을 묶어야 한다. 그들이 두 손을 쓰지 못하도록 그들을 결박하는 전략을 먼저 구사해야 하는 것이다. 만약 그들의 양손을 묶어버리는 데 성공한다면 그들의 집을 강탈하는 것은 쉽게 성공할 수 있다.

이 메시지는 예수의 사회운동가로서의 전략적 측면을 말해주고 있다. 강자와의 무뎃뽀적인 대결은 백전백패의 결과만을 가져올 것이다. 예수운동의 리더들은,

그들이 처한 강자들의 사회를 접근하는 방식에 있어서 매우 현명하고 재치있는 전략을 구사할 필요가 있다. 그 가장 좋은 방법은 강자들의 두 손을 묶는 것이다. 살아있는 예수의 은밀한 말씀을 해석하고 추구하는 사람들은 우선 사태를 정확하게 이해하고, 기획해야 하며, 교묘한 지혜를 발휘하여 그들이 소기하는 목적을 달성해야 하는 것이다. 예수운동의 오리지날한 성격이 단순히 소극적인 수행자전통과는 다른 강렬한 사회참여적 성격이 있었다는 것도 여기서 엿볼 수 있다.

팔미라의 바알신전(The Temple of Bel)의 규모를 보면(210×205m) 예루살렘성전의 규모가 얼마나 초라한 것인가를 알 수 있다. 구약성서에만 익숙한 사람들은, 야훼(여호와)에 비해 바알이 초라한 지역신인 것처럼 왜곡된 이미지를 갖기 마련인데 그것은 완벽하게 전도된 관념이다. 바알은 페니키아(가나안)문명의 주신이며, 셈족 언어로는 바알(Ba'al)이지만 바빌로니아어로는 벨(Bel)이 된다. 그것은 주님(Lord)이라는 뜻이다. 바빌론의 벨마르둑(Bel-Marduk)과도 일치하며, 희랍의 제우스(Zeus), 로마의 주피터(Jupiter)와도 동일시되었다. 야훼야말로 바알에 비하면 초라하기 그지없는 시골구석 유대지방의 지역신에 불과했다. 예수는 이렇게 개명한 북방문화에 충분히 노출된 인물이었다.

Thomas 36

무엇을 입을까 염려하지 말라

제36장

¹예수께서 가라사대, "아침부터 저녁까지, 그리고 저녁부터 아침까지 무엇을 입을까 염려하지 말라."

¹Jesus said, "Do not be concerned from morning until evening and from evening until morning about what you will wear."

 이 로기온도 큐자료(Q51)와 병행된다. 그리고 옥시린쿠스사본에도 나타나고 있다.

(마 6:25) 그러므로 내가 너희에게 이르노니, 목숨을 위하여 무엇을 먹을까 무엇을 마실까, 몸을 위하여 무엇을 입을까, 염려하지 말라. 목숨이 음식보다 중하지 아니하며, 몸이 의복보다 중하지 아니하냐?

(눅 12:22~23) 또 제자들에게 이르시되, "그러므로 내가 너희에게 이르노니, 너희 목숨을 위하여 무엇을 먹을까, 몸을 위하여 무엇을 입을까, 염려하지 말라. 목숨이 음식보다 중하고, 몸이 의복보다 중하니라."

(POxy 655) 예수께서 가라사대, "아침부터 저녁까지, 그리고 저녁부터 아침까지 음식에 관하여서는 무엇을 먹을까, 의복에 관하여서는 무엇을

입을까, 염려하지 말라. 너희는 실을 보풀리어 길쌈는 수고를 하지도 않고도 저렇게 아름다운 백합보다도 더 고귀하니라. 너희가 옷이 없다한들, 과연 무엇을 너희 스스로 몸에 걸칠 수 있으리오? 누가 과연 너희 수명을 연장시킬 수 있으리오? 저들을 기르시는 바로 그 분께서 너희에게 너희 옷을 주시리라."

도마와 이 세 자료를 비교해보면, 도마는 옥시린쿠스사본과 가장 근접하고 있다는 것을 알 수 있다. 그러나 옥시린쿠스사본에 있는 "음식에 관하여서는 무엇을 먹을까"라는 구절이 빠져있으며, 또 그 뒤에 이어지는 "백합"이야기가 없다. 옥시린쿠스의 "백합"이야기를 보면 그것이 마태·누가에 나오는 "백합-까마귀(공중의 새)"를 운운하는 연접 문장들과 연속성을 이루고 있다는 것을 알 수 있다. 그런데 백합이야기가 연접되면 주제의 강조가 "하나님의 섭리Providence"로 옮아가 버린다. 도마를 공관복음서보다 후대로 보는 사람들은 공관자료에서 이러한 것들을 다 생략해버리고 단순화시킴으로써 도마공동체가 소기하는 어떤 목적을 명료하게 만들었다고 강변할 것이다. 도마 로기온

성서에서 말하는 백합은 바로 이렇게 생긴 꽃이다.

의 강조점은 "하나님의 섭리"에 있는 것이 아니라 예수 도반들(followers)의 "세속사에 대한 무관심"에 있다. 옥시린쿠스 사본 중 "음식"에 관한 것이 도마에 결여되어 있는 것도 도마 제37장이 "의복"에 관한 주제를 다루고 있으므로 그 의미체계의 연속성을 위해 의도적으로 생략한 것이라고 말할 수도 있다. 그러나 내 생각에는 이 모든 자료에 선행하는 어떤 원자료의 원형을 도마가 보존하고 있다고 보여진다. 옥시린쿠스사본도 정확하게 도마복음의 직접 저본일 수는 없으며, 도

마와 같은 계열에 속하는 로기온복음서의 다른 전승이라고 간주되는 것이다.

도마의 핵심주제는 예수 도반들, 수행자들, 즉 살아있는 예수의 말씀의 해석을 추구하는 자들의 "자유"에 관한 것이다. "자유"라는 것은 그것 나름대로 독립된 절대적인 가치는 아니다. 자유(freedom)는 반드시 무엇무엇으로부터의 자유로움(free from)이다. 상대적 조건을 갖는 것이다. 예수 도반들은 가족의 책임으로부터 자유로운 사람들이며(Th.16, 54), 사회적·종교적 의무나 구속감, 그 위선으로부터 자유로운 사람들이며(Th.14), 어떠한 지역적 고착성으로부터도 자유로운 사람들이다(Th.42). 그러면서도 높은 산 위의 견고한 성채와도 같이 명명백백하게 사는 사람들이며(Th.32), 등경 위의 등불처럼 모든 사람들을 자신의 내면의 빛으로 비추며 살아가는 사람들이다(Th.33).

여기 "옷"이란 추위를 막아주기 위한 생리적인 요구로서의 최소한의 대상을 말하는 것이 아니다. 우리말에도 "옷이 날개"라는 말이 있듯이, 옷은 사회적 품계나 물질적 풍요의 정도의 상징이다. 특히 예수가 이 말을 했을 때에는 유대교전통에 있어서의 종교적인 신분을 상징하는 예복들을 지칭했을 수도 있다. 예수는 그의 도반들이 일체 이러한 종교적 전통으로부터 해방된 인간이기를 바랬던 것이다. 그리고 의복에 관한 초탈의 언사는 예수의 말씀을 추구하는 자들이 사회적 앙가쥬망으로부터 벗어나 자유로운 인간으로서 살아갈 것을 요청하고 있는 것이다. 여기 옷을 벗어버린 인간, 종교적·사회적 기대나 제약으로부터 자유로운 인간은, 바로 앞 장(Th.35)에서 사회에 대한 앙가쥬망의 방법론이나 기민한 전략에 관해 고민하는 인간과 매우 대조적이다. 그러나 도마복음서의 위대성은 바로 이렇게 대조적이고 대척점에 있는 것처럼 보이는 로기온들을 엇갈려 편집함으로써, 그렇게 대척점에 있는 것들이 결코 모순적 관계에 있는 것이 아니라 궁극적으로 인간실존 속에서 통합되어야 하는 가치들이라는 것을 예시하는 데 있는 것이다. 진리를 추구하는 자들에게 있어서는 **사회적 관심**과 **사회적 무관심**은 궁극적으로 통합되어야 하는 가치인 것이다. 이러한 가치의 양면성에 대한 예수의 통찰은 노자를 연상하게도 한다.

성경에 나오는 식물들이 영어번역 그리고 우리말번역 때문에 우리 의식속에서 왜곡된 이미지를 가지게 되는 경우가 허다하다. 마태복음 6:28에 나오는, 솔로몬의 영광도 못미치는 들판의 백합화는 바로 팔레스타인 들판에서 가장 흔하게 볼 수 있는 양귀비 비슷한 야생화인데 학명이 "아네모네 코로나리아 *Anemone coronaria*"라고 하는 것이다. 희랍어성경에는 "크리논 κρίνον"으로 표기되어 있다. 1월부터 5월까지 피는데, 매우 얇고 아름다운 빨간색을 하고 있다. 여호수아가 가나안 정복을 끝낸 후 법 이스라엘 성소(會幕)를 짓고 지파들에게 땅을 분배해준 실로(Shiloh)에서 찍었다.

부끄러워 말고 발가벗어라

제37장

¹그를 따르는 자들이 여쭈어 가로되, "언제 당신은 우리에게 드러나게 되오리이까, 그리고 언제 우리가 당신을 보게 되오리이까?" ²예수께서 가라사대, "너희가 부끄럼 없이 발가벗을 때, 그리고 너희가 어린 아해들처럼 너희 옷을 벗어 발 아래 두고, 짓밟을 때, ³비로소 너희는 살아 있는 자의 아들을 보게 되리라. 그리고 너희는 두렵지 않게 되리라."

¹His followers said, "When will you become revealed to us and when shall we see you?" ²Jesus said, "When you strip without being ashamed and you take your clothes and put them under your feet like little children and trample them, ³then you will see the son of the living one and you will not be afraid."

沃案 우선 예수 도반들(Jesus followers)의 질문이 심상치 않다. 살아있는 예수가 그들 앞에 있는데 마치 없는 것처럼 질문하고 있다는 것이다. 도마28장에서 이미 예수는 "나는 이 세상 한가운데 자리를 잡았다. 그리고 나는 육신으로 세상사람들에게 나타났다"라고 말하지 않았는가? 그런데 당신은 언제 우리에게 당신의 모습을 드러낼 것입니까, 그리고 언제 우리가 당신을 볼 수 있겠습니까, 라고 묻는 것은 좀 어색하다는 것이다. 물론 제자들이 정신적 깊이가 있는 사람들이

라서, 지금 우리가 당신을 쳐다보고 있는 것은 참으로 당신을 쳐다보고 있는 것이 아니므로, 우리가 어떠한 정신상태에 이르러야 당신의 참 모습을 볼 수 있겠냐고 묻는 것일 수도 있다. 만약 이러한 내용의 화법이라면 예수 도반들의 질문과 예수의 대답 사이에는 부드러운 연속성이 감지될 수 있다. 그러나 많은 사람들이 제자들의 질문 속에는 어떤 "종말론적 기대"가 함축되어 있다고 본다. "우리에게 드러나게 된다"는 것을 어떤 거대한 우주변동의 시기에 웅대한 예수 본래의 모습을 드러낸다는 뜻으로 해석하는 것이다. 대심판관의 화려한 모습으로, 왕다운 예복을 걸친 당당한 면류관의 당신을 언제 우리가 볼 수 있게 되오리이까, 라는 식으로 해석하는 것이다.

도마복음을 후대의 작품으로 해석하는 사람들은 초대교회 자체가 불트만의 말대로 종말론적 회중(Eschatological Congregation)이었으므로 이 37장이야말로 종말론을 부르짖는 초대교회 정통파들에 대한 반박이라고 해석하게 될 것이다. 그러나 예수시대에도 종말론적 기대라는 것은, 쿰란공동체의 모습에서도 엿볼 수 있듯이, 팽배되어 있던 것이므로, 이 질문은 예수운동 자체 내에서의 도반들의 질문의 한 유형일 가능성은 충분히 있다. 그러나 본 질문을 반드시 종말론적 배경 속에서 해석해야할 당위성은 없다. 매우 상식적인 시각에서 보다 "본질적인 해후"를 추구하는, 해석의 발견자들의 고충이 표현된 말이라고 이해하는 것으로 족하다. 하여튼 본 장의 주제를 종말론적으로, 혹은 실존적으로 해석하든지간에, 본 장의 질문과 대답 사이에는 매우 드라마틱한 사고의 전환이 개재되어 있다.

"언제 당신을 볼 수 있냐"는 질문에 대하여 "어린애처럼 발가벗어라"라는 명령은 가히 선(禪)문답적인 급전(急轉)이다. "봄"의 대상인 "당신"이 주어로 등장하는 것이 아니라, 보려고 노력하는 주체의 내면적 상태가 갑자기 도마 위에 올려지고 있다. "어린 아해"의 비유는 이미 4장, 22장에서 인간의 새로운 아이덴티티를 지시하는 긍정적인 의미체로서 등장한 바 있다.

"부끄럼없이 발가벗는다"라는 표현에 관하여 주석가들은 너무 전통적인 시니피에를 찾으려고 노력한다. 그러나 우리말에 "해탈解脫"이라는 말은 너무도 쉽게 예수의 본의를 전달한다. "해解"라는 것은 모든 의식의 매듭을 "풀어버린다"는 뜻이다. "탈脫"이란 "옷을 벗어던진다"는 뜻이다. 여기 "해탈"이란 사회적 관습이나 속박, 부귀나 권세의 모든 세속적 가치로부터 자유로워진다는 뜻이다. 이러한 자유를 획득할 때 비로소 너희는 "살아있는 자의 아들"을 보게되리라는 명제는 지극히 자연스럽다. 상식적으로 생각할 때 이러한 삶의 자세는 매우 동방적 가치에 접근한다고 볼 수 있다. 여기 "어린 아해"의 비유도 노자(老子)의 "영아嬰兒"를 연상시킨다(『도덕경』10·20·28·49장). 분별적 인식 이전의 온전한 상태로의 복귀를 뜻하고 있다(知其雄, 守其雌, 爲天下谿。爲天下谿, 常德不離, 復歸於嬰兒。그 숫컷됨을 알면서도 그 암컷됨을 지키면 하늘 아래 계곡이 된다. 하늘 아래 계곡이 되면, 항상스런 덕이 떠나질 아니 하니 다시 갓난아기로 되돌아간다. 28).

그런데 서구의 주석가들은 이러한 소박한 명제를 유대인의 전통적 신화구조 속에서 그 의미를 규정하려고 애쓴다. 창세기 2:25에는 "아담 내외는 알몸이면서도 서로 부끄러운 줄을 몰랐다"라는 구절이 있다. "벌거벗는다"는 의미는 선악과를 따먹고 타락(The Fall)하기 이전의 무분별 상태로 복귀한다는 신화적 함의를 지니고 있다는 것이다.

또 혹자는 "발가벗는다"는 초대교회의 세례(baptism)의식과 관련되어 있다고 본다. 세례의 욕조에 들어가기 전에 피세례인은 옷을 벗어 발아래 두고 알몸으로 들어가게 되는데, 알몸으로 들어가는 것은 곧 "육체적 몸의 제거 the removal of the freshly body"를 상징한다. 그리고 옷을 어린애처럼 짓밟는 행위는 어린애같은 천진성과 순결성을 획득하는 것을 의미한다. 육체적 몸을 갈기갈기 찢어버리는 것을 의미하기도 한다. 같은 나그함마디문서인『빌립복음서 Gospel of Philip』에는 다음과 같은 구절이 있다: "살아있는 물은 하나의 신령한 몸이다. 살아있는 인격을 새로 입는다는 것이 중요하다. 그러므로 세례시 물속으로 들어가려고 할 때 그는 옷을 다 벗어버려야 하는데, 그것은 살아있는 인격을 새롭게 입기 위한 것이다."(75, 21~25).

그리고 「예루살렘의 시릴Cyril of Jerusalem」(『비법전수 교리문답Mystagogical Catechesis』 2.2)에도 다음과 같은 말이 있다: "그렇다면 네가 들어가려 할 때에는, 너는 반드시 너의 옷을 벗어버려야 한다. 이것은 너의 옛 인격을 그 행위와 더불어 벗어버리는 이미지를 나타낸다. 옛 인격을 벗어버리고 네가 알몸이 되었을 때, … 얼마나 황홀한가! 너는 모든 사람이 보는 앞에서 당당히 알몸이 되었고 부끄러울 줄을 모른다! 너는 진실로 막 만들어진 아담의 모습이 된 것이다. 파라다이스에서 알몸이 되었어도 부끄럽지 아니 하던 그 아담으로 복귀한 것이다." 이와 비슷한 세례와 관련된 표현이 아우구스티누스의 『설교집Sermon』(216. 10~11)에도 나온다.

하여튼 여기 "옷을 벗는다"는 사태는 우리 몸에 걸친 사회적 분별을 나타내는 의상을 벗는다는 차원에 그치는 문제가 아니라 그 옷이 곧바로 우리 육신을 의미한다는 데 그 상징적 특수성이 있다. "옷벗음"은 육신의 부정이며 육욕의 부정이다. 사실 이러한 논리는 이미 복음서 성립 이전에 활약한 바울의 서한 속의 주제를 이루고 있는 것이다. 고린도후서 5:1~4를 한번 보자!

> ^{1}만일 땅에 있는 우리의 장막집이 무너지면 우리에게는 하나님께서 지으신 집이 있나니, 그것은 사람의 손으로 만든 것이 아니요 하늘에 있는 영원한 집이라. ^{2}과연 우리가 여기 있어 탄식하며 하늘에 있는 우리의 집을 덧입기를 간절히 사모하노니, ^{3}이렇게 입음은 발가벗은 모습으로 발견되지 않으려 함이라. ^{4}이 땅의 장막에 있는 우리가 무거운 짐에 짓눌린 것 같이 탄식하는 것은 벗고자 함이 아니요 오직 덧입고자 함

이라. 이는 죽을 것이 생명에게 삼킨 바 되게 하려 함이라.

이 바울의 유명한 메시지 속에서 "발가벗은 모습으로 발견된다 to be found naked"라는 것은 결코 긍정적인 의미맥락을 가지고 있지 않다. 많은 주석가들이 이 바울의 고후5장 메시지는 이전의 종말론적 입장과는 변화를 보이고 있다고 말한다. 이전에는 그리스도인이 신령한 하늘의 몸을 받는 것은 오직 예수의 재림 때에 가서야 가능하다고 보았다면(고전 15:51~58, 살전 4:13~18, 빌 3:20~21), 여기서는 예수의 재림 이전에 이미 사람이 개체적인 죽음을 맞이할 때 하늘의 신령한 몸을 입는다는 것을 말하고 있다는 것이다. 이렇게 되면, 사람이 개체적인 죽음을 맞이한 상태와 예수재림의 마지막 심판의 날과의 사이에는 시간적 갭이 있게 된다. 이 시간적 갭의 상태는 티베트 밀교에서 자주 말하는 것과도 같은 중유(中有, antarā-bhava)적 존재가 된다. 보통 성서주석가들은 이것을 "중간기"라고 말하는데, 바울은 여기서 이 "중간기"의 상태를 "발가벗은 모습으로 발견된다"라고 표현하고 있는 것이다. 바울은 이러한 중간기를 거치지 않고 곧바로 재림사건을 맞이하기를 갈구하고 있는 것이다. 발가벗은 모습으로 발견되지 않기를 갈구하면서, 현존의 땅의 장막 속에 살고 있다가 곧바로 하늘의 집을 "덧입고" 싶다는 것이다. 바울의 레토릭에 있어서는 영과 육을 아주 이원론적으로 실체화하고 있는 듯이 보이지만, 그는 "온전한 몸"에 항상 관심이 있다. 영적인 몸이 된다고 해서 육신이 사라지는 "허깨비"를 말하고 있지 않다. 영·육의 미분리 상태는 암암리 바울 사유의 저변에 항상 깔려있다. 따라서 마지막 심판의 날에도 땅의 집 위에 하늘의 집을 "덧입을" 뿐이다. 죽을 것이 생명에게 삼킨 바 되어도 죽을 것이 완벽하게 무화(無化)되는 것은 아니다.

바울은 철저히 유대인이었다. 유대인들은 체질적으로 "발가벗는 것"을 두려워한다. 특히 어려서부터 바리새인으로서 엄격한 삶을 살았던 바울은 정당한 예복을 입지 아니 하고 알몸이 되는 것을 매우 수치스럽게 여겼다. 옷을 입지 않은 자는 쉐마(shema: 유대인 신앙을 고백하는 대표적 문구. 매일 아침·저녁으로 낭송한다. 신 6:4~9; 11:13~21; 민 15:37~41로 구성됨)를 낭송할 수도 없었다.

과연 고후 5장의 바울의 메시지가 정확하게 무엇을 지칭하고 있는지는 이견(異見)이 많다(솔로몬출판사에서 나온 랠프 P. 마틴의 주석 『고린도후서 WBC 40』에 자세하다. 김철 번역). 그러나 많은 주석가들이 바울이 "발가벗은 몸으로 발견되지 않기를 바라노라"라고 말한 것은 이미 고린도 교회에 팽배하여 있던 어떤 영지주의적 성향을 비판한 것이라고 주장한다. 그런데 그렇게 말하면서도 바울이 비판하는 영지주의의 내용이 정확히 무엇인지를 말하는 사람은 없다. 전통적 주석가들에게 있어서 "영지주의"는 초대교회에 해악을 가져다주는 모든 악의 복합체였을 뿐이다. 터무니없는 영지주의라는 개념의 실체에 그들은 매달렸다. 전통적 주석가들이 말하는 "영지주의적 발가벗음"은 "영지가 신체를 벗어나는 상태"를 의미했을 것이다. 그러나 여기 우리는 도마복음의 출현과 더불어 재미난 가설을 세워볼 수가 있다. 다시 말해서 "발가벗음"의 원의가 도마복음에 명기되어 있고, 그러한 도마식 이해방식이 이미 AD 50년대 중반의 초대교회에 침투되어 있었다는 것이다. 도마의 "발가벗음"은 종말론을 전제로 하지 않은 자각적 해탈론이다. 그런데 바울은 이러한 "지혜"를 허용할 수가 없었다. 바울의 신념 속에서는 모든 것이 철저히 "종말론적 의인론義認論" 속에서 해석되어야 하기 때문이다. 예수의 부활을 "믿음"으로써만이 인간은 해탈할 수 있으며 영적인 몸을 얻을 수 있다. 그러나 예수 본인은 예수의 부활을 전제하지 않는 발가벗음을 이야기하고 있다.

본 장에서 마지막으로 명료하게 해야 할 구문은 "살아있는 자의 아들을 보게 되리라"라는 표현이다. 질문이 "언제 예수 당신을 볼 수 있습니까?"였으므로, 대답에서 봄의 대상은 예수가 되는 것이 자연스럽다. 그렇다면 "살아있는 자 the living one"는 하나님이 되어야 하고, "살아있는 자의 아들"은 "하나님의 아들"로서의 예수가 될 것이다. 예수의 하나님 이해가 어떤 고정불변의 절대적 이데아적 개념이 아니라(유일신론이 헬레니즘세계에서 플라톤화 되었다), 단지 "살아있는 자"를 의미했다는 것도 가능한 규정이다. "살아있는 자"라는 개념 속에서 예수와 하나님이 동일시되었다고도 볼 수 있다. 그러나 도마복음 전체의 맥락에서 볼 때, "살아있는 자"는 예수를 의미할 수밖에 없다. 제1장에서 이미 "살아있는 예수"를 말했고, 제3장에서도 "살아있는 아버지의 아들"은 예수 자신이 아닌 예수 도반들을 향한 말이었다. 그리고 제108장에는 "내 입으로부터 흘러나오는 것을 마시는 자는 나와 같아지리라"라고 선포하고 있다. 따라서 예수를 언제 바라볼 수 있겠느냐는 도반들의 질문에 대한 예수의 대답은 바로 "살아있는 자의 아들," 즉 "나 예수의 아해들"인 너희 자신을 바라보라! 라는 선(禪)적 회향을 일으키고 있는 것이다. 그리하면 너희는 두렵지 않게 되리라. 너희 삶에 닥치는 모든 환난을 용감하게 대면하는 살아있는 나의 도반이 되리라고 선포하고 있는 것이다.

팔미라 바알신전

나를 발견치 못하는 날들도 있으리라

제38장

¹예수께서 가라사대, "여러 번 너희는 내가 지금 너희에게 하고 있는 이 말들을 듣기를 갈구하였도다. 그리고 너희는 이 말들을 나 이외에 어느 누구로부터도 들을 수 없도다. ²너희가 나를 구하고자 하나 나를 발견치 못하는 그런 날들이 있으리라."

¹Jesus said, "Many times have you desired to hear these words which I am saying to you, and you have no one else to hear them from. ²There will be days when you will seek me and will not find me."

沃案 이 장의 언어도 언뜻 그냥 순수하게 읽으면 매우 신비롭게도 들리고, 황당하게도 들린다. 그런 황당감, 당혹감이 바로 이 로기온을 편집한 사람이 노리는 것이다. 이 로기온의 내용은 지극히 상식적이고 일상적인 것이다. 그런데 기존의 복음서에 익숙한 독자들은 "나를 발견치 못하는 그런 날들"과 같은 표현을 접할 때는 즉각적으로 종말론적 함의를 연상시킨다. 그러나 도마의 예수는 전혀 그러한 종말론적 함의를 가지고 있질 않다. "발견치 못하는 날들"의 황당함, 공허함은 오직 추구와 발견의 고귀함, 그 강도를 높여줄 뿐이다. 독자들은 본 장을 통하여, 도마와 같은 원자료들이 어떻게 복음서 기자들에 의하여, 다양한 자신들의 내

레이션 문맥에 따라 자의적으로 활용되고 왜곡되는지, 그 명료한 샘플을 볼 수 있을 것이다. 우선 관련된 복음서 기사들을 살펴보자!

> (마 13:17) 내가 진실로 너희에게 이르노니, 많은 선지자들과 의로운 사람들이 너희가 보는 바를 보고자 갈구하였어도 보지 못하였고, 너희가 듣는 바를 듣고자 갈구하였어도 듣지 못하였느니라.

> (눅 10:24) 내가 너희에게 말하노니 많은 선지자들과 임금들이 너희 보는 바를 보고자 갈구하였어도 보지 못하였고, 너희가 듣는 바를 듣고자 갈구하였어도 듣지 못하였느니라.

> (눅 17:22) 그리고 예수께서 제자들에게 이르시되, "너희가 인자의 영광스러운 날 중 단 하루를 보고자 갈구하여도 그것을 보지 못하는 그런 날들이 다가오고 있다."

> (요 7:33~36) 예수께서 이르시되, "내가 너희와 함께 조금 더 있다가 나를 보내신 이에게로 돌아가겠노라. 너희가 나를 찾아도 나를 만나지 못할 터이요, 나 있는 곳에 오지도 못하리라" 하신대, 이에 유대인들이 서로 묻되, "이 사람이 어디로 가기에 우리가 저를 만나지 못하리요? 헬라인 중에 흩어져 사는 다이애스포라로 가서 헬라인이라도 가르칠 터인가? '나를 찾아도 나를 만나지 못할 터이요, 나 있는 곳에 오지도 못하리라'한 이 말이 도대체 무슨 말이냐?"하니라.

이 4개의 관련된 파편을 살펴봐도 초기기독교의 발전과정이 잘 드러나고 있다. 소박한 도마의 로기온이 어떻게 복음서 저자들의 문제의식 속에서 임의적으로 활용되었나 하는 것을 살펴볼 수 있게 되는 것이다.

먼저 마 13:17과 눅 10:24는 큐복음서에 속하는 자료이다(Q33). 여기서 우리는 도마자료의 성격과 큐자료의 성격이 일치한다는 놀라운 사실을 발견할 수 있다. 다시 말해서 큐자료의 성격을 통하여 도마자료가 말하고자 하는 바를 명료히 이해할 수 있게 된다. 큐자료에는 종말론적 전제가 전적으로 배제되어 있다. 그리고 그 앞에 "지금 너희가 보고있는 바를 보고있는 그 눈은 복이 있도다"(눅 10:23)라는 말씀이 선행되어 있다. 누가자료가 큐자료의 원래 모습에 더 가깝다. 마태자료(마 13:16)는 "봄"과 "들음"의 파라렐리즘에 맞추어 누가자료를 세련화시켰다(가필이 역력하다): "너희 눈은 볼 수 있기 때문에, 너희 귀는 들을 수 있기 때문에 복이 있도다."

여기 큐자료가 강조하고 있는 것은 "볼 수 있다" "들을 수 있다"는 인간의 내면적 가능성에 대한 축복이다. 루이 암스트롱이 부른 노래, "얼마나 아름다운 세상인가! What a wonderful world"의 첫 줄을 생각해보자! "나는 본다. 저 초록빛 나무를, 그리고 저 붉은 장미를. 나는 본다. 저 붉은 장미가 너와 나를 위해 피어나는 것을 …" 여기서 "본다"는 어찌 단순히 물리적 시력의 문제이겠는가? 미국의 흑인들이 고통의 세월을 겪고 그것을 인종으로 견디어낸 후에 **쳐다보는** "푸름"이요 "붉음"이 아니겠는가?

도마의 본 장 1절의 외침은 이것이다. 너희는 지금 나의 말을 듣고 있다. 그리고 너희는 나의 말을 듣기를 갈구하고 있다. 그래서 너희들은 축복된 존재이다. 여기서 가장 중요한 단어는 "갈구desire"이다. 예수의 도반들은 예수의 말씀을 듣기를 갈구하는 존재들이다. 그 갈구가 있는 한 그들은 축복받은 존재들이다. 그리고 이러한 상황을 보다 절실하게 만들기 위하여 예수는 말한다: "너희는 이 말들을 나 이외의 어느 누구로부터도 들을 수 없다." 이 명제는 예수의 자신감, 진리에 대한 확신을 나타내주는 명언(明言)이다. 그리고 예수 도반들과 예수 사이의 친밀감(intimacy), 유대감(solidarity), 유일함(uniqueness)을 강조하고 있다. 이 주제를 발전시켜 큐자료는 많은 선지자들과 의로운 사람들(마), 많은 선지자들과 임금들(눅)이 보고자 갈구하였어도 보지 못했고, 듣고자 갈구하였어도 듣지 못한 유니크한 사태라고 선언한 것이다.

본 장의 메시지는 명료해진다. 이전의 선지자들도, 왕들도, 그 모든 세속적 영화를 누린 지혜자나 권력자들도, 듣지 못했던 것을 지금 너희는 듣고 있다. 이것은 나 이외의 어느 누구에게서도 들을 수 없는 말씀인 것이다. 제2절은 이러한 축복된 특권적 사태에 대한 반전의 가능성이 예시(豫示)되고 있다. 갈망은 절망을 낳는다. 추구와 발견은 항상 충족되는 것이 아니다. 좌절의 날이 있으며 공허한 미충족의 가능성이 있다. "나를 구하고자 하나 나를 발견치 못하는 그런 날들"이라는 것은 전혀 종말론적 예언이 아니다. 그것은 단순히 추구와 발견의 미충족을 나타내는 예시에 불과한 것이다. 그런 날들이 있기 때문에, 그런 날들이 무수히 그대들의 추구의 전도에서 기다리고 있기 때문에, 오늘 그대들의 갈망이, 살아있는 나 예수와 같이 있는 지금 이 순간에 충족될 수 있는 것이다.

누가는 본 장의 원자료에서 1절과 2절을 분리시켰으며, 2절의 내용을 눅 17:22에서 인자담론과 결합시켜 종말론적 맥락으로 변형시켰다. "인자의 영광스러운 날들 the days of the Son of Man"은 이미 "수난-죽음-부활-재림"의 모든 가능성을 함축하고 있다. 여기 도마의 "나를 발견치 못하는 날들"을 "인자의 영광스리운 날 중 난 하루를 보지 못하는 그런 날들"이라는 식으로 변형시켰다. 발견의 대상을 "예수"에서 "예수의 재림의 날"들로 이전시켰다. 물론 "재림, 혹은 마지막 심판의 날들"이라는 표현 속에는 "그 날들의 예수의 모습"이 전제되어 있다. "번개가 하늘 아래 이 편에서 번쩍하여, 하늘 아래 저 편까지 비침 같이 인자도 자기 날에 그러하리라"(눅 17:24). 누가는 도마의 추구와 발견의 상식적 로기온을 지독한 종말론적 콘텍스트로 바꾸어버린 것이다. 재미있는 것은 전통적인 주석가들의 보고에 의하면 눅 17:22의 구절이 마태와 마가에 없는 것인데 묘하게 여기 삽입되어 있다고 보았는데, 그 삽입구의 원형이 도마에서 발견되고 있는 것이다.

그리고 이러한 종말론적 맥락으로의 변형이 요한복음에 이르게 되면 황당하게도 후대 기독교의 문제의식으로 변형되고 있다. "너희가 나를 찾아도 나를 만나지 못한다"라는 메시지가 "너희와 조금만 더 있다가 나는 나를 보내신 이에게로 돌아가겠다"고 하는 아주 노골적인 드라마대사에 연접되어 있어, 역시 "승천"이라는 종말론적 사건으로 변형되어 있다. 이러한 예수의 말씀에 대한 예루살렘 유대인들이 수군거리는 말들은 공관복음서의 감각으로는 삽입되기 어려운 말들이다: "아니 예수가 희랍문화권에 흩어져 있는 유대인들의 다이애스포라로 가서 거기서 살면서 주변의 희랍인들을 가르치기라도 한단 말인가?" 이것은 분명히 이미 바울이 한 선교사업을 이미 예수가 할 수도 있었다는 것을 암시하는 것으로, 후대의 이방인기독교의 맥락이 상식화되어 있던 시대의 어법이다.

도마의 원문을 잘 살펴보면 1절은 "들음"을 말하고 있고 2절은 "봄"을 말하고 있다. 이 들음과 봄의 표현이 함께 압축되어 마 13:16~17, 눅 10:23~24의 큐자료로 변형되었다. 그리고 1절의 주제는 큐자료로 가고, 2절의 주제는 "발견치 못하는 그런 날들"이라는 표현 때문에 종말론적으로 변형되어 눅 17:22와 요 7:33~36으로 발전되어 간 것이다. 도마가 4복음서의 아키타입을 이루는 어떤 원자료의 전승을 간직하고 있다는 사실은 이러한 표현의 갈래들을 비교해보면 명백히 드러나는 것이다.

도마의 로기온은 4복음서 이외로도 이레나에우스 등의 저작물에서도 그 변형된 표현들을 찾아볼 수 있다. 이레나에우스의 『이단들에 대하여 Against Heresies』(1. 20. 2) 속에 예수가 말한 것으로 인용된 구절인데 다음과 같은 좀 변형된 표현이 있다.

여러번 그들은 이러한 말들의 하나라도 듣기를 갈구하였다. 그러나 그들은 나와 같은 말을 해줄 수 있는 어느 누구도 가지고 있지 않았다.

『마니교 시편 Manichaean Psalm Book』(187, 28~29)에도 다음과 같은 말이 있다.

> 나는 말할 것을 가지고 있다. 그러나 그 말을 할 수 있는 어떤 자도 내 곁에 있지 않다.

『요한행전 Acts of John』(98)에는 예수가 요한에게 다음과 같이 말한다.

> 요한이여! 그 누군가 나에게서 이 말을 들어야 한다. 나는 이 말을 들어야 할 사람을 필요로 하기 때문이다.

카르타고의 키프리안(Cyprian of Carthage, ca.200~258)이 쓴 『퀴리누스에게로의 증언 세 책 Three Books of Testimonies to Quirinus』(3.29)에도 다음과 같은 말이 있다.

> 네가 나를 찾을 날이 오리라. 너와 너 뒤에 오는 자들이 지혜와 깨달음의 말들을 나에게서 듣고자 할 것이다. 그러나 너희는 결코 나를 발견하지 못하리라.

본 장 마지막 구절에 관하여 데이비스(Stevan Davies)는 다음과 같은 주석을 내리고 있다. "너희가 나를 구하고자 하나 나를 발견치 못하는 그런 날들이 있으리라"는 말 속에서 예수는 "구함 seeking"의 대상이 나 예수가 되어서는 아니 된다는 것을 암시하고 있다는 것이다. "구함"은 나 밖에 있는 예수가 되어서는 아니 된다. 도반들은 예수를 자기 속에서 그리고 그들이 살고있는 세계 한복판 속에서 추구해야 한다. 자기 밖으로 예수를 찾으러 다니면 예수는 거기 있지 않을 뿐이다. 결국 도반들의 추구는 자기 내면의 원초적 융합(the primordial Beginning)으로 돌아가는 것이 되어야 한다는 것을 말하고 있다. 앞 장(Th.37)과 주제의 연속성이 있다고도 말할 수 있을 것이다.

바리새인들과 서기관들이 쥐고 있는 지식의 열쇠

제39장

^{1}예수께서 가라사대, "바리새인들과 서기관들은 지식의 열쇠들을 움켜쥐고 그것들을 숨겨버렸다. ^{2}그들은 그들 자신이 (지식의 세계로) 들어가지도 않았고 또 들어가고자 하는 자들이 들어가도록 허락하지도 않았다. ^{3}그러므로 너희는 뱀처럼 지혜롭고 비둘기처럼 순결하라."

^{1}Jesus said, "The Pharisees and the scribes have taken the keys of knowledge(gnosis) and hidden them. ^{2}They themselves have not entered, nor have they allowed to enter those who wish to. ^{3}As for you, be as wise as serpents and as innocent as doves."

沃案 본장의 1·2절은 큐복음서와 겹친다(Q44). 마태는 3절을 분리시켜 다른 맥락에서 활용하였다(마 10:16). 본 장이 공관복음서에 선행하는 원자료라는 것은 명백하다.

(마 23:13) 화 있을진저! 외식하는 서기관들과 바리새인들이여! 너희는 천국문을 사람들 앞에서 닫고, 너희도 들어가지 않고, 들어가려고 하는 자도 들어가지 못하도록 막는도다.

(눅 11:52) 화 있을진저! 너희 율법사여! 너희가 지식의 열쇠를 가져가고, 너희도 들어가지 않았고 또 들어가고자 하는 자들도 막았느니라 하시니라.

누가자료가 도마자료에 더 충실하다는 것을 알 수 있다. "지식의 열쇠"라는 표현이 공통될 뿐만 아니라 종말론적 함의를 노골적으로 드러내지 않는다. 누가의 "지식의 열쇠 tēn kleida tēs gnōseōs"는 "지식이라는 열쇠 the key that is knowledge"로 해석될 가능성도 있다. 누가만 해도 "지식의 열쇠"를 천국과 관련시키지 않았다. 그러나 마태는 그것을 "천국문을 사람들 앞에서 닫는다"라고 말하여 "천국문의 열쇠"라는 뜻으로 변형시켰다. 이러한 표현은 마 16:19에도 나타나고 있다. 시리아에서 성립한 『클레멘트 위서 Pseudo-Clementine Recognitions』(2. 30. 1)에도 다음과 같은 구절이 있다: "이와 마찬가지로 또한 예수께서 그의 가르침의 마지막 시기에 서기관들과 바리새인들을, 그들의 부적절한 행동과 부정확한 가르침을 야단치시면서 공격하시었다. 그리고 그들이 모세로부터 물려받은, 그것에 의하여 천국의 문이 열릴 수도 있는, 지식의 열쇠를 감추고 있는 것을 호되게 야단치시었다."

4복음서에는 유대인 지도자들, 서기관, 바리새인, 율법사, 제사장, 헤롯당원, 사두개인에 대한 비판이 가득 실려있다. 예수의 패션 드라마를 만드는 데 중요한 요소로서 등장시켰다. 예수의 적대세력으로서 이들을 활용한 것이다. 그러나 재미있게도 도마복음서에는 이들에 대한 적대적 언급이 거의 없다. 본 장과 102장이 유일한 것인데, 이 두 장에서조차 예수의 적으로서 그려져 있지는 않다. 예수의 비판은 주로 자내적인 것이다. 즉 예수 도반들의 무지에 관한 것이다.

여기 "그노시스"란 말은 "영지"라는 신비스러운 그 무엇이 아니다. 그것은 "지식"일 뿐이다. 바리새인이나 서기관, 율법사들의 지식은 하늘의 문을 여는 신비로운 열쇠가 아니라, 토라에 관한 것이다. 그들은 토라(모세오경) 전문가들인 것이다.

사두개인들은 토라에 대한 구전(oral tradition)을 인정하지 않았지만 바리새인들은 토라의 끊임없는 해석을 가능케 하는 구전에 대하여 개방적이었다. 바리새인들의 이러한 구전에 대한 너그러운 태도가 미쉬나와 탈무드의 성립을 가능케 한 것이다.

예수는 "바리새인들과 서기관들이 지식의 열쇠를 가지고 있다"는 사실을 인정한다. 그리고 그것을 결코 부정적인 맥락에서 지칭하지 아니 한다. 토라에 관해서 그들은 풍요로운 전승을 지니고 있다는 것이다. 그들의 문제는 그러한 지식을 가지고 있다는 사실에 있는 것이 아니라, 그러한 지식을 숨기고 있다는 사실에 있다. "숨김"은 지식의 독점(monopoly of knowledge)이며, 권위의 과시이다. 우리가 도마복음서를 읽을 때 가장 감명을 받는 것은 역사적 예수의 개방적 자세에 관한 것이다. 예수는 일체의 권위에 대해 도전적이었다. 기존의 야훼의 권위에 대해서도 예수는 도전적이다. 예수는 하나님의 나라를 말하지 않는다. 그냥 "나라"를 말할 뿐이다. "나라"는 새로운 "질서Order"이며 새로운 "지배Reign"일 뿐이다. 바울은 철저히 "야훼의 나라"를 생각했고, "야훼의 지배"를 생각했다. 유대교적 유일신론(Jewish monotheism)의 전제하에 새롭게 인류를 묶어낼 수 있는 보편주의를 구상한 것이다. 그러나 예수는 유대교적 유일신론을 사고의 전제로 가지고 있지 않다. 예수는 결코 유일신**론자**(monotheism-theorist)가 아닌 것이다. 그는 단지 "아버지"만을 말한다.

예수의 이토록 철저한 비권위주의는 예수의 사상에 개방성을 초래한다. 모든 것은 이미 예수의 도반들에게 열려져 있다. 아무도 지식을 숨길 수 없고, 지식의 열쇠를 독점하고 있다고 클레임할 수 없는 것이다. 지식은 높은 산 위에 지어진 요새(Th.32)처럼, 등경 위에서 모든 사람에게 비추어지고 있는 등불의 빛(Th.33)처럼, 발가벗은 아해(Th.37)처럼 개방적인 것이다.

따라서 지식을 숨기는 자들은 그들 자신 지식의 세계로 들어갈 수도 없고, 지식의 세계로 들어가고자 갈구하는 타인도 들어가도록 허용하지 않는다. 이러한 지식의 훼방꾼들 앞에서 예수의 도반들은 어떻게 처신해야 하는가? "뱀처럼 지혜롭고 비둘기처럼 순결하라"라고 권유한다.

뱀은 소리를 내지 않으며 자기가 가는 곳을 남에게 알리지 않고 여유롭게 움직인다. 여기 "지혜롭다wise"는 말은 "교활하다shrewd" "빈틈없다"라는 뜻을 내포한다. 희랍어의 "프로니모이phronimoi"는 "신중하다"라는 뜻도 내포하고 있다. 뱀처럼 지혜롭고 교활하고 신중한 반면, 인간은 비둘기처럼 순결해야 한다. 교활한 지혜는 반드시 성실한 순결을 전제로 해야 하고, 순결이 무지나 나이브함에 빠지지 않으려면 교활한 지혜를 전제로 해야 하는 것이다. 마태는 이 도마의 마지막 구절이 지식의 훼방꾼에 대처하는 말인데, 다른 맥락(제자 파송시의 당부말씀the Mission Speech)에서 활용하였다: **"보라! 내가 너희를 보냄이 양을 이리떼 가운데로 보냄과 같도다. 그러므로 너희는 뱀 같이 지혜롭고 비둘기 같이 순결하라"**(마 10:16).

지중해 동쪽 해변 사렙다(Zarephath)에서(눅 4:26). 시돈에서 두로가는 길에.

아버지 밖의 포도나무

제40장

¹예수께서 가라사대, "한 그루의 포도나무가 아버지 밖에 심어졌다. ²그 나무는 견고하지 못하므로, 그것은 뿌리채 뽑힐 것이며, 멸망할 것이다."

¹Jesus said, "A grapevine has been planted outside of the father. ²Since it is not sound, it will be pulled up by its root and will perish."

沃案 병행구가 마태복음에 있다. 그리고 그 내용적 맥락을 암시하는 구절이 요한복음에도 있다. 그리고 이사야서 5:1~7에도 포도밭의 노래가 있다. 참고할 만하다.

(마 15:13) 예수께서 대답하여 가라사대, "하늘에 계신 나의 아버지께서 심지 않으신 나무는 모두 뽑힐 것이다."

(요 15:6) 사람이 내 안에 거하지 아니 하면, 잘려나간 가지처럼 밖에 버려져 말라지나니, 사람들이 이것을 모아다가 불에 던져 사르느니라.

도마의 원문을 보면 "한 그루의 나무"가 과연 무엇을 의미하는지 결정할 수가 없다. 그 의미를 결정케 하는 맥락이 결여되어 있기 때문이다. 그것은 개인일 수도 있고, 어떤 당대의 신앙공동체나 운동공동체일 수도 있다. 개인이라면 예수의 도반들을 향한 말일 것이요, 공동체라면 예수운동공동체와 비슷한 타 공동체에 대한 비판적 언급이 될 것이다.

영역자들은 "아버지 밖에"를 다음과 같이 다르게 표현했다: outside the father(B. Layton), away from the father(M. Mayer), outside of the father(T. O. Lambdin). 그런데 "아버지 밖에"라는 의미가 요한복음 제1장의 신화구조에 있어서처럼 이 "세계cosmos"를 의미하는 것으로서 타자화될 수도 없다. 유일신론을 전제로 한다 해도 이 "세계"가 하나님의 "밖"일 수가 없다. 이 세계야말로 하나님의 유일한 창조물이기 때문이다. 그러므로 본 장의 "아버지"는 세계와 세계밖의 대립을 전제로 하는 초월적 유일신관의 주체일 수도 없다. 예수는 "아버지"를 말했을 뿐이다. 그것은 나 존재의 심연일 뿐이다. 그리고 아버지와 아무런 관련없이 이 세계 속에 심어지고 있는 포도나무(사람)에 대해 염려를 표현했을 뿐이다. 요한복음의 구절은 도마의 직접인용으로 볼 수는 없겠지만 그것은 분명히 상호내거(the mutual indwelling)의 논리에 의하여 초기기독교신앙공동체의 결속을 촉구하는 언사이다.

마태의 구절은 명백하게 바리새인들을 지칭하는 맥락에서 쓰여지고 있다. 아버지께서 심지 않으신, 뽑혀버리고 말 수밖에 없는 모든 나무는 바리새인을 가리킨다. "입에 들어가는 것이 사람을 더럽게 하는 것이 아니라, 입으로부터 나오는 것들이 사람을 더럽게 한다"는 로기온과 "소경이 소경을 인도하면 둘이 다 구덩이에 빠진다"(Q19)는 로기온 사이에 이 도마의 로기온이 삽입되어 있는데, 사실 주석가들은 이러한 로기온들을 부드럽게 연속되는 의미체계로서 해설하고 있지만, 그 로기온 파편들 사이의 단절은 양식사학적 논의를 정당하게 만든다. 전혀 관련

없는 파편들의 어색한 연접일 수가 있는 것이다. "입에서 나오는 것이 더럽다"와 "하늘에 계신 아버지께서 심지 않은 나무는 뽑힌다"와 "소경이 소경을 인도하면 둘 다 구렁텅이에 빠진다"가 하나의 연속된 비유가 될 수는 없는 것이다. 도마복음의 출현은 이러한 틈새의 짜깁기 상황을 여실하게 드러내주고 있는 것이다.

본 장의 전체적 의미맥락은 명료하다. 살아있는 예수의 은밀한 말씀을 해석하고 추구하는 진실한 도반들 이외의, 껍쩍대는 연약한 자들은 결코 견고하게 이 땅에 뿌리를 내릴 수 없기 때문에, 결국 패망하고 만다는 것이다. 예수의 말씀을 추구하는 자들은 아버지 밖에서 뿌리를 내려서는 아니된다. 여기 "아버지"는 루돌프 오토가 말하는 "전적인 타자 the Wholly Other"이며 "뮈스테리움 트레멘둠 *mysterium tremendum*"이다. 종교란 결국 인간의 체험의 심층차원(depth dimension)에 관한 담론이다. 그것을 살아있는 예수는 아버지라고 표현한 것이다. 아버지라는 심층차원을 확보할 때 우리는 이 세상 한가운데 확고하게 뿌리를 내릴 수 있을 것이다.

베카밸리의 포도밭. 뒤에 보이는 산이 안티레바논. 우리나라 해남에서나 볼 수 있는 황토흙 색깔이 인상적이다.

Thomas 41

가진 자가 더 가지게 될 뿐

제41장

¹예수께서 가라사대, "손에 무엇이라도 가진 자는 더욱 받게 될 것이요, ²그리고 가지지 못한 자는 그가 조금 가지고 있는 것마저 빼앗기게 될 것이다."

¹Jesus said, "Whoever has something in hand will be given more, ²and whoever has nothing will be deprived of even the little that person has."

沃案 공관복음서에 모두 다양한 병행구가 있다.

(마 13:12) 무릇 가진 자는 받아 넉넉하게 되되, 무릇 가지지 못한 자는 그 있는 것도 빼앗기리라.

(막 4:24~25) ²⁴또 가라사대, "너희가 듣는 것을 소중히 여기라. 너희가 남을 헤아리는 그 헤아림으로 너희 자신이 헤아림을 받을 뿐 아니라 더 많은 헤아림을 받을 것이다. ²⁵가진 자는 더욱 받게 될 것이요, 그리고 가지지 못한 자는 그가 가지고 있는 것마저 빼앗기리라."

(눅 8:18) 그러므로 너희가 어떻게 듣는가를 조심하라. 누구든지 가진 자는

더욱 받게 될 것이요, 그리고 가지지 못한 자는 그가 가지고 있다고 생각하는 것까지도 빼앗기리라.

이 공관자료들은 모두 천국에 관한 말씀을 받아들이는 자에게는 그 "비밀"의 앎이 주어지겠지만, 그 말씀을 거부하는 자에게는 더이상 그러한 기회가 주어지지 않을 뿐 아니라, 그가 가지고 있다고 생각하는 앎마저 빼앗기게 되리라는 것을 말하고 있다. 이 세 구절을 비교하면 도마에 가장 가깝게 오는 것은 막 4:25이다. 막 4:24를 마 7:2(너희가 남을 비판하는 그 비판으로 너희 자신이 비판을 받을 것이요, 너희가 남을 헤아리는 그 헤아림으로 너희가 헤아림을 받을 것이다)와 같은 맥락으로 해석한다면 막 4:24와 막 4:25 사이에는 전혀 연접되기 어려운 의미의 단절이 있다. 막 4:25는 도마자료를 내면적 의미의 충분한 고려가 없이 그냥 수사학적인 외면적 구조의 유사성 때문에 병치시켜 놓은 것이다. 누가는 마가자료를 이러한 단절 때문에 더욱 애매하게 변형시켜놓고 있다.

이 외로도 큐복음서에 속하는 자료가 더 있다(Q82). 그 유명한 "달란트의 비유" 끝머리에 나온다.

(마 25:29) 무릇 가진 자는 더욱 받아 풍족하게 될 것이요, 그리고 무릇 가지지 못한 자는 그가 가지고 있는 것마저 빼앗기리라.

(눅 19:26) 주인이 가로되, 내가 너희에게 말하노니, 무릇 가진 자는 누구든지 더 받게 될 것이나, 가지지 못한 자는 그가 가지고 있는 것마저도 빼앗기리라.

하여튼 이 도마의 자료든 도마의 원자료(Ur-Thomas)이든 하나의 로기온이 얼마나 다양한 맥락에서 복음서 창작자들의 의도에 따라 제멋대로 원용되어 쓰이는지를 여실하게 엿볼 수 있다. 여기 도마의 원자료의 의미는 예수 도반들의 영적 추구에 관한 매우 상식적인 과제상황을 일깨우는 것이다. 여기 가장 중요한 키워드는 "가진 자"와 "가지지 못한 자"에 관한 것이다. 가진 자와 가지지 못한 자에 관하여 우리는 공평(fairness)을 운운한다. 인간세의 문명의 발전이란 가진 자와 가지지 못한 자의 갭을 좁히는 방향에서의 도덕의 증대를 의미하는 것이다. 인간세의 문명의 특징이 동물세계의 약육강식과 다른 것은 결국 "복지"라는 분배와 구휼(救恤)사업이 있다는 것이다. "이어오병"을 5천 명의 군중과 나누어먹는 "나눔"의 실천이야말로 예수의 천국운동이 소기한 바였다.

그러나 여기 예수는 이와 정반대의, 공평이 전적으로 무시되는 원리를 그의 도반들에게 제시하고 있다. 분배란 어디까지나 물질의 분배이다. 내가 가진 물질을 못가진 자들과 공유하는 것은 이 땅에 아버지의 지배를 가능케 하는 미덕이다. 그러나 진리를 추구하는, 살아있는 예수의 은밀한 말씀을 추구하는 영적 세계에 있어서는 "가진 자"와 "가지지 못한 자" 사이에 어떤 정도(程度)의 연속성(gradation)이 존재할 수가 없다. "가짐"은 전적으로 "가짐"이며, "가지지 못함"은 전적으로 "가지지 못함"이다. 진리의 깨달음에 어떤 수준의 타협이 있을 수 없는 것이다. 진실하게 깨달으려고 노력하는 자에게는 더욱 더 풍요로운 깨달음이 주어질 것이며, 깨달음의 바탕이 없는 자에게는 모든 것이 상실될 것이다. 영적인 세계에 있어서는 "가짐"과 "가지지 못함"은 절대적 기준에 의한 실존적 선택의 결과일 뿐이다. 그리고 그것은 일상생활의 매우 본질적 전환을 요구하는 것이다.

예수의 이러한 매우 상식적인 영적 비연속성의 메시지가, 종말론적 함의를 지니는, 천국의 도래를 암시하는 비밀스러운 지식의 열쇠에 관한 이야기처럼 둔갑되어 활용된 것이다. 노자의 이러한 말씀도 같이 생각해보는 것이 좋을 것이다: "최고급의 영적 인간들은 내가 말하는 도를 들으면, 열심히 그것을 실천하려고 노력할 것이다. 그리고 중간치기 인간들은 내가 말하는 도를 들으면 긴가민가 할 것이다. 그런데 하삐리 놈들은 내가 말하는 도를 들으면 낄낄대고 웃을 것이다. 그런데 이런 하삐리 놈들이 웃지 않으면 내 도는 도가 되기에는 부족한 것이다. 上士聞道, 勤而行之; 中士聞道, 若存若亡; 下士聞道, 大笑之。不笑, 不足以爲道。"(41장). 여기 예수가 말하는 "가지지 못한 자"는 노자가 말하는 "하사下士"가 아닐까?

가나안문명의 1번지라고 말할 수 있는 우가리트(Ugarit). 보통 라스 샴라(Ras Shamra)라고 불리운다. 싸이프러스와 메소포타미아를 연결하는 비옥한 지역의 항구로서 BC 2000~1800년대부터 번성하기 시작하여 BC 1450~1200년경 최전성기를 구가했다. 이집트인은 성각문자(hieroglyphics)를 발전시켰고, 메소포타미아사람들은 설형문자(cuneiform)를 발전시켰지만 우가리트사람들은 30개의 글자(한 글자 한 발음)로 구성된 설형알파벳문자를 발전시켜 인류의 모든 알파벳문자의 조형을 창안하였다. 이 우가리트 알파벳이 간략화되어 페니키아문자가 되었고(BC 13세기부터 25자, 23자 체계의 알파벳사용) 그것이 희랍어와 로마자로 발전한 것이다. 우리는 가나안문명의 위대성을 재인식해야 한다. 히브리문명과는 별개의 보다 유구한 팔레스타인 토착문명으로서 인류에게 엄청난 문화유산을 남겨주었다. BC 1180년경 우가리트는 멸망하였는데 지진 탓이라는 설도 있고 "바다사람 Sea People"의 침공으로 멸절되었다는 설도 있다. 1929년부터 불란서고고학팀에 의하여 발굴되었는데 3천년 동안 사람의 손을 타지 않았기에 그 원형이 보존되었다는 특징이 있다. 여기서 나온 방대한 점토판 문서들은 구약의 이야기들이 이미 가나안문명의 문자화된 이야기들을 원형으로 한 것이라는 사실을 우리에게 말해주고 있다.

Thomas 42

방랑하는 자

제42장

¹예수께서 가라사대, "방랑하는 자들이 되어라."
¹Jesus said, "Be passersby."

沃案 도마복음 전체를 통틀어 가장 대표적인 구절 하나를 꼽으라고 한다면 많은 주석가들이 이 장의 로기온을 꼽을 것이다. 나 도올 역시 이 한마디를 도마복음 예수의 사상을 대변하는 아포리즘으로서 내세우는데 주저함이 없을 것이다. 도마복음이 이 42장의 짧은 경구로 인하여 유명하여졌다고 말해도 과언이 아닐 것이다. 짧기 때문에 무한한 해석의 가능성을 제시하고 있으며 또 많은 담론을 포용한다. 이 말이 어떠한 맥락에서 언제 누구에게 한 말인지는 아무도 모른다. 복음서의 기자들은 이러한 말들을 구체적 사태의 맥락 속에 집어넣어 예수 생애의 내러티브를 만들었지만, 그러한 내러티브가 없이 우리에게 다가오는 도마 예수의 말씀은 훨씬 더 포괄적이고 순결한 감동을 준다.

여러분들은 이미 제27장에서 "이 세상으로부터 금식한다 to fast from the world," "안식일을 안식일으로서 지킨다 to observe the Sabbath as a Sabbath"는 표현의 포괄적 함의를 접했으며, 제36장에서 "아침부터 저녁까지, 그리고 저녁부터 아침까지 무엇을 입을까 염려하지 말라"는 예수의 메시지를 접했다. 여기

"방랑하는 자가 되라"는 명제는 구체적으로 예수운동에 참여한 도반들이, 예수 자신을 포함하여, 끊임없이 갈릴리지역의 이 동네 저 동네로 다니면서 방랑하던 견유학파적인 카리스마들(Cynic itinerants)이었다는 사실과도 관련이 있다. 이들의 삶의 방식에 관한 율장(律藏)적인 훈계들은 누가복음 9:57~10:16에 잘 기록되어있다(Q28, 29, 30, 31).

불교에도 "만행卍行"이라는 것이 있다. 스님들의 삶을 특징지우는 것도 "무소유無所有"와 "무소주無所住"라 할 것이다. 세속적 가치에 대한 집착을 버리는 것이다. 집착을 버림은 끊임없는 "이동"으로 나타난다. 안주하는 보금자리를 만들지 아니 하는 것이다. 예수운동 도반들에게도 무소유(재산 포기), 무주택(집 없음), 무가정(가정 포기)은 필수의 요건이었으며, 그들은 모든 기득권을 포기해야만 했다. 여행을 위하여 지갑이나, 배낭이나, 신발(샌달)을 가지고 다닐 수도 없었으며, 여벌의 속옷도, 지팡이도 가져올 수 없었다. 뱀이 많은 이 지역에서 지팡이나 신발조차도 없이 걸어다닌다는 것은 극도의 자기부정의 고행을 의미하는 것이었다. 여기 "방랑하는 사람이 되라"는 메시지에서 가장 중요한 것은 추구하는 도반들의 아이덴티티가 그룹 아이덴티티가 아닌, 개인의 내면적 주체성을 그 핵심으로 놓고 있다는 것이다. 그리고 여기 "방랑"이란 세계로부터의 떠남(departure)을 의미하는 것이 아니라 세사(世事)에 연루되지 않는 탈(脫)앙가쥬망(disengagement)을 의미하는 것이다. 그러나 탈앙가쥬망은 세상을 버리는 것이 아니라, 세상에 대한 다른 방식의 앙가쥬망을 의미하는 것이다. 탈앙가쥬망을 통하여 새로운 앙가쥬망으로 진입하는 가장 결정적 이유는 "자유의 획득"을 위한 것이다.

바울은 이러한 자유의 신학을 "십자가"와 "부활"의 테마로서 발전시켰다. 그러나 여기 예수는 바울과 같은 그러한 종말론적인 십자가나 부활의 전제를 전혀 말하고 있지 않다. 나의 육신을 포함하는 모든 세속적 가치를 십자가에 못 박아 죽여버림으로써 새로운 부활의 생명을 얻는 하나님의 의를 말하고 있지 않다. 여기 "파라게parage"라는 의미를 연상시키는 바울의 말이 있다.

> 세상과 거래를 하고 살아가는 자들은 세상과 거래를 하지 않는 사람처럼(깊게 연루되지 않고) 살아야 한다. 왜냐하면 우리가 보는 이 세상의 형적은 사라져가고 있기 때문이라(고전 7:31).

이 말만 떼어놓고 보면 매우 동방적 가치를 나타내는 메시지처럼 보이지만 여기 바울의 메시지는 세속적 가치로부터의 탈앙가쥬망을 말하는 것이 아니라, 문자 그대로 재림이 다가오고 있어서 이 세계의 형적이 곧 사라질 것이기 때문에 집착할 아무런 이유가 없다는 것이다. "긴박한 종말"을 말하고 있는 것이다.

인도 무굴제국의 제3대 황제인 "위대한 자" 아크바르(Akbar, 1556~1605년 재위: 무굴제국을 번영시킨 가장 위대한 지도자. 무슬림이었지만 모든 종교를 포용하고 학문, 예술, 문학을 사랑하였다)가 건립한, 아그라 지역 파테푸르 시크리(Fatehpur-Sikri)의 모스크 성문 아치에 아랍어로 전하는 예수의 말이 새겨져 있다고 한다.

> 너에게 축복이 있을지어다. 예수가 다음과 같이 말하였다. "이 세상은 하나의 나리일 뿐. 건너가거라. 거기에 네 거처를 짓지는 말아라."

나는 도마복음 42장의 로기온을 생각할 때마다, 이 로기온보다 약 400년 정도 앞서서 성립한 원시불교경전으로서 살아있는 붓다의 생생한 말씀을 전하고 있는 『숫타니파타』(팔리어 남전대장경 소부Khuddaka-nikāya의 다섯 번째 경전: 숫타Sutta는 경經의 뜻이고 니파타nipāta는 집성集成의 뜻)의 "코뿔소의 외뿔khaggavisāṇasutta"이 생각난다.

여기 코뿔소(khagga)는 "혼자서 걸어가는 수행자," "혼자서 깨달은 사람

paccekabuddha"을 의미한다. 뿔이 두 개로 짝지어 있지 않고 하나로 되어있기 때문에, 명예나 치욕, 사랑과 저주, 칭찬과 폄하, 선과 악 등 인간세의 이분적 가치에 흔들리지 않고 자신의 확신에 따라 깨닫고 생활하는, 이른바 후대의 불교 교학에서 말하는 "기린麒麟의 뿔에 비유되는 생활을 하는 독각獨覺"을 의미한다. 중국사람들은 "코뿔소rhinoceros"를 보지 못했기 때문에 자기들의 신화적 상서로운 동물인 기린으로 번역했던 것이다. 그리고 기린을 외뿔의 동물로 만들어버렸다. 독각(獨覺)에도 두 종류가 있는데 부행독각(部行獨覺)과 인각유독각(麟角喩獨覺)이 있다. 부행독각은 수행자의 그룹을 짜서 같이 수행하는 독각이다. 인각유독각은 여기서 말하는 홀로 방랑하는 수행자이다. 이 인각유독각이야말로 홀로 깨닫는 사람(*paccekasambuddha*)이며, 최초기 불교와 최초기 기독교의 공통된 이상이었다.

재미난 사실은 『숫타니파타』에는 절간에 앉아있는 수행자의 모습이 없다는 것이다. 나무 아래, 동굴 속에서 사는 수행자들의 자연스러운 풍광을 배경으로 하고 있다. 사원이 생겨나기 이전의 불교의 모습인 것이다. 그리고 비구니, 즉 여승이 등장하지 않는다. 여승제도가 생겨나기 이전의 불교의 모습인 것이다(BC 300년경 희랍인 메가스테네스가 인도에 와서 비구니를 본 것을 기록해놓고 있으므로 BC 300년 이전의 불교의 모습을 전하고 있다). 그리고 스투파(塔)의 숭배, 그리고 챠이티야(塔院)의 숭배가 전혀 언급되질 않는다. 탑숭배 이전의 불교의 모습인 것이다. 그리고 원시불교의 핵심교리라고 말하여지는 사성제(四聖諦)의 설이 일체 나타나지 않는다. 우파니샤드의 전통을 잇는 그냥 "진실" 정도의 의미를 전하는 "사짜 *sacca*"라는 용어만 쓰여지고 있는데, 이 말은 "사제四諦"의 설과는 별 관련이 없다. 그리고 『숫타니파타』 속의 싯달타는 어떠한 특수한 종교의 개조(開祖)라는 자의식이 전혀 없다. 그냥 사람으로서 걸어야 할 길을 진솔하게 말하는 한 사람일 뿐이다. 그리고 불교 특유의 전문용어가 거의 전무하다는 것도 놀라운 일이다. 도마복음서가 바울에 의하여 교리화되고 에클레시아가 조직화되기 이전의

"예수운동"의 모습을 전하고 있다고 한다면, 『숫타니파타』는 불교가 승단의 조직을 구비하게 되고 교리화되고 권위화되기 이전의 "싯달타운동"의 모습을 전하고 있다고 할 것이다. 내가 인용하는 구절들의 놀라운 상통점을 통하여 헬레니즘 문명권 속의 인도적 사유와 팔레스타인적 사유의 거리가 멀지 않다는 것을 확인할 수 있을 것이다.

52. 추위와 더위, 굶주림과 목마름, 바람과 태양의 뜨거움, 모기떼와 독사들, 이런 모든 것들을 참고 견디며, 저 광야를 가는 코뿔소의 외뿔처럼 홀로 가거라.

53. 어깨가 딱 벌어져 연꽃처럼 늠름한 거대한 코끼리가 그의 무리를 떠나가고 싶은 대로 숲속을 노닐 듯, 저 광야를 가는 코뿔소의 외뿔처럼 홀로 가거라.

54. 연회를 즐기는 사람에게는 잠시 동안의 해탈에조차 이를 겨를이 없다. 태양의 후예(홀로 깨달은 자)인 나 싯달타가 하는 이 말을 명심하고, 저 광야를 가는 코뿔소의 외뿔처럼 홀로 가거라.

55. 서로 다투는 철학자들의 논쟁을 초월하여 진정한 깨달음에 이르는 길을 발견한 수행자는, "나에게는 지혜가 생겼다. 이제 누구에게도 다시 이끌려가지 않으리라" 고 자신을 다지면서, 저 광야를 가는 코뿔소의 외뿔처럼 홀로 가거라.

56. 탐내지 말라. 속이지 말라. 갈망하지 말라. 잘 보이기 위하여 자신을 가리지 말라. 혼탁과 미망을 벗어던지고, 세상의 온갖 집착에서 벗어나, 저 광야를 가는 코뿔소의 외뿔처럼 홀로 가거라.

57. 의롭지 못한 것을 보고, 그릇되고 굽은 것에 사로잡힌 나쁜 친구를 멀리하라. 탐욕에 빠져 게을러빠진 사람을 가까이 하지 말고, 저 광야를 가는 코뿔소의 외뿔처럼 홀로 가거라.

58. 배운 것이 풍성하며 진리를 분별할 줄 아는, 그런 고매하고 명민한 친구를 가까이 하라. 그러한 사귐은 여러 가지로 도움이 되나니, 모든 의혹을 잘라버리고, 저 광야를 가는 코뿔소의 외뿔처럼 홀로 가거라.

59. 세상의 유희나 오락, 또는 쾌락에 젖는 일이 없도록, 마음을 이끌리지 말라. 몸의 장식을 벗어버리고 꾸밈없는 진실을 말하며, 저 광야를 가는 코뿔소의 외뿔처럼 홀로 가거라.

60. 아내도 자식도, 부모도, 재산도 곡식도, 친척이나 그 외의 모든 욕망까지도 다 버리고, 저 광야를 가는 코뿔소의 외뿔처럼 홀로 가거라.

71. 큰 소리에도 놀라지 않는 사자처럼, 그물에 걸리지 않는 바람처럼, 진흙에 더럽혀지지 않는 연꽃처럼, 저 광야를 가는 코뿔소의 외뿔처럼 홀로 가거라.

73. 자비와 평정과 연민과 해탈과 기쁨을 적당한 때를 따라 익히고, 세간(世間) 모든 것을 저버림이 없이, 저 광야를 가는 코뿔소의 외뿔처럼 홀로 가거라.

74. 탐욕과 혐오와 미망을 버리고, 마음의 속박을 다 끊어버려라. 목숨을 잃는 것을 두려워말고, 저 광야를 가는 코뿔소의 외뿔처럼 홀로 가거라.

 *Thomas 43*

나의 말로 내가 누구인지를 모르느냐?

제43장

¹그의 따르는 자들이 그에게 여쭈었다: "당신이 도대체 뉘시길래 이 같은 일들을 우리에게 말씀하시나이까?" ²(예수께서 대답하시었다:) "너희는 내가 너희에게 말하는 것으로부터 내가 누구인지를 알아차리지 못하는도다. ³차라리 너희는 유대사람들처럼 되어버렸구나. 그들은 나무를 사랑하면서 그 열매를 증오하기도 하고, 열매를 사랑하면서 그 나무를 증오하기도 하기 때문이다."

¹His followers said to him, "Who are you to say these things to us?" ²(Jesus said to them,) "You do not know who I am from what I say to you. ³Rather, you have become like the Jewish people, for they love the tree but hate its fruit, or they love the fruit but hate the tree."

沃案 이 장에서 이야기되고 있는 예수의 상황은 무슨 대단한 하늘의 비밀을 이야기하고 있는 것이 아니요, 우리가 일상생활에서 항상 평범하게 부닥치는 문제일 뿐이다. 우리는 이런 로기온을 대할 때, 인간 예수의 고뇌를 읽어야 한다. 도마복음서에는 기적도 없고, 처녀탄생의 내러티브도 없고, 십자가도 없고, 부활도 없다. 오직 예수의 말씀이 있을 뿐이다.

우리도 항상 예수와 동일한 상황에 부닥치게 마련이다: "니가 도대체 뭐길래, 이런 말을 우리에게 하고 있는 거냐?" 나 도올이 이런 비판에 봉착했다고 생각해 보자! 어떤 경우에 이런 비판에 봉착하게 될까? 우선 내가 하는 말이 듣는 자들에게 매우 충격적인 내용을 전하거나, 그들의 능력에 부치는 아주 탁월한 견해를 전하거나, 또는 그들의 양심을 자극하는 날카로운 비판의 언사이거나, 보편적 선을 위하여 수용하지 않을 수 없는 위대한 말이지만 그것이 기존의 체제를 무너뜨리는 독소를 내포하고 있거나, 또는 상대방의 자존심을 무너뜨리는 것일 때, 그들은 그 "말씀" 그 자체를 있는 그대로 받아들이기를 거부하게 되는 것이다. 그러니까 그 말씀의 주체와 말씀의 내용간에 어떤 메울 수 없는 갭을 감지하게 되는 것이다. 이때 인간에게 작용하는 것은 "권위주의"이다. 자신의 권위가 무너진다고 여겨질 때, 사람은 타인의 권위의 근거를 묻는다. 도대체 그대는 무슨 권위의 근거 위에서 이런 말을 하는가? 말씀의 주체의 배후에 어떤 또다른 권위의 주체가 있는가를 묻는 것이다.

4복음서의 예수는 이런 상황에 봉착하게 되면 반드시 예수를 이 땅에 보내신 하나님의 권위를 물고 들어온다. 요한복음의 저자는 하나님의 독생자로서의 예수의 자의식을 하나님과 예수 사이의 상호내거(相互內居)의 논리에 의하여 매우 치열하게 물고 늘어진다("그러면 당신은 누구요?"하고 유대인들이 묻자 예수께서 이렇게 대답하셨다. "처음부터 내가 누구라는 것을 내가 너희에게 말하지 않았느냐? 나는 너희에 대해서 할 말도 많고 판단할 것도 많지만, 나를 보내신 분은 참되시기에 나는 그 분에게서 들은 것을 그대로 이 세상에 선포할 뿐이로다"요 8:25~26. 그리고 또 요 8:19, 요 14:8~11을 참고할 것).

그러나 도마의 예수는 하나님의 권위를 빌어 상대방을 설득하려 하지 않는다. 사실 4복음서의 내러티브 속의 예수는 이미 바울의 신학의 필터를 거친 후의 예수일 뿐이다. 도마의 예수는 과감하다. 그리고 진실하다. 예수 본인의 실존으로부터 절대적인 명제를 끄집어낸다. 왜 나의 배후를 캐는가? 왜 내가 말한 것으로부터 내가 누구인지를 깨닫지 못하느냐? 나의 말씀 그 자체로부터 나의 위인(爲人), 나의 아이덴티티를 판단하라! 내가 말한 것으로부터 내가 누구인지를 판단해야만 할 것이다. 내가 말한 것은 내가 누구인가에 의하여 평가되고 입증되지 않는다. 내 말 그 자체를 평가하라! 그 얼마나 진솔하고 자신있는 위대한 언사인가? 나에게서 그대 도반들이 진리를 추구하려고 한다면, 나의 "말씀" 그 자체의 논리에 의하여 나의 진리를 판단하라!

여기 "유다이오스 Ioudaios"란 말은 오늘날의 "유대인 Jews"의 개념인지, "유대지방에 사는 사람들 the Judeans"이라는 로컬한 개념인지, 명확히 구분되지 않는다. 단지 "유다이오스"라는 하나의 개념이 있을 뿐이다. 그러나 명백한 것은 여기 역사적 예수의 자기인식에 있어서, 예수는 유대지방의 사람이 아닌 갈릴리지방의 사람이라는 자의식을 노출시키고 있다는 것이다. 여기 비판의 대상이 되고 있는 것은 "유다이오스"가 아니라 예수의 도반들이다. 그러나 너희들이 내가 말하는 것으로부터 내가 누구인지를 알아차리지 못한다면 너희 놈들은 이미 유대사람들이 다 되어버렸다. 유대놈들은, 우리 갈릴리사람들과 달라서, 나무와 열매를 갈라서 생각하는 놈들이기 때문이다. 나무와 열매는 결코 둘이 될 수 없는 하나의 유기체일 뿐이다. 나무를 좋아하고 열매를 싫어할 수 없으며, 열매를 좋아하고 나무를 싫어할 수는 없는 것이다. 여기 예수의 아이덴티티를 "나무"라고 한다면 예수의 말씀은 "열매"이다. 그 나무와 열매가 따로따로 놀 수가 없는 것이다. 열매를 보면 그 나무를 알 수가 있고, 나무를 보면 그 열매를 알 수 있는 것이다. 만약 우리가 이중적 잣대를 가지고 뺀질뺀질하게 사는 시골 향원들을(갈릴리사람 예수에게는 예루살렘이 오히려 촌동네이다) 보고 주둥아리만 나불거리고 사람됨은 딴 판이라고 말한다면, 갈릴리사람 예수는 유대인들(유대 지방의 사람들)을 그런 눈초리로 바라보고 있는 것이다. 성서학자들은 성서의 배면에 깔려있는 리얼한 풍속사적 시각을 중시하지 않는다. 그러나 예수는 유대인 아이덴티티를 가진 사람이 아니었다. 예수는 갈릴리사람이었기에 그토록 용감하게 예루살렘 성전에서도 그 판을 뒤엎는 행동을 할 수 있었던 것이다(성전뒤엎음이 만약 역사적 사실이라고 한다면). 나무와 열매에 관한 이야기는 마 7:16~20, 눅 6:43~45, 그리고 마 12:33~34를 참고하라. 팔레스타인 언어에 내장되어 있는 흔한 속담류의 비유법일 것이다. 공관복음서는 이 비유법이 위선자들, 거짓 예언자들의 언행불일치나, 그들 위인(a person)과 행동(his actions)의 괴리를 비판하는데 동원되고 있으나, 여기서는 예수 도반들의 무지를 깨우치기 위한 통합적 사고의 반증일 뿐이다.

시리아 라스 샴라에서 발견된 문서 중의 하나. BC 12세기 초반의 문서인데, 이집트 파라오의 호위대장인 베야(Beya)가 우가리트왕 암무라피(Ammurapi)에게 보낸 편지이다(아카드어). 세로 6.2cm, 가로 7.2cm, 두께 2.3cm. 다마스쿠스 박물관.

우가리트 설형 알파벳문자 판독의 열쇠를 제공한 30개 글자형상. 우가리트 문자는 왼쪽에서 오른쪽으로 가는 가로쓰기 방식의 원조이다.

성령에 대한 모독만은 용서받지 못한다

제44장

¹예수께서 가라사대, "누구든지 아버지에 대해 모독하는 자는 용서받을 수 있다. ²그리고 누구든지 아들에 대해 모독하는 자도 용서받을 수 있다. ³그러나 누구든지 성령에 대해 모독하는 자는, 이 땅에서도 저 하늘에서도, 용서받을 수 없다."

¹Jesus said, "Whoever blasphemes against the father will be forgiven, ²and whoever blasphemes against the son will be forgiven, ³but whoever blasphemes against the holy spirit will not be forgiven, either on earth or in heaven."

沃案 언뜻 보기에 이 장의 내용은 우리에게 현기증을 일으킨다. "아버지" "아들" "성령"이라고 하는 삼위일체론의 세 항목들이 너무도 명료하게 제시되고 있기 때문이다. 그렇다면 과연 도마복음을 공관복음서보다 앞서는 자료라고 말할 수 있을까? 삼위일체론이 문제시되는 4세기경의 작품으로 내려잡아야 할 것이 아닐까? 그러나 여기 그러한 우려는 존재할 여지가 없다. 우선 여기서 말하는 아버지, 아들, 성령이라는 개념은 전혀 삼위일체논쟁에서 개념화되고 있는 성부·성자·성신의 개념이 아니다. 그것은 매우 상투적인 소박한 언어이고, 더구나 그 내용으로 들어가보면 경악할 만한 내용인 것이다. 전혀 "아버지"와 "아들"의 중요

성이 부각되지 않는다. 세 항목 중의 대등한 항목들이 아닌 것이다.

더구나 공관복음서가 성립하기 이전에 활약한 바울의 사상에는 매우 명료하게 아버지, 아들, 성령의 사상이 자리잡고 있다. 그러니까 이 세 개념은 이미 AD 50년대 원시기독교 교계에 있어서 익숙한 개념이었다(쿰란공동체에도 마찬가지이다). 바울사상의 핵심은 예수의 "죽음과 부활"이다. 예수의 죽음과 부활은 오직 예수를 "하나님 아버지의 아들"로서만 인식할 때 의미를 가지는 것이다. 예수는 하나님 아버지의 아들로서 아버지에 의하여 이 세상으로 인간의 육신의 탈을 쓰고 태어난 것이다. 이 아버지는 과거부터 유대인들이 생각해왔던 진정한 유일신(the monotheistic God)이다. 이 유일한 하나님은 아들을 파견함과 동시에 또 하나님의 영을 아들의 영으로서 파견한다. 이 하나님의 영은 아들의 영인 동시에 인간과 하나님을 매개시킬 수 있는 영이다. 따라서 아들의 영은 우리 믿는 자들의 영이 되는 것이다. 고전 12장을 펴보라! "하나님의 영으로 말하는 자는 누구든지 '예수는 저주받을 놈이다' 이런 식으로 말할 수 없다. 또 성령에 의거하지 아니 하고는 누구든지 '예수를 주(主)이시다'라고 말할 수 없나니라. 은사는 여러 가지나 성령은 하나이며, 직분은 여러 가지나 주(主)는 하나이다"(고전 12:3~5). 성령(Holy Spirit)이야말로 인간을 묶는 공통분모인 것이다. 바울은 하나님의 영(*pneuma*)을 단수로서만 쓴다. 그것은 인간에로의 하나님의 임재이다. 그것은 나에게 깃들인 아버지의 증표이며 아들의 증표이다. 바울의 가장 리얼한 서신 중의 하나인 갈라디아서 4장을 펴보라!

> 때가 차매, 하나님이 그 아들을 보내사 여자에게서 나게 하시고(*바울은 동정녀 마리아 탄생설화도 몰랐다), 또 율법의 지배 속에서 태어나게 하신 것은(*즉 예수는 유대인으로 태어났다는 관념이 바울에게는 있다), 율법의 지배를 받고 사는 사람들을 속량하시고 우리로 하여금 아들의 명분을 얻게 하려 하심이라. 너희가 아들인고로 하나님이 그 아들의 영(the Spirit of his

Son)을 우리 마음 가운데 보내사, "아바! 아버지!"라고 외칠 수 있게 하셨나니라(갈 4:4~6).

이 문장에서 우리는 이미 "아버지"와 "아들"과 "성령"의 개념이 명료하게 구원론적 차원에서 드러나고 있음을 볼 수 있다. "아버지-아들-성령"의 소통된 일체야말로 진정한 유일신의 진정한 계시가 되는 것이다. 이 때 성령은 어떤 의인화된 실체는 아니다. 그것은 부활하신 역사적 예수를 하늘에 계신 주 하나님과 결합시키는 어떤 추상적 힘이다. 역사적 예수의 썩을 수 있는 육체성과 부활하여 하늘로 들리우신 예수의 소원함을 극복케 하는 생명력이며, 그 생명력은 그리스도를 신앙하는 모든 인간들의 일상성 속에 임재하는 것이다. 성령은 아버지와 아들을 그리스도를 신앙하는 자들에게로 임재케 하는 네트워크 같은 것이다. 갈라디아서의 성립시기를 AD 51년 전후로 추정한다면(*성립시기에 관한 다양한 설이 있다) 여기 도마복음서에 아버지, 아들, 성령이라는 개념이 등장하는 것은 조금도 어색하지 않다. 더구나 이 장의 병행구가 큐복음서 자료와 마가자료에 명료하게 나타나고 있다.

(마 12:31) 그러므로 내가 너희에게 이르노니, 사람의 모든 죄와 모독은 용서받을 수 있으나, 성령에 대하여 모독하는 것은 용서받을 수 없다.

(마 12:32) 또 누구든지 말로 인자(人子)를 거역하면 용서받을 수 있으나, 누구든지 말로 성령을 거역하면, 이 세상에서도, 앞으로 올 세상에서도, 용서받을 수 없다.

(막 3:28~29) 내가 진실로 너희에게 이르노니, 사람이 저지르는 죄와, 또 (하나님에 대하여)말로 모독하는 것은 용서받을 수 있다. 그러나 누구든지 성령에 대하여 모독하는 것은 결코 용서받을 수 없나니, 그것은 영원한 죄에 처하여지느니라.

(눅 12:10) 누구든지 말로 인자(人子)를 거역하면 용서받을 수 있다. 그러

나 누구든지 성령에 대해 모독하는 자는 용서받을 수 없다.

이 4개의 파편을 비교해보면 눅 12:10과 마 12:32는 큐자료(Q48)에 속한다는 것을 알 수 있다. 이 두 개의 자료 중 누가자료가 큐자료의 원모습에 가깝게 간다. 그러나 마태에는 도마의 원형을 간직하는 삽입구가 종말론적 형태로 변형되어 나타나고 있다. "이 땅에서도 저 하늘에서도"가 "이 세상에서도 앞으로 올 세상에서도"로 변형되어 나타난다. 그러니까 마태는 누가자료(큐자료) 이외의 어떤 도마와 같은 원형자료를 보고 있다는 사실이 입증되는 것이다. 그리고 마태 12:31은 마가자료에서 옮아간 것임을 알 수가 있다. 그러나 마가자료에는 "인자(아들)에 대한 모독"이 빠져있다. 그러니까 마태는 큐자료와 마가자료를 같이 참고했으나, 그 외로도 어떤 원자료가 있었다는 것이다.

이 모든 자료를 비교해볼 때 아버지, 아들, 성령, 이 세 항목이 모두 구비된, 그리고 문장의 명료한 파라렐리즘이 유지되고 있는 자료는 도마자료이다. 그렇다면 혹자는 이렇게 말할 것이다. 이 모든 자료에서 공통점을 뽑아서 말끔하게 정리한 것이 도마자료이다 라고. 과연 그럴까? 그것은 정말 억지춘향에 불과한 것이다. 도마가 원자료이고, 이 원자료를 활용하는 과정에서 이렇게 들쑥날쑥한 인용방식이 생겨났다고 보아야 한다. 원래 도마의 소박한 사상에는 후대교회에서 액면 그대로 받아들이기에는 괴로운 측면들이 있었기 때문일 것이다.

1절에서 2절, 2절에서 3절로 진행하는 문장들 사이에는 모종의 느낌의 크레센도(crescendo)가 있다. 그러니까 시시한 것으로 말하자면 아버지가 제일 시시한 것이고, 그 다음으로 시시한 것이 아들이다. 그러나 엄청나게 중요한 최후의 사태는 성령이다. "아버지"에 대해서 모독하는 것은 별로 중요하지 않다. 그것은 단순히 말로써 이루어지는 허구적 사태일 수 있기 때문이다. 그리고 아버지는 인간이 모독한다고 해서 모독되는 존재가 아닐 것이다. 그것은 크게 보면 용서할 수 있는 차원의 것이다. 여기 도마가 사용한 단어가 "하나님"이 아니고 "아버지"라는 사실에 우리는 좀 충격을 느낄 수도 있다. "아버지"야말로 도마에게 있어선 "하나님"처럼 객화될 수 없는 소중한 존재이기 때문이다. 그러나 도마는 인간의 언어에 그다지 큰 비중을 두지 않는다. 아버지도 실체화된다면 그 아버지에 대한 모독이 대역죄일 수는 없다.

그리고 나 예수에 관하여 모독하는 것도 용서될 수 있는 것이다. 그들이 모독하는 예수는 어디까지나 그들에게서 외재화되어 있는 예수이며, 인간의 탈을 쓴 예수이며, 예수의 본질로부터도 외면화되어 있는 예수이기 때문이다. 예수가 자기 인간 예수를 못알아보고 모독한다고 모독하는 자들을 다 벌한다면 그러한 예수는 날강도 같은 예수일 것이다. 자기를 싫어한다고 그들을 다 벌할 수는 없는 것이다. 그러므로 누구든지 아들에 대해 모독하는 자는 용서받을 수 있다. 그러나 누구든지 성령에 대해 모독하는 자는, 이 땅에서도 저 하늘에서도, 영원히 용서받을 수 없다. 왜냐? 그것은 자신의 내면에 대한 기만이기 때문이다. 성령을 모독하는 것은 자기를 기만하는 것이기 때문이다. 예수를 모독할 수는 있으나 나 살아있는 예수의 은밀한 말씀 속에 내재하는 성령을 모독할 수는 없는 것이다. 나 도올을 모독할 수는 있다. 그러나 나 도올이 말하는 말씀에 내재하는 성령, 그 진실을 모독할 수는 없다! 그것은 그대 자신의 실존의 내면에서 우러나오는 진리이기 때문이다. 이렇게 본다면 본 장의 예수의 외침은 전혀 삼위일체론적 발상과는 별개의 것이다. 도마의 예수는 삼위일체를 말하기 이전에 삼위를 체화(體化: 실체화)하는 것을 거부한다. 성령은 체화(體化)될 수 없는 것이다.

많은 주석가들이 예수에게 있어서 "성령"은 세례요한으로부터 세례를 받았을 때 부여받은 권능이라고 말하지만, 그러한 성령은 메시아의 시대(Messianic Era)의 도래를 예견하는 하나의 상징적 사건이며 수난드라마의 결구 속에서 의미를 갖는 것이며 도마의 예수와는 별 관련이 없다.

포도는 가시나무에서 수확되지 않는다

제45장

¹예수께서 가라사대, "포도는 가시나무에서 수확되지 않고, 무화과는 엉겅퀴에서 수확되지 않나니, 이것들은 열매를 맺지 않음이라. ²선한 사람은 창고로부터 선한 것을 내온다. ³나쁜 사람은 가슴속에 있는 나쁜 창고로부터 나쁜 것들을 내오고 또 나쁜 것들을 말한다. ⁴왜냐하면 나쁜 사람은 가슴에 쌓여 넘치는 것으로부터 나쁜 것들을 내올 수밖에 없기 때문이다."

¹Jesus said, "Grapes are not harvested from thorns, nor are figs gathered from thistles, for they do not produce fruit. ²A good man brings forth good from his storehouse; ³an evil man brings forth evil things from his evil storehouse, which is in his heart, and says evil things. ⁴For out of the abundance of the heart he brings forth evil things."

沃案 본 로기온을 살펴보면 1절(a)은 포도가 가시나무에서, 무화과가 엉겅퀴에서 생겨날 수 없다는 것을 말함으로써 선·악의 개념이 들어가 있지 않은 인과를 말하고 있다. 싯달타의 연기설(paṭiccasamuppāda)도 본래는 "이것이 있기 때문에 저것이 있고, 이것이 일어나기 때문에 저것이 일어난다. 此有故彼有, 此起故彼

起"라는 것을 말한 것이다(『雜阿含經』卷第十五, 369, 『大正』2~101).

그리고 2·3·4절(b)은 선인(善因)에서 선과(善果)가 나오고, 악인(惡因)에서 악과(惡果)가 나온다는 것을 말함으로써 강력한 윤리적 판단을 내포하고 있다. 그러나 a와 b가 단절적인 관계는 아니다. 연기론적 사유는 항상 윤리적 가치판단과 밀착되어 있는 것이다. 따라서 본 로기온에 있어서 a와 b가 연접되어 있는 것은 자연스러운 것이다.

그런데 본 로기온은 큐복음서에 들어가 있다(Q21). 그런데 마태자료는 a와 b를 나누어 다른 맥락에서 활용하였다.

> (마태 7:16~18) [16]그들의 열매로 그들(거짓 선지자들)을 알지니, 가시나무에서 포도를, 또는 엉겅퀴에서 무화과를 따겠느냐? [17]이와 같이 좋은 나무마다 아름다운 열매를 맺고, 못된 나무가 나쁜 열매를 맺나니, [18]좋은 나무가 나쁜 열매를 맺을 수 없고, 못된 나무가 아름다운 열매를 맺을 수 없느니라.

> (마태 12:33~35) [33]나무도 좋고 실과도 좋다 하든지, 나무도 좋지 않고 실과도 좋지 않다 하든지 하라. 그 실과로 그 나무를 아느니라. [34]독사의 자식들아! 너희는 악한데 어떻게 선한 말을 할 수 있겠느냐? 이는 가슴에 쌓여 넘치는 것으로부터 입은 말할 수밖에 없기 때문이다. [35]선한 사람은 그 쌓은 선에서 선한 것을 내고, 악한 사람은 그 쌓은 악에서 악한 것을 내느니라.

이에 비하면 누가는 큐복음서의 원형을 보존하고 있는데, 이것은 a와 b가 연접된 것으로 도마복음 원자료의 형태를 계승한 것이다.

(눅 6:43~45) ⁴³못된 열매 맺는 좋은 나무가 없고 또 좋은 열매 맺는 못된 나무가 없느니라. ⁴⁴나무는 각각 그 열매로 아나니, 가시나무에서 무화과를 낼 수 없고, 또한 찔레에서 포도를 따지 못하느니라. ⁴⁵선한 사람은 마음의 쌓은 선에서 선을 내고, 악한 사람은 그 쌓인 악에서 악을 내나니, 이는 가슴에 쌓여 넘치는 것으로부터 그의 입이 말하기 때문이니라.

도마의 원의는 "가슴속에 있는 창고"라는 표현에서도 알 수 있듯이 인간의 내면에 축적되는 것과 그 외면으로 표출되는 것과의 인과적 필연성을 말하고 있다. 도마의 강조는 어디까지나 추구하는 도반들(seekers)의 내면적 축적에 관한 것이다. 그리고 외면으로 표출되는 악한 행동과 모독적 언사는 앞 장에서 말하는 "성령에 대한 모독"과 일맥상통하는 것임을 알 수 있다. 예수의 도반들은 선업이 내면에 쌓여 저절로 선행(善行)과 선언(善言)이 흘러넘치는 선인(善人)이 되어야 하는 것이다.

바울에게 있어서 "율법(토라의 세계)"과 "믿음(그리스도에 대한 믿음)"의 대비는 이러한 내면적 축적이나 공로를 의미없게 만든다. 믿음은 "쌓여 흘러넘치는 것"이 아니라 일시적인, 전적인 삶의 전향이며 하나님의 의(the righteousness of God)의 구현이다. 이러한 바울의 사상이 "돈頓"적인 세계를 말하고 있다면, 여기 예수의 사상은 "점漸"적인 축적을 말하고 있다. 도마의 예수에게는 바울과 같은 종말론적 전제(eschatological premises)가 없기 때문이다.

팔레스타인의 무화과나무와 열매

어린이가 세례요한보다 더 위대하다

제46장

¹예수께서 가라사대, "아담으로부터 세례요한에 이르기까지 여자가 낳은 자 중에서 세례요한보다 더 위대한 이는 없도다. 그러므로 세례요한의 눈길은 돌려져서는 아니 된다. ²그러나 이미 나는 말했노라, 너희 중에서 누구든지 아기가 되는 자는 나라를 알 것이요, 요한보다 더 위대하게 되리라."

¹Jesus said, "From Adam to John the Baptist, among those born of women, there is no one greater than John the Baptist, so that his eyes should not be averted. ²But I have said that whoever among you becomes a child will know the kingdom and will become greater than John."

沃案 이 로기온도 큐복음서와 병행한다(Q24).

(마 11:11) 내가 진실로 너희에게 말하노니, 여자가 낳은 자 중에서 세례요한보다 더 위대한 이가 일어남이 없도다. 그러나 하늘나라에서는 극히 작은 자라도 요한보다 더 위대하니라.

(눅 7:28) 내가 너희에게 말하노니, 여자가 낳은 자 중에서 요한보다 더

위대한 이가 없도다. 그러나 하나님의 나라에서는 극히 작은 자라도 요한보다 더 위대하니라.

 마태와 도마는 요한을 칭할 때 "세례요한"이라 했고, 누가는 그냥 "요한"이라 했다. 그리고 도마의 "아담으로부터 세례요한에 이르기까지"가 마가, 누가에는 다 빠져있다. 그리고 도마는 그냥 "나라"라고만 했는데 마태는 "하늘나라 the kingdom of heaven"라고 했고, 누가는 "하나님나라 the kingdom of God"라고 했다. 도마의 현실적 개념이 종말론화된 것을 알 수 있다. 그리고 도마의 "아기"가 마태·누가에서는 "극히 작은 자"로 되어있다. 도마의 "아기"사상이 공관복음서 저자들에게는 근원적으로 결여되어 있기 때문일 것이다.

 첫 구절인 "아담으로부터 세례요한에 이르기까지"라는 표현은 바울이 로마서에서 말하고 있는 "아담과 그리스도"라는 대비개념을 상기시킨다(롬 5장, 고전 15장). 그러나 물론 바울식의 대비적 개념이 예수에게 자의식으로 내장되어 있다고 볼 수는 없다. 단지 초기 예수운동가들에게 있어서 이러한 시대를 가르는 에포크의 개념이 상투적으로 있었다는 것을 추론해볼 수도 있다. 보통 주석가들은 영지주의 문헌에 나타나는 아담 개념이 모두 바울의 논리의 영향권 아래서 성립한 것이라는 주장을 펴지만 사실 그것은 역방향일 수도 있다. 도마복음은 영지주의 문헌이 아니다. 그리고 도마복음은 바울에게 영향을 준 당대의 다양한 개념들을 예시하고 있다고 간주되는 것이다.

 제45장이 선인과 악인의 인간론적 하이어라키를 말하고 있다면 여기 46장의 논의는 구시대적 인간과 새시대적 인간의 하이어라키를 말하고 있다고도 볼 수 있다. 다시 말해서 아담으로부터 세례요한에 이르는 시대는 구시대로서 여자가 낳은 평범한 인간들의 시대이다. 이 시대는 세례요한에 이르러 극점에 달했다. 그러니까 여자가 낳은 사람 중에서 세례요한보다 더 위대한 이는 있을 수 없다.

예수가 과연 세례요한에게서 세례를 받은 사람인지 아닌지는, 복음서 내러티브 창작자들의 소관이므로 그 사실여부를 확정지을 수는 없다. 그러나 예수는 세례요한의 "세례운동"으로부터 엄청난 인생의 모티브를 발견한 사람이라는 것에는 의심의 여지가 없다. 세례요한은 예수의 선배였고, 선각자였고, 스승이었고, 예수운동에 선행하는 세례운동의 주창자였다. 그리고 예수는 세례요한에 대한 깊은 존경심을 잃지 않는다. 그러나 요한의 세례운동과 예수의 나라운동은 본질적인 갭이 있었다. 그것을 복음서 저자들은 "물의 세례"와 "불의 세례"로 대비시켰다. 그러나 여기 도마의 예수는 그러한 대비를 허용하지 않는다. 단지 세례요한의 위대성을 인정하는 동시에 그 한계를 그을 뿐이다. "눈길을 돌리다"라는 표현은 더 큰 권위자 앞에서 겸손하게 눈길을 돌리는 것을 의미한다. "눈길을 깐다"는 정도의 의미일 것이다. "세례요한의 눈길은 돌려져서는 아니 된다"는 것은 세례요한이야말로 그 어떤 권위에도 굴복할 필요가 없는 위대한 인물이라는 것이다. 그러나 그의 위대성은 아담의 시대에 속한다.

여기 도마는, 바울처럼 죽음과 부활의 상징체인 "그리스도"의 개념을 삽입하여 아담의 시대와 그리스도의 시대의 논의를 진행시키지 않는다. 암암리 공관복음서 기자들은 이미 바울적 논리의 영향을 받아 "하늘나라"를 운운하고 있는 것이다. 그러나 도마는 단지 "아기"를 말하고 있을 뿐이다. "나라" 즉 "새로운 질서"는 마지막 아담(The Last Adam: 예수를 가리킴, 고전 15:45)이 가져오는 것이 아니라, "아기"와 같은 상태일 뿐이다. "아기"란 이미 22장에서 말했듯이 모든 분별이 사라진 원초적 융합의 상태, 남·여의 구분조차 있을 수 없는 아담 이전의 상태를 말하는 것이다. 따라서 바울처럼 종말의 천국을 말하는 것이 아니라, 그 정반대로 원초의 혼융된 "나라"를 말하고 있는 것이다. 아기된 자는 요한보다 더 위대하다! 노자가 말하는 "영아嬰兒," 그리고 "혼돈混沌"으로 복귀할 때 우리는 비로소 아버지의 나라를 볼 수 있게 되는 것이다.

옛것과 새것은 양립하지 않는다

제47장

¹예수께서 가라사대, "한 사람이 동시에 두 말 위에 올라탈 수 없고, 한 사람이 동시에 두 활을 당길 수 없다. ²그리고 한 종이 두 주인을 섬기지 못한다. 그렇게 되면 그 종은 한 주인은 영예롭게 할 것이나 또 한 주인은 거스르게 되리라. ³그 어느 누구도 오래 묵은 (양질의) 포도주를 마시고 나서 금방 새 포도주를 마시기를 원치 아니 한다. ⁴그리고 새 포도주는 낡은 가죽부대에 부어넣지 않는다. 낡은 가죽부대가 터져버릴 수 있기 때문이다. 그리고 오래 묵은 (양질의) 포도주를 새 가죽부대에 쏟아 붓지도 않는다. 그 (양질의 포도주의) 맛을 버릴 수 있기 때문이다. ⁵낡은 천조각을 새 옷에다가 기워 붙이지 않는다. 그것은 새 천에 안 맞아 다시 터질 것이기 때문이니라."

¹Jesus said, "A person cannot mount two horses or bend two bows. ²And a servant cannot serve two masters, or that servant will honor the one and offend the other. ³No person drinks aged wine and immediately desires to drink new wine. ⁴And new wine is not poured into aged wineskin, or they might burst, and aged wine is not poured into a new wineskin, or it might spoil. ⁵An old patch is not sewn onto a new garment, for there would be a tear."

沃案   약간의 의역을 가했다. 대강의 뜻은 독자들도 알아차릴 것이나 기존 복음서와의 병행관계가 매우 복잡하다. 한 절씩 해설해나가겠다.

제1절은 성서학자들은 아그라파(agrapha)라고 부른다. 문자 그대로는 "쓰여지지 않음"의 뜻인데, 쓰여진 4복음서에서 발견되지 않는 예수의 말이라는 뜻이다. 그러나 아그라파라는 말은 별로 듣기 좋은 말이 아니다. 그것은 4복음서의 편협한 권위를 전제로 한 말이기 때문이다. 아그라파든 그라파든 그것은 동등한 예수의 말이라는 전제를 가지고 항상 문헌을 접근해야 옳다. 방대한 예수 말씀의 전승 속에서 4복음서는 그 일부가 추려진 것일 뿐이다.

전국(戰國) 말기의 문헌인 『여씨춘추呂氏春秋』에도 "집일執一"이라는 개념이 있다. 말이 여러 마리가 있어도 한 사람이 채찍을 잡고 몰아야 한다는 뜻인데, 『여씨춘추』는 말몰이의 통일성을 강조하고 있는데 반해, 여기 도마의 제1절은 "양립 불가능성"을 강조한 것이다. 제2절부터 진행되는 논리의 매우 탁월한 서론적인 아포리즘이라고 할 수 있다.

제2절은 마태와 누가에 병행구가 있으며 큐복음서에 속한다(Q74).

(마 6:24) 한 사람이 두 주인을 섬기지 못할 것이니, 혹 이를 미워하며 저를 사랑하거나, 혹 이를 중히 여기며 저를 경히 여길 것이기 때문이니라. 너희가 하나님과 재물을 겸하여 섬기지 못하느니라.

(눅 16:13) 한 종이 두 주인을 섬길 수 없나니, 혹 이를 미워하고 저를 사랑하거나, 혹 이를 중히 여기고 저를 경히 여길 것이기 때문이니라. 너희가 하나님과 재물을 겸하여 섬기지 못하느니라.

마태에는 "종"이라는 표현이 없고, 도마와 누가는 "종"이라는 표현이 공통된다. 그리고 도마에는 마태와 누가에게 공통으로 나타나는 "하나님과 재물"이라는 해설적 언급이 없다. 도마에게서 과연 두 주인이 "하나님과 재물(mammon: 돈 신으로 의인화 됨)"을 의미하는 것인지는 알 수가 없다. 고대사회에서 한 종이 두 주인에 속할 수 없도록 제도화되어 있었던 것은 아니다. 노예가 두 주인에게 소유될 수 있는 상황은 얼마든지 있었다. 여기는 이러한 제도적 사실에 근거한 논의가 아니며, 노예가 주인에게 향하는 전심의 헌신(the exclusive loyalty)에 관한 것이다. 콥트어 텍스트에서 쓰고있는, "종" "섬긴다" "영예롭게 한다-거스른다"에 해당되는 낱말들은 모두 아람어 계통의 말이며, 따라서 도마의 문장이 희랍어 큐복음서보다 더 오래된 전승이라고 사료된다.

제3절은 "묵은 포도주aged wine"가 나쁜 술이 아니라, 아주 양질의 고급 포도주라는 의미를 내포하고 있다. 요즈음 오래된 연도의 술이 더 고가인 것과 똑같다. 그러니까 제3절의 뜻은 발렌타인 30년을 마신 뒤 끝에 바로 연이어 싸구려 쇠주로 입가심할 미친 놈은 없다는 뜻이다. 여기 문장에서는 분명 새 것에 대비되는 묵은 것에 대한 예찬이 있다. 즉 예수 도반들이 추구하는 지식을 오랜 세월 동안 숙성된 묵은 술에 비유하고 있는 것이다. 이것은 "새 술은 새 부대에"라는, 새로운 메시아시대에 대한 예찬으로서 해석되는 공관복음서의 입장과는 매우 다른 표현이다. 그러나 누가복음에는 이 도마의 구절이 쌩뚱맞게 매우 모순적 문맥에 들어가 있다. 다시 말해서 눅 5:38에 "새 포도주는 새 부대에 넣어야 할 것이니라"라고 끝나는 문장 다음에 연접되어 있는 것이다.

(눅 5:39) 아무도 묵은 포도주를 마신 후에 새 포도주를 원하지는 않는다. 그는 묵은 포도주가 좋다고 말하기 때문이라.

여태까지 모든 주석가들은 이 파편의 단절성·고립성을 인정하지 않고, 적당히 부정적인 맥락에서 해석하여 왔다. 예수의 복음이라는 "새 포도주"를 맛보기를 거부하고 "묵은 포도주," 다시 말해서 낡은 관습에만 집착하거나 전통에 빛나는 율법만을 예찬하는 보수적 인간들에 비판으로서 해석한 것이다. 그러나 누가는 도마류의 원자료를 곡해하여 왜곡된 형태로 인용했을 가능성이 높다. 그렇지 않으면 후대의 주석가들이 문맥의 모순을 무마하기 위하여 적당히 얼버무린 것을 우리가 그냥 정설로 받아들이고 있을지도 모른다.

다음 4절과 5절은 마가·마태·누가에 순서가 뒤바뀐 형태로 나타나고 있다. 먼저 4절의 경우를 보자.

> (막 2:22) 새 포도주를 낡은 가죽부대에 넣는 자는 없나니, 만일 그렇게 하면 새 포도주가 부대를 터뜨려 포도주와 부대를 버리게 되리라. 오직 새 포도주는 새 부대에 넣느니라.
>
> (마 9:17) 새 포도주를 낡은 가죽부대에 넣지 아니 하나니, 그렇게 하면 부대가 터져 포도주도 쏟아지고 부대도 버리게 됨이라. 오직 새 포도주는 새 부대에 넣어야 둘이 다 보전되느니라.
>
> (눅 5:37~38) 새 포도주를 낡은 가죽부대에 넣는 자는 없나니, 만일 그렇게 하면 새 포도주가 부대를 터뜨려, 포도주가 쏟아지고 부대도 버리게 되리라. 새 포도주는 새 부대에 넣어야 할 것이니라.

상기의 3 병행구를 비교해보면, 마태와 누가는 마가자료를 활용하면서도 마태와 누가에 공통된 큐자료가 또 있다는 것을 짐작케 한다. 그러나 이 경우 도마자료를 계승한 것은 마가라고 볼 수 있다. 그러나 도마자료는 "새 포도주-낡은 가죽부대"의 용례를 다시 역전시켜 "묵은 포도주-새 가죽부대"를 병치시키는 "대구역병행법對句逆並行法"을 쓰고 있는데, 이 용례에서 마가는 "새 포도주-낡은 가죽부대"의 용례만을 활용함으로써, "새 것"에 의하여 "헌 것"이 지양(止揚)된다고 하는 자신의 주제를 명료하게 부각시키고 있다. 도마의 양면성을 그대로 수용하기에는 복음서 기자의 종말론적 관심과 괴리가 발생하기 때문이다. 그래서 도마의 양면성을 일면화해 버렸다. 그러나 도마는 "묵은 포도주"의 우수함을 계속 부각시키고 있다. 묵은 포도주는 양질의 고급 술인데 그것은 역시 있던 통에 그대로 있어야 새 부대에 담으면 새 가죽의 냄새가 그 맛을 변질시켜버린다는 것이다. 새 포도주는 가스가 왕성히 발생하는 성질이 있어 낡은 가죽부대에 넣으면 낡은 가죽부대를 터뜨릴 수가 있다. 그러니까 새 포도주를 낡은 부대에 넣는 것이나, 묵은 양질의 고급 포도주를 어설픈 새 부대에 넣는 것이나 모두 나쁜 것이다. 그러니까 도마의 사상에는 새 것이 좋은 것이고 헌 것은 다 나쁜 것이라는 분별적 사유, 직선적 사유, 이분적 사유가 없는 것이다. "새 포도주는 새 부대에"라는 우리의 통념은 이 4절의 표현에 한정하여 보면 좀 유치한 왜곡일 수가 있다. 묵은 술은 묵은 부대에 보전되는 것이 아름다운 것이다. 단지 도마는 새 것과 묵은 것의 양립불가능성을 말하고 있을 뿐이다. 그런데 마지막 제5절에는 이러한 사유의 약간의 반전이 일어난다.

> (도마 47:5) 낡은 천조각을 새 옷에다가 기워 붙이지 않는다. 그것은 새 천에 안 맞아 다시 터질 것이기 때문이다.
>
> (막 2:21) 생베 조각을 낡은 옷에 기워 붙이는 사람은 없나니, 만일 그렇게 하면 기운 새 것이 낡은 그것을 당기어 헤짐이 더하게 되느니라.
>
> (마 9:16) 생베 조각을 낡은 옷에 붙이는 사람은 없나니, 이는 기운 것이 그 옷을 당기어 헤짐이 더하게 되기 때문이라.
>
> (눅 5:36) 또 비유하여 이르시되, 새 옷에서 한 조각을 찢어 낡은 옷에 붙이는 사람은 없나니, 만일 그렇게 하면, 새 옷을 찢을 뿐이요, 또 새 옷에서 찢은 조각이 낡은 것에 합하지 아니 하니라.

마태와 누가는 마가자료를 원형으로 하고 있다고 보여지지만, 누가는 마가자료에서 본질적으로 빗나가 있다. 마가자료는 "생베 조각"을 말했을 뿐이며, 그것을 낡은 옷에 기워 붙이기 어렵다는 것을 말했을 뿐이다. 생베 조각(새 것)이 낡은 옷(오래된 것)에 비해 더 좋은 것이라는 특정한 가치판단을 명백히 내리고 있지 않다. 마태는 이러한 마가의 논조를 있는 그대로 계승한데 비하면 누가는 가치판단을 명백하게 하고 있다. 우선 "조각" 자체가 온전한 새 옷에서 찢어낸 조각이라는 사실이다. 이것은 온전한 새 옷마저 이미 버린 후의 사태라는 것을 암시하고 있다. 그리고 "새 옷에서 찢은 조각이 낡은 것에 합하지 않는다"고 말함으로써 새 옷은 낡은 옷보다 본질적으로 "좋은 것"이라는 것을 나타내고 있다. 여기 "새 옷"은 새로운 기독교(new Christianity)를 말하고 "낡은 옷"은 유대교와 유대인들의 낡은 삶의 방식(the old life of Judaism)을 의미한다. 그러니까 새로운 기독교의 천 조각을 낡은 유대교에 기워 붙이는 것은 넌센스라는 것이다. 병행구의 내면적 성격으로 볼 때 이 구절은 누가가 도마에 더 근접하고 있다. 아마도 누가와 도마는 공통의 어떤 자료를 각각 다르게 전승했을 수도 있다.

여기 천은 대개 양털로 짠 것인데, 양털은 물에 들어가면 심하게 수축한다. 그러니까 수축한 적이 없는 새 천은 심하게 수축하므로 주변의 천들을 잡아당겨서 망가뜨린다. "생베 조각"이라고 번역된 것은 영어로 "a piece of unshrunk cloth"이다. "수축되어 본 적이 없는 천 조각"이라는 뜻이다. 그런데 도마자료는 새 천 조각과 낡은 옷의 관계가 역으로 되어 있다. "낡은 천조각을 새 옷에다 기워 붙이지 않는다"로 되어 있다. 수축의 결론은 결국 똑같지만, 터지는 것은 낡은 조각이다. 도마의 문맥도 완벽히 스무드하게 연속적으로 진행된다고 볼 수는 없다. 그러나 1~4절에서는 양립불가능성만을 말하다가 제5절에 와서는 역시 새로 얻는 내면적 주체성이나 정체성(the new subjectivity and identity)은 낡은 삶의 방식으로 땜방되어서는 아니 된다는 것을 말함으로써 "새 것"에 대한 무게를 실었다고 보아야 할 것이다.

산도 움직이리라

제48장

¹예수께서 가라사대, "한 집안 속에서 둘이 서로 평화를 이룩할 수 있으면, 그들이 산을 보고 '여기서 움직여라!'라고 말하면, 산이 움직이리라."

¹Jesus said, "If two make peace with each other in a single house, they will say to the mountain, 'Move from here,' and it will move."

沃案 관련된 문구들이 기존 복음서 여기저기에 있다. 그리고 비슷한 내용을 전하는 로기온이 106장에도 있다.

(마 18:19) 진실로 다시 너희에게 이르노니, 너희 중에 두 사람이 땅에서 합심하여 무엇이든지 구하면, 하늘에 계신 내 아버지께서 저희를 위하여 이루게 하리라.

이것은 예수 제자들이 땅에서 합심하여 무엇이든지 구하면 하늘에 계신 내 아버지께서 그것을 이루어주신다는 것을 말하고 있다. 이 마태의 기술에는 예수 제자들(초대교회)의 내적 결속력이 강조되어 있고, 또 "땅의 제자들"과 "하늘에 계신 내 아버지 my Father in heaven"라는 초월주의적, 이분론적 구원론이 전제되어 있다. 다음에 산 보고 움직여라 운운하는 것은 큐복음서에도 있다(Q79).

> (마 17:20) 가라사대, "너희 믿음이 적은 연고니라. 진실로 너희에게 이르노니, 너희가 만일 믿음이 한 겨자씨만큼만 있으면 이 산을 명하여 '여기서 저기로 옮기라'하여도 옮길 것이요, 또 너희가 못할 것이 없으리라."

> (눅 17:6) 주께서 가라사대, "너희에게 겨자씨 한 알 만한 믿음이 있었더라면, 이 뽕나무더러 '뿌리가 뽑혀 바다에 심기라'라고 말하여도, 그것이 너희에게 순종하였으리라."

이것은 모두 "믿음"을 강조하는 타력신앙적 사유 속에서 인용되고 있다.

> (마 21:21) 예수께서 대답하여 가라사대, "내가 진실로 너희에게 이르노니, 만일 너희가 믿음이 있고 의심치 아니하면, 이 무화과나무에서 일어난 이런 일만 할 수 있을 뿐 아니라, 이 산 보고 '번쩍 들려라! 그리고 바다에 빠져라!'라고 말하여도 너희 말대로 될 것이니라."

> (막 11:23) 내가 진실로 너희에게 이르노니, 누구든지 이 산더러 '번쩍 들려라! 그리고 바다에 빠져라!'라고 말하면서, 그 말하는 바가 이루어지리라고 믿고 마음에 의심치 아니하면, 그대로 되리라.

이 모든 공관복음서의 말씀들은 "믿음"과 "기적을 일으키는 권능"을 연결시키는 논리를 강화하는 목적으로 쓰여졌다. 바울에 있어서는 "믿음"의 논리가 "기적"과 곧바로 연결되지는 않는다. 그러나 복음서의 저자들은 훨씬 더 용이하게 믿음과 기적을 연결시키고 있는 것이다. 초대교회의 신앙결속력이 아주 시급한 문제였을 것이다.

"산이 움직인다"는 이러한 말은 예수의 특유한 말이라기보다는 중동지역에 사는 사람들의 격언·속담 같은 것이다. 사막에서는 자연이 매우 불안정하다. 그래서 모래바람으로 산이 움직일 수도 있다. 그러나 중원의 문화권이나 삼천리 금수강산에 사는 사람들에게는 우뚝 솟아 있는 저 푸른 산이야말로 움직일 수 없는 존재의 근원이며, 뭇 생명의 근원이며, 인간 역사의 유구한 장의 상징이다.『중용中庸』제26장 "지성무식至誠無息"에 연이어 나오는 산에 대한 예찬을 한번 보라! 천지지도(天地之道)는 광박(廣博)하고, 심후(深厚)하고, 고대(高大)하고, 광명(光明)하고, 유유(悠悠)하고, 구원(久遠)한 것이다. 어찌 태산(泰山) 보고 "움직여라" 명하여 움직인다는 넌센스가 가능할까보냐? 그 위대한 역사가 사마천(司馬遷)의 아버지 태사령(太史令) 사마담(司馬談)은 한무제(漢武帝)가 천하통일을 하느님께 고하는 태산의 봉선(封禪) 제식에 참가하지 못한 것을 괴로워하며 분사(憤死)하지 않았던가?

사도 바울은 그 유명한 고린도전서 사랑의 장에서 다음과 같은 말을 하고 있다.

> **내가 예언하는 능력이 있어, 모든 비밀(뮈스테리아)과 모든 지식(그노시스)을 알고, 또 산을 옮길 만한 모든 믿음(피스티스)이 있을지라도 사랑(아가페)이 없으면, 나는 아무 것도 아니다**(고전 13:2).

여기 바울의 논리는 "산을 옮길 만한 모든 믿음"에 대해 부정적이다. 그것이 대수로울 것이 없다는 입장이다. 여기서 우리는 기독교적 케리그마의 창시자인 바울이 오히려 복음서 저자들의 논리를 부정하고 있다는 인상을 받는다. 기독교 신화를 만든 바울이 복음서 저자들보다 오히려 덜 신화적이라는 인상을 받게 된다. 바울이 여기서 예수의 말을 인용하고 있다고 생각되지 않는다. 바울은 예수의 로기온을 거의 알지 못했다. 따라서 바울의 명제는 초대교회 당대의 천박한 믿음, 믿음만 있으면 기적도 마구 일어날 수 있다고 믿는 천박한 믿음을 비판하고 있는 것으로 해석되어야 할 것이다. 그러한 믿음을 영지주의 이단들의 경향이라고 보는 주석가들의 견해는 타당하지 않다. 이제 우리는 도마 자체의 원의를 논의해야 한다.

우선 여기 "한 집안 속에서 둘이 서로 평화를 이룬다"라는 표현을 집단적으로 해석하면 마 18:19의 의미가 가장 도마에 근접할 것이다. "한 집안"을 도마공동체, 혹은 예수운동의 도반들, 혹은 추구자들(seekers)의 집단으로 해석하면, 본 로기온은 그들 자신간에 평화를 도모하면 예수운동이 사회적으로 막강한 힘을 발휘하게 되리라는 상징적 표현이 될 것이다. 그러나 여기 "한 집안"이라는 것은 공동체적 주체성을 말하는 것이 결코 아니다. "방랑자"에 있어서 "코뿔소의 외뿔"과도 같은 개체적 주체성을 말하는 것이다. "한 집안"이란 "오직 하나인 이 집 this one house"(Lambdin)이라는 뜻을 내포하며 그것은 제4장에 나타난 "하나 된 자 a single one"의 다른 표현일 뿐이다. 이 주제는 4장뿐 아니라, 22장, 23장, 106장 등등에 나타나고 있다.

코뿔소(무소)의 외뿔은 보통 소의 뿔이 두 개인 것과는 달리 하나의 뿔을 가지고 있다. 두 개의 뿔이란, 삶과 죽음, 밤과 낮, 천당과 지옥, 본체와 현상, 어둠과 빛 등등의 우리 인간의 사유에 내재하는 언어적 분별의 가장 심오한 디프 스트럭쳐, 그 아키타입을 말하고 있다. 이러한 분별이 하나로 융합되는 경지, 그 원초성을 말하고 있는 것이다. 『노자』39장에도 "득일자得一者"라는 표현이 있는데 이 득일자는 도마 4장, 23장의 "하나 된 자"와 같은 표현이다. 왕필(王弼)이 주석을 달기를, "'하나'라는 것은 수(數)의 시작이며 물(物)의 극(極)이다. 一, 數之始, 而物之極也"라고 했다.

도마복음서에는 이 원초적 하나의 융합을 아담과 이브가 분화되기 이전의 원초적 아담이라는 말로 표현하고 있다. 그것은 선·악의 분별적 사유가 분화되기 이전의 "아기"로도 표현되고 있다(Th.46). "둘이 서로 평화를 이룬다"라는 표현은 그러한 원초적 융합의 상태로 복귀하는 것을 의미한다. 그것은 "에덴에서 아포칼립스까지"를 주장하는 섭리사관적·구속사적 직선시간을 말하는 것이 아니라, "아포칼립스가 없는 에덴"이며, "아포칼립스가 근원적으로 거부되는 에덴"이다. 나라(천국)는 미래에 있질 않고 항상 존재의 원점에 있다. 노자가 말하는 "원왈반遠曰反"의 "반反"(시작으로 돌아감, 『도덕경』 25장)에 있는 것이다.

그러한 내면적 융합을 이룩할 때 산을 보고 "움직여라" 외치면 움직일 것이라는 말은 "기적의 권능"을 말하는 것이 아니요, 제2장의 "모든 것을 다스리게 되리라"는 말씀의 상징적 표현으로 해석해야 할 것이다. 그것은 원효가 체험한 "일체개유심조一切皆唯心造"와도 같은, 그러한 식(識)의 작용으로 해석되어야 할 것이다. "산을 움직인다"는 이러한 표현 때문에 과도한 독선, 과도한 전도주의, 과도한 용감성, 과도한 전쟁도발의 행동이 인류사를 물들여온 기독교의 죄악의 역사를 성립시켰다는 측면도 우리가 깊게 반성하지 않으면 안된다.

우가리트의 고대도시로 들어가는 문이 매우 독특한 형태를 취하고 있는데 온전하게 보존되어 있다. 내부에 휘어지는 계단터널이 있으며 바로 왕궁(royal palace)으로 연결된다. 이 사실은 방어개념이 없는 평화로운 도시였다는 것을 말해준다. 미로와 같은 골목길 구조에 왕궁과 서민들이 섞여 살고 있다. 중간의 대로는 아크로폴리스(acropolis)로 뻗쳐 있다.

너희는 나라에서 왔고 나라로 돌아간다

제49장

¹예수께서 가라사대, "복이 있을지어다! 홀로 되고 선택된 자여! 너희는 나라를 발견할 것이기 때문이라. ²왜냐하면 너희는 나라에서 왔고, 또 다시 나라로 돌아갈 것이기 때문이니라."

¹Jesus said, "Blessed are those who are alone and chosen, for you will find the kingdom. ²For you have come from it, and you will return there again."

沃案 기존의 복음서에 병행구가 없다. 여기 핵심적인 것은 "단독자"와 "선택받은 자"이다. 이들은 나라(천국)를 발견한다. 이들은 바로 도마복음 제1장에서 말한 "말씀들의 해석을 발견하는 자들"이며 제2장에서 말한 "구하는 자들"이다. 단독자는 이미 "방랑자"의 개념(Th.42)에서 충분히 설명되었다. 나라를 발견할 수 있는 자들은 "단독자이며 선택받은 자"이다. 이 두 조건이 같이 구비된 사람들일 것이다. 단독자에 관해서는 4, 16, 23, 75장을 참고하고, 선택받은 자에 관해서는 8, 23, 50장을, 나라를 발견함에 관해서는 22, 46, 99, 114장을 참고하라. 본 장의 의미에 관해서는 이미 앞 장의 해설과의 연속성 속에서 이해하면 충분할 것이다.

제2절의 "너희는 나라에서 왔고, 또 다시 나라로 돌아가리라"는 여기 선택된 단

독자(monachos)의 오리진(origin)과 운명(destiny)을 가리키고 있다. 그것은 인간 존재의 궁극적 아이덴티티와 관련된다. 이 "나라"라는 개념을 초월적으로 해석하여 영지주의적 세계관과 연결시키는 것은 넌센스이다. 너는 본시 나라에서 왔고 너는 다시 나라로 돌아가리라는 말은 그러한 신화적 틀을 말하는 것이 아니라 맹자의 성선(性善)과도 같은 신념체계를 말하는 것이다. 너는 본시 선한 질서에서 왔고, 또 다시 그 선한 질서로 돌아가게 되리라는 것이다. 제3장에서 말했듯이 나라는 너희 안에 있고 너희 밖에 있는 것이다.

우가리트 아크로폴리스에는 바알신전(Temple of Baal)과 다곤신전(Temple of Dagon)이 있는데, 다곤은 바알의 아버지이며 곡식풍요와 관련된 신이다. 내가 서있는 곳은 바알신전인데 그곳에서 지중해가 보인다. 이 장소에서 유명한 바알신상 부조가 발견되었는데, 왼손에는 백향목을 들고있고 오른손에는 인드라·제우스와 같이 벼락방망이(금강저)를 치켜들고 있다. 파라오의 부조(히에라콘폴리스 신전의 나르메르 팔레트. BC 3000년경)와 유사하며 이집트의 영향도 엿볼 수 있다. 바알은 인간에게 구체적으로 필요한 웅대한 자연의 신이었고 야훼는 초자연의 허상이었다. 바알은 평화였고 야훼는 투쟁이었다.

빛의 증표는 동(動)과 정(靜)

제50장

¹예수께서 가라사대, "만약 그들이 너희에게 묻기를, '너희는 어디서 왔느뇨?' 하면 그들에게 말하라: '우리는 빛에서 왔노라. 빛이 스스로 생겨나는 곳에서 왔노라. 빛은 스스로 존재하며, 자립하며, 그들의 형상으로 자신을 드러내는도다.' ²만약 그들이 너희에게 묻기를, '그 빛이 너희뇨?' 하면 그들에게 말하라: '우리는 빛의 자녀들이다. 그리고 우리는 살아있는 아버지의 선택된 자이다.' ³만약 그들이 너희에게 묻기를, '너희 아버지께서 너희 속에 계시다는 증표가 무엇이뇨?' 라고 하면 그들에게 말하라: '그것은 운동이요, 안식이로다.'"

¹Jesus said, "If they say to you, 'Where have you come from?' say to them, 'We have come from the light, from the place where the light came into being by itself, established [itself], and appeared in their image.' ²If they say to you, 'Is it you?' say, 'We are its children, and we are the chosen of the living father.' ³If they ask you, 'What is the evidence of your father in you?' say to them, 'It is motion and rest.'"

沃案 이 장의 내용을 마치 영지주의 신화구조의 대표적인 사례로서 간주하는

주석은 근본적으로 내면에 흐르는 상식적 의미구조를 파악하지 못한 주석이다. 불트만이 『요한복음강해』에서 말하는 바 빛의 파편이 육신의 감옥에서 해방되어 하늘나라로 돌아가는 과정에서 구중천의 관문을 통과할 때마다 제시해야 하는 암호, 즉 그노시스의 열쇠를 확인하는 문답처럼 해석하는 것이다(메이어). 그러나 전혀 그런 신화구조를 전제로 할 필요가 없다. "그들"은 구중천 관문의 파수꾼이 아니라, 아주 평범한 세속적 인간들이다. "그들"은 추구하는 도반들과 대비되는 세속의 인간들일 뿐이다.

본 장의 "빛"은 제49장의 "나라"를 달리 표현한 것일 뿐이다. 인간이 본시 나라에서 왔고, 다시 나라로 돌아가리라 했으니, 인간은 빛에서 왔고 빛으로 돌아간다. 요한복음에서는 그 빛을 "예수"에게만 허용하였고, 어두운 세상의 감옥에 갇힌 인간은 오직 그 일부 소량의 파편만을 간직한 것으로 묘사하였지만, 여기 도마는 인간에게 예수와 동일한 빛의 자격을 부여하고 있다.

빛은 "스스로 생겨난다." 그것은 자생하는 것이며 타생적 존재가 아니다. 즉 타자에 의하여 피조되는 것이 아니다. 이것은 헬레니즘세계에 있어서의 희랍적 사유를 보여주는 것이다. 아리스토텔레스가 말하는 "불피동의 사동자 the Unmoved Mover"와도 같은, 존재의 하이어라키의 근원을 지시하는 것이다. "스스로 존재하며, 자립한다"는 표현도 16장의 "홀로 선다"는 표현과 상통한다. 그리고 "그들의 형상으로 자신을 드러낸다"는 것도 이미 28장에서 나왔던 표현이다. 83장도 같이 참조하라.

"빛의 자녀들"이라는 표현도, 빛의 파편만을 포함한 미미한 존재, 그래서 전적인 빛인 예수, 그 로고스의 구원의 역사를 기다려야만 하는 존재라는 뜻이 아니라, 너희야말로 전적으로 빛이며, "살아있는 아버지의 선택된 자 the chosen of the living father"라는 것을 확언하고 있는 것이다. "살아있는 아버지의 선택된 자"는 예수와 동급이다.

전 대화에서 가장 결정적인 구문은 마지막 대답이다. 그리고 안타깝게도 서양의 주석가들은 대체적으로 이 구문을 바르게 해석하지 못하고 있다.

"너희 속에 계신 아버지의 증표"(직역. 본문은 약간 의역되어 있다)가 무엇이냐고 묻는 말에 대한 대답은 참으로 명언이다: "동(動)과 정(靜)."

"너희 속에 계신 아버지"는 결국 "빛"이다. 그것은 "나라"이며, 생명의 질서이다. 여기 우리는 창세기 1장 1절부터 2장 4절에 걸치는 내러티브를 연상할 필요가 있다. "운동motion(Meyer), movement(Lambdin)"이란 우주의 창조이며 생명의 창조이다.『요한비서 제2서 the Secret Book of John II』에는 다음과 같은 내용이 있다: 아담이 흙으로 주물러져 만들어졌을 때, 그것은 움직임이 없었다. 다시 말해서 생명이 없는 무기물 덩어리였다는 뜻이다. 데미우르고스인 얄다바오쓰(the demiurge Yaldabaoth)가 그 얼굴에 입김으로 영을 불어넣자 아담은 움직이기 시작했다. 움직이게 되면 반드시 쉼(안식)을 필요로 하게 된다. 창세기에도 엿새 동안의 창조행위(動) 끝에 이렛날에는 안식한 것은 이러한 생명의 리듬을 말한 것이다.

화이트헤드(A. N. Whitehead)는 "이성의 반대는 피로이다 Fatigue is the antithesis of Reason"라는 유명한 말을 했지만, "피로"는 필연적으로 쉼(Rest)을 유발시킨다. 잠이라는 것도 신경이나 고차원의 의식이 없는 생명체에서는 두드러지는 현상이 아니다. 신경활동이 있는 동물은 반드시 잠을 요구하는 것이다. 그러니까 "쉼"이란 엔트로피의 감소를 위한 생명의 요청이다.

명말청초의 대유 왕선산(王船山, 1619~1692)은 "정(靜)이란 동(動)의 정(靜)일 뿐이다"라는 유명한 말을 했다. 정(靜)은 동이 부정되는 사태가 아니라 동의 다른 양태일 뿐이다. 따라서 생명의 특질은 어디까지나 동(動)이다. 노자의 "반자도지동反者道之動"(항상 돌아가는 것이 도의 끊임없는 움직임이다.『도덕경』제40장)이라는 것도 여기서 말하는 "It is motion and rest."라는 표현과 대차가 없다.

우리는 본 장의 마지막 구절에서 다음과 같은 명제를 끄집어낼 수 있다: "광(光)은 동(動)이다." 빛은 움직임을 창조한다. 그런데 그 창조는 생명의 창조이기 때문에 반드시 "쉼"을 요청하는 것이다. 제27장의 "안식일을 안식일으로서 지킨다"라는 말도 이와 같은 맥락에서 료해되는 것이다. 우리의 존재의 가장 구극적인 아이덴티티는 빛이며, 그 빛은 예수이며 아버지이며 생명이며 동과 정인 것이다. 여기 본 장을 유치한 영지주의 신화구조 속에서 해석할 여지는 전무한 것이다. 정(靜), 즉 안식(安息)은 동(動)을 포섭하는 것이며 동의 목표이기도 한 "해탈"을 의미하는 것이다. 그러나 정을 동의 텔로스(telos)로서 파악할 필요는 없다. 정과 동의 이분법적 사고를 근원적으로 융합시키는 데서 우리는 빛의 리얼리티를 확인하게 되는 것이다.

우가리트의 지하무덤은 주거지와 혼재해있다. 그러니까 네크로폴리스가 삶의 공간 속에 있는 것이다. 사람들이 쉽게 드나들 수 있는 지하계단 입구가 반드시 있다. 그 석축의 정교함은 고문명의 수준을 말해준다. 왼쪽 사진은 왕궁에서 발견된 왕자의 상아 조각상이다. 두께 10cm. 높이 15cm. 우가리트사람의 현실적 모습을 전해주고 있다.

새 세상은 이미 와있다

제51장

¹그의 따르는 자들이 그에게 여쭈어 가로되, "언제 죽은 자의 안식이 이루어지리이까? 그리고 언제 새 세상이 오리이까?" ²그가 그들에게 가라사대, "너희가 기다리는 것은 이미 와 있노라. 단지 너희가 그것을 알지 못할 뿐이니라."

¹His followers said to him, "When will the rest for the dead take place, and when will the new world come?" ²He said to them, "What you look for has come, but you do not know it."

沃案 본 장도 본문의 뜻만으로도 이미 그 본의가 명료하게 드러난다. 여기 예수 도반들의 질문 중에서 "죽은 자의 안식 the rest for the dead"이라는 개념이 문제를 일으킬 수도 있다. "죽은 자의 안식"은 "부활"을 의미하며 따라서 이 파편은 마치 후대의 초대교회 종말론자들에 대한 비판처럼 해석될 여지가 있기 때문이다. 그러나 이미 예수시대에도 "죽은 자의 부활"이라는 개념은 팽배되어 있었다. 그것은 제2성전시대(the time of the Second Temple)로부터 매우 보편화된 유대교 신앙의 형태였으며 바리새인들이 그것을 신앙하였다. "죽은 자의 안식"과 "새 세상"의 대망에 관한 질문이 여기 도반들에 의하여 예수에게 제기되었다고 해서 어색할 것은 하나도 없다. 예수시대에 유대인 제자들에 의하여 제기될 수 있

는 매우 흔한 질문에 속하는 것이다.

그러나 이미 "죽은 자의 안식"이라는 개념은 제50장에서 언급하였듯이 착오적 개념에 속하는 것이다. "안식"은 죽은 자를 위한 것이 아니라, 산 자를 위한 것이며, 그것은 생명의 본질적 특성이다. 그러므로 그것은 대답될 가치가 없다. 도마복음 제1장에 "이 말씀들의 해석을 발견하는 자는 누구든지 죽음을 맛보지 아니 하리라"라고 말하였으므로, 예수에게서 "삶"이란 "죽음" 이전에 온전히 실현되는 것이다. 따라서 추구하는 자들에게 중요한 것은 현재이다. 진리를 추구할 수 있다고 하는 생명의 현존의 이 순간이 소중한 것이다. 인간의 삶, 그 빛의 생명은 과거에 있는 것도 아니요, 미래에 있는 것도 아니다. 따라서 그의 대답은 명료하다: "너희가 기다리는 것은 이미 와 있노라. 단지 너희가 그것을 알지 못할 뿐이니라." 도마에 있어서는 **메시아 대망사상은 부정되는 것이다**. 나라는 우리의 현존에 내재할 뿐이다.

> (눅 17:20~21) 바리새인들이 하나님의 나라가 어느 때에 임하니이까 묻거늘, 예수께서 가라사대, "하나님의 나라는 볼 수 있게 임하는 것이 아니요, 또 여기 있다 저기 있다고도 못하리니, 하느님의 나라는 너희 안에 있느니라."

> (요 5:24~25) 진실로 진실로 내가 너희에게 이르노니, 내 말을 듣고 또 나를 보내신 이를 믿는 자는 영생을 얻고 심판에 이르지 아니 하나니, 그는 이미 사망에서 생명으로 옮겨져 있느니라. 진실로 진실로 내가 너희에게 이르노니, 죽은 자들이 하나님의 아들의 음성을 들을 그 때가 오고 있나니, 지금이 바로 그 때라! 듣는 자는 살아나리라.

불트만은 『케리그마와 신화』(20)에서 다음과 같이 말하고 있다.

> 요한복음은 아포칼립틱한 종말론의 모든 흔적을 말끔히 제거하였다.

최후의 심판은 더 이상 임박한 우주적 사건이 아니다. 왜냐하면 그것은 이미 예수의 오심과 그에 대한 신앙을 호소하심 속에서 이미 실현되고 있기 때문이다. 믿는 자는 지금, 여기에서 생명을 얻는다. 그들은 이미 사망에서 생명으로 옮겨져 버렸다. 외면적으로는 모든 것은 예전과 같아 보인다. 그러나 내면적으로는 믿는 자의 세계와의 관계는 래디칼하게 변화한 것이다.

불트만의 말대로 요한은 "종말의 현재화"를 말한다. 그러나 요한과 도마는 근원적으로 다르다. 도마의 예수에게는 현재화시킬 종말이라는 건덕지가 근원적으로 부재하다. 사람들이 기다리는 것이 지금 여기에 이미 와있다는 현존적 사실에 대한 자각만이 그들을 구원할 것이다. 나라는 오직 너희 안에 있다(Th.3). 본 장의 테마는 제11장과도 관련된다.

비블로스 유적지. 바알라트 그발 신전(Temple of Baalat Gebal: 바알라트는 바알의 부인)과 로마 원형극장 등이 보인다.

비블로스(Byblos)는 베이루트 북쪽으로 40km 멀어져 있는 항구인데 인류문명에서 가장 오래된 도시 중의 하나이다. BC 5000년경부터 고문명이 정착하였고 제3밀레니움 중반부터 페니키아문명의 한 중심이 되었다. 그 뒤로 아모리인, 힉소스인, 이집트인, 앗시리아인, 바빌로니아인, 페르시아인의 지배와 쟁탈의 대상이 되었고, 알렉산더대왕 때 두로와는 달리 자진해서 헬라제국에 복속하였다. 비블로스는 성서에 그발(Gebal)이라는 이름으로 나오는데(수 13:5), 그발이야말로 옛 지명이다. 그발은 산(山)을 의미한다. 필로(Philo)는 그발이 페니키아 도시중에서 최초의 것이라고 주장했다. BC 1200년경부터 희랍인들이 파피루스 교역을 이곳에서 하면서 파피루스의 순화된 발음인 비블로스라는 이름을 이 도시국가에 부여한 것이다. "바이블"(Bible, 성경)이라는 단어도 이 도시 이름에서 유래된 것이다.

이집트인들은 여기서 백향목을 가지고 갔고 대신 파피루스와 금과 린넨을 주었다. 이 사진은 이집트의 오시리스 신화와 관련된 유명한 우물이다. 이시스가 오시리스의 시체가 든 관을 찾기위하여 비블로스로 왔다. 나일강에서 떠내려온 관이 비블로스에까지 온다는 것은 당시 양 문명간의 활발했던 교역을 상징하고 있다. 이시스가 이 우물에 앉아 눈물을 흘렸다고 한다.

이스라엘의 스물넷 예언자는 죽은 자들이다

제52장

¹그의 따르는 자들이 그에게 가로되, "스물넷 예언자들이 이스라엘에서 예언하였나이다. 그리고 그들이 모두 당신을 지목하여 말하였나이다." ²그께서 그들에게 이르시되, "너희가 너희 면전에 있는 살아있는 자를 보지 아니 하고, 죽은 자들만을 이야기하는구나!"

¹His followers said to him, "Twenty-four prophets have spoken in Israel, and they all spoke of you." ²He said to them, "You have disregarded the living one who is in your presence and have spoken of the dead."

沃案 나 도올이 인간적으로 매우 사랑하는 도마의 로기온이다. 여기 "스물넷 예언자들 twenty-four prophets"은 『에스드라스 제2서 *2 Esdras*』(14:45)에는 구약 전체의 문헌을 "24서"로 표현하고 있으므로, 여기 "스물넷 예언자들"이란 24서의 24주인공을 의미한다고 볼 수 있다(구약의 책들을 세는 방식이 다르다. 토라[모세오경] 5, 네비임[전예언서+후예언서] 8, 케투빔[성문서] 11, 도합 24). 이들이 예언한 내용이 모두 예수 당신을 메시아로 지목하고 말하고 있다고 도반들이 생각하여 예수에게 여쭈운 것이다. 도반들은 구약의 예언의 권위에 의하여 예수의 메시아됨의 확고한 근거가 구성될 수 있다고 생각한 것이다. 예수의 대답은 바로 이러한 구성

(construction)을 전면적으로 거부하고 파기하는 것이다.

나는 한때 한국기독교계에 "구약은 기독교인의 신앙의 대상이 될 수 없다"라는 명제를 선포함으로써 엄청난 파문을 일으켰다. 그러나 이러한 나의 생각은 단지 내가 한국신학대학에 다닐 때, 나의 선생님들이 이구동성으로 말씀해주신 것을 재확인했을 뿐이다. 그런데 그토록 거센 반대의 반향이 있을 줄은 몰랐다.

구약은 기본적으로 기독교인들의 입장에서는 "헌 약속"이다. 물론 유대인들은 자신의 성경을 "히브리 바이블"이라고 말하지 "구약"이라는 말을 쓰지 않는다. "구약"이라는 말은 "신약"이 생겨나면서부터 상대적으로 생겨난 말일 뿐이다. "구약"은 엄밀하게 말해서, 유대인의 바이블이 아니라 "기독교인들의 성스러운 경전의 일부로 편입되어 있는 문헌"일 뿐이다. 고린도후서 3:14~16에 있는 바울의 메시지에 한번 귀를 기울여보자!

> 그러나 저희 마음이 완고하여 오늘날까지 구약(the old covenant)을 읽을 때에 모세가 뒤집어 쓴 너울을 벗지 못하고 있다. 오직 그리스도를 통하여서만 그 너울은 벗겨질 수 있기 때문이다. 그러하도다! 오늘날까지 모세의 글을 읽을 때에 그 너울이 그 마음을 덮었도다. 그러나 누구든지 주께로 돌아갈 때에는 그 너울이 벗겨지리라.

"신약新約"이란 "새로운 계약"이다. 구약의 하나님인 야훼와 예수의 하나님 아버지는 결코 동일한 존재로 간주될 수 없다. "야훼"는 어디까지나 유대인들의 민족신이다. 그것이 제아무리 "유일신"임을 강조해도 그것은 "이스라엘 민족과의 유일한 계약"을 보장하는 유일한 신일 뿐이다. 그 유일신은 기실 타 이방민족 신들과의 투쟁을 위한 절대적 가치의 뭉침이다. 유대교의 유일신론(Jewish monotheism)은 유대민족의 투쟁전략이요, 투쟁이론일 뿐이다(Monotheism, in short, was fighting doctrine. N. T. Wright, *What Saint Paul Really said* 63). 따라서 그러한 질투와 징벌의 야훼는 예수의 가슴속에 없다. 예수는 "야훼"를 말하지 않는다. 오직 "아빠*Abba*"를 말할 뿐이다. "아빠"는 민족신이 아닌 개체의 심층이다.

그러나 여기 예수의 아버지와 구약의 야훼가 동일하다고 강변을 하는 신학자가 있다면, 나는 그를 용인해줄 수 있다. 그것은 어디까지나 말장난에 불과하기 때문이다. 그러나 우리가 용인해서도 아니 될 중요한 사실은 그 하나님과 새로운 사랑의 계약을 맺었다면, 이전의 율법적 헌 계약은 당연히 파기되어야 마땅하다는 엄연한 사실이다. 우리가 동일한 상대와 새로운 계약을 맺을 때, 그 증서에 도장을 찍는 순간 헌 계약서는 찢어버려야 한다. 그것은 이미 법적으로 무효가 되는 것이다. 히브리서 8:7을 보라!

저 첫 계약이 하자가 없었더라면 둘째번 계약을 요구할 하등의 이유가 없었느니라.

당연히 신약을 맺었으면 구약은 파기되어야 한다. 단지 구약을 파기한다고 해서 구약이라는 소중한 문헌의 가치를 부정하는 것은 아니다. 신약의 이해를 풍부하게 하기 위하여 우리는 구약이라는 골동품에 대한 지식을 활용해야 한다. 구약의 배경이 없는 신약은 불가능하다. 따라서 구약은 신약에 대한 레퍼런스일 뿐이며 결코 기독자의 "신앙의 대상"이 되어서는 아니 되는 것이다. 구약을 신앙의 대상으로서 강요하는 목사는 신약의 파기자이며, 기독교를 배교하는 불한당일 뿐이다. 어찌 그렇게 대원칙을 위배하는 모리배를 기독교의 목사라 말할 수 있으리오?

나의 이러한 논의를 가장 강렬하게 뒷받침하는 예수의 목소리가 바로 본 장에 실려있는 것이다. 예수는 말한다:

나는 과거 스물넷 예언자들이 이스라엘에서 나를 지목하여 메시아라고 했다고 해서 내가 메시아가 되는 것은 아니다. 그들은 모두 죽은 자들이다.

나는 살아있는 자이다. 어찌하여 너희는 너희 면전에 우뚝 서있는 살아있는 자를 무시하고 죽은 자들의 예언에 의거하여 나를 쳐다보려 하느뇨? 나는 살아있는 자이니라!

이 예수의 말씀은 "어찌하여 너희는 현재 내가 말하는 것으로부터 내가 누구인지를 알아차리지 못하느냐?"(Th.43)는 책망이나, "죽은 자의 안식"을 운운하는 도반들에게 "너희가 기다리고 있는 것은 이미 지금 여기에 와 있다"(Th.51)라는 책망과도 상통하는 것이다. 여기 예수는 서장에서 사용된 "살아있는 예수 the living Jesus"라는 표현을 쓰지 않고, 그냥 "살아있는 자 the living one"라는 표현으로 대치하였다. 이것은 아마도 도마복음 편집자의 세심한 주의가 숨겨져 있다고 사료된다. 맥락적으로 너무 강하게 예수를 역사적 인물로서 지목하면 예수도 또다시 과거의 예언자처럼 죽은 인물이 되어버릴 수가 있다. 예수는 지금 이스라엘 성경의 문헌화된 예언을 거부하고 있다. 그것은 이미 죽은 문헌이기 때문이다. 그러므로 살아있는 예수의 육성을 우리(독자들)의 실존의 면전에서 전하는 영원히 "살아있는 자"를 강조할 필요가 있었을 것이다. 예수의 말씀을 전하는 "살아있는 자"의 "살아있는 소리"를 편집자는 구성해내고 있는 것이다. "너희 면전에 있는 살아있는 자를 보라"는 사상은 이미 AD 50년 전후에 있었던 사상흐름이었을 것이다. 이러한 흐름은 후에 요한복음에도 일부 반영되었을 것이다(요 5:37~40; 8:52~53).

"풍류신학" "제3교회" 등을 말하며 우리의 토착적 신학을 추구하는 소금(素琴) 유동식(柳東植) 선생의 사상도 그리스도를 매개로 하나님과 인간이 하나가 되는 삼태극적 통전(統全. 엡 4:6)을 말하고 있다. 영성을 매개로 인간과 예수와 하나님은 하나가 된다는 것이다. 영원히 살아있는 예수를 나의 실존의 본래성과 동일시할 때만이 예수는 우리 삶의 의미체가 된다. 예수는 결코 구약의 예언자들이 말하는 메시아가 아니다. 그는 메시아됨을 철저히 거부함으로써 오히려 그의 아들됨의 순결성을 드러내고 있는 것이다.

영 속에서의 진정한 할례

제53장

¹그의 따르는 자들이 그에게 가로되, "할례가 유용합니까, 유용하지 않습니까?" ²그께서 그들에게 이르시되, "만약 할례가 유용하다면, 그 아기들의 아버지가 그 아기들을 그들 엄마의 태 속에서부터 이미 할례된 채로 낳게 하였으리라. ³차라리 영 속에서의 진정한 할례야말로 온전하게 유용하리라."

¹His followers said to him, "Is circumcision beneficial or not?" ²He said to them, "If it were beneficial, their father would beget them already circumcised from their mother. ³Rather, the true circumcision in spirit has become completely profitable."

沃案 본 로기온의 주제는 바울의 서신을 통하여 이미 우리에게 널리 알려진 주제이다.

(롬 2:28~29) 대저 표면적으로 유대인이라 하여 진정한 유대인이 아니요, 표면적 육신의 할례라 하여 진정한 할례가 아니라. 오직 내면적으로 유대인인 자만이 유대인이며, 진정한 할례는 마음에 해야 할지니, 그것은 신령에 있고 법조문에 있지 아니한 것이라. 이러한 참된 사람에 대한 칭찬은 사람으로부터 오는 것이 아니요, 오직 하나님으로부터 오는 것이니라.

할례에 대한 바울의 문제의식은 초대교회에 있어서의 유대계 기독교인들(Judaizers)과 이방인 기독교인들(Gentiles)과의 마찰을 해소시키기 위한 방편이었다. 그러나 도마의 문제의식은 앞 장(Th.52)의 문제의식을 이은 것이다. 즉 유대교의 율법에 의하여 예수를 이해하려는 모든 도반들의 의혹을 단절시키려는 것이다. 여기 "영 속에서의 진정한 할례"라는 개념은 매우 혁신적인 개념이며 유대교의 율법을 거부한 예수에게 있어서는 너무도 당연한 것이다. 사도행전 15:1에는 예수의 사후이지만 아직 예수운동의 초기에 해당되는 분위기를 반영하는 말로서 다음과 같은 유대지방 사람의 말이 실려있다: "**너희가 모세의 법대로 할례를 받지 아니 하면 능히 구원을 얻지 못하리라.**" 이러한 경직된 사유의 협박을 도마복음속의 예수는 거부하고 있는 것이다.

"그 아기들의 아버지"는 하나님 아버지를 가리킨 것이 아니라, 그냥 육신의 아버지를 가리킨 것으로 해석되어야 할 것이다. 메이어는 "아기들의 아버지들 children's fathers"이라 번역하여 복수를 썼다. 그러나 문맥상 아버지를 하나님 아버지로 이해해도 무방할 것이다. 유대교 전통에 전해내려오는 말에 의하면 유대지방 총독이 랍비 아키바(Rabbi Akiba, AD 45~135)에게 다음과 같이 말했다고 한다: "너희 하나님이 그토록 할례를 하는데 쾌감을 느낀다면, 왜 엄마의 자궁 속에서 아기를 할례시켜서 내보내지 못하느뇨?"

할례는 유대광야에 널려있는 날카로운 할례석으로 포피를 자른다. 아브라함이 99세 때 야훼와의 계약의 증표로서 최초로 행하였다. 최초로 생후 8일만에 할례를 받은 자는 이삭이다. 모세의 아들도 제때에 할례를 하지 않았고, 가나안에 들어갈 때까지 광야에서 낳은 이스라엘 사람들도 할례를 하지 않았다. 이스마엘의 후예인 무슬림도 할례를 한다. 이집트, 아프리카, 남미, 중동문명이 다 할례를 한다. 유대인의 할례풍속은 고유의 것이 아닌, 외부(이집트·시리아 지역)의 영향일 것이다. 기독교인이 할례를 안하는 것은 오로지 바울 덕분이다.

가난한 자는 버린 자

제54장

¹예수께서 가라사대, "가난한 자는 복이 있나니, 하늘나라가 너희 것임이라."

¹Jesus said, "Blessed are the poor, for yours is the kingdom of heaven."

沃案 유명한 산상수훈의 말씀이 여기에 나타나고 있다. 놀랍게도 이것은 큐복음서에 속하는 것이다(Q9).

(마 5:3) 심령이 가난한 자는 복이 있나니, 하늘나라가 저희 것임이라.

(눅 6:20) 예수께서 눈을 들어 제자들을 보시고 가라사대, "가난한 너희는 복이 있나니, 하나님의 나라가 너희 것임이라."

이 세 개의 파편을 비교해보면 다양한 변화가 감지된다. 이 세 개의 파편 중에서 어느 것이 가장 오래된 것인지를 확정짓기는 어렵다. 우선 마태는 "심령이 가난한 자"라 하여 3인칭으로 쓰고 있는데 반하여, 누가는 "가난한 너희는"이라 하여 2인칭을 쓰고 있다(you poor[*RSV*], you who are poor[*NRSV*]: 우리말 번역은 2인칭을 빼버렸다). 도마는 3인칭을 쓰고 있다. 누가는 "하나님의 나라 the kingdom of

God"라는 표현을 쓴데 반하여, 도마와 마태는 공통으로 "하늘나라 the kingdom of heaven"라는 표현을 쓰고 있다. 그러나 도마가 "하늘나라" 즉 "천국"이라는 표현을 극력 피하는 성향이 있는데 비하면(그냥 "나라" 혹은 "아버지의 나라"라고만 한다. 20장에 "하늘나라"가 한 번 나왔을 뿐이다. 그리고 114장에 또 나온다), 여기 "하늘나라"라는 표현은 좀 파격적일 수도 있다. 제3장에서 이미 말했듯이 "나라"는 하늘에 있는 것이 아니라 우리 안에 있는 것이다. 그것은 추구하는 자들의 본래적 자아의 회복일 뿐이다.

그리고 마태는 "저희 것임이라"로 되어있는데 도마와 누가는 "너희 것임이라"로 되어있다. 그리고 마태는 "심령이 가난한 자"라 하여, "가난한 자"에다가 "심령이 in spirit"라는 표현을 덧칠하였다. 도마와 누가는 그런 덧칠이 없다. 대부분의 주석가들이 "심령의 가난"을 운운한 것은 마태의 첨가라고 말하지만, 상당수의 주석가들이 결코 그렇게만 단순하게 볼 수 없다고 주장한다.

"심령의 가난"이야말로 하늘나라의 전제조건이다. 심령의 파산(spiritual bankruptcy)은 우리 인간으로 하여금 전적으로 신 앞에서의 인간의 하찮음을 고백하게 하고, 전적으로 메시아의 지배를 받아들이며, 메시아가 가져오는 축복을 향유하며, 천국의 삶에 참여하게끔 만드는 것이다. 어떤 의미에서 나는 "심령의 가난"을 노자의 "허虛"로도 해석할 수 있지 않을까 생각해본다. 마음이 찬(滿) 사람은 천국을 받아들일 수 없다. 노자의 "도道"도 마음이 빈 사람에게만 깃드는 것이다. 이러한 "심령의 가난"도 역사적 예수의 본래적 사상에 속하는 것이라는 주장이다(Carson, *The Expositor's Bible Commentary* 8. 131).

그리고 재미있게도 마태와 누가가 모두 가난한 자의 축복, 즉 천국이 저희(너희) 것이라는 후반부가 현재형(*estin*)으로 되어있는데 비하여, 다음에 이어지는 축복은 미래형(*estai*)으로 되어 있다. 이에 대하여 원래 아람어에서는 현재형도 미래형을 나타낼 수 있으며, 이 가난한 자의 지복수훈은 그러한 아람어의 무시간적 구성(timeless construction)의 형태를 반영하고 있다고 많은 주석가들이 주장한다. 그리고 가난한 자의 축복에 관하여서는, 천국이 이미 현재에 임재해 있으며, 그러한 현재성 속에 가난한 자들이 이미 참여하고 있다고 주장한다. 그러나 가난한 자의 축복이 하나의 단편으로서 독립된 형태로 도마에 나타나는 것으로 보아, 가난한 자의 축복은 지복수훈(beatitude) 전체로부터 독립된 독자적 전승일 수도 있다.

역사적 예수에게 있어서 "가난한 자"에 대한 역설적인 축복(macarism)은 천국운동의 핵심적 사상임에는 틀림이 없다. 바울도 고린도교회에 보내는 편지에서 이와 같이 말한다.

> 그러나 하나님께서 세상의 미련한 자들을 택하사 지혜있는 자들을 부끄럽게 하려 하시고, 세상의 약한 자들을 택하사 강한 자들을 부끄럽게 하려 하시며, 하나님께서 세상의 천한 자들과 멸시받는 자들과 없는 자들을 택하사 있는 자들을 폐하려 하시나니, 이는 신체를 가진 인간은 그 누구도 하나님 앞에서 자랑하지 못하게 하려 하심이라(고전 1:27~29).

그리고 야고보서 2:5에도 다음과 같은 말이 있다.

> 내 사랑하는 형제들아! 들을지어다! 하나님이 세상에 대하여는 가난한 자를 택하사 믿음에 풍요롭게 하시고, 또 자기를 사랑하는 자들에게 약속하신 나라를 유업으로 받게 하지 않으셨더냐?

하여튼 "가난"은 경제적 빈곤을 의미하는 동시에 "아만我慢"의 부재를 의미한다. 그래서 하나님께로의 절대적인 의존성이 초래된다. 여기 "가난한 자들"에 해당되는 히브리어 "나윔 $^a n\bar{a}w\hat{i}m$"은 "지속되는 경제적 곤궁과 사회적 고통으로 인하여 오직 하나님에게만 매달리는 자들"이라는 뜻이다. 이러한 맥락과 더불어 공관복음서에는 메시아의 도래와 관련되는 종말론적 축복의 의미가 담겨져 있다. 그런데 여기 "가난한 자"의 헬라적 의미를 보다 깊이있게 분석할 필요가 있다. 도마에 쓰인 말은 "헤케*hēke*"이고, 마태·누가에 쓰인 말은 "프토코이*ptōchoi*"이다. 도마의 콥트어 헤케는 희랍어의 프토코이에 해당된다.

희랍세계에 있어서 부의 신은 플루투스(Plutus)라고 부른다. 그리고 이 플루투스에 상대적인 빈곤의 신은 여신이며 페니아(Penia)라고 부른다. 희랍에서 플루투스(*ploutus*)와 페니아(*penia*)는 부유와 빈곤을 나타내는 말로 쓰여진다. 그러나 플루시오스(*plousios*, 부자)이든 페네스(*penēs*, 빈자)이든, 이 단어들은 모두 일정한 수준의 재산이나 수입을 가진 사람들 사이에서 상대적인 빈곤을 나타내는 표현들이다. 페네스라 해도 농장이나 노예를 소유한 사람들이며 삶의 형태가 좀 각박할 뿐인 것이다. 그러나 프토코스(*ptōchos*)라는 말은 "웅크리고 앉아 굽실거리는 자"라는 뜻을 내포하며, "거지 a beggar"를 의미한다. 그러니까 프토코스는 페네스와는 달리 완벽한 무산자(無産者)이며, 영락한 자이며, 무소유자이며, 구걸하며 떠도는 홈리스인 것이다. 페네스는 신격화되어도 프토코스는 신격화되지 않는다. 예수가 여기 축복하고 있는 것은 실제로 "가난한 자"가 아니며 "영락한 자"이며, 빈곤이 아니라 구걸의 수준인 것이다(J. D. Crossan, *The Historical Jesus* 270~4).

그러나 여기 도마복음의 맥락은 마태(심령이 가난한 자), 누가(물질적으로 영락한 자)의 맥락과는 또 다르다. 도마에서 말하는 "가난한 자"는 바로 42장에서 말한 "방랑하는 자"이다. "영락한 자"인 동시에 완벽한 "무소유의 실천자"인 동시에 스스로 "버린 자"이다. 그렇게 스스로 버린 자의 내면에는 천국은 항상 현재형으로 도래하고 있는 것이다. 이러한 문제의식은 바로 다음 장으로 연결되고 있다.

Thomas 55

부모·형제·자매를 버려라

제55장

¹예수께서 가라사대, "누구든지 그의 아버지와 그의 엄마를 미워하지 않는 자는 나를 따르는 자가 될 수 없나니라. ²그리고 누구든지 그의 형제와 그의 자매를 미워하지 아니 하고, 또 나의 길에서 그 자신의 십자가를 짊어지지 아니 하는 자는 내게 합당치 아니 하니라."

¹Jesus said, "Whoever does not hate his father and his mother cannot become a follower of me. ²And whoever does not hate his brothers and his sisters and take up his cross in my way will not be worthy of me."

沃案 이것도 큐복음서에 병행구가 있다(Q70). 그리고 101장에도 비슷한 내용이 있다.

(마 10:37~38) 아버지나 엄마를 나보다 더 사랑하는 자는 내게 합당치 아니 하고, 아들이나 딸을 나보다 더 사랑하는 자는 내게 합당치 아니 하고, 또 자기 십자가를 지고 나를 좇지 않는 자도 내게 합당치 아니 하리라.

(눅 14:26~27) 무릇 내게 오는 누구든지 자기 아버지와 엄마와 아내와 자식과 형제와 자매와, 그리고 자기 목숨까지도 미워하지 아니 하면 능

히 나의 제자가 되지 못하리라. 누구든지 자기 십자가를 지고 나를 좇지 않는 자도 능히 나의 제자가 되지 못하리라.

여기 "십자가를 짊어지다"라는 표현이 있기 때문에 도마의 예수 또한 "수난-십자가 죽음-부활"이라는 내러티브 복음서의 구조 속에서 자신을 이해하고 있는 것이 아닐까 하고 의아하게 생각할 수가 있다. 도마의 이 표현은 전혀 케리그마화된 십자가사건(crucifixion)을 말한 것이 아니다. 십자가처형 현장까지 죄수들이 기나긴 로마가도를 십자가를 지고 가는 모습은 예수 당대에도 잘 알려진 풍경이었다. 아피안 가도(the Appian Way)에 늘어선 6,000명이나 되는 스파르타쿠스(Spartacus)의 반란군 십자가처형(BC 71), BC 4년 헤롯 대왕이 죽었을 때 신권통치를 요구한 유대인반란을 진압하여 2,000여 명을 십자가형에 처한 사건 등, 무수한 사례가 열거될 수 있을 것이다. 따라서 "십자가를 짊어지고 가는 길"은 다시 돌아오지 못하는 길이다. "십자가를 진다"는 표현은 이러한 죽음의 행진을 불사할 수 있는 자기부정의 용기를 나타내는 상투적 관용어법이다.

본 장에서 우리가 확실히 알 수 있는 사실은, 예수의 도반들은 가족관계를 단절한 사람들이며 세속적 핍박을 두려워하지 않는 사람들이었다는 것이다.

비블로스의 오벨리스크신전(Obelisk Temple). 오벨리스크는 태양신이 머무는 곳이다. 이집트와 공통된 문명권에서 성립한 것임을 알수 있다. 이 신전은 레셰프(Resheph)신에게 봉헌된 것이다. 오벨리스크는 지상의 왕의 업적을 찬양하는 것이기도 한데, 이 중 하나는 BC 19세기말 비블로스의 왕 아비셰무(Abichemou)의 명에 의하여 세워졌다고 새겨져 있다. 혹자는 이 신전이 아도니스와 아스타르테의 제식과 관련되어 있다는 설을 펴기도 한다.

세상은 시체와도 같다

제56장

¹예수께서 가라사대, "이 세상을 알게된 사람은 누구든지 시체를 발견하게 된다. ²그리고 시체를 발견하게 된 사람에게는 누구든지 이 세상이 합당치 아니 하다."

¹Jesus said, "Whoever has come to know the world has discovered a carcass, ²and whoever has discovered a carcass, of that person the world is not worthy."

沃案 "이 세상을 알게된 사람은 누구든지 시체를 발견하게 된다"라는 뜻은, 이 세계를 진정으로 알고 이해하게 되는 사람은 누구든지 이 세계가 시체와 같이 "죽어 있는 세계"라는 것을 발견하게 된다는 뜻이다. 여기 "안다" "발견한다"는 제1장에서 말하는 예수 도반들의 "해석의 발견"을 의미하는 것으로 어떤 "정신적 고양 spiritual elevation"을 암시하고 있다. 정신적 고양(高揚)의 상태에서 보면 이 세계는 송장과도 같다는 것이다. 그리고 세계가 송장과도 같다는 것을 발견한 자에게는 이미 이 세계는 합당치 아니 하다. "아무개에게는 이 세상이 합당치 아니 하다"라는 어법은 그 "아무개"를 공경하고 높이는 유대문학의 상투적 표현이다.

여기 우리가 항상 주의해야 할 것은 세상이 송장과도 같다 해서 세상을 전적으로

부정한다는 뜻은 아니다. 죽은 세상이라고 해서 세상이 전적으로 죽어있는 것은 아니다. 그것은 인간 인식의 고양의 단계를 나타내는 표현일 뿐이다. 바울이 영과 육을 항상 이원적으로 대비시킨다고 해서 그것을 육의 부정으로만 생각하면, 육이 부정된 영은 생명이 아닌 허깨비가 될 것이다. 영과 육을 말할 때에 바울은 "육적인 몸 a physical body"과 "영적인 몸 a spiritual body"을 말하고 있는 것이다: **육의 몸이 있은 즉, 또 신령한 몸이 있느니라**(고전 15:44). 송장과도 같은 세상을 초월하여 또 다시 생명이 넘치는 세상을 발견하는 것이다.

비블로스의 지하무덤과 그 석관은 참으로 웅장한 느낌을 주었다. 어떻게 지하 7m에 이 거대한 석관을 완정하게 옮겨 놓았는지 페니키아문명의 위력을 느끼게 한다. 이 석관은 레바논의 탁월한 왕 아비셰무의 아들 야피셰무 아비(Yp-Shemu-Abi)의 무덤이다. 이곳은 1922년 억수 같이 내린 비 때문에 우연히 발견되었는데 많은 귀중한 유물이 출토되었다(BC 19세기).

좋은 씨와 가라지의 공존

제57장

¹예수께서 가라사대, "아버지의 나라는 좋은 씨를 [심은 밭을] 가지고 있는 사람과도 같다. ²그의 원수가 밤중에 몰래 와서 그 좋은 씨들 사이에 가라지를 덧뿌렸다. ³그러나 그 사람(밭의 주인)은 종들을 시켜 그 가라지를 뽑게 하지도 않았고, 오히려 그들에게 이와 같이 말했다: '내버려 두어라! 너희가 가서 가라지를 뽑으려 하다가, 가라지와 더불어 좋은 곡식까지 뽑을까 염려하노라.' ⁴왜냐하면 추수의 그 날에는 가라지는 현저히 드러나게 마련이므로 뽑히어 불사르게 될 것이기 때문이다."

¹Jesus said, "The kingdom of the father is like a person who had [good] seed. ²His enemy came at night and sowed weeds among the good seed. ³The person did not let them pull up the weeds, but said to them, 'No, otherwise you might go intending to pull up the weeds and pull up the wheat along with them.' ⁴For on the day of the harvest the weeds will be conspicuous and will be pulled up and burned."

沃案 본 장에서 우리는 마태에만 나오는 그 유명한 "가라지의 비유"의 원형을

발견하는 기쁨을 만끽할 수 있다. 마태라는 복음서의 저자가 도마의 원자료를 활용하여 어떻게 불리고 어떻게 종말론적 해석을 가했는지를 일목요연하게 대비적으로 검출해낼 수 있기 때문이다.

(마 13:24~30) ²⁴예수께서 그들 앞에 또 비유를 베풀어 가라사대, "천국은 좋은 씨를 제 밭에 뿌린 사람과 같으니, ²⁵사람들이 잘 때에 그 원수가 몰래 와서 곡식 가운데 가라지를 덧뿌리고 갔더라. ²⁶그리하여 싹이 나고 열매를 맺을 때에 가라지도 보이거늘, ²⁷집 주인의 종들이 와서 말하되, '주여, 밭에 좋은 씨를 심지 아니 하였나이까? 도대체 가라지가 어디서 생겨난 것이오니이까?' ²⁸주인이 가로되, '원수가 이렇게 하였구나!' 종들이 말하되, '그러면 우리가 가서 이것을 뽑기를 원하시나이까?' ²⁹주인이 가로되, '가만 두어라! 가라지를 뽑다가 곡식까지 뽑을까 염려하노라. ³⁰둘 다 추수 때까지 함께 자라게 두어라. 추수 때에 내가 추숫군들에게 말하기를, 가라지는 먼저 거두어 불사르게 단으로 묶고 곡식은 모아 내 곡간에 넣으라 하리라.'"

여기 마태의 기술은 기본적으로 도마의 논리를 충실하게 재현하고 있다. 그러나 도마의 간결한 논리구조를 마태교단의 사정과 관련하여 부풀리고 있다. 26절부터 28절까지의 종들과 주인의 대화양식은 마태의 확대부분이다. 뿐만 아니라 마태는 이 비유를 해석함으로써 최후의 심판이라는 종말론적 협박을 아주 명료하게 못박아놓고 있다. 제자들이 가라지의 비유를 쉽게 알아들을 수 있도록 간청하자 예수는 다음과 같이 말한다.

(마 13:37~43) ³⁷대답하여 가라사대, "좋은 씨를 뿌리는 이는 인자(人子)요, ³⁸밭은 세상이요, 좋은 씨는 천국의 아들들이요, 가라지는 악한 자의 아들들이다. ³⁹그리고 가라지를 심은 원수는 마귀요, 추수 때는 세상

끝이오, 추수꾼은 천사들이니, [40]그런즉 가라지를 거두어 불에 사르는 것같이 세상 끝날에도 그러하리라. [41]인자가 그 천사들을 보내리니 저희가 그 나라에서 남을 죄짓게 하는 자들과 악행을 일삼는 자들을 추려내어 [42]모조리 풀무 불구덩이에 처넣을 것이다. 그러면 그들은 거기에서 가슴을 치며 통곡할 것이다. [43]그때에 의로운 자들은 그들의 아버지 나라에서 해와 같이 빛나리라. 귀 있는 자는 들으라!"

과연 마태가 해설하는 그런 시각에서 이 가라지의 비유가 이해되어야만 할 것인가? 마태가 열정적으로 열불을 올리고 있는 것은, 세상이 끝나는 마지막 심판의 날에 선인과 악인이 갈리는 무서운 결말이 도래하리라는 그 결론적 사실에 대한 협박이다. 이러한 협박이야말로 초대교단에는 매우 절실하게 요구되는 종말론적 당위였다. 그러나 과연 긴박한 도래를 전제로 하는 그러한 분위기가 도마에게 있었을까? 여기 우선 도마의 비유에서 감지되는 아버지의 나라의 모습은 "시간적 긴박성"이 아니라 "여유로움"이다. "추수의 그 날"이 마지막 심판의 날이라는 보장도 전혀 없다. 추수는 직선적 시간의 최종극점이 아니라 항상 반복되는 자연의 순환점이다. 여기 도마의 시간관은 직선적(linear)이 아니라 순환적(circular)이다. 그리고 가장 결정적인 사실은 선과 악의 공존에 대한 관용이다. 가라지는 "지자니아zizania"라고 부르는 것인데 레방트 지역에서 흔히 볼 수 있는 독초(毒草)로서 학명이 "롤리움 테물렌둠 lolium temulentum"이라 하는데 보통 "다넬 darnel"(毒麥, 독보리)이라고 부른다. 보리와 비슷하게 생겼는데 독성이 있다. 그것을 같이 거두어 빻으면 밀가루가 독성을 지니게 된다. 고도가 1천 피트 이상이면 안 자라는데 낮은 지대의 밀밭에는 아주 잘 자란다.

그런데 천국은 이러한 가라지마저도 포용한다. 그것이 공존하도록 둔다. 선과 악은 반드시 공존할 때만 선과 악일 뿐이다. 그것이 지금 악의 씨라고 해서 미친 듯이 뽑아버리는 그러한 짓을 천국에서는 하지 않는다. 왜냐하면 그것이 완벽하게 성숙하기 전까지는 그 악함을 다 알 수가 없기 때문이다. 선한 씨와 같이 섞여서 자라나는 끝에 최종적으로 악한 것으로 판명되었을 때(현저하게 드러났을 때) 자연스럽게 제거되는 것이다.

이러한 오리지날한 예수의 사상의 온건한 측면은 후대 기독교에 너무도 전달되지 않았다. 마태의 해설이 강요하고 있는 악마와 천사의 대결만이 강조되고 있을 뿐이다. 4복음서의 과도한 알레고리적 해석의 죄악을 도마 원자료의 성격을 통하여 반추해보는 것도 21세기 기독교의 바른 모습을 위하여 매우 요긴하게 요청되는 일일 것이다. 하늘나라는 성급히 선과 악을 단죄하는 곳이 아니라 선과 악을 포용하면서 그것이 제각기 충분한 모습을 가지고 성장하기를 기다리는 여유로운 지배의 세계라는 것을 항상 생각할 필요가 있다. 원천봉쇄, 발본색원을 운운하는 기독자들의 성급한 논리가 항상 "빨갱이 박멸"을 운운하는 어리석은 우파의 논리와 굳게 결합되어 나타나고 있다는 현실도 깊게 반성해야 할 당위에 속하는 것이다.

현재 비블로스의 거리. 아주 정돈된 고풍의 아름다운 도시였다. 좋은 서점과 품격있는 식당이 많았다. 레바논의 맥주 알마자(Almaza)는 중동지역에서 명품으로 꼽힌다.

고통 끝에 생명, 고진감래(苦盡甘來)

제58장

¹예수께서 가라사대, "고통을 겪기에 생명을 발견하는 자여! 복이 있도다."

¹Jesus said, "Blessed is the person who has labored and has found life."

沃案 이와 같은 계열의 공관복음서 로기온을 들라면 역시 큐복음서에 속하는 (Q13) 다음의 구절들을 들 수 있을 것이다.

(마 5:10~11) 의를 위하여 핍박을 받는 자는 복이 있나니 천국이 저희 것임이라. 나로 인하여 사람들이 너희를 욕하고 핍박하고 거짓으로 너희를 거스려 모든 악한 말을 할 때에는 너희에게 복이 있도다.

(눅 6:22) 인자(人子)로 인하여 사람들이 너희를 미워하고, 멀리하고, 욕하고, 너희 이름을 악하다 하여 버릴 때에는 너희에게 복이 있도다.

누가만 해도 어떤 정치적 핍박의 상황이 노골적으로 전제되어 있지 않다. 마태보다는 큐자료 원문에 더 가깝다고 사료되고 있다. 그러나 마태는 매우 노골적으로 크리스챤이 집단으로 당하는 정치적 박해상황을 전제로 하고 있다. "핍박

persecution"이라는 단어는 큐복음서에는 나타나지 않는데 마태에서는 주요한 주제로서 나타난다. 그러나 실상 마태의 시대에 그토록 "의를 위하여 핍박을 받고, 예수로 인하여 박해를 받았는지"에 관해서는, 실제적 역사상황과는 달리 과장된 표현이라는 것이 주석가들의 중론이다.

그러나 "가난한 자" 즉 "영락한 자"들은 쉽게 박해를 당할 수 있는 조건에 노출된 사람들이었다. "가난한 자야말로 복이 있다"고 외쳐대는 견유학파의 방랑자들(wandering charismatics)이야말로 증오와 험담의 대상이 되었을 수도 있다. 그러나 여기 도마의 로기온은 전혀 그러한 박해상황을 전제로 하지 않는다. 여기 "고통을 겪는다"는 표현은 "생명을 발견한다"라는 목적과 관련된 내면적 과정일 뿐이다. 나는 이 로기온을 읽을 때, 이런 생각이 퍼뜩 떠오른다: "해산의 고통을 치르고 있는 그대여 복이 있도다! 그대는 곧 생명을 잉태할 것이기 때문이로다!" (영어의 "labor"는 "해산의 수고"라는 뜻이 있다).

여기 "고통"은 "수고로움"이다. 이 수고로움은 자기의 내면을 트랜스폼시키는 수고로움이다. 자기 내면을 어둠에서 빛으로, 분열에서 통합으로, 사망에서 생명으로 변화시키는 수고로움이다. 콥트어의 "고통"은 "일을 많이 한다"라는 뜻이 내포되어 있다. 내면의 변화라는 것은 참으로 수고로운 과정인 것이다. 박해를 운운한다면 여기서는 어둠과 분열과 사망의 "자기"가 박해를 당해야 하는 것이다. 이러한 내면의 논리가 바울의 부활의 신화적 논리와 결합하였고 그것이 결국에는 초대교회의 박해상황에 대한 축복으로 둔갑되는 과정이 일세기 후반의 기독교의 역사였다고 말해도 대차가 없을 것이다.

그리고 여기 "고통을 겪는다" "수고롭다" "일을 많이 한다"는 의미를 문자 그대로 독립적 삶을 유지하면서 방랑하는 추구자, 예수 도반들의 엄청난 노동의 양 (hard work)과 관련하여 해석할 수도 있다. 당나라의 회창(會昌) 박해(AD 842)

이후 여러 법난의 상황에도 유독 선종(禪宗)만이 살아남을 수 있었던 것은 승려들의 자급자족의 노동 때문이었다. 모든 금욕주의적 삶의 배면에는 실제적인 생존을 위한 수고로운 노동이 자리잡고 있었다. 노동은 인간을 변화시킨다. 노동은 인간으로 하여금 자신의 순결한 내면을 발견케 하는 것이다: "노동하는 자여 복이 있으라! 그대는 그대 내면의 진정한 생명을 발견하리로다!"

여기 석관은 비블로스의 왕실 지하묘지에 있었던 것인데 지금은 베이루트 레바논 국립박물관에 옮겨져 있다. 이 석관의 뚜껑에 쓰여진 문자야말로 희랍·로마 알파벳문자의 원조로 간주되는 페니키아 문자중에서 가장 오래된 것이다(22자 체계). BC 1250~1000년 사이의 것으로 추정된다. 이것은 비블로스의 왕 아히람(Ahiram)의 석관인데 솔로몬이 성전건축을 위해 도움을 요청한 두로의 히람왕(왕상 5:1)과는 다른 사람이다. 히람과 아히람은 모두 페니키아어로 "내 형제가 기뻐한다"는 뜻인데, 왕 이름으로 널리 쓰였다. 이 석관 뚜껑의 글씨는 그의 아들 이토바알(Ittobaal)이 이 석관을 안치했다는 것을 말해주고 있다: "이 석관은 아히람의 아들 이토바알의 명에 의하여 안치되었다. 그는 그의 무덤안에 있는 그의 아버지를 건드리는 누구에게든지 저주를 내린다." 혹자는 뚜껑과 관 몸체가 시대를 달리하는 작품이라고 주장하기도 한다.

너희가 죽은 후에는 나를 보지 못한다

제59장

¹예수께서 가라사대, "너희가 살아있을 동안에 살아있는 자를 주의깊게 보라. 너희가 죽어서는 아무리 살아있는 자를 보려고 하여도 그를 볼 수 없을 터이니."

¹Jesus said, "Take heed of the living one while you are alive, lest you die and seek to see him and be unable to do so."

沃案 간결하고 이해하기 쉬운 내용처럼 보이지만, 그 내용을 잘 뜯어보면 매우 혁명적인 사상이 숨어 있다. "살아있는 자 the living one"는 예수 본인을 가리킨다. 서장에서 이미 예수는 "살아있는 예수"로 표현되었다. "살아있는 자"의 주제는 11장, 37장, 52장, 111장 등에서 반복적으로 나타나고 있다. 죽은 자는 살아있지 아니 하고, 살아있는 자는 죽지 아니 한다(Th.11). 따라서 살아있는 자는 오직 살아있는 자들만이 만날 수 있는 존재이다. 죽어서는 살아있는 자를 만날 수가 없다. 이것은 궁극적으로 사후의 세계를 부정하는 발언이며, 부활의 가능성을 차단해버리는 언명이다.

"봄 vision"이란 "삶 life"과 연관되며, "볼 수 없음 inability to see"은 "죽음 death"과 연관되고 있는 것이다. 죽음 후의 참된 삶이란 오직 이 살아있는 이 삶 속에만 구현되는 것이다. 저승은 이승에서만 구현된다. "말씀들의 해석을 발견하는 자는 누구든지 죽음을 맛보지 아니 한다"(Th.1). 죽음은 이미 예수 도반 추구자들을 지배할 수 없다. 몸의 물리적 죽음 후에야 하나님 아버지를 만날 수 있다는 것은 환상이다. 여기 예수는 바리새인과도 같은 유대인들의 부활관념을 모두 분쇄시켜 버리고 있는 것이다.

공자의 수제자 중의 한 사람인 계로(季路: 자로子路)가 공자에게 여쭈었다. 이때 아마도 공자가 너무도 아끼던 수제자 안회(顔回)가 죽고난 직후였기 때문에 더욱 사후에 대한 관심이 생겨났을 것이다.

"감히 죽음에 관하여 여쭙고자 하옵니다. 敢問死。"

공자께서 말씀하시었다:

"아직 삶을 모르면서 어찌 죽음을 알겠느냐? 未知生, 焉知死?"

공자는 죽음, 즉 사후의 세계에 대한 인간의 관심을 철저히 "삶"으로 이동시키고 있다. 여기 도마의 예수도 마찬가지다. 나 "살아있는 자"는 너희가 죽은 후에는 볼 수가 없다. 오직 너희가 몸으로 살아있는 동안에만 나 살아있는 예수를 만날 수 있으리라. 살아있는 예수를 만나는 살아있는 사들이야말로 영원히 죽음을 맛보지 아니 한다. "죽음을 맛보지 아니 함"은 "삶의 환희"를 강조하는 표현이다 (Th.1).

살아있는 자들, 우가리트의 황혼

우가리트의 거리. 지금은 폐허가 되었지만 본시 층층이 연결된 석조 건축물들의 짜임새있는 도시국가였다는 것을 알 수 있다. 나는 이곳을 걸으며 인류 고대문명의 순결한 향취에 흠뻑 취했다. 정말 아름다운 곳이었다.

민가 골목길. 오른쪽으로 뻗어있는 수로가 우가리트 고문명의 수준을 말해준다.

사마리아 사람이 걺어진 양

제60장

¹예수께서 유대지방으로 가실 때 양을 들고가는 사마리아 사람을 보시게 되었다. ²그는 그의 따르는 자들에게 이르시되, "저 사람이 양을 메고 가는구나!" ³그들이 예수께 가로되, "분명 저 자는 그 양을 죽여서 먹을 것이외다." ⁴예수께서 그들에게 이르시되, "저 자는 저 양이 살아있을 동안에는 먹을 수 없을 것이다. 반드시 죽여서 그것이 시체가 된 후에야 먹을 것이다." ⁵따르는 자들이 가로되, "딴 수가 없겠지요. 산 채로 먹을 수는 없지 않겠습니까?" ⁶예수께서 그들에게 이르시되, "그렇다면 너희 또한 그러하다. 너희 스스로 참된 안식의 자리를 구하라. 그렇지 아니 하면 너희도 시체가 되어 먹히우리라."

¹He saw a Samaritan carrying a lamb as he was going to Judea. ²He said to his followers, "That person is carrying the lamb around." ³They said to him, "Then he may kill it and eat it." ⁴He said to them, "He will not eat it while it is alive, but only after he has killed it and it has become a carcass." ⁵They said, "Otherwise he cannot do it." ⁶He said to them, "So also with you, seek for yourselves a place for rest, or you might become a carcass and be eaten."

沃案   상당히 신비스러운 느낌을 주는 대화이고, 좀 오묘하다. 그러나 과도한 해석은 금물이다. 있는 그대로 소박하게 해석하는 것이 상책이다. 제자들과 예수 사이에서 어떤 사건을 두고 스토리가 전개되는 식의 기존복음서 내러티브 형식은 도마복음서에는 거의 등장하지 않는다. 그런 맥락에서도 좀 예외적인 측면이 있다. 처음에 내가 "유대지방으로 간다"라는 주체를 예수로 못박았으나 콥트어의 문장구조에서 그 주체는 사마리아 사람이 될 수도 있다. 어느 쪽으로 해석해도 의미는 대차가 없다. 그렇다면 사마리아 사람이 유대지방으로 양을 들고간다는 사건은 매우 이례적인 사건이 되고 만다. 사마리아 사람들은 예루살렘성전의 권위를 전혀 인정하지 않기 때문이다. 따라서 나는 그냥 예수가 유대지방으로 가는 도중에 사마리아 지역에서 사마리아 사람이 양을 메고 가는 장면을 목격하게 된 어떤 우발적 역사 사건에서 유래된 대화로 보았다. 그 때 예수는 배가 고팠을까? 하나의 해프닝 이상의 과도한 의미부여는 곤란하다. "양"에 대한 상징적 해석도 여러 가지가 가능하겠지만 그것은 모두 기존 복음서의 편견의 소산이 될 우려가 있다.

가축을 살아있을 동안에 산 채로 먹을 수 없다는 사실을 지적한 예수도 매우 재치가 있다. 반드시 죽은 시체가 되어야 먹을 수 있다. 이미 56장에 세상은 시체와 같다는 것이 지적된 바 있다. 여기 가장 중요한 테마는 시체와 같은 세상에 살면서 시체처럼 되어 먹히는 사람이 되지 말고 진정으로 "살아있는 자"가 되어야 한다는 것이다. 그러기 위해서는 "참된 안식의 자리"를 발견해야 한다. 이것은 또 동시에 앞 장(Th.59)의 테마와 연결되고 있다. 죽은 후에는 살아있는 나 예수를 만날 수 없다. 진정한 안식은 죽은 후에, 즉 시체가 된 후에나 찾아온다는 착오적 관념을 부정하는 것이다. 안식은 죽은 후에 하늘에서 이루어지는 것이 아니라, 바로 시체와 같은 이 세상 속에서 발견해야 하는 것이다. 살아있는 자로서 이 세상 속에서 안식의 자리를 구해야 한다. 그리고 살아있는 예수를 만나야 한다. "안식의 자리"는 "아버지의 나라" 즉 천국과 동일한 의미가 될 것이다. 여기서 말하는 "자리"는 "나라"와 같은 의미맥락이다(Th.4, 24, 64).

침대에서 하나는 죽고 하나는 살 것이다

제61장

¹예수께서 가라사대, "둘이 한 침대에서 안식을 취하고 있다면 하나는 죽을 것이고, 하나는 살 것이니라." ²살로메가 가로되, "남자여! 당신은 도대체 뉘시니이까? 당신은, 마치 누가 보낸 아주 특별한 사람처럼, 내 침대에 올라와 동침하고 나의 식탁에서 식사를 하시나이다." ³예수께서 그녀에게 이르시되, "나는 분열되지 않은 전체로부터 온 사람이다. 나는 나의 아버지의 풍요로운 소유물을 부여받은 사람이다." ⁴살로메가 가로되, "나는 당신을 따르는 자이로소이다." ⁵예수께서 가라사대, "그러하기에 내가 너에게 말하노라. 누구든지 분열되지 않은 전체 속에 있으면 빛으로 가득차게 되고, 누구든지 분열되면 어둠으로 가득차게 되나니라."

¹Jesus said, "Two will rest on a couch; one will die, one will live." ²Salome said, "Who are you, mister? You have climbed onto my couch and eaten from my table as if you are from someone." ³Jesus said to her, "I am the one who comes from what is whole. I was given from the things of my father." ⁴[…] "I am your follower." ⁵[…] "For this reason I say, if one is whole, one will be filled with light, but if one is divided, one will be filled with darkness."

沃案 매우 수수께끼 같은 장이다. 어느 주석가도 명료한 해석을 내리지 못한다. 상당부분의 주석이 추측작업으로 이루어질 수밖에 없다. 그러나 도마복음서 전체의 맥락에서 보면 그 대의는 명료하다. 우선 제1절은 큐복음서에도 병행문이 있다(Q81). 그러나 큐복음서는 이미 매우 종말론적 맥락에서 이 구절을 인용하고 있다.

(눅 17:34~35) ³⁴내가 너희에게 이르노니, 그 밤에 두 남자가 한 침대에 누워 있으매, 하나는 데려감을 당하고 하나는 버려둠을 당할 것이다. ³⁵두 여자가 함께 맷돌을 갈고 있으매, 하나는 데려감을 당하고 하나는 버려둠을 당할 것이다.

(마 24:40~42) ⁴⁰그 때에 두 사람이 밭에 있으매, 하나는 데려감을 당하고 하나는 버려둠을 당할 것이요, ⁴¹두 여자가 맷돌을 갈고 있으매, 하나는 데려감을 당하고 하나는 버려둠을 당할 것이니라. ⁴²그러므로 깨어있으라! 어느날에 너희 주께서 임하실런지 너희가 알지 못하기 때문이니라.

누가와 마태의 자료 중에서, 누가자료가 큐복음서의 원형을 보존하고 있다고 사료된다. 마태는 누가에 보존되어 있는 도마자료를, "침대"에서 "밭"으로 환치시킴으로써, 완전히 변형시켜버렸다. 그리고 종말론적 맥락을 강화하는 언급(42절)을 첨가하였다. 도마와 누가를 비교하여 보면, "둘"이 "두 남자"로, "안식을 취하다"가 "누워있다"로, "죽을 것이다"가 "버려둠을 당할 것이다"로, "살 것이다"가 "데려감을 당할 것이다"로 변형되었다. 그리고 "그 밤에"가 첨가되었다. 맷돌가는 두 여자는 친근함이나 밀착된 관계의 강도를 나타내고 있다. 맷돌을 갈 때 보통 두 여자가 맷돌자루를 같이 잡고 한 여자가 180° 밀면 한 여자가 잡아당기고, 또 잡아당긴 여자가 다시 180° 밀면 상대편의 여자가 잡아당기고 하는 식으로 밀착되어 연쇄적으로 작동하게 되어있다. 그렇게 밀착되어 있는 두 여자의 경우도 심판의 날에는, 준비되어 있는 한 여자는 구원을 얻고 준비되어 있지 않은 한 여자는 버림을 받는다는 것이다. 이 "두 여자"에 상응하는 "두 남자"의 경우에도 같은 친밀한 관계를 나타내는 맥락에서 해석할 수 있겠으나, 전통적으로 주석가들은 "한 침대에 누워있는 두 남자"라는 표현에 관해 영 석연치 않은 부분이 있다고 불만을 토로해왔다. 그만큼 이 파편은 맥락적으로 어색한 부분이었다. 원래는 한 농부와 그 부인이, 타인들은 새벽이 되어 다 들판으로 나가는데, 아직도 늦잠을 자고 있는 상황을 의미했을 것이라고 보았다. 그리고 구원은 유월절 밤에 온다는 유대인 신앙과 관련하여 이 구절을 해석하기도 하였다.

또 누가자료는 도마자료와 비교하면 "그 밤에"가 첨가되어 있다. 그러나 "그 밤에"라는 구절만으로는 그것이 최후의 심판의 때를 가리키고 있다는 보장은 없다. 하여튼 이미 누가와 마태는 이 도마의 로기온자료를 이미 종말론적 맥락 속에서 변형하여 활용한 것이다.

그러나 과연 도마의 원의가 그러한 뜻이었을까? 물론 그러한 공관복음서의 변형의 맥락에서 도마를 해석할 수는 없다. 도마자료에는 그러한 종말론적 전제가 없기 때문이다. 제1절을 60장의 마지막 절과 연관시켜 해석하면 "안식을 취한다"는 것은 특별한 의미를 지니게 된다. 즉 이 세상에서 "안식의 자리"를 구한다는 뜻이 된다. 안식의 자리를 구하는 그러한 상황에서는 나의 분열이 있으면 안된다. 여기서 "둘"이란 심판의 날에 처해지는 두 사람의 뜻이 아니라, 분열된 자아의 모습이다. "하나는 죽을 것이요, 하나는 살 것이다." 비본래적인 자아는 죽을 것이요, 본래적인 자아는 살 것이다. 심판의 상황을 실존적 상황으로 바꾸어 말해도 마찬가지다. 하늘적인 자아는 구원을 얻을 것이요, 땅적인 자아는 버림을 받을 것이다.

이러한 이야기가 벌어지고 있는 무대가 바로 살로메의 침대 위이다. 살로메는 마가복음에만 등장하는 여인이다. 예수의 십자가처형 장면을 쳐다보았던 세 여인 중의 한 사람(막 15:40)이요, 안식 후 첫날 예수의 무덤으로 달려간 세 여인 중의 한 사람(막 16:1)이다. 살로메는 예수의 갈릴리 사역 시절부터 예수를 지원했던 격이 높은 여인이었을 것이다. 그런데 공관복음서에서는 여자는 "예수의 제자"로서 규정되지 않는다. 남성중심의 가치관이 복음서 저자들의 붓길을 지배하고 있다. 그러나 도마에서는 여자와 남자의 구분이 존재하지 않는다. 제자됨에 있어서 남성의 여성에 대한 우위는 여지없이 파괴된다(Th.114).

그런데 예수는 살로메의 침대에 올라와 있다. 나는 의역하면서 "동침"이라는 말을 첨가하였는데, 실상 "한 남자가 한 여인의 침대에 올라간다"는 것은 "성교"를 의미할 수도 있다. 그렇다면 여기 예수는 살로메의 섹스파트너일까? 그리고 "내 침대에 올라와 동침하고 나의 식탁에서 식사를 한다"라는 표현은 고대 헬레니즘 사회에 있어서 옆으로 기대어 누운 상태에서 식사하는 것은 보통 있는 관습이었다. 침대와 식탁은 연결된 전체이다.

이것은 예수의 성교장면을 암시하는 것이라기보다는, 예수와 살로메를 신랑과 신부에 비교하여 어떤 미분화된 "하나"의 경지로 들어가는 것을 상징적으로 나타내는 것이다. 살로메의 합방처소(bridal chamber)야말로 "나라"의 다른 표현일 수도 있다(Th.75, 104). 티베트 불교에서 말하는 합체불(合體佛)을 연상할 수도 있다. 반야(여성성)와 방편(남성성)이 하나가 된, 진제와 속제가 하나가 된 대자대비의 부처의 모습이야말로, 여기 살로메와 합방하는 예수의 모습일 수도 있다. 이에 살로메는 "도대체 당신이 뉘시길래 나와 합체가 될 수 있는가?"하고 예수의 아이덴티티에 관한 질문을 던진다. 그래서 예수는 살로메에게 자신의 아이덴티티를 밝힌다: "나는 분열되지 않은 전체로부터 온 사람이다." 이러한 예수의 정체성은 노자의 "통나무樸"를 연상시킨다. 그것은 모든 이름이 분화되기 이전의 "무명지박無名之樸"이다(37). 박이 흩어지면서 모든 만물의 기물이 생겨난다(樸散則爲器。28). 그러기에 성스러운 인간은 그 만물의 분화가 일어나기 이전으로 돌아가야 한다(復歸於樸。28). 예수가 말하는 "전체 what is whole"가 바로 노자가 말하는 "박樸"이다. 예수는 모든 분열을 초월한 원초적 통합자로서 자기정체성을 밝히고 있는 것이다.

그러니까 살로메는 그제서야 자기의 정체성을 밝힌다: "나는 당신을 따르는 자(제자)이로소이다." 그러니까 예수는 대답하는 것이다: "네가 바로 나의 제자이기 때문에 나는 말하노라. 한 인간이 전체의 상태로 머물러 있으면 그 인간의 내면은 빛으로 충만케 되고, 한 인간이 분열되면 그 인간의 내면은 어둠으로 가득차게 된다." 박(樸) 즉 무명(無名)의 세계가 예수에게 있어서는 빛이요, 명(名)의 세계는 오히려 어둠이 되는 것이다. 제24장에서 해설했듯이 빛과 어둠은 요한복음에서처럼, 세상과 하늘로 이원화되는 것이 아니라, 인간의 내면의 문제일 뿐이다. 나의 내면이 통합되면 빛이요, 분열되면 어둠일 뿐이다. 인간실존(Da-Sein)의 매 순간에 있어서도 빛과 어둠은 왕래하는 것이다.

괴레메계곡의 어둠교회(Dark Church, 까란르크Karanlık교회)의 성화. "의심하는 도마Doubting Thomas"의 모습은 오직 요한복음에만 나온다. 프린스턴대학의 종교학 교수 엘레인 페이겔즈(Elain Pagels)는 무조건의 믿음을 강조하는 요한공동체가 도마공동체의 "反믿음사상=탐구, 해석, 발견, 자각"을 폄하시키기 위하여 만든 설화가 요한복음에 실린 것이라고 간파한다: "네 손을 내밀어 내 옆구리에 넣어보라! 그리하여 믿음 없는 자가 되지 말고 믿는 자가 되라"(요 20:27). 페이겔즈는 도마복음의 성립연대를 요한복음 성립시기와 비슷하게 비정하고 있는데, 페이겔즈는 아시아적 사유에 익숙치 못해 도마에 깔린 사유의 오리지날리티를 과감하게 인정하지 못한다. "의심하는 도마"의 모습에 있어서도 도마공동체의 추구하고 해석을 발견하는 실증적 자세가 여실하게 반영되어 있다고 보아야 한다.

카파도키아(Cappadocia)는 현 터키의 중앙 내륙고원지대에 위치하는 지역으로서 기원전 제2 밀레니움 중반시기부터 히타이트제국의 한 중심이었다. 페르시아인들이 카파도키아와 폰투스(Pontus)로 나누어 지배했고 알렉산더대왕의 정복으로 반 독립왕국이 되었다. 후에 셀레우코스 지배자들에게 항거하고 로마편을 들었다. 카파도키아의 마지막 왕 아르켈라우스 1세(Archelaus I Philopatria, BC 36~AD 17 재위)의 딸은 헤롯 대왕의 아들(Alexander)에게 시집갔다. 아르켈라우스가 죽고나서 티베리우스황제가 카파도키아를 로마의 속주(province)로 삼았다.

행 2:9, 벧전 1:1에 언급되는데 이 지역은 사도 바울의 이방전도사업의 영역이었다. 초기기독교의 모습(동굴교회)을 너무도 잘 보존하고 있다. 사진은 카파도키아 괴레메(Göreme) 계곡. 샌달교회의 성화, 예수의 변모(Transfiguration, 마 17:1~9) 장면.

Thomas 62

너의 왼손이 너의 오른손이 하고 있는 것을 알지 못하게 하라

제62장

¹예수께서 가라사대, "나는 나의 신비로운 가르침을 듣기에 합당한 자들에게만 나의 신비를 드러내노라. ²너의 왼손이 너의 오른손이 하고 있는 것을 알지 못하게 하라."

¹Jesus said, "I disclose my mysteries to those who are worthy of my mysteries. ²Do not let your(sg.) left hand know what your(sg.) right hand is doing."

沃案 도마 속의 예수의 가르침은 결코 이해하기가 용이하지 않다. 앞 장에서도 우리가 알 수 있듯이, "둘이 한 침대에서 자고 있다. 하나는 죽을 것이요, 하나는 살 것이다." 이런 오묘한 명제를 맥락없이 갑자기 툭 던진다. 마치 조주(趙州)의 선문답과도 같다. 그러므로 예수 가르침의 신비로운 오의(奧義)는 반드시 그 해석이 발견되어야 하며, 그 이면의 뜻이 탐구되어야 하며, 그 깊이가 천착되어야 하며, 그 의미가 삶 속에서 실천되어야 한다. 예수의 오의는 그 오의를 듣기에 합당한 소수에게만 드러날 수밖에 없다. 돼지에게 진주를 던져봤자 돼지가 그것을 알아볼 리 만무한 것이다. 제62장은 제61장의 예수와 살로메의 문답을 마무리 짓는 멘트일 수도 있다. 진리에 대한 깨달음이란 천박한 인간들의 세계일 수 없는

것이다. 진리의 깊이는 그 듣는 자의 인격의 깊이에 따라가는 것이다.

제1절은 공관복음서에 비유의 비의성에 관한 멘트로 나타나고 있다.

(막 4:11) 이르시되, 하나님 나라의 비밀을 너희에게는 주었으나, 외인(外人)에게는 모든 것을 비유로 하나니;

(마 13:11) 대답하여 가라사대, 천국의 비밀을 아는 것이 너희에게는 허락되었으나, 저희에게는 아니 되었나니.

(눅 8:10) 가라사대, 하나님 나라의 비밀을 아는 것이 너희에게는 허락되었으나 다른 사람들에게는 비유로 하나니, 이는 저희로 보아도 보지 못하고, 들어도 깨닫지 못하게 하려 함이니라.

도마는 살아있는 예수의 가르침 그 자체의 "심오함"을 말하고 있으나, 공관복음서에서 말하는 신비(비밀)의 대상은 하나님 나라에 관한 것이다.

제2절은 마태복음에 나타나고 있다.

(마 6:3) 너는 구제할 때에 오른손이 하는 것을 왼손이 모르게 하라.

마태 기사는 위선자들의 구제방식을 비판하면서 제자들을 경계하는 말씀이다. 도마자료는 가르침의 오의를 알아들을 수 없는 자에게 함부로 전할 필요가 없다는 신중한 경계의 맥락을 타고 있다. 도마에는 가르침의 공개성과 제한성이 항상 공존한다는 것을 확인할 수 있다. 본 장은 제한성에 그 강조점이 있다.

Thomas 63

세속적 부의 축적의 허망함

제63장

¹예수께서 가라사대, "돈을 많이 지닌 부자가 있었다. ²그가 말하기를, '나의 돈을 투자하여, 뿌리고, 거두고, 심고 하여 나의 창고를 곡물로 가득 채우리라. 그리하여 부족함이 없이 살리라.' ³이것들이 바로 그 부자가 그의 가슴속에 간직한 생각들이었다. 그러나 바로 그날 밤 그는 죽었다. ⁴귀 있는 자는 들어라."

¹Jesus said, "There was a rich person who had a great deal of money. ²He said, 'I shall invest my money so that I may sow, reap, plant, and fill my storehouses with produce, that I may lack nothing.' ³These were the things he was thinking in his heart, but that very night he died. ⁴Whoever has ears should hear."

沃案 도마의 예수는 "무소유"를 말하지만 결코 세속적 부 그 자체를 저주하지는 않는다. 단지 세속적 물질의 축적이 말씀의 해석이나 진정한 자기 삶의 발견보다 더 중요하다고 생각하는 자들의 가치관의 허망함을 깨우치고 있다. 논리의 흥미진진한 전개 끝에 아주 벼락같이 내려치는 간결한 결말! 역시 선(禪)이라 말하지 않을 수 없다. 마조(馬祖)의 도끼와도 같다. 그런데 이 장도 누가복음에 병행문이 있다. 누가에만 있는 구절이지만 큐복음서에 속한다(Q50).

(눅 12:16~21) [16]또 비유로 저희에게 일러 가라사대, "한 부자가 그 밭에 소출이 풍성하매, [17]심중에 생각하여 가로되, '내가 곡식 쌓아둘 곳이 없으니 어찌 할꼬?'하고, [18]또 가로되, '내가 이렇게 하리라. 내 곡간을 헐고 더 크게 짓고 내 모든 곡식과 물건을 거기 쌓아 두리라. [19]또 내가 내 영혼에게 이르되, 영혼아! 여러 해 쓸 물건을 많이 쌓아두었으니 평안히 쉬고 먹고 마시고 즐거워하자 하리라'하였나니라. [20]하나님은 그 자에게 이르시되, '어리석은 자여! 오늘 밤에 네 영혼을 도로 찾으리니, 그러면 네 예비한 것이 뉘 것이 되겠느냐?'하셨나니라. [21]자기를 위하여 재물을 쌓아두고 하나님께 대하여 부요치 못한 자가 이와 같으니라."

이 누가복음자료를 보고 도마가 간결하게 축약하여 만들었다고 말하는 어리석은 신학자들의 텍스트비평에 대해서는 일언반구의 언급의 가치도 없다. 두 개가 전혀 다른 전승일 수도 있겠으나, 우리는 원 도마자료의 간결성이 어떻게 중언부언 지저분하게 정전복음서 저자들에 의하여 변형되어갔는가 하는 매우 극적인 실례를 여기서 목도할 수 있다. "그날 밤 그는 죽었다" 이 한마디가 "어리석은 자여! 오늘 밤에 네 영혼을 도로 찾으리니, 그러면 네 예비한 것이 뉘 것이 되겠느냐?"로 변형되는 지저분한 붓질에 대해 우리는 복음서 저자들의 드라마적 수법의 저질성을 다시 한 번 반성하지 않을 수 없다. 그리고 21절의 해설도 사족(蛇足)일 뿐이다.

서양의 신학계는 아직까지도 도마자료가 4복음서의 원형을 이루는 오리지날 아키타입이라는 사실을 과감하게 시인하는데 공포감을 느끼고 있다. 이러한 공포는 크게 두 가지 가설적 태도에 기인하고 있다. 그 첫째는 도마자료를 여태까지 발견된 외경적 자료와 나그함마디 문서에 깔려있는 영지주의라는 막연한 가설체계 속에 함몰된 상태로 두고 해석하기 때문이다. 도마의 상식적 구조를 어떤 신화적 심볼리즘의 맥락 속에서만 의미지우려 하는 것이다. 둘째는 이러한 태도를 유발시키는 보다 근원적 인식구조와 관련되고 있다. 그 인식구조란 역사적 예수에 대하여 새로운 상을 추구하는 합리적인 학자들까지도 여태까지 2천년 동안 서구역사 속에서 암암리 형성되어온 예수상을 근원적으로 거부하는 새로운 인식의 틀을 마련하지 못하고 있다는 사실과 관련되어 있다. 예수가 서구인이 아니라 아시아대륙의 사람이며, 예수의 역사적 실상이 동방적 가치를 포섭하는 매우 혁명적인 인간론을 주창한 인물이라는 사실이 구미신학자들에게 인식되기에는 그들의 인식범위가 너무 제한되어 있는 것이다. 역사적 예수에 대한 근원적 인식의 틀을 혁명시키면 도마의 로기온 자료들이 살아있는 예수의 말이라는 그 오리지날리티를 겸허하게 받아들이는데 아무런 거부감을 느끼지 않게되는 것이다. 도마의 성립연대는 궁극적으로 고증의 문제가 아니라, 일차적으로 이러한 인식의 틀과 관련되어 있는 것이다.

괴레메의 동굴교회들은 이러한 기암 속에 자리잡고 있다. 자연석굴일 경우도 있으나 대부분 인공으로 파고 들어가 그 속을 아기자기한 바실리카양식으로 조성해 놓았으며 도처의 벽면을 성화로 장식했다. 예수의 일생을 만화처럼 비쥬얼로 만들어놓은 것이다. 이 바위교회는 6·7층으로 되어있으며 여자수도원과 남자수도원이 같이 자리잡고 있다.

어둠교회(Dark Church)는 십자가 모양으로 설계되었다. 중앙에 돔이 있고 세 방향으로 앱시스(반원형으로 파인 제단)가 있다. 작은 창문으로 들어오는 빛의 양이 한정되어 어둠교회라는 이름이 붙었다. 그 교회 안에 있는 최후의 만찬 그림이다. 예수가 왼쪽에 따로 앉아있는 모습이 다빈치의 그림과는 상이하다. 큰 생선 한 마리와 나이프·포크가 있는 식탁의 모습도 인상적이다. 빵과 포도주라는 성찬예식의 고정관념을 깨버린다.

이 동네 사람들이 공동식사를 했던 장소이다. 4~50명이 앉을 수 있다. 필자가 쳐다보고 있는 벽면에도 최후의 만찬 그림이 그려져 있다. 위의 그림과 동일한 양식이다.

잔치에 초대된 자들

제64장

¹예수께서 가라사대, "한 사람이 손님을 받고 있었다. 그가 만찬을 준비한 후에 손님들을 초청하기 위하여 종을 내보냈다.

²그 종이 최초의 사람에게 가서, 그에게 말했다: '저의 주인께서 당신을 초청합니다.' ³그 사람이 말하였다: '몇몇의 상인들이 나에게 빚을 지었습니다. 그들이 오늘 밤 나에게 오기로 되어 있습니다. 나는 가서 그들에게 상환의 지시를 해야만 합니다. 죄송하지만 만찬을 사양할 수 있도록 해주십시오.'

⁴그 종은 다음 사람에게 갔다. 그리고 그 사람에게 말하였다: '저의 주인께서 당신을 초청하셨습니다.' ⁵그 사람이 종에게 말하였다: '나는 방금 집을 하나 샀습니다. 그래서 하루 동안 볼 일을 보러 가야합니다. 저는 시간이 없을 것 같습니다.'

⁶그 종이 또 한 사람에게 가서, 그 사람에게 말하였다: '저의 주인께서 당신을 초청합니다.' ⁷그 사람이 종에게 말하였다: '나의 친구가 결혼합니다. 제가 그 피로연을 마련해주기로 되어 있습니다. 저는 갈 수가 없을 것 같군요. 죄송하지만 만찬을 사양할 수 있도록 해주십시오.'

⁸그 종이 또 한 사람에게 가서, 그 사람에게 말하였다: '저의 주인께서 당신을 초청합니다.' ⁹그 사람이 종에게 말하였다: '나는 최근 큰 농장을 하나 샀습니다. 그래서 소작료를 거두러 가야합니다. 저는 갈 수가 없을 것 같군요. 죄송하지만 사양할 수 있도록 해주십시오.'

¹⁰그 종이 돌아와서 그의 주인에게 아뢰었다: '당신께서 만찬에 초청하신 분들은 모두 사양할 수 있도록 해달라고 요청했습니다.' ¹¹그 주인이 그의 종에게 말하였다: '길거리로 나아가서 네가 만나는 누구든지 만찬에 올 수 있다고 하면 데리고 오라.'

¹²거래인들(비지니스맨)과 상인들은 나의 아버지의 자리들에는 들어가지 못하리라."

¹Jesus said, "A person was receiving guests. When he had prepared the dinner, he sent his servant to invite the guests.

²The servant went to the first and said to that one, 'My master invites you.' ³That person said, 'Some merchants owe me money; they are coming to me tonight. I must go and give them instructions. I ask to be excused from the dinner.'

⁴The servant went to another and said to that one, 'My master has invited you.' ⁵That person said to the servant, 'I have bought a house and I have been called away for a day. I shall have no time.'

⁶The servant went to another and said to that one, 'My master invites you.' ⁷That person said to the servant, 'My friend is to be married and I am to arrange the banquet. I shall not be able to

come. I ask to be excused from the dinner.'

⁸The servant went to another and said to that one, 'My master invites you.' ⁹That person said to the servant, 'I have just bought a farm, and I am on my way to collect the rent. I shall not be able to come. I ask to be excused.'

¹⁰The servant returned and said to his master, 'The people whom you invited to dinner have asked to be excused.' ¹¹The master said to his servant, 'Go out on the streets and bring back whomever you find to have dinner.'

¹²Buyers(businessmen) and merchants will not enter the places of my father."

沃案 이 장의 내용은 큐복음서에 병행하는 것으로(Q69), 그 내용이 명료하여 기존의 복음서의 의미맥락과 대차가 없는 것처럼 보인다. 세속적 부에 대한 관심이 인간 내면의 풍요와 계시의 자리에 초대되는 것보다 급급한 인간의 삶에 대한 경계를 말하고 있는 것이다. 앞 장(Th.63)의 테마가 연장되고 있다고 보아도 좋을 것이다. 기존 복음서를 해석하는 자들은 이 비유 전체를 종말론적 전제를 가지고 해석한다. 누가는 이 비유를 시작하기 전에 이미 "하나님의 나라에서 떡을 먹는 자는 복되도다"(눅 14:15)라는 말을 삽입하여 종말론적 분위기를 깔아놓고 있다. 여기 만찬은 "종말론적 잔치 the eschatological banquet"이며 "메시아의 잔치 the Messianic Banquet"이다. 그러나 도마에는 그러한 메시아적, 종말론적 맥락이 없다. 그것은 세상 끝날의 잔치가 아니라, 이 세상 속에서 "나의 아버지의 자리들 the places of my father"에로의 들어감이다. 여기 "자리들"이라는 복수형의 표현만 보아도 그것이 어떤 초월적인 단 하나의 자리, 즉 초월적인 천국이라는 실체가 아님이 분명하다. 비트겐슈타인이 언어라는 게임도 반드시 "삶의 형태

Lebensform" 속에서 이루어진다고 말했듯이, 천국도 반드시 "삶의 자리들" 속에서만 이루어지는 것이다. 본 장의 비유는 종말론적 잔치에로의 초대가 아니라, 진정한 삶의 자리에로의 초대인 것이다.

큐복음서의 병행문은 누가 쪽이 마태보다 훨씬 더 큐복음서의 원형을 보존하고 있다고 사료되는데, 도마복음서는 큐복음서보다도 더 프로토타입의 형태를 가지고 있다는 것을 쉽게 간파할 수 있다.

(눅 14:16) [16]이르시되, "어떤 사람이 큰 잔치를 배설(排設)하고, [17]잔치할 시간에 그 청하였던 자들에게 종을 보내어 가로되, '오소서! 모든 것이 준비되었나이다'하매, [18]초대된 그들이 다 일치하게 사양하였더라. 첫 사람은 종에게 가로되, '나는 밭을 샀으매 불가불 나가 보아야 하겠으니, 청컨대 나를 용서하도록 하라'하고, [19]또 하나는 가로되, '겨릿소 다섯 쌍(한 겨리당 두 마리이므로 전체는 열 마리)을 샀으매 시험하러 가니, 청컨대 나를 용서하도록 하라'하고, [20]또 하나는 가로되, '나는 장가 들었으니 그러므로 가지 못하겠노라'하는지라. [21]종이 돌아와 주인에게 그대로 고하니, 이에 집주인이 노하여 그 종에게 이르되, '빨리 시내의 거리와 골목으로 나가서 가난한 자들과 신체부자유자들과 소경들과 절름발이들을 데려오라'하니라. [22]종이 가로되 '주인이시여! 명하신 대로 하였으되, 오히려 자리가 있나이다.' [23]주인이 종에게 이르되, '길과 산울 가로 나가서 사람들을 강권하여 데려다가 내 집을 채우라. [24]내가 너희에게 말하노니, 전에 청하였던 그 사람들은 하나도 내 잔치를 맛보지 못하리라' 하였다" 하시니라.

여기 도마와 누가를 비교해보면 재미난 문제들이 많다. 우선 눅 14:21 후반부터 14:23까지는 누가의 삽입구임이 분명하다. 그리고 도마의 12절의 총평에 해당되는 부분이 누가에서는 다른 형태로 변형되어 24절로 나타나고 있다. 그리고 전체적으로 도마의 초청과정에서 나타나는 종과 피초청인들의 초청거절의 대화가 누가에서는 아주 축약된 형태로 다듬어졌다. 그리고 누가는 초대된 모든 사람들이 일치하게 사양하였다는 사실을 앞머리에 밝혀놓음으로써 드라마적 전개의 긴장감을 떨어뜨렸다. 도마는 예수 말씀의 전개를 하나 하나씩 따라가는데 반하여, 누가는 그것을 다 안 후에 요약하고, 그 과정을 다시 재현한 형식을 취한 것이다. 그리고 누가자료에서는 초청거절자들이 농촌을 배경으로 하는 농민임에(①밭 ②겨릿소 다섯 쌍 ③장가) 반하여, 도마자료에 나오는 거절자들은 도시의 비즈니스맨들과 대상인들이다(①고리대금 ②부동산투기 ③결혼피로연 베푸는 부자 ④농장소유주).

그런데 가장 결정적인 차이는 도마는 초청인에게 합리적인 이유가 결여되어 있는데, 누가는 그러한 불합리성을 개선시켜 놓았다는 것이다. 도마를 잘 읽어보면 초청인은 우선 만찬을 다 준비해놓고, 즉 음식을 무전제로 다 마련해놓고 난 후에 무작정 종을 내보내어 하나씩 컨택을 하는 형태로 진행되고 있다. 그리고 도시의 부자들이 그 초청을 거절하는 이유도 매우 정당하다. 그들이, 예약도 없는 상태에서, 자기들의 긴급한 업무를 제켜놓고 그 초청에 응해야만 할 하등의 이유가 없다. 사실 이러한 경우라면 주인은 그들에게 나중에 음식을 싸 보낼 수도 있는 것이다. 그들을 저주해야 할 하등의 이유가 없다. 유대인의 습관에, 물론 우리나라 전통사회에서도 마찬가지이지만, 잔치 초대인은 대체로 한 커뮤니티의 명망있는 풍요로운 리더이다. 따라서 이러한 명망가의 초청을 거절한다는 것은 그 명망가의 체면의 손상을 초래할 수도 있다. 따라서 거절에는 전략과 규칙이 필요하다. 신명기 20:5~7, 24:5에 보면 전쟁에 안 끌려나갈 수 있는 보호법률이 실려 있는데, 그와 비슷한 성격의 불문율이 이스라엘 사회에 통용되었을 것이다. 여기 부호들의 거절이유는 외면상 그다지 큰 결례를 범하고 있지 않다.

따라서 이 비유의 원래적 의도가 사실적 대응관계가 중요한 것이 아니라 본시 지혜론적 담론의 성격을 띠고 있었다는 것이다. 인간의 진리탐구의 세계에 있어서는 이미 그 지혜가 마련된 자들이 초청하는 것이다. 초청해놓고 음식(지혜)을 장만하는 것은 아니다. 여기 공격의 대상이 되고 있는 것은 도시 부호들의 진리에 대한 무감증(apathy)일 뿐이다. 그들의 거절에 대한 분노가 비유의 초점은 아닌 것이다. 아마도 예수운동에 대해서 가장 무관심했던 사람들은 당대의 거래인들(브로커들), 대상인(大商人)들이었을 것이다. 도마의 예수는 그들의 거절에 그리 큰 분노를 표명하지 않는다. 그리고 "길거리로 나아가서 네가 만나는 누구든지 만찬에 올 수 있다 하면 데리고 오라"고 말한다. 여기서 예수는 진리의 개방성을 선포하는 것이다. 진리에 대한 향심이 있는 자는 누구든지 아버지의 자리(천국)에 참여할 수 있는 것이다. 구태여 "가난한 자, 신체부자유자, 소경, 절름발이"에 그 참여를 국한시키지 않는다.

이러한 도마의 내면적 논점을 외형화시키고 철저한 종말론적 천국의 담론으로 변형시키기 위하여, 누가는 우선 거절자들의 성격을 처음부터 규정시켰다. 즉 잔치를 배설(排設)하기 전에 미리 다 예약을 해놓은 동네사람들이라는 것이다. 새로 밭을 구매한다든가, 겨릿소 다섯 쌍을 산다(100에이커 정도를 갈 수 있다. 당시 한 세대가 평균 3~6에이커 정도를 소유했으므로 부농이다)든가 하는 것으로 보아 부농임에는 틀림이 없다. 이들의 거절은 약속위반이다. 이들은 정말 나쁜 놈들이다. 그러니 주인 입장에서는 화가 날 만도 하다. 그래서 음식은 다 장만되었고 내다버릴 수도 없고 하니, 우선 "가난한 자들, 신체부자유자들, 소경들, 절름발이들"을 불러들인다. 그것도 성이 안 차서 닥치는 대로 사람들을 강권하여 잔치 집을 채우게 만든다. 그리고 "전에 청하였던 그 사람들은 하나도 내 잔치를 맛보지 못하리라"고 저주를 선포한다. 언뜻 보기에, 천국에로의 초대가 약자, 사회적으로 소외된 자들에 대한 배려인 듯이 보이지만, 정확한 논리적 맥락을 따라서 그 비유를 평가해보면 무리가 좀 있는 것이다. 그런데 이러한 누가의 변형을 마태는 매우 저열하게, 더 악독하게 변형시켜 놓고 있다.

(마 22:1~14) 예수께서 다시 비유로 대답하여 가라사대, "천국은 마치 자기 아들을 위하여 혼인 잔치를 베푼 어떤 임금과 같으니, 그 종들을 보내어 그 청한 사람들을 혼인 잔치에 오라 하였더니, 오기를 싫어하거늘, 다시 다른 종들을 보내며 가로되, '청한 사람들에게 이르기를, 보소서! 내가 만찬을 준비하되 나의 소와 살찐 짐승도 잡고 모든 것을 갖추었으니 혼인 잔치에 오소서, 하라' 하였더니, 저희가 돌아보지도 않고, 하나는 자기 밭으로, 하나는 자기 상업 차로 가고, 그 남은 자들은 종들을 잡아 능욕하고 죽였더라. 임금이 노하여 군대를 보내어 그 살인한 자들을 진멸(盡滅)하고 그 동네를 불사르고 말았다.

이에 종들에게 이르되, '혼인 잔치는 예비되었으나 청한 사람들은 합당치 아니 하나니, 사거리 길에 나아가 사람을 만나는 대로 혼인 잔치에 청하여 오너라' 한대, 종들이 길에 나가 악한 자나 선한 자나 만나는 대로 모두 데려오니 혼인 자리에 손님이 가득하였더라.

그러나 임금이 손님들을 보러 잔치 자리에 들어올 새, 거기서 예복을 입지 않은 한 사람을 보고 가로되, '친구여! 어찌하여 예복을 입지 않고 들어왔느냐?' 하니, 저가 유구무언이어늘, 임금이 사환들에게 말하되, '저 놈의 수족을 결박하여 바깥 어둠 속에 내어던지라! 거기서 슬피 울며 이를 갊이 있으리라' 하니라.

청함을 받은 자는 많되 택함을 입은 자는 적으니라."

참으로 황당한 저질적인 변형이라고 말하지 않을 수 없다. 잔치에로의 초대가 권위와 폭력과 강압과 처벌로 점철되고 있다. 이것은 물론 이미 마태의 시대의 절박한 교회상황을 반영할 수도 있다. 누가의 "어떤 사람"이 마태에서는 "어떤 임금"으로, 누가의 "큰 잔치(만찬)"가 마태에서는 "왕의 아들의 혼인 잔치"로 바뀌었다. 그리고 누가에서는 초청이 한 회의 사건이었으나 마태에서는 두 회의 사건이 되었다. 그리고 초청자와 피초청자의 관계가 폭압과 처벌이 되고 있다. 도마와 누가에 있어서는 피초청자의 거절이 평화롭게 넘어갔던 것이다. 더구나 두 번째 초청시에(22:9) 자기가 궁색하여 모든 사람을 강제로 들여다놓고 예복을 입지 않았다고 수족을 결박하여 어둠 속에 처박는 비관용의 폭력은 "하나님의 나라 the kingdom of God"(마 21:43) 그 자체의 성격을 매우 폭력적으로 규정하고 있는 것이다. 예수의 "임금됨"이 이렇게 폭력적이라면 마태는 예수의 메시아상을 정말 잘못 그리고 있는 것이다. 오늘날 대형교회 목사님들이 설교를 잘 해잡숫기에는 편리한 변형일 수도 있겠지만, 도마에서 누가로, 누가에서 마태로 진행되는 이 비유의 변형과정을 통하여 원시기독교가 얼마나 지혜론적 담론에서 궁색한 폭력적 종말론으로 변형되어갔는가, 그 역사적 전변의 드라마를 우리는 충분히 감지할 수 있는 것이다. 그리고 마태의 저질성은 용서하기 어려운 것이다. 복음서의 자료들은 신앙의 대상이 아닌 선택의 대상이 되어야 한다. 미국 주요 신학자들을 총망라한 지저스 세미나(The Jesus Seminar, 1985년 결성) 운동도 이러한 선택의 과감한 시도를 보여주었다.

어둠교회 중앙돔

포도원 주인 아들을 때려죽인 사악한 소작농부들

제65장

¹그께서 가라사대, "포도원을 소유한 한 사람(고리대금업자)이 있었나니라. 그 사람이 포도원을 소작농부들에게 빌려주어, 그들이 포도원을 경작하게 하고, 그리고 그는 그들로부터 소출을 거두려 하였다. ²그는 그의 종을 보내어, 소작농부들이 종에게 포도원의 소출을 주도록 하였다. ³그들은 그의 종을 붙잡아, 그를 때리고, 거의 죽일 뻔하였다. 그 종이 돌아와 그의 주인에게 아뢰었다. ⁴그의 주인이 이르기를, '아마도 그들이 너를 알아보지 못한 것 같구나'하였다. ⁵그는 또 다른 종을 보내었다. 그러자 소작농부들은 그 종까지도 마찬가지로 구타하였다. ⁶그러자 그 주인은 그 아들을 보내며 이르기를, '아마도 그들은 나의 아들에게는 충분한 존경심을 보일 것이다'하였다. ⁷그러나 그 소작농부들은 그가 이 포도원의 상속자라는 것을 알았기 때문에, 그들은 그를 붙잡아 죽여버렸다. ⁸귀가 있는 자는 누구든지 들으라!"

¹He said, "There was a man(usurer) who owned a vineyard. He leased it to tenant farmers so that they might work it and he might collect its produce from them. ²He sent his servant so that the tenants might give him the produce of the vineyard. ³They seized his servant and beat him, all but killing him. The servant went back

and told his master. ⁴The master said, 'Perhaps he(they) did not recognize them(him or you).' ⁵He sent another servant. The tenants beat this one as well. ⁶Then the owner sent his son and said, 'Perhaps they will show respect to my son.' ⁷Because the tenants knew that it was he who was the heir to the vineyard, they seized him and killed him. ⁸Whoever has ears should hear."

沃案 여기 본 장에 나타나는 예수의 비유를 접할 때, 또 다시 황당해지는 느낌을 받을 수 있다. 왜냐하면 이 도마의 자료가 명백하게 예수 자신의 수난사(受難死)를 예시하고 있는 것 같은 느낌을 주고 있기 때문이다. 그러나 이러한 느낌은 순전히 우리가 이런 비유에 대해서 가지고 있는 선입견에서 유래하는 것이다. 결론부터 말하자면, 본 비유는 현행 복음서의 수난드라마의 결구(結構)와 전혀 관련이 없다. 이 비유는 이미 우리에게 잘 알려져 있는 "포도원 소작인의 비유" 혹은 "사악한 농부들의 비유 the Parable of the Wicked Husbandmen"로서 공관복음서 전부에 나타나고 있다. 우리는 이미 공관복음서 작가들에 의하여 해석된 알레고리로서 이 비유를 접하고 있고, 또 그 선입견 속에서 도마자료를 읽을 수밖에 없기 때문이다. 그러나 요아킴 예레미아스(Joachim Jeremias, 1900~1979)를 위시한 많은 예수비유 주석가들이 도마자료가 공관자료에 선행하는 어떤 프로토타입의 자료라는 것을 입증하고 있다. 특히 이 장의 내용은 역사적 예수가 말씀한 어떤 원형을 보존하고 있다는 데 대부분의 학자들이 일치하고 있다(Arland J. Hultgren, *the Parables of Jesus* 14).

우리가 이미 앞 장(Th.64)에서 도마자료(혹은 그것에 해당되는 원자료)가 어떻게 누가를 거쳐 마태로 변형되었나를 생생하게 목도하였다. 그것은 꼭 좋다, 나쁘다의 문제가 아니다. 신약성서 속의 예수는 그를 전하는 초대교회의 사정에 의하여 가려질 수밖에 없었다. 초대교회는 불트만의 말대로 종말론적 공동체였으며, 위태로운 정치적 상황 속에서 수없는 문제에 내외로 봉착할 수밖에 없었다. 초대교회는 새로운 국면에 직면할 때마다 예수의 말과 행동, 그리고 그 심상을 그때그때 새롭게 이해하고 해석하면서 그 국면을 타개해 나간 것이다. 우리는 4복음서 저자들의 시대에만 내려와도 바울이 그의 목회서한에서 말하고 있는 교회공동체 내의 문제들이 성숙할 대로 성숙해 있었다는 사실을 기억하지 않으면 안된다. 그들에게 전승된 예수의 말이나 삶의 보도는, 있는 그대로, 즉 역사적 예수의 원형을 보존하려는 자세 속에서 기술되기에는 그들 자신의 문제가 너무도 절박하였던 것이다. 따라서 그러한 자료들은 그들 자신이 봉착한 교회의 사정에 따른 이해와 해석에 의하여 윤색되고, 변형되며, 부연될 수밖에 없었던 것이다. 이러한 과정이 진행되면 진행될수록 예수 본래의 모습은 숨겨지고 은폐되어 버리게 마련이다.

불트만은 그의 신약성서신학의 중심을 바울과 요한복음에 놓았다. 이미 바울에 의하여 케리그마화된 그리스도가 그의 신학의 원점이었던 것이다. 따라서 역사적 예수는 불트만에게는 불가지론적 전제에 불과했다. 이것은 실제로 역사적 예수의 거부를 의미하는 것이다. 불트만에게는 그만큼 추상적 체계에 대한 경건주의가 있다. 그리고 그 체계를 실존주의적 결단의 맥락 속에서 의미지우려고 하였다. 이러한 실존주의적 결단은 그에게서 비신화화(demythologization)를 의미하는 것이었지만, 비신화화가 과학적 세계관에 적응하려는 노력이라기보다는 오히려 케리그마라는 원점을 드러내기 위한 노력이었다는 사실을 우리는 기억해야 한다. 비신화화를 해야만 케리그마의 원점이 선명하게 드러나게 된다는 것이다.

그러나 역사적 예수를 지향하는 사람들은 불트만이 가지론(可知論)의 절대적인 시점인 것처럼 고수하는 케리그마의 원점을 해체시키려고 했다. 우리는 케리그마의 그리스도를 역사화하지 않으면 아니 된다. 케리그마화된 그리스도만을 고수하고 역사적 예수를 포기하는 것은 오히려 초대교회의 역사적 정황 속에서 허구화된 상대적 가치에 집착하는 것이다. 그것을 아무리 실존주의적으로 해석해도 그 실존의 의미가 그릇된 역사적 전제로부터 출발된 것이라면, 그것은 기존의 권위에 복속하는 결과를 낳을 뿐이다. 역사적 예수의 실체를 우리가 영원히 확정지을 수 없다 하더라도, 새롭게 만날 수 있는 "역사적 예수"를 다시 케리그마화 하는 것이야말로 기독교의 "새롭게 됨"의 가능성을 열어놓는 첩경이 된다. 이 첩경의 문이 바로 예수의 말씀(로기온) 자료였다. 그것은 "성경 중의 성경"이었고, "그리스도"를 넘어서 "예수"를 발견할 수 있는 유일한 방편이었다. 복음서 저자들의 내러티브 드라마 속에 파묻혀버린 로기온자료들을 캐내는 작업을 통하여 역사적 예수의 정체에 접근하는 줄기찬 작업이 진행되었던 것이다.

이러한 작업 속에서 가설적으로 전제된 문헌이 바로 "큐자료"였다. 그런데 이 큐자료의 가설이 도마복음서의 출현(1945)으로 가설 아닌 현실로 부상되었고, 따라서 큐자료는 큐복음서로서 격상되었다. 이미 도마복음서가, 사경연대와 무관하게, 114개의 로기온자료(가라사대 파편 자료)만으로 구성되었다는 그 형식성만 보더라도, 그리고 도마복음서에 그리스도의 케리그마적 제가설, 신비로운 탄생이나 족보, 수난, 죽음, 부활, 그리고 재림, 그리고 예수 자신의 메시아적 자의식 등등의 부재만 보더라도, 이것이 큐자료보다도 더 오리지날한 역사적 예수상에 접근하는 자료라는 사실, 최소한 그러한 오리지날한 전승이 보존된 문헌이라는 사실은 너무도 명백한 것이다. 이러한 명백한 사실을 몇몇의 반증가능성의 사례를 가지고서 부정하는 것은 졸렬한 학인들의 밴댕이 콧구멍과도 같은 심사에 속하는 것이다. 큐자료만 해도 기존의 복음서 속에서 가설적으로 이끌어낸 문헌이기 때문에 복음서 저자들의 윤색이나 왜곡을 완벽하게 탈색하거나 바로잡는 것이 불가능하다. 그러나 도마복음서는 큐복음서보다도 더 완정한 독자적인 자료를 우리에게 제공하고 있는 것이다. 물론 도마복음도 완벽하게 개칠이 되지 않은 생생한 어록자료라고만 주장할 수는 없다. 보이지 않지만 어떤 의도 속에서 편집되었고, 그 배열에도 부분적으로 자의성을 넘어서는 "흐름"이 감지되며, 어떤 통일적 상을 제시하고 있기 때문이다. 그 나레이터(편집자)를 우발적인 한 개인이라고 규정하기 어렵다고 한다면, 우리는 어떤 도마공동체의 존재를 상정하게 된다. 그렇다면 "기독론적 기독교운동"이 이미 AD 4·50년대에 바울에 의하여 활발하게 전개되고 있었다면 그 시기는 바울만의 독무대가 아니라, 예수를 소재로 하는 다양한 운동이 공존하고 있었다는 역사적 실상을 전제하지 않으면 안된다. 최소한 도마공동체는 바울공동체와는 다른 성격의, 그러면서도 역사적 예수의 실존적 상이나 그 말씀에 더 근접하는 어떤 성격을 지닌 운동체였다는 팩트를 우리는 감지하게 되는 것이다.

역사적 예수의 말씀의 탐색에 있어서 가장 강렬한 장르 중의 하나가 바로 "비유Parable"라는 것이다. "비유"에 대한 정확한 규정이 어렵지만 하여튼 예수는 자기 생각을 비유로서 표현하는데 특이한 재능을 발휘한 인물이었다. "비유"를 어떻게 규정하느냐에 따라 그 숫자를 카운트하는 방식도 달라지지만 통상적 규정에 따르면, 도마복음에도 비유가 14개가 등장하고 있다. 그 중 10개가 공관복음서와 병행하고 있고(Th.9, 20, 57, 63, 64, 65, 76, 96, 107, 109) 4개가 공관복음서와 병행하지 않는 도마 독자의 전승이다(Th.8, 21, 97, 98). 재미있는 사실은 요한복음에는 "비유"가 없다는 것이다. 그만큼 요한복음은 관념적이고 논설적이며 역사적 예수의 상에서 멀어져 있다(비록 부분적이기는 하지만 어떤 정보는 역사적 예수의 인간적 측면을 전승하고 있다고 사료된다). 그만큼 비유는 살아있는 예수의 모습과 체험과 생각을 전하고 있다.

본시 "비유"는 "파라볼레Parabolē"라는 희랍어에서 온 말인데 "비교"라는 것이다. 자기가 말하고자 하는 추상적 주제를 "비교될 수 있는" 일상적 체험의 사태나 자연적 사태를 빌어 표현하는 것이다. 대체로 "비유"는 간단한 경구 스타일이 아니라 스토리화되어 있다. 그런데 본시 역사적 예수의 비유는 직설적이고 자질구레한 수식이 없으며, 전면적이고(단계적인 축적태가 아니다), 주석적이 아니며, 개방적이며, 삶의 비근한 체험을 소재로 하며, 판에 박은 전형성을 탈피하고 있다고 여겨져왔다. 예레미아스는 이것을 "알레고리화allegorization"되지 않았다고 표현했다.

"알레고리*allēgoria*"란 말은 "알로스*allos*"(딴 것)와 "아고리아*agoria*"(말함)의 합성어인데, "말하고 있는 것과는 다른 딴 것을 말하고 있다"는 뜻이다. 가장 문제가 되는 것은 알레고리적 표상(allegorical representation) 그 자체가 아니라, 알레고리적 해석(allegorical interpretation)인데, 이것은 이 비유가 어떠어떠한 알레고리적 표상을 지니고 있다는 것을 구체적으로 지정하는 해석을 가리키는 것이다. 본 장에 해당되는 마가자료를 본다면, 이 비유의 표면적 논리와는 달리 실제적으로는 매우 구체적 딴 메시지를 전하고 있다는 것이 명백하게 드러나도록 구성되어 있다.

포도원은 이스라엘, 소작농부들은 이스라엘의 지배자들과 지도자들, 포도원 소유주는 하나님, 파견된 종들은 예언자들, 그리고 최후로 파견된 아들은 다름아닌 예수 그리스도이며, "농부들의 처벌"(막 12:9, 마 21:41)은 이스라엘이 거부당함을 상징한 것이며, "다른 사람들"(막 12:9) "다른 백성"(마 21:43)은 이방교회임이 분명한 것이다. 그러므로 비유 전체가 순전한 하나의 알레고리처럼 보인다. 그러나 이 비유에서 이러한 알레고리적 성격이나 해석은 매우 부차적인 것이라는 것이 전문가들의 생각이었다. 그런데 도마복음서는 놀라웁게도 14개의 비유가 모두 이렇게 특정한 목적을 위하여 알레고리화(초대교회의 사정이 반영)되기 이전의 어떤 프로토타입을 보여주고 있는 것이다. **도마복음서에는 알레고리적 해석이 전무하다.** 알레고리화되면 비유는 개방성을 상실하고 폐쇄적이 되어버린다. 상상력의 자유가 허용되지 않고 그 해석이 강요되는 것이다. 이미 19세기말에 아돌프 쥐리허(Adolf Jülicher, 1857~1938)는 예수의 본래적 비유가 알레고리일 수 없다고 선포했던 것이다(그의 전2권의 역저, 『예수의 비유담론*Die Gleichnisreden Jesu*』 제1권은 1886년에, 제2권은 1899년에 출간되었다).

과연 본 장의 비유가 마가나 마태가 윤색시켜서 주장하고 있는 그러한 알레고리를 나타내고 있는 것일까? 우선 제1절의 "포도원을 소유한 한 사람"의 "한 사람 a man"은 콥트어로 "크레스토스*chrē[sto]s*"인데 중간부분이 판독불가능하게 일그러져, 그것은 "크레스테스chrē[stē]s"로 읽힐 가능성이 있다. 그렇다면 그것은 "고리대금업자usurer" 혹은 "채권자creditor"라는 뜻이 된다. 마르빈 메이어는 "A usurer owned a vineyard"로 번역했다. 구태여 고리대금업자가 아니더라도, 포도원의 소유주는 부자이며, 그 포도원에 대하여서는 부재자지주였음에 틀림이 없다. 예수 당시, 요단강의 상부계곡 전체뿐 아니라, 갈릴리호수 북쪽과 북서해안 지역, 그리고 갈릴리 산간지대의 대부분이 라티푼디움(latifundium: 부재자지주가 노예를 부려서 경영하는 광대한 소유지)의 성격을 지닌 대사유지였다.

이 대사유지는 대부분 부재자지주들의 손아귀에 있었고, 이들에게 반항하는 갈릴리 농부들에게는 열심당원들(우리나라 1970·80년대 위장취업한 의식화된 학생들을 연상할 것)이 고취시킨 혁명적 분위기가 팽배해 있었다는 사실을 연상한다면 이 비유의 분위기는 우리가 생각했던 색깔이 싹 바뀌어 버린다. 종을 파견하고, 그 종이 농부들에게 죽음 직전에까지 두드려 맞았고, 재차 종을 파견하여 동일한 사태가 벌어졌음에도 불구하고, 또다시 자기 아들을 아무 대책없이 파견하는 지주의 무모한 행동을 우리는 구속사적 알레고리 속에서 "너그럽기만 한 하나님 아버지의 품"처럼 해석할 수는 없다. 그것은 아들까지 희생시켜가면서 소출을 획득하려는 악랄한 고리대금업자, 부재자지주의 무모한, 경계심을 가지고 바라보아야 할 행동으로 해석되어야 하는 것이다. 그리고 아들만 죽이면 포도원을 소유하게 되리라는 소작농부들의 무모한 소망도 참으로 어리석은 계산일 뿐이다.

예수 당시 이러한 무모한 획득과 무모한 항거의 대립, 무모한 인간의 욕망의 표출은 결코 무모한 비유가 아니었다. 그것은 갈릴리 농촌의 처참한 현실에 대한 사실적 보고일 수도 있는 것이다. 사계를 대표하는 영국의 신약학 학자 다드(C. H. Dodd, 1884~1973)도 도마복음이 출현하기 훨씬 전인 1935년에 초판된 『천국의 비유들 The Parables of the Kingdom』에서 이 비유의 상황을 영국의 부재자지주에게 항거하는 아일랜드 농부들의 분위기에 대비시키고 있다. 이 비유의 스토리는 기본적으로 매우 사실적인 보고라는 것이다(the story in its main lines is natural and realistic in every way). 이러한 분위기에서 이 비유를 이해하면, 이 비유의 스토리라인에서 아들의 죽음을 예수의 십자가라는 구속사적 사건과 연결시킬 수 있는 하등의 연결고리가 없다. 포도원농장에서 소출을 극대화시켜 착취하려는 소유주나 탐욕스러운 농부들 쌍방이 다 결국 상실자가 되고마는 것이다. 이런 맥락에서 보면 이 비유는 앞 두 장, 즉 제63장의 "돈을 많이 지닌 부자"와, 제64장의 "거래인들(비지니스맨)과 상인들"에 대한 이야기와 동일한 주제의 연속적 맥락 속에서 이해될 수 있다. 부에 대한 집착은 모두를 상실케 만든다.

이 비유를 영적으로 이해하는 사람들은 주인의 "소출의 거둠"이라는 행위를 "본래적 자기의 추구"로 파악하고, 그러한 추구가 농부들(비본래적 자아)에게 의하여 박해당하고 좌절당하는 모습을 통하여, 그러한 추구의 어려움을 단적으로 나타냈다고 주석하기도 한다. 하여튼 예수의 비유는 알레고리화되지 않았으며 어떠한 하나의 주제를 단순하게 말하고 있으나, 그 해석은 개방된 상태로 머물러 있다. 공관복음서의 병행문을 살펴보기로 하자.

> (막 12:1~11) [1]예수께서 비유로 저희에게 말씀하시었다: "한 사람이 포도원을 만들고, 산울로 그것을 두르고, 포도즙 짜는 구유자리를 파고, 망대를 짓고, 농부들에게 세로 주고 타국에 갔더라. [2]때가 이르매 농부들에게 포도원 소출 얼마를 받으려고 한 종을 보내니, [3]저희가 종을 잡아 심히 때리고 거저 보내었거늘, [4]다시 다른 종을 보내니, 그의 머리에 상처를 내고 능욕하였다.
> [5]또 다른 종을 보내니, 저희가 그를 죽인지라, 또다시 그의 많은 종들을 보내었으나 혹은 때리고 혹은 죽여버렸다.
> [6]주인이 보낼 사람이 아직 하나 더 있으니 곧 그의 사랑하는 아들이라. 최후로 이를 보내며 가로되, '그들이 내 아들은 공경하리라'하였더니, [7]저 농부들이 서로 말하되, '이는 상속자이니, 자아, 죽이자! 그러면 그 유업이 우리 것이 되리라'하고, [8]이에 잡아 죽여 포도원 밖에 내어 던졌느니라.

⁹포도원 주인이 어떻게 하겠느뇨? 와서 그 농부들을 진멸(盡滅)하고 포도원을 다른 사람에게 주리라.

¹⁰너희는 성서에서, '건축자들이 버린 돌이 모퉁이의 머릿돌이 되었나니, 이는 주께서 하시는 일이라. 우리에게는 놀랍게만 보인다'한 말을 읽어 본 일이 없느냐?"

(눅 20:9~18) ⁹다음의 비유로 백성에게 말씀하시었다: "한 사람이 포도원을 만들어 농부들에게 세로 주고, 타국에 가서 오래 있다가, ¹⁰때가 이르매, 포도원 소출 얼마를 바치게 하려고 한 종을 농부들에게 보내니, 농부들이 종을 심히 때리고 거저 보내었다.

¹¹다시 다른 종을 보내니, 그도 심히 때리고 능욕하고 거저 보내었다. ¹²다시 세 번째 종을 보내니 이도 상하게 하고 내어 쫓은지라.

¹³포도원 주인이 가로되, '내 어찌할꼬? 내 사랑하는 아들을 보내리니, 저희가 혹 그는 공경하리라'하였더라. ¹⁴농부들이 그를 보고 서로 의논하여 가로되, '이는 상속자이니, 죽이고, 그 유업을 우리의 것으로 만들자'하고, ¹⁵포도원 밖에 내어쫓아 죽였느니라. 그런즉 포도원 주인이 이 사람들을 어떻게 하겠느뇨?

¹⁶와서 그 농부들을 진멸하고 포도원을 다른 사람에게 주리라." 이 말씀을 사람들이 들었을 때에, 그들은 "어디 그럴 수가 있겠나이까?"하였다.

¹⁷그러나 예수께서는 그들을 똑바로 보시며 말씀하시었다: "그러면 기록된 바, '건축자들이 버린 돌이 모퉁이의 머릿돌이 되었느니라'함이 무슨 뜻이뇨? ¹⁸무릇 이 돌 위에 떨어지는 자는 누구든지 산산조각이 날 것이며, 이 돌이 사람 위에 떨어지면 저를 가루로 만들어 흩으리라."

(마 21:33~44) ³³"다시 한 비유를 들으라! 한 집주인이 포도원을 만들고, 산울로 그것을 두르고, 거기 포도즙 짜는 구유를 파고, 망대를 짓고, 농

부들에게 세로 주고 타국에 갔더라. ^{34}실과 때가 가까우매, 그 실과를 받으려고 자기 종들을 농부들에 보내니, ^{35}농부들이 종들을 잡아, 하나는 심히 때리고, 하나는 죽이고, 하나는 돌로 쳤다.

^{36}다시 주인은 다른 종들을 처음보다 더 많이 보내니, 저희에게도 똑같은 짓을 하였나니라.

^{37}후에 주인이 자기 아들을 보내며 가로되, '저희가 내 아들은 공경하리라'하였더니, ^{38}농부들이 그 아들을 보고 서로 말하되, '이는 상속자이니, 자아! 죽이고, 그의 유업을 차지하자'하고, ^{39}이에 잡아 포도원 밖에 내어 쫓아 죽였느니라.

^{40}그러면 포도원 주인이 올 때에 이 농부들을 어떻게 하겠느뇨?" ^{41}저희가 예수께 대답하였다: "이 악한 자들을 진멸하고 포도원은 제 때에 실과를 바칠 만한 다른 농부들에게 세로 줄지니이다."

^{42}예수께서 그들에게 이렇게 말씀하시었다: "너희가 성서에, '건축자들이 버린 돌이 모퉁이의 머릿돌이 되었나니, 이는 주께서 하시는 일이라. 우리에게는 놀랍게만 보인다'한 말을 읽어본 적이 없느냐?

^{43}그러므로 내가 너희에게 이르노니, 하나님의 나라를 너희는 빼앗기고, 그 나라의 열매를 잘 생산해내는 백성이 하나님의 나라를 차지하리라.(^{44}무릇 이 돌 위에 떨어지는 자는 누구든지 산산조각이 날 것이며, 이 돌이 사람 위에 떨어지면 저를 가루로 만들어 흩으리라.)"

만약 이 세 자료 중에서 마가자료가 가장 선행한 것이라고 한다면, 이미 마가자료에서 알레고리화가 상당히 진척되었다는 것을 알 수가 있다. 그러나 마가의 알레고리화를 극단적으로 밀고간 것은 마태자료이다. 이에 비하면 누가는 오히려 담박한 기술이며 마가-마태와는 달리 도마의 원형을 많이 보존하고 있는 듯이 보인다. 그렇지만 15절 이후의 전개에서는 명백하게 알레고리적 해석이 드러나고 있다. 일례를 들면, 마가에서는 아들을 먼저 포도원 안에서 죽이고 그 시체를 밖으로 내어던진다. 이것은 단순히 잔악성의 정도를 극적으로 표현한 것일 뿐이며 예수의 수난사건을 상기시키지는 않는다. 그러나 마태와 누가에서는 그 아들을 우선 포도원 밖으로 쫓아낸 후에, 포도원 밖에서 죽인다. 이것은 명백히 예수가 예루살렘성 밖에서 살해되는 것을 암시하고 있다. 그리고 마태에서는 마가에서 볼 수 있는 점층법(漸層法)적인 진행이 완전히 파괴되고 있다. 당장에 많은 수의 종이 파견되고 한꺼번에 이들 중 일부는 폭행을 당하고, 일부는 살해되고, 일부는 돌에 맞아 죽는다. 그 다음에 또 한 번 단 일회의 파견만이 서술되고 있는데, 이번의 수효는 첫 번보다 많고, 그들의 운명은 첫 번의 경우와 같다. 마태는 이 두 번의 파견을 전기 예언자들과 후기 예언자들로 생각한 것이다. 분명하게 예언자의 운명을 가리키는 것은 마가나 누가에 없는 "돌로 쳤다"라는 표현이다(대하 24:21 등). 도마나 누가에서 읽을 수 있는 단순한 이야기, 즉 한 사람씩 되풀이해서 보낸 종이 소작농부들에 의하여 망신과 욕만 당하고 빈손으로 쫓겨나는 것만을 말하는 단순한 스토리는 마태에서는 아무 것도 남지 않았다(상세한 삼자의 비교에 관해서는 예레미아스의 『예수의 비유』를 참고할 것). 공관복음서와 도마자료를 전체적으로 비교해보면 다음과 같은 차이가 두드러진다.

1) 마가와 마태의 도입부에 나타나는 포도원의 생성과 꾸밈에 관한 이야기는 하나님과 이스라엘의 관계를 규정짓는 알레고리로서 이사야서 5:1~7의 "포도원 노래"와 연관된 것인데 도마에는 그런 표현이 전혀 없다.
2) 마태, 마가, 누가에 명료하게 "타국에 갔다"라는 표현을 사용함으로써 소작인들의 어리석은 계산의 정당성을 부여하고 있는데 그러한 표현이 도마에는 없다.
3) 종을 집단으로 파견하는 표현이 도마에는 없다. 도마에서는 처음에 단 하나의 종을 보내었고, 다음에 다시 한 번 한 명의 종, 그리고 아들을 보낸다. 이 단순한 3층의 구조는 실제로 말로 하는 이야기(oral storytelling)의 전형적 특징이다.

4) 도마에서는 아들 이전에는 살해된 사람이 없다.

5) 도마에서는 아들을 죽인 방식에 관한 언급이 없다. 예수의 수난과 무관하다.

6) 그리고 도마에서는 청중에게 던지는 결어적인 질문이 없다.

7) 도마에는 소작농부들에 관한 처벌기사가 전혀 없다.

이상의 사실로만 보아도 도마복음은 알레고리화가 진행되기 이전의 순결한 자료라는 것이 입증된다. 이러한 도마자료가 초대교회의 입장에 따라 제멋대로 변형의 과정을 거치면서 오늘의 정전복음서들을 형성시켰다는 것을 우리는 알 수 있게 된다. 그러나 63장부터 65장까지 연속되는 비유의 테마가 세속적 부에 집착하는 사람들의 삶의 허망한 결과를 담박하게 서술하고 있는 것이라고 하는 그 오리지날한 의미맥락은 너무도 스스로 명백한 것이다.

포도를 수확하는 사람들. 이집트 테베지역, 왕들의 계곡 근처 세이크 아부드 알쿠르나(Sheikh Abd el-Qurna)에 있는 나크트의 무덤(Tomb of Nakht) 벽화. 뉴킹덤(New Kingdom) 18왕조, 기원전 1390년경. 옛부터 비옥한 초승달 지역 전역에 포도재배가 성행했음을 말해준다.

Thomas 66

모퉁이의 머릿돌

제66장

¹예수께서 가라사대, "집짓는 자들이 버린 바로 그 돌을 나에게 보여다오. 그것이야말로 모퉁이의 머릿돌이로다."

¹Jesus said, "Show me the stone that the builders rejected: That is the cornerstone."

 본 장의 로기온은 앞 장과는 전혀 연관이 없는 독립된 파편이다. 그런데 마침 이 66장이 65장에 연이어 나타나고 있다는 사실은 매우 충격적이다. 마가가 이미 65장의 원자료를 알레고리화하는 과정에서 연접해있는 66장을 하나의 비유 담론으로 활용했다는 것을 알 수 있기 때문이다. 그러니까 공관복음서 저자 중의 한 사람은 도마자료를 보고 두 연접해있는 파편을 합성하여 "사악한 농부들의 비유"를 구성해낸 것이다(막 12:10, 마 21:42, 눅 20:17). 65장의 죽임을 당하는 "아들"을 "예수"로서 알레고리적 해석을 가했을 경우, 여기 66장의 "모퉁이의 머릿돌"은 마침 "건축자들에 의하여 버림을 받았다(=소작농부들이 죽였다)"는 것을 전제로 하여 십자가에 못 박혀 죽은 예수가 오히려 하나님에 의하여 선택된 영광스러운 반석이 되었다고 하는 것을 상징적으로 나타낼 수 있다고, 복음서의 저자들은 생각하였던 것이다. 그러나 실상 이러한 연접은 부자연스럽다는 것을 많은 주석가들이 지적해왔다.

주지하는 바대로, 공관복음서에 공통으로 나타나는 이 구절은 시편 118:22에서 왔다: "**집짓는 자들이 버린 돌이 모퉁이의 머릿돌이 되었나니, 우리 눈에는 놀라운 일, 야훼께서 하신 일이다.**" 이 118장은 궁켈(Hermann Gunkel, 1862~1932)의 시문학유형분류에 의하면 "감사의 시 Thanksgiving Psalms"에 속하는 것이다. 전체적인 흐름으로 보아 강조점은 어디까지나 하나님의 영광에 있다. 여기 "모퉁이의 머릿돌"은 우리나라의 목조건물의 경우와는 다른 서양의 석조건물을 연상해야 옳다. 어떤 석조벽을 쌓을 때 중요한 것은 코너에 있는 돌이다. 양쪽의 평행하는 돌들의 기준이 되기 때문이다. 여기 시편에서의 의미는, 이방이 업신여긴 이스라엘백성이 하나님의 인도로 "모퉁이의 머릿돌"과도 같은 훌륭한 민족이 되었다는 정도의, 평범한 격언적 찬양일 것이다. 그리스도의 수난을 암시하는 것으로 해석될 필요는 없다.

도마복음에는 구약의 인용이 거의 없다. 이 66장의 로기온 파편이 시편의 직접적인 인용인지도 의심스럽다. 그러나 기본 어휘나 발상이 공통되기 때문에 시편에서 유래된 것으로 보아도 별 무리는 없다. 아마도 일상적 삶 속에 배어있는 격언 같은 이야기였을 것이다.

여기 도마의 맥락 속에서는 알레고리적 해석의 전제가 없는 "버림rejection"과 "선택election"의 일상적 체험을 말하고 있다. 세속적 환경 속에서 버림받는 자야말로 선택된 자들이라고 하는, 예수 도반들, 말씀을 추구하는 자들에 대한 격려의 언사로서 이해되어야 한다. 아마도 우아하고 아름다운 백조로 변해가는 "미운 오리새끼 the ugly duckling"의 메타포 정도로 이해해도 무방할 것이다(스테반 데이비스). 63장부터 66장까지 어떤 연속적 주제의 흐름이 감지될 수 있다.

터키 괴레메 어둠교회에 매우 충격적인 벽화가 하나 있다. 에데사의 군주 아브가르 우카마에게 보낸 예수의 손수건이 그려져 있는 것이다(이 이야기에 관해서는 『도마복음한글역주』 제2권 21~23, 50~51, 180을 보라). 예수는 편지와 함께 자기의 얼굴이 그려진 손수건에 땀을 닦아 보냈다. 그 손수건으로 상처를 어루만지니 병이 씻은 듯이 나았다. 위의 사람은 피부병과 눈병으로 고통받는 아브가르 우카마(글씨로 표시됨). 한 눈이 감겨져 있고, 왼손에 예수 편지를 들고 있다. 아래 손수건에 예수 얼굴이 그려져 있다. 뒤의 십자가 후광이 예수의 상징이다.

다 알아도 자기를 모르면

제67장

¹예수께서 가라사대, "누군가 모든 것을 안다 해도, 자기를 모르면, 모든 것을 모르는 것이다."

¹Jesus said, "One who knows everything but lacks in oneself lacks everything."

沃案 나의 번역은 약간 의역되었다. 문자 그대로 번역하면 다음과 같다: "누군가 모든 것을 안다 해도, 자기를 결(缺)하면, 모든 것을 결(缺)하는 것이다." 이것을 또 신비로운 "그노시스"와 연결시키는 모든 주석은 전혀 도마복음의 의미맥락을 파악하지 못하는 낭설일 뿐이다. 『논어』「헌문」편에 있는 공자의 말씀이면 그 의미가 스스로 드러나게 될 것이다: "옛날에 배우는 자들은 자기를 위하여 배웠고, 지금의 배우는 자들은 남을 위하여 배운다. 古之學者爲己, 今之學者爲人." 배움이란 타인을 위한 것이 아니라 자기를 위한 것이다. 도마에서 말하는 추구와 해석의 발견은 결국 자기의 발견이며 자신의 영적 경지의 고양을 의미하는 것이다. 노자(老子)도 "자기를 아는 것을 밝음 自知者明"이라 하였고, "자기를 이기는 자야말로 강한 자 自勝者强"라 하였다.

박해받는 너희는 복이 있도다

제68장

¹예수께서 가라사대, "너희가 미움을 받고 박해를 당할 때에 너희는 복이 있도다. ²너희가 박해를 당하는 그 곳에는 아무 자리도 발견되지 않으리라."

¹Jesus said, "Blessed are you when are hated and persecuted, ²and no place will be found, wherever you have been persecuted."

沃案 큐복음서에 속하는(Q13) 마 5:11~12, 눅 6:22~23이 병행하지만, 정확한 병행구가 아닐 수도 있다. "아무 자리도 발견되지 않으리라"는 해석이 어렵다. 메이어는 텍스트 커럽션이 있다고 보고 다음과 같이 재구한다: "너희는 핍박당하지 않는 그 곳을 발견하게 되리라. You will find a place where you will not be persecuted."

나는 이런 해석의 가능성도 있다고 생각한다: "너희가 핍박당하는 그 곳에서 그들은 너희를 핍박할 수 있는 아무 것도 발견하지 못하리라."

『금강경』「장엄정토분莊嚴淨土分」에는 다음과 같은 대화가 실려있다.

부처님께서 수보리에게 이르시되: "네 뜻에 어떠하뇨? 여래가 옛날에 연등부처님의 곳에서, 법에서 얻은 바가 있느냐? 있지 아니 하냐?"

"세존이시여! 여래께서는 연등부처님의 곳에서 법에 얻은 바가 실로 아무 것도 없습니다."

"수보리야! 네 뜻에 어떠하뇨? 보살이 불토를 장엄하게 한다 함이 말이 되느냐? 아니 되느냐?"

"아니 되옵니다. 세존이시여! 어째서이오니이까? 불토를 장엄하게 한다 하는 것은 장엄하게 함이 없기 때문에, 비로소 장엄하다 이름하는 것이오이다."

박해를 당하는 그 곳에는 박해의 아무런 자리도 발견되지 않는다. 박해를 당할 아무 것도 없기 때문에 박해는 박해가 되지 않는다. 박해를 받는다, 박해를 받지 않는다는 상념을 근원적으로 떠난 자에게 복이 내린다. 평범한 나무꾼 혜능에게 득도의 발심을 안겨준 『금강경』의 구절, "응무소주이생기심應無所住而生其心"도 같은 의미가 아닐까 생각한다: "머무는 자리가 없이 그 마음을 낼지니라." 우리는 색·성·향·미·촉·법에 얽매여서 마음을 내지 말아야 한다. 박해를 당해도 박해를 당하는 그 자리에 아무 자리도 발견되지 않는다는 것은, 머무는 마음이 없다는 것을 말하고 있는 것이다. 예수는 우리에게 이러한 무소주(無所住)의 근원적 해탈을 설파하고 있는 것이다. 방랑하는 자는 신체만 방랑하는 것이 아니라 그 마음도 머무는 자리가 없는 것이다.

괴레메 샌달교회. 유다의 배반. 최근에 발견된 유다복음서는 유다를, 예수를 그리스도로 만들기위하여(육신을 해탈케 하기 위하여) 선택된 통찰력 있는 훌륭한 인물로 묘사한다. 그러나 요한복음에도 이미 그러한 맥락이 암시되고 있다: "네가 하려고 하는 일을 속히 행하라"(요 13:27).

가슴속의 박해, 나눔을 위하여 배고픈 자

제69장

¹예수께서 가라사대, "가슴속에서 박해를 당하는 그들이여, 복이 있도다! 그들이야말로 아버지를 참되게 알게 되는 자들이로다. ²굶주린 그들이여, 복이 있도다! 배고파하는 자의 배가 채워질 것이기 때문이로다."

¹Jesus said, "Blessed are those who have been persecuted in their hearts: They are the ones who have truly come to know the father. ²Blessed are those who are hungry, for the stomach of the person in want may be filled."

沃案 1절은 앞 장과 대비된다. 68장이 외면적·사회적 박해를 말하고 있다면, 69장은 내면적·정신적 박해를 가리키고 있다. "아버지를 안다"는 것은 곧 나의 내면의 본래적 자기를 회복하는 것이며, 그것은 비본래적 자기를 핍박하는 것이다. 아버지를 참으로 안다는 것은 나의 욕망과 쾌락과 열정으로부터 해방되는 것이며, 그 과정은 여기서 "가슴속의 박해"로 표현되고 있다. 모든 진정한 앎이란 내면의 갈등(internal conflicts)을 거치지 않을 수 없다. 그것은 단순한 관조나 성찰의 문제는 아니다.

2절은 큐자료(Q10)와 병행하고 있다.

(눅 6:21) 이제 주린 자는 복이 있나니, 너희가 배부름을 얻을 것임이요.

(마 5:6) 의에 주리고 목마른 자는 복이 있나니, 저희가 배부를 것임이요.

누가는 "배고픔"을 심령화(spiritualization)하지 않았다. 그것은 물리적인 배고픔이다. 그러나 과연 어떻게 이 물리적인 배고픔을 해결할 것인가? 사실 모두가 굶주린 갈릴리 농촌에서 쉬운 해결은 없다. 너희가 곧 배부르게 되리라는 선포만으로는 실제로 물리적 사태는 해결되지 않는다. 그렇다면 누가의 기술도 결국 하나님께서 그 배고픔을 해결해주신다는 선포일 뿐이다. 역시 이렇게 되면 "메시아적 잔치 Messianic Banquet"를 설정하지 않을 수 없다. 천국이 도래하면, 천국에서 하나님과 한자리에서 배부르게 먹게 되리라는 것이다. 이러한 문제를 해결하기 위하여 아예 마태는 "의에 주리고 목마른 자"라고 하여, "주림과 목마름"을 심령의 갈망으로 대치시켰다. 하나님의 의에 대하여 굶주림과 갈증을 느끼는 자는 복이 있다는 것이다. 마태는 완벽하게 메시아적 기독론을 선포하고 있는 것이다.

그러나 여기 도마는 매우 리얼한 현실을 전제로 하고 있다. 예수의 도반들은 금욕하는 자들이며 나눔을 실천하는 자들이다. 그냥 배고프다고 해서 축복을 받는 것은 아니다. 타인과의 나눔을 위하여 굶주리는 자들이야말로 복되다는 것이다. 내가 먹을 것을 덜 먹음으로써 배가 고플 때, 내가 배고픈 만큼 배고파하는 타인들의 위장이 채워질 것이다. 아마도 예수의 원래의 가르침이 이 도마의 원의에 근접하는 그 무엇이었을 것이다. 매우 각박한 현실을 전제로 한 나눔의 메시지였을 것이다. 관념화된 천국의 배부름은 아니었던 것이다.

오늘 우리가 살고 있는 시대의 최대의 비극은 도처에 깔려 있는 "비만"현상이라는 사실도 여기 지적될 필요가 있다. 자본주의의 탐욕이 이러한 결과를 초래하고 있는 것이다. 개인의 몸뚱아리만 비만에 시달리는 것이 아니라 문명 전체가 비만증세로 파멸되어가고 있는 것이다.

여기 방랑하는 자들은 "굶주림"에 시달리면서까지도 나눔을 실천하고 배고파하는 타인의 배를 채워주려고 노력하는데, 오늘 현대인들은 비만에 시달리면서도 "소식少食"조차 실천하지 못하고, 나눔을 실천할 생각도 하지 않는다는 것이다. 더구나 한 피를 나눈 북녘 동포가 굶어죽어가고 있는데도, 자신들은 비만의 온갖 증세로 시달리면서도, 그들이 굶어뒈지게 두라고 열불을 올리며 반공의 기치만을 드높이고 있는 것이다. 이러한 기치를 드세우는 자들이 대부분 기독교인이라고 한다면 도대체 이 땅의 기독자들의 신앙이란 무엇을 위한 것일까?

공자도 "능근취비能近取譬"야말로 "인지방仁之方"이라고 말했다(『논어』6-28). 비근한 사태에서 내 몸으로 느끼고 공감할 줄 아는 마음의 섬세함이 인(仁)이라는 것이다. 그리고 이러한 인(仁)이 성(聖)의 경지에 이르려면 반드시 "박시어민博施於民"하고 "제중濟衆"해야 한다고 말했다. 백성에게 널리 베풀고, 대중을 구원하는 문제야말로 성(聖, das Heilige)의 경지라는 것이다. 본 장의 주제는 현대 에콜로지의 다양한 주제들과 연결되어 있다.

어둠교회 정면

인도 데칸고원 아잔타 석굴사원

터키 아나톨리아고원 괴레메 석굴교회. 인도 아잔타에서 아나톨리아까지 하나의 아시아대륙 문명권임을 확인케 해준다.

Thomas 70

너희가 가지고 있는 그것이 너희를 구원하리라

제70장

¹예수께서 가라사대, "만약 너희가 너희 내면에 있는 것을 끊임없이 산출해낸다면, 너희가 가지고 있는 그것이 너희를 구원하리라. ²만약 너희가 그것을 너희 내면에 가지고 있지 못하다면, 너희가 너희 내면에 가지고 있지 못한 그 상태가 너희를 죽이리라."

¹Jesus said, "If you bring forth what is within you, what you have will save you. ²If you do not have that within you, what you do not have within you will kill you."

 보통 종교를 타력신앙(他力信仰)과 자력신앙(自力信仰)으로 나눈다면 기독교는 타력신앙의 대표적인 사례로 지적되어왔다. 미륵신앙과도 같은 형태의 어떤 타자에로의 귀의를 요구하는 종교로 이해되고 있는 것이다. 그러나 도마가 말하는 종교는 결코 타력신앙을 전제로 하지 않는다. 도마의 살아있는 예수는 타력신앙을 거부하고 있는 것이다. 신앙은 나 밖에로의 귀의가 아니라, 내 속에 있는 것의 발견이다. 하나님은 내 밖에 있는 것이 아니라 내 안에 있는 것이다. "내 안에 있는 것"이란 무엇인가? 그것은 "빛"이다. 신앙이라는 것은 이 빛을 끊임없이 산출해내는 과정이다. 나의 내면에 있는 빛을 내 스스로 낳아야 하는 것이다. 이 빛이 없으면 곧 어둠이다. 24장의 내용이 본 장과 가장 가깝게

상통한다. 41장, 61장, 67장도 참조하라. 나의 구원, 나의 파멸이 모두 나 자신의 책임이라는 것을 본 장은 역설하고 있다. 어둠이란 사탄의 속성이 아니라, 내 스스로 나의 빛을 죽인 결과일 뿐이다.

어둠교회 측면

Thomas 71

내가 이 집을 헐겠노라

제71장

¹예수께서 가라사대, "내가 이 집을 헐겠노라. 그리고 아무도 그것을 다시 짓지 못하리라."

¹Jesus said, "I shall destroy this house, and no one will be able to build it again."

沃案 많은 사람이 언뜻, 예수가 성전을 헐겠노라고 한 말을 연상할 것이다. 마태, 마가에는 간접화법의 형태로 요한에는 직접화법의 형태로 나타나고 있다. 마태와 마가는 "사흘 안에 다시 지음"이라는 문제를 실제로 전혀 예수 자신의 "사흘만에 부활함"이라는 알레고리적 해석과 관련시키지 않았다. 그것은 물리적으로 성전을 붕괴시키겠다는 예수의 말의 간접인용이었으며, 그의 대역 죄목을 드러내기 위한 언사일 뿐이었다. 그 죄목의 언사를 "부활"과 연결시킨 것은 오직 요한이었다.

(마 26:61) 가로되, "이 사람의 말이, '내가 하나님의 성전을 헐고 사흘 안에 지을 수 있다'하더라."

(막 14:58) 우리가 그의 말을 들으니, '손으로 지은 이 성전을 내가 헐고, 손으로 짓지 아니한 다른 성전을 사흘 안에 지으리라 하더라'하되.

(요 2:19) 예수께서 대답하여 가라사대, "너희가 이 성전을 헐라. 그리하면 내가 사흘 동안에 그것을 일으키리라."

도마의 예수는 성전을 말하지 않는다. 역사적 예수는 근본적으로 예루살렘성전의 권위를 인정하거나, 그러한 제도적 권위에 얽매이거나 할 사람이 아니었다. 여기 도마에서 "이 집"이 무엇인지를 한정하여 지칭할 수는 없다. 그러나 그것은 모든 세속적인 "집," 어떠한 안락과 지속과 보호막을 주는 제도의 상징일 수도 있다. 예수는 나라를 본다. 새 세상을 본다. 인간의 영적인 변화를 본다. 따라서 헌 세상의 집은 헐어버려야 마땅한 것이다. 그 "헐어버림"은 다시 지을 대상이 아니라 비가역적인 완결이다. 도마의 예수에게는 타협의 여지가 없다.

"내가 이 집을 헐겠노라"고 한 것을 만약 예수가 성전을 두고 이야기한 것이라고 해석한다면, 그것은 구약적 세계의 파기를 의미하는 것이다. 아무도 그것을 다시 지어서는 아니 되는 것이다. 이러한 물리적 성전의 파기와 새로운 영적 성전의 건설이라는 역사적 예수의 테마는 순교자 스테판의 사상으로 승계되었다고 볼 수 있다: **"지극히 높으신 이는 손으로 지은 곳에 계시지 아니하시나니"** (행 7:48). 행 6:14에 나타나 있듯이 나사렛 예수는 분명히 성전과 모세의 율법을 근원적으로 거부한 인간이었다. 이러한 예수의 철저한 사상과 말씀이, 복음서기자들에 의하여 부활론의 맥락에서 애매하게 변형되어간 것이다. 나는 이 장에서 나타나고 있는 철저하고 단호한 부정의 정신을 심히 사랑한다.

도마복음의 기록자 도마의 모습. 괴레메 뱀교회(Yılanlı Church)

내가 분할자란 말이냐?

제72장

¹한 사람이 그에게 가로되, "나의 형제들에게 나의 아버지의 재산을 나에게 분할하도록 말해주소서." ²그께서 그 사람에게 가라사대, "이 사람아! 누가 나를 분할자로 만들었단 말인가?" ³그는 그의 따르는 자들에게 몸을 돌려 그들에게 물었다: "나는 분할자가 아니로다. 그렇지 아니한가?"

¹A person said to him, "Tell my brothers to divide my father's possessions with me." ²He said to the person, "Mister, who made me a divider?" ³He turned to his followers and said to them, "I am not a divider, am I?"

沃案 이것은 불트만이 아포프테그마(긴 장면설정이 없이 어떤 주제를 간결하게 전달하는 대화나 논쟁, 그리고 전기적 사화. 영어로 "아포프템apophthegm" 혹은 줄여서 "아포템apothegm"이라고 한다)라는 양식으로 분류한 대화인데 누가에만 나오고 있지만 큐자료에 속한다. 누가와 마태를 잘 비교하여 보면, 마태의 문맥 속에도 이 아포프테그마의 흔적을 찾아볼 수 있기 때문이다. 원래 큐에 있었던 것을 마태가 생략한 것으로 본다.

(눅 12:13~15) ¹³무리 중에 한 사람이 이르되, "선생님! 내 형을 명하여 유업을 나와 나누게 하소서"하니, ¹⁴이르시되, "이 사람아! 누가 나를 너희의 재판장이나 물건 나누는 자(분할자)로 세웠느냐?"하시고, ¹⁵저희에게 이르시되, "삼가 모든 탐심을 물리치라. 사람의 생명이 그 소유의 넉넉한 데 있지 아니 하니라"하시더라.

누가는 도마의 자료에다가 "재판장"의 역할이라는 개념을 더했다. 그리고 거절의 이유를 예수가 친절하게 해설하고 있다. 도마에는 "형제들"이 복수로 되어있는데 누가에는 "형brother" 즉 단수로 되어있다. 누가 12:14절의 재판장 운운하는 표현은 구약 출2:14의 표현과 비슷하다: **"누가 당신을 우리의 우두머리로 삼고 우리의 재판장으로 세웠단 말이오?"**

팔레스타인 사람들에게는 부모의 유업이 형제들에게 온전하게 공동승계되는 습관이 있었다. 그런데 여기 "한 사람"이 그 공동승계된 전체 유산 중에서 자신의 몫의 분할을 요구하고 나선 것이다. 누가에서 이 사람(청년)은 예수를 이러한 재판의 권한이 있는 "랍비"로 인식하고 있다. 그러나 실상 예수는 그러한 랍비의, 법적으로 유효한 권한을 가지고 있지 않았다. 예수는 근원적으로 그러한 법적문제 이전의, 그 청년이 요구하고 있는 바, 그 심적상태, 그 동기를 문제삼고 있는 것이다. "사람의 생명이 그 소유의 넉넉한 데 있지 아니 하다"고 말함으로써 인간의 근본적인 "탐심"을 경계하고 있는 것이다.

도마의 대화는 누가보다 훨씬 더 간결하고 담박하다. 어떤 법적인 차원의 맥락이 개재되어 있질 않다. "무소유"라는 근원적인 주제가 배어있기는 하지만, 도마의 대화의 핵심은 예수 자신의 아이덴티티에 관한 것이다.

제16장에 예수는 "평화"를 던지러 온 것이 아니라 "충돌"을 던지러 왔으며,

불과 칼과 싸움을 선사한다고 말했다. 그러나 16장의 메시지는 결코 본 장과 모순되지 아니 한다. 16장의 갈등은 "버림"을 위한 갈등이다. "소유"를 위한 갈등이 아니다. 여기 이 청년의 가장 큰 문제는 자신의 탐욕의 충족, 개체적 소유를 위한 "분할"을 요구하고 있다는 데 있다. 예수는 그러한 분할을 위한 촉매적 역할을 담당할 생각이 없다. 본 장의 주제는 내가 노자의 "박樸"(통나무)을 들어 설명한 도마복음 61장의 주제와 일치한다: "나는 분열되지 않은 전체로부터 온 사람이다." 분할과 소유는 죽음과 파멸을 몰고온다. 미분할과 무소유는 생명과 끊임없는 빛의 생산을 가져온다. 그것은 화이트헤드의 제자, 노드로프(F. S. C. Northrop, 1893~1992)의 말대로 "미분할된 심미적 시공간 undifferentiated aesthetic continuum"이며, 동방적 "도道, Tao"의 세계이다.

카파도키아 위르귑(Ürgüp)지역의 대표적 심볼, 요정의 굴뚝 바위(fairy chimneys). 오른쪽부터 엄마, 아기, 아빠바위. 바위속에 사람이 살고 있다. 청동기 시대부터 내려오는 주거양식이다.

추수할 것은 엄청 많은데 일손이 모자란다

제73장

¹예수께서 가라사대, "추수할 것은 많되 일꾼이 적으니, 그러므로 주인에게 청하여 추수할 일꾼들을 보내어 주소서 하라."

¹Jesus said, "The harvest is large but the workers are few. So beg the master to send out workers to the harvest."

沃案 본 장도 큐복음서에 병행한다(Q28).

(마 9:37~38) 이에 제자들에게 이르시되, "추수할 것은 많되 일꾼이 적으니, 그러므로 추수하는 주인에게 청하여 추수할 일꾼들을 보내어 주소서 하라"하시니라.

(눅 10:2) 이르시되, "추수할 것은 많되 일꾼이 적으니, 그러므로 추수하는 주인에게 청하여 추수할 일꾼들을 보내어 주소서 하라."

큐복음서 자료로서 마태와 누가는 거의 완벽하게 일치하고 있다(한 군데 어순의 차이만 있다). 그리고 마태-누가 자료와 도마자료도 거의 일치한다. 도마에는 "추수하는 주인에게"에서 "추수하는"이라는 수식적 표현이 없다. 마태-누가가 도마자료에다가 그런 수식구를 첨가했을 것이다. 큐복음서의 느낌으로 보면 이것은 예수운동을 하는 도반들을 지방으로 파송하면서 당부하는, 천국의 도래를 위하여

일하는 자들의 삶의 자세에 관한 이야기(the Mission Speech)의 첫머리에 해당된다. 예수운동 지침의 서장에 해당되는 멘트이다.

누가는 그 앞에 예수께서 두 명씩 짝지어 보내는 36쌍, 그러니까 72명의 제자를 파송하면서 당부하신 말씀이라는 멘트만을 첨가하고 있다. 당시 12명의 제자뿐만 아니고 많은 숫자의 제자가 있었다는 것이 입증된다. 그리고 위험상황이 많으므로 두 명씩 짝지어 보냈다는, 매우 구체적인 실제정황을 전달하고 있다. 마태와 누가의 기술에 있어서 실제로 "추수하는 주인"이 과연 누구인지를 구체적으로 지칭할 방법은 없다. 따라서 주석가들은 "추수"를 종말론적으로 해석하고 마지막 심판의 순간을 위하여 거두어 들여야 할 사람들이 너무도 많으므로 더 많은 일꾼(제자역할을 할 수 있는 사람들)을 요청하는 심정으로 하나님에게 매달리라는 뜻으로 풀이하고 있다. 다시 말해서 "추수하는 주인"은 마지막 심판의 주인인 하나님이다.

마태는 이 당부말씀을 의미있게 만드는 매우 구체적인 당시의 사회정황을 리얼하게 기술해놓고 있다.

> (마 9:35~37) 예수께서 모든 도시와 마을을 두루 다니시며, 가시는 곳마다 회당에서 가르치시고 하늘나라의 복음을 선포하였다. 그리고 병자와 허약한 사람들을 모두 고쳐주셨다. 또 목자없는 양과 같이 시달리며 허덕이는 군중을 보시고 불쌍한 마음이 들어 제자들에게 이렇게 말씀하시었다(공동번역).

마태의 이러한 내러티브는 역사적 예수의 모습을 잘 전해주고 있다. 도마의 본 장의 해석도 이런 당시 사회적 분위기를 전제로 하여 이루어져야 할 것이다. 예수의 천국운동은 매우 성공적인 사회운동이었으며 엄청난 인파가 날로 몰려들고 있었다. 구원의 손길을 뻗치는 사람은 많은데 일손이 모자랐던 것이다. 하나님의 자녀들을 끌어모은다는 종말론적 분위기의 전도사업적인 맥락은 여기 끼어들 자리가 별로 없다. 한때, 대우그룹이 왕성하게 활동할 때에 김우중 회장이 "세상은 넓고 할 일은 많다"라는 유명한 말을 했는데, 문명의 전기에서 새로운 인간의 가능성을 바라보는 사람들은 누구든지 이런 갈급한 심정이 서리게 될 것이다. 역사적 예수도 구체적으로 세파에 시달리며 허덕이는 군중들을 바라보는 마음이 애처로웠을 것이다. 그리고 진리의 말씀을 발견하는 각자(覺者)들의 "사회적 공능"의 요구도의 광범함에 대하여 다급한 심정이 있었을 것이다. 깨닫는 자가 너무도 적었기 때문이다. 본 장을 도마공동체나 영지주의 전도사업의 시급함으로 해석하는 주석도 있으나, 그것은 도마복음의 성격을 잘못 파악하는 사람들의 천견(淺見)이다. 본 장은 역사적 예수의 절박한 사회적 관심(social concern), 그리고 더 많은 각자(覺者)들의 가담을 요청하는 기원으로 해석해야 옳다. 예수의 방식으로 깨닫는 자들의 사회적 기여도의 진실됨과 그 파급력이 강렬했다는 역사적 사실도 여기서 엿볼 수 있다.

최종적인 또 하나의 해석의 가능성은 일체의 상징성을 배제한 채 역사적 예수가 갈릴리 농촌 현실에서 부닥친 사태에 대한 단순한 보도로서 해석하는 것이다. 추수하는 장면에서 일손이 모자라 애쓰는 일꾼들을 향해 주인에게 일손을 더 청하라고 권유하는 사건으로 해석해도, 그 단순한 사실 보도가 더 큰 상징적 함의를 지닐 수도 있는 것이다.

괴레메 지역의 한 석굴교회인 샌달교회. 예수일생에 관한 다양한 벽화가 잘 보존되어 있다. 동방박사, 세례, 나사로를 살리심, 변모산, 예루살렘입성, 유다의 배반, 부활, "판토크라토르 Pantokrator"(만물의 지배자) 양식으로 그려진 예수 등등. 예수의 승천 장면에 예수가 샌달을 신고 있어서 샌달교회라는 이름이 생겨났다.

괴레메 옆동네 우찌사르(Uçhisar) 전경. 저 높은 바위속이 터널과 창문으로 뚫려있으며 괴레메지역에서 가장 높기 때문에 거기서 보면 사방장관의 파노라마가 펼쳐진다. 1980년대 이전만해도 아무도 찾지 않는, 태고의 정적이 감도는 촌락이었다. 성·속이 혼재하며 인간의 삶이 전승되어온 살아있는 마을이다.

우물 속에는 아무도 들어가려 하지 않는다

제74장

¹그께서 가라사대, "오 주여! 샘물 주변에 많은 사람들이 서성거리고 있나이다. 그러나 샘 속에는 아무도 없나이다."

¹He said, "O lord, there are many around the well, but there is nobody in the well."

沃案 이 장의 해석을 놓고 매우 이견이 분분하지만, 시골생활을 해본 사람이면 쉽게 이해될 수 있는 상황이다. 팔레스타인 지역은 강우량이 많지 않기 때문에 우물이 매우 깊다. 그런데 이 우물은 가끔 정화하는 청소작업을 해야만 사람들이 먹을 수 있다. 그런데 깊은 우물 바닥까지 내려가는 일은 결코 쉬운 일이 아니다. 용기를 필요로 하는 작업이다. 동네사람들의 생명의 원천인 이 우물도 정화작업이 필요하다. 그런데 아무도 들어갈 생각은 안하고 그 주변에 서서 맴돌고만 있다. 오리겐(Origen)이 쓴 『켈수스 논박 Against Celsus』 속에는(8.15~16) 다른 종파에서 읽히고 있는 「천상의 대화 Heavenly Dialogue」라는 글로부터 인용된 다음과 같은 문장이 실려있다: "많은 사람이 우물 주변에서 서성거리고 있고, 아무도 우물 속으로는 들어갈 생각을 않고 있으니 어찌된 일인가? 왜 그 모양인가? 기나긴 여행 끝에 겨우 여기에 당도하여 그대는 이 속으로 들어갈 엄두도 못낸단 말인가? 그대는 틀렸다! 나는 용기를 가지고 있도다."

여기 우리는 또 하나의 가설을 세워 볼 수도 있다. 가뭄이 심한 지역에서는 지상에서 우물의 물을 길어올리는 것이 아니라, 꼭 한 사람이 우물 속으로 내려가서 쫄쫄 흐르는 물을 받아 두레박에 채우면 사람들이 길어 올리는 그런 상황도 많다는 것이다. 나는 본 장의 로기온이 비겁한 방관자적 범인의 자세에 대하여 실천의 용기를 강조하는 그러한 맥락을 가지고 있다고 본다. 그리고 예수는 그러한 실천의 용기를 지닌 지혜로운 리더였다.

한인들은 여기서 1937년까지 황무지를 옥토로 일구어 행복하게 살았다. 그런데 갑자기 스탈린의 명령에 의하여 카자흐스탄 등지로 강제 소거당한 것이다. 그때의 비참한 정경은 여기 글로 다 표현할 수 없다. 그 후로 우크라이나 사람들이 이곳으로 강제이주 당하여 왔다(1939년). 지금 여기 사는 한인들은 없다. 단지 우물, 연자방아, 최재형의 고가터 등등이 남아 우리의 향수를 자극한다. 길거리에 나뒹구는 이 연자방아도 언제 사라질지 알 길이 없다.

이 책이 출간되는 해는 안중근(安重根, 1879~1910. 3. 26) 선생 순국 100주년 되는 해이다. 이곳은 안중근을 지원한 러시아 한인 부호 최재형(崔在亨, 1858~1920) 선생이 사신 연해주 연추(烟秋)라는 곳이다. 현재 츄가노프카라고 불리지만 우리 한인들이 선말부터 개척한 마을이다. 우리 민족의 삶의 증표인 우물, 연자방아가 도처에 남아있다. 우물양식이 자연돌로써 둥글게 쌓아올린 것이 특징이다. 안중근도 여기서 머물렀고 이 우물의 물을 마셨다. 그리고 이 동네에서 단지동맹을 하였다. 여순감옥에서 쓴 글씨 낙관에 단지의 결의가 서려있다. 안중근의 세례명이 바로 도마복음의 기록자인 도마이다.

안식후 첫날 새벽 예비한 향품을 가지고 예수 무덤을 찾아간 두 마리아(상단). 그 아래는 콘스탄티누스 대제와 최초의 성지 순례자인 그의 엄마 헬레나(하단). 우리나라 조선조 『삼강행실도』처럼 비주얼로 예수에 관한 이야기를 늘어놓는데 이런 벽화가 활용되었다. 어둠교회 벽화.

단독자만이 혼방(婚房)에 들어갈 수 있노라

제75장

^{1}예수께서 가라사대, "문간에서 많은 사람들이 서성거리고 있다. 그러나 단독자만이 신부의 혼방(婚房)에 들어갈 수 있다."
^{1}Jesus said, "There are many standing at the door, but it is the solitary who will enter the bridal chamber."

沃案 이 장의 주제는 이미 충분히 토로되었다. "신부의 혼방"은 주체간의 융합을 의미하며 그것은 "아버지의 나라," "아버지의 자리"이다. 그것은 천국이다. 그 나라에 들어갈 수 있는 단독자이다. 단독자는 "홀로 서는 자"(Th.16), "하나된 자"(Th.23), "홀로된 자"(Th.49)이다. 그는 이미 분열을 초월하는 자이며, 분화 이전의 사람이며, 세속적인 모든 것을 버린 자이다. 이들만이 혼방에 들어갈 수 있는 것이다.

메이어는 73장부터 75장까지를 연속된 하나의 대화로서 연결해볼 수 있다고 생각한다. 그래서 74장의 "그께서 가라사대He said"를 "어떤 자가 여쭈었다 Someone said"로 바꿀 수 있다고 주장한다. 재미있는 발상이다.

단 하나의 진주에 투자하라

제76장

¹예수께서 가라사대, "아버지의 나라는 한 상인과도 같도다. 그는 매매할 많은 상품을 가지고 있었으나 언젠가 영롱한 한 진주를 발견하고 말았다. ²그 상인은 매우 신중하였다. 그는 그 상품을 모두 팔아 자기 자신을 위하여 그 단 하나의 진주를 샀느니라. ³그러하므로 너희도 그리하라. 좀이 갉아먹거나 벌레가 궤멸시키지 못하는 곳에서 썩지도 않고 변치도 않는 그의 보물을 구하라."

¹Jesus said, "The kingdom of the father is like a merchant who had a supply of merchandise and then found a pearl. ²That merchant was prudent; he sold the merchandise and bought the single pearl for himself. ³So also with you, seek his treasure that is unfailing, that is enduring, where no moth comes to devour and no worm destroys."

沃案 참으로 아름다운 비유이다. 하나의 완정(完整)한 통일성이 있는 비유로서 우리에게 중요한 메시지를 전하고 있다. 그런데 이 비유는 공관복음서에서는 1·2절의 부분과 3절의 부분이 나뉘어져서 나타나고 있다. 1·2절의 부분은 마태 13장에 나타나고, 3절의 부분은 큐복음서자료와 병행하고 있다. 물론 도마를 후

대의 작품으로 보는 사람은 마태자료(전반)와 큐자료(후반)를 도마가 보고 합성했다고 말하겠지만, 도마 76장 전체의 흐름을 편견없이 감지할 때, 그 유기적 통일성의 아름다움은 그러한 이질적 자료의 합성이라는 느낌을 거부한다. 도마자료가 현행 복음서자료에 선행하는 원래의 모습을 보존하고 있다고 보는 것이 정당하다. 그 의미맥락도 종말론적·초월주의적 해석이 가미되기 이전의 순결한 양식을 고수하고 있다.

(마 13:45~46) 또 천국은 마치 좋은 진주를 구하는 상인과도 같으니 극히 값진 진주 하나를 만나매, 가서 자기의 소유를 다 팔아 그 진주를 샀느니라.

오히려 마태가 도마자료의 풍요로운 뉘앙스를 간결하게 요약했다는 느낌을 준다. 마태는 바로 그 앞 절에 "천국은 마치 밭에 감추인 보화와 같으니 …"(마 13:44)라고 하여 매우 유사한 주제를 말하고 있는 비유를 들고 있다. 뿐만 아니라, 13장 전체가 그러한 천국에 관한 비유의 모음집과도 같은 인상을 준다. 마태는 다양한 전승의 비유를 수집하면서 도마계열의 자료를 요약했을 것이다.

다음 3절은 큐복음서(Q54)와 병행하고 있다.

(눅 12:33~34) 너희 소유를 팔아 가난한 사람들에게 나눠주고, 낡아지지 아니 하는 지갑을 만들라! 이는 곧 하늘에 둔 바, 잘못될 일이 없는 보물이니, 도적도 가까이 하는 일이 없고, 좀도 먹는 일이 없느니라. 너희 보물이 있는 곳에 너희 마음도 있으리라.

(마 6:19~21) 너희를 위하여 보물을 땅에 쌓아두지 말라. 거기는 좀과 동록(銅綠)이 해(害)하며, 도적이 구멍을 뚫고 도적질하느니라. 오직 너희를 위하여 보물을 하늘에 쌓아두라. 거기는 좀이나 동록이 해하지 못하며,

> 도적이 구멍을 뚫지도 못하고 도적질도 못하느니라. 네 보물이 있는 그
> 곳에 네 마음도 있느니라.

 도마와 이 두 자료를 비교해보면 재미있는 몇 가지 특성이 나타난다. 우선 마태와 누가를 비교해보면 마태는 누가에 비하여 훨씬 더 그 희랍어 원문이 시적인 파라렐리즘을 타고 있으며 리드믹 하다. 주석가들은 과연 이 두 자료 중 어느 것이 더 오리지날한 것인가에 관해서는 이견이 분분하다. 과연 같은 큐자료에 의거한 것일까? 맨슨(Manson)은 누가는 큐자료에 의거한 반면, 마태는 마태의 독자적 자료인 M자료에 의거했다고 본다. 그룬트만(Grundmann)은 마태가 오히려 큐자료에 의거한 반면 누가는 그의 독자적 자료인 L자료에 의거했다고 본다. 그러나 내가 보기에는 결국 누가와 마태는 같은 자료에 의거했을 것이다. 동일한 큐자료를 놓고 달리 변주했을 가능성이 제일 높다. 우선 누가는 "소유를 팔아 가난한 사람들에게 나누어주었다"는 적극적 구제의 개념을 도입했다. 따라서 이렇게 되면 돈을 다 나눠주어버렸기 때문에 땅의 현실 속에서는 이미 보물을 살 수가 없다. 따라서 "낡아지지 않는 지갑"을 마련할 수밖에 없다.

 여기 마태·누가·도마를 비교해보면 "낡지 않는다" "잘못될 일이 없다"라는 표현은 누가에만 나타나며, 이것은 도마자료와 공통된다("썩지도 않고, 변치도 않는"). 마태와 누가 중에서 도마의 흔적을 더 보존하고 있는 것은 누가쪽이라고 말할 수밖에 없다.

 마태에는 누가의 "구제" 개념이 없다. 그리고 막바로 하늘과 땅의 콘트라스트로써만 전체의 문장을 구성하고 있다. 마태는 역시 지독하게 종말론적이며 초월주의적이며 이원론적이다. 바울도 재림을 앞둔 이 땅의 현실은 전혀 보화를 쌓아두거나 미련을 가질 대상으로 생각하지 않았다. 어차피 사라져버릴 허상이기 때문이다. 초대교회에 있어서 "세속의 부정의 논의"는 항상 이러한 재림사상이 그

배면에 깔려있는 것이다. 그러나 누가만 해도 간접적으로 암시는 하지만 마태처럼 그토록 노골적으로 땅의 보화와 하늘나라의 보화를 이원론적으로 대비시키지 않는다. 현실감각이 남아있으며, "너희 보물이 있는 곳에 너희 마음도 있다"는 말과 부드럽게 연결된다. 하늘나라의 보화를 마음의 문제로 환원시키면 그토록 초월주의적 해석은 생겨나지 않는다. 땅의 보물에 관심이 있으면 마음도 세속적 영욕을 따르고, 하늘의 보물에 관심이 있으면 마음은 세속을 초월하게 된다.

이에 비하면 도마는 철저히 현실적이다. 도마에는 마지막 "너희 보물이 있는 곳에는 너희 마음도 있으리라"고 하는 해석구도 나타나지 않는다(이 구절도 누가는 2인칭이 복수로 되어 있고 마태는 단수로 되어있다. 아마도 마태쪽이 큐자료의 원형일 것이다).

"좀이 갉아먹거나, 벌레가 궤멸시키지 못한다"라는 표현은 고대사회에서 재화의 기준으로 통용되는 것이 "천"들이었기 때문에 생겨난 표현이다. 우리나라도 조선 말기, 아니 일제시대 때까지만 해도 포목이 재화의 기준으로 유통되었다. 팔레스타인의 상황도 마찬가지였다. 여기 "진주"는 "썩지 않고 변치 않는" 그 무엇의 현실적 상징이며, 노골적으로 하늘나라라는 초월적 가치를 알레고리적 해석으로써 직유(直喩)하지 않는다. 보물은 보물로서 남을 뿐이다. 하늘의 추상적 가치가 아니다. 그러기 때문에 시작부터 "하늘나라"라고 하지 않고 "아버지의 나라"라고 한 것이다. "나의 아버지께서 생각하시는 이 땅의 질서"에 관한 것이다. "울 아버지Abba"는 보통 "딴 아버지들"과는 달리 생각하는 아버지라는 것이다.

우리가 이미 63·64·65장의 연속된 테마를 통하여 부자나, 비즈니스맨이나, 상인이나, 농장지주와 같은 유형의 사람들이 "아버지의 자리"에 들어가기가 힘든 인물들이라는 것이 선포되는 것을 살아있는 예수의 입을 통하여 들었다. 그러나 본 장에서는 그러한 주제의 놀라운 반전이 이루어지고 있는 것이다. 바로 천국 즉 "아버지의 나라"가 저주의 대상이 되었던 "상인"과도 같다는 것이다. 도마의 기술에서는 천국 즉 아버지의 나라가 인격체와 곧바로 비교되고 있는 것을 목도할 수 있다. 57장에서도 이미 "아버지의 나라는 좋은 씨를 가지고 있는 사람과도 같다"고 말했다. 여기서는 "상인과 같다"고 말한다. 96장에서는 한 여자와 같고, 97장에서도 한 여자와 같고, 98장에서도 한 사람과 같다. 다시 말해서 천국은 어디까지나 사람의 문제인 것이다. 살아있는 인격체 그 전체의 문제인 것이다. 그 인격체의 그 부분적 행동이나 사태, 혹은 객관 사물의 이벤트나 상태로써 천국을 비유하지 않는다. 천국은 막바로 사람과 같다고 전제해놓고 그 사람의 행위를 기술해나간다. 천국을 인격체 사람에 비유한 도마복음의 용법은 전승의 오리지날리티를 입증하는 한 사례에 속한다.

상인이 상품을 매매하는 데만 정신이 팔려있으면 그 상인은 "아버지의 자리"로 들어갈 방도가 없다. 그러나 그는 언젠가 "영롱한 한 진주"를 발견하게 된다. "상품매매"와 "진주의 발견"은 전혀 차원을 달리하는 문제이다. 인간이 종사하는 정신적 차원이 다른 것이다. "진주의 가치를 발견한다"는 것과 "진주를 산다"는 것은 또 다른 문제이다. 가치의 발견은 "인식"의 문제이고 진주를 사는 것은 "행위"의 문제이다. 인식을 행위로 옮기는 데 필요한 것이 바로 "신중함" 즉 "사려 prudence"라는 것이다. 그의 사려의 방식은 소중한 진주를 사기 위하여 그가 가지고 있는 상품을 파는 것이었다. 세속적 가치를 희생해서라도 진주를 얻겠다는 용단(勇斷), 그 분별과 지혜가 이 상인에게는 있는 것이다. 상인이야말로 저주의 대상이 아니라, 진주를 살 수 있는 상품을 소유하고 있다는 사실만으로도, 그의 사유가 반전되기만 하면 상인은 오히려 누구보다도 더 아버지 나라에 접근이 용이한 것이다(여기 우리가 주목해야 할 사실은 로마시대에는 진주가 가장 값진 보석으로 여겨졌다는 것이다. 다이아몬드는 그때 보석으로 각광을 받지 못했다).

아버지의 나라, 즉 천국은 발견되는 것이며, 자기가 창조하는 것이 아니다. 그러나 발견되는 즉시 투자를 해서 그것을 사야한다. 즉 세속적 가치로부터 탈자(脫資)하여 영원한 가치에 투자(投資)해야 하는 것이다. 여기 상품이 땅의 보화이고 진주가 하늘의 보화라는 마태적 이원론은 존재하지 않는다. 상품은 하루살이처럼 일회적이고 덧없는 것임에 반하여 진주는 좀이 갉아먹거나 벌레가 궤멸시키지도 못하며, 썩지도 않고 변치도 않는 것이다. 여기서 상품과 진주를 대비시키는 것은 시간성의 문제일 뿐이다. 고귀한 가치는 물질적인 것이 아니라, 정신적인 것이라는 영·육이원론도 여기에는 없다. 고귀한 가치는 땅적인 것이 아니라 하늘적인 것이라는 노골적인 메타포도 없다. 상품이나 진주는 다 땅의 것들이며, 다 물질적인 것이다. 그러나 상품은 덧없는 것이나 진주는 영원한 것이다. 영원이란 시간 속에서는 지속(duration)을 의미할 뿐이다. 따라서 고귀한 가치는 초월성(transcendentality)에 있는 것이 아니라 지속성(durability)에 있는 것이다. 보다 정직하게 지속적인 가치를 추구할 때 인간의 영적세계는 풍요로워질 수 있는 것이다.

나는 본 장의 비유가 우리 실존의 삶에 너무도 많은 시사를 준다고 생각한다. 이 현세에서 버팀목 역할을 하는 사람들은 "돈을 잘 버는 사람들"이다. 여기 천국이 상인과 같다고 한다면, 이 장이야말로 자본주의시대에 걸맞는 내용을 설파하고 있다고 할 것이다. 그러나 "돈을 잘 버는 사람들"이 중요하다고 한다면 그들이 중요한 이유는 그들이 진주를 발견하고 살 줄 알기 때문이다. 돈을 버는 것도 가치의 창출이다. 그러나 더 중요한 것은 그 가치가 일시적인 회전에서 끝나는 것이 아니라 진주처럼 구원한 지속을 할 수 있어야 한다는 것이다. 돈을 버는 것 자체가 목표가 될 수 없으며, 돈을 벌어서 어떠한 삶의 행위를 하느냐, 그 가치에 따라 돈을 버는 행위가 정당화될 뿐이다. 그것은 대단히 영적인·초월적인 그 무엇에 대한 투자가 아니라, 단지 보다 더 많은 사람들에게 보다 더 지속적인 어떤 가치를 창출하는 데로 투자되어야 한다는 것을 의미할 뿐이다. 거대한 교회건물 지을 돈이 있다면 그 돈으로 위대한 신학자를 만드는 교육투자를 해야 하지 않을까?

그리고 또 우리나라 부자들, 상인들에게 가장 두드러지는 것은 "공적 마인드 public mind"의 부재이다. 자신의 돈이 공적으로 영원한 가치를 위하여 쓰여야 한다는 신념과 실천력, 그리고 구체적인 방법론이 결여되어 있는 것이다. 재단을 만들어도 그것이 적극적으로 진주를 사기 위한 것이 아니라, 일차적으로 과도한 세금의 부담을 회피하기 위한 것이거나 매우 소극적인 코스메틱의 수준에 머물고 있다는 것이다. 인류에게 획기적인 비젼이나 도덕적 가치를 제시하는 데 너무도 미온적이다. 박물관이나 연구소를 지어도 그것이 우리문명의 굳건한 반석의 시공이 되는 그러한 사례가 별로 없다. 그리고 가장 개탄스러운 사태는 재벌의 자녀들 중에 그러한 공적인 비젼을 제시하는 인물이 너무도 없다는 것이다. 대부분이 "멍청한 인물들"이다. 재벌의 자녀들 중에서 인문학적 낭만성을 과시하는 자도 없다. 도대체 재벌의 자녀 중에 위대한 학자가 있는가? 위대한 예술가가 있는가? 아라비아의 로렌스도 아라비아사막의 모랫바람을 헤쳐가면서 낙타 위에서 호머의 『오딧세이』를 희랍어로 읽었다 하지 않는가? 애플사의 스티브 잡스(Steve Jobs)도 젊은 날에 고전희랍문학을 공부했다지 않는가? 별 생각없이 경영학과, 법대나 나와서 도대체 뭘 하겠다는 것인가? 진주를 발견하는 척하는 자는 있을지 몰라도 진주를 사서 간직하는 인물은 하나도 없다. 사유재산의 지속이 인정되는 오늘날과 같은 사회에서는 극부유층 2세들의 교육의 문제는 국가비젼과 관련하여 각별한 제도적 장치가 마련되어야 할 것이다. 공적인 방안이 어렵다면 사적인 차원에서라도 그들에게 거시적 비젼을 심어주는 특별한 교육제도가 마련되었으면 한다.

본 장을 읽으면서 우리나라 기독교인들은 반성해야 한다. 너무도 판에 박힌 "물질-정신," "영-육," "땅-하늘"의 이원적 대비는 참으로 영적인 진주(spiritual pearl)를 발견하고 구매하는 데 아무런 도움을 주지않는 허황된 환상만을 지어낸다는 것이다.

나는 빛이다, 나는 모든 것이다

제77장

¹예수께서 가라사대, "나는 존재하는 모든 것 위에 존재하는 빛이다. 나는 전부이다. 나로부터 모든 것이 나왔고, 그리고 나에게로 모든 것이 돌아온다. ²한 편의 장작을 쪼개보아라! 나는 거기에 있을 것이다. ³돌 하나를 들어보아라! 그리하면 너희는 나를 거기서 발견할 수 있으리라."

¹Jesus said, "I am the light that is over all things. I am all: From me all has come forth, and to me all has reached. ²Split a piece of wood; I am there. ³Lift up the stone, and you will find me there."

沃案 참으로 위대한 장이다. 눈물겨움도록 아름답고 광대한, 살아있는 예수의 메시지이다. 이러한 장을 해석하는데 서구인들은 또다시 기존의 인용학적 지식에 의존하려 한다(cf. 요 8:12, 롬 11:36, 고전 8:6 등등). 그리고 범신론(pantheism)이니 만유재신론(panentheism)이니 하는 따위의 일체의 개념적 언사도 본 장을 이해하는 데 방해가 될 뿐이다. 그리고 "영지주의적 세계관"을 운운하는 것도 한마디로 구역질나는 췌언(贅言)일 뿐이다(인간이 빛의 구현자인 예수에게 나와서 예수로 돌아간다는 것은 전형적인 그노시스의 입장이라는 등등의 판에 박힌 유형적 설명).

살아있는 예수의 이 말을 차라리 다음과 같은 설봉(雪峰, 822~908: 덕산德山 문하의 걸출한 선승)의 말에 비견하면 어떨까?

대우주를 모조리 한손에 움켜쥐어 보니 꼭 좁쌀 한 톨만하구나! 너희들 면전에 던졌으나 이 새카만 밥통 같은 녀석들 도무지 알아보질 못하는구나! 북을 치니 모두 나와 찾아보라!

盡大地撮來, 如粟米粒大。拋向面前, 漆桶不會。打鼓普請看。

『벽암록碧巖錄』第五本則。

도마의 대부분의 로기온자료들은 요한복음의 예수와는 달리 예수 자신의 아이덴티티를 밝히거나 과시하는 데 급급해하지 않는다. 예수의 말씀이 중요한 것이지, 예수가 누구인지, 그 아이덴티피케이션이나 배후 족보는 전혀 중요하지 않다. 그러나 본 장은 예외적으로 그러한 질문자의 궁금증을 선적(禪的)으로 크게 한 방 먹여 버린다. 이것은 전혀 신비로운 담론이 아니다. 바울이나 요한의 예수처럼, 하나님의 아들이라는 것을 선포하는 "에고 에이미 담론 egō eimi saying"(나는 … 이다라는 식의 담론)이 아니다. 하나님과 예수와 인간의 상호내거(相互內居)를 말하지도 않는다. 상호내거가 가능하기 위하여서는 내거의 주체들이 실체화되지 않으면 안 되기 때문이다.

예수가 여기서 자신의 아이덴티티를 밝히는 언어 중에서 우리가 끄집어낼 수 있는 명제는 다음과 같다.

1. 나는 빛이다. I am the light.
2. 나는 전부이다. I am all.
3. 나는 어디든지 있다. I am everywhere.
4. 나는 자연 속에서도 발견된다. I am found in nature.

"빛"이라는 개념에 관해서는 이미 24장, 33장, 50장 등등의 로기온 속에서 충분히 해설되었다. 여기서 가장 중요한 것은 "나는 전부이다"라는 메시지이다. 즉 "나"가, 예수라는 객관적 실체로서, 그 살아있는 예수의 말을 듣는 추구자들로부터 분리되어 소외되지 않는다는 것이다. 화자와 청자, 주체와 객체의 이원이 허락되면 이미 그것은 "전부"가 아니다. 예수의 아이덴티티와 추구자들의 아이덴티티의 결별이 허용되지 않는 것이다. 따라서 예수의 자기이해는 이 담론을 대하는 사람의 자기이해로부터 유리될 수 없다. 어떠한 주체도, 어떠한 곳(장소)도, 어떠한 사건도, 어떠한 시간도, 이 "나"라는 빛의 밖으로 나갈 수 없다. 혜시가 말하는 "지소무내至小無內"요, "지대무외至大無外"일 뿐이다. 존재(Being)와 생성(Becoming)의 이원도 붕괴되어 버린다. 예수는 여기서 진정한 보편주의 신학을 선포하고 있는 것이다. 본 장의 이해를 돕기 위하여 『장자莊子』「지북유知北遊」에 나오는 단화를 하나 소개하겠다.

> 동곽자(東郭子)가 장자(莊子)에게 물었다: "도대체 도라는 게 어디에 있는 거요? 所謂道惡乎在?"
>
> 장자가 대답했다: "없는 데가 없지. 無所不在."
>
> 동곽자가 또 말했다: "그렇게 막연하게 구라치지 말고 좀더 구체적으로 한정하여 말해보오. 期而後可."
>
> 장자가 대답했다: "땅강아지나 개미에게 있지. 在螻蟻."
>
> 동곽자가 말했다: "아니, 그토록 하찮은 것 속에 있단 말이오? 何其下邪?"
>
> 장자가 대답했다: "논밭에서 패버리는 돌피 속에 있지. 在稊稗."
>
> 동곽자가 말했다: "왜 자꾸 더 내려가오? 何其愈下邪?"
>
> 장자가 대답했다: "깨진 항아리쪼가리 속에 있지. 在瓦甓."
>
> 동곽자가 말했다: "왜 자꾸 더 심하게 내려가오? 何其愈甚邪?"
>
> 장자가 대답했다: "똥오줌 속에 있지. 在屎溺."
>
> 여기에 이르자, 동곽자는 입을 다물고 말았다.

동곽자가 과연 무엇을 깨달았을까? 이러한 장자의 사상 덕분에 인도불교가 중국에 들어와서는 선적인 변형을 겪을 수 있었다. 지고의 성(聖)인 부처를 중국의 선승(雲門和尙)은 "말라빠진 똥막대기乾屎橛"(똥 푸기 위해 휘젓는 막대기)라고 외쳤고, 불법(佛法)의 진제(眞諦)를 "뜨락의 백수자庭前栢樹子"라고 일갈할 수 있었던 것이다(趙州和尙.『無門關』37).

여기 "쪼개진 장작 속에 내가 있을 것이요, 길거리에 나뒹구는 돌 하나를 들어 보면 거기서 나를 발견할 수 있으리라"고 외치는 예수의 말이 과연 이것과 다른 더 지고의 성스러운 진리를 설파하고 있는 것일까? 기독교인들은 이제 사고를 전향해야 한다. 진정한 메타노이아를 실천해야 한다. 성스러움의 거부가 오히려 진정한 성(the Holy)으로의 진입을 가능케 한다는 것을 깨달아야 한다. 여기 살아있는 예수가 이러한 역설을 선포하고 있는 것이다. 루돌프 오토(Rudolf Otto, 1869~1937)가 말하는 "뮈스테리움 트레멘둠 *mysterium tremendum*," 즉 신적 존재의 "전적인 타자성 The Wholly Other"은 거룩함에로의 고양만으로 달성되는 것이 아니라, 거룩함을 모든 존재의 심연에서 느끼는 심적 개방에서 달성되는 것이다. 신비로운 떨림은 똥오줌 속에서도 느껴져야만 한다. 장자의 언설은 거만한 자의 포효가 아니라 오히려 인간 존재의 겸손이다.

괴레메 세인트 바르바라 교회(Chapel of St. Barbara). 바위를 파서 만든 석굴이다. 그런데 코믹하게 벽돌 모양을 그려넣었다. 단순미가 탁월하다. 바르바라는 이 지역성자.

황량한 사막에서 화려한 옷을 입은 왕을 보려느냐?

제78장

¹예수께서 가라사대, "너희는 무엇 때문에 모래벌판에 나왔느뇨? 바람에 흔들리는 갈대를 보기 위함이냐? ²그렇지 않으면, 너희 왕들이나 너희 궁전의 힘센 고관들처럼 화려한 옷을 두른 사람을 만나기 위함이냐? ³진실로 그들은 화려한 옷을 둘렀으나 그들은 진리를 깨달을 수 없느니라."

¹Jesus said, "Why have you come out into the desert? To see a reed shaken by the wind? ²And to see a person dressed in fine clothes, like your rulers and your powerful ones? ³They are dressed in fine clothes, and they cannot understand truth."

沃案 이 장 역시 문맥은 전혀 다르지만 큐복음서와 병행하고 있다(Q24).

(마 11:7~9) 저희가 떠나매, 예수께서 무리에게 요한에 대하여 말씀하시었다: "너희가 무엇을 보려고 광야에 나갔더냐? 바람에 흔들리는 갈대냐? 그렇지 않다면 너희가 무엇을 보려고 나갔더냐? 부드러운 옷 입은 사람이냐? 보라! 부드러운 옷 입은 자들은 왕궁에 있느니라. 그렇다면, 너희가 어찌하여 나갔더냐? 선지자를 보려더냐? 옳다! 내가 너희에게

이르노니, 선지자보다도 더 나은 자니라."

(눅 7:24~26) 요한이 보낸 자들이 떠난 후에, 예수께서 무리에게 요한에 대하여 말씀하시었다: "너희가 무엇을 보려고 광야에 나갔더냐? 바람에 흔들리는 갈대냐? 그렇지 않다면 너희가 무엇을 보려고 나갔더냐? 부드러운 옷 입은 사람이냐? 보라! 화려한 옷 입고 사치하게 지내는 자들은 왕궁에 있느니라. 그렇다면, 너희가 무엇을 보려고 나갔더냐? 선지자냐? 옳다! 내가 너희에게 이르노니 선지자보다도 더 나은 자니라."

마태와 누가를 비교해보면 거의 내용이 일치하며 동일한 큐자료에 의거하고 있다는 것이 확실하다. 희랍어 문장으로 보면 누가 쪽이 좀 더 가다듬어져 있으나, 큐의 원형은 마태 쪽이 보존하고 있다고 보여진다. 그런데 큐자료는 도마의 원자료를 근본적으로 다른 맥락에서 활용하고 있다. 마태·누가 담론의 결론은 도마 46장의 내용을 도출하기 위한 것이다. 그러니까 큐복음서 계통의 문헌들은 도마의 46장과 78장을 하나의 담론의 맥락 속에서 묶고 있는 것이다. 그러나 그러한 연속적 맥락의 정당성은 확보될 길이 없다. 본 장의 내용은 세례요한과 무관하기 때문이다. 그리고 본 장의 내용이 큐복음서 24장 속에서 인용되고 있는 부분은 실상 좀 어색하다.

마태·누가에서, 이 예수의 말은 예수가 그를 둘러싼 무리들 앞에서 세례요한에 대한 자신의 평가를 공적으로 밝히는 언명이다.

요한은 광야에서 살았다. 그러므로 제1의 질문은 요한을 "바람에 흔들리는 갈대"로 비유하고 있다. 그러나 요한은 결코 그렇게 허약한 인물이 아니었다. 제2의 질문은 요한을 화려한 옷을 입은 왕궁의 사람들 같은 이미지로서 그리고 싶어하는 사람들의 심상에 관한 것이다. 그러나 요한은 그런 사람이 아니었다. 낙타털로 된 거친 옷을 걸치고 세속적 영화를 거부하는 가혹한 금욕의 사나이였다.

제3의 질문, 그렇다면 선지자를 보러 광야에 나갔느냐는 질문에 대하여 예수는 긍정적인 결론을 내린다(cf. 말라기 3:1). 그러나 예수의 긍정은 더 강한 것이다. 세례요한은 과거의 어떤 선지자보다도 더 위대한 인물이었다.

이러한 큐자료의 맥락은 전혀 본 장의 원래 맥락과는 무관한 것이다. 많은 주석가들이 본 장의 의미를 애매하게 짚고 넘어가기 일쑤다. 여기 "모래벌판"은 "사막desert"이다. 사막에는 실상 바람에 흔들리는 갈대조차도 볼 수 없는 곳이다. 갈대는 요단강 주변과도 같이 물이 있는 계곡에서나 볼 수 있다. 갈대를 보러 사막으로 오지는 않는다.

여기 "너희는 무엇 때문에 모래벌판에 나왔느뇨?"라고 하는 예수의 질문은 바로 예수가 황량한 모래벌판에 서있다는 것을 전제로 하고 있다. 그러니까 여기 질문은 바로 예수 자신을 찾아오는 사람들이 예수에 대하여 그리는 심상에 관한 것이다. 예수는 거친 옷을 입고, 세속적 영화를 거부하며 거친 광야를 헤매는 사람이었다. 그러나 예수를 찾아오는 사람들의 심상 속에서는 예수가 매우 현실적인 정치적 리더였고, 구세주였고, 메시아였다. 그 메시아상은 왕이나 힘센 고관과도 같이 화려한 옷을 입은 사람이었으며, 현실적으로 그들을 억압에서 해방시켜주리라는 기대와 관련되어 있었다. 여기 예수의 로기온은 그러한 기대가 착오적인 것이라는 것을 일깨워주고 있다. 왕이나 현실적 강자들은 진리로부터 멀리 있다. 예수의 진실한 모습은 진리를 찾아 사막을 방랑하는 모습이다. 예수를 찾아나선 사람들은 사막에 서있는 예수, 바로 그 리얼리티를 인식해야 한다. 거친 옷을 입고 방랑하는 진리의 화신 예수, 그 예수는 당시 이스라엘의 문제는 정치적으로 해결될 수 있는 문제가 아니라고 보았던 것이다. 현실 속의 왕자나 강자는 결코 진리를 깨달을 수 없다. 여기 모래벌판에 서있는 나 예수를 보아라! 그리고 이 이상의 화려한 꿈을 꾸지도 말라!

카파도키아 화산지역의 부식 기암군

예수여! 그대를 낳은 자궁과
그대를 먹인 유방에 감사하라!

제79장

¹무리 속의 한 여인이 예수를 향해 외쳤다: "너를 낳은 자궁과 너를 먹인 유방이여, 복이 있도다!" ²예수가 그 여인에게 말하였다: "아버지의 말씀을 듣고 그것을 참되게 지킨 자들이여, 복이 있도다! ³너희가 '애기 밴 적이 없는 자궁과 젖을 먹인 적이 없는 유방이야말로 복되도다'라고 말할 날이 올 것이기 때문이니라."

¹A woman in the crowd said to him, "Blessings on the womb that bore you and the breasts that fed you." ²He said to her, "Blessed are those who have heard the word of the father and have truly kept it. ³For there will be days when you will say, 'Blessed are the womb that has not conceived and the breasts that have not given milk.'"

沃案 외면적으로 얼핏 본 장만 떼어놓고 보면, 잘 이해가 되지 않는 신비로운 문장 같이 느껴질 수도 있지만, 여태까지 우리가 논의해온 맥락을 따라 잘 살펴보면 논리가 매우 정연하고 유기적 통일성이 있는 명료한 장이다. 그러기에 복음서에 흩어져 있는 파편들의 오리지날한 모습을 여기서 목도하게 되는 것이다. 우선

1·2절은 누가 11장에 병행하는데, 그것은 큐복음서에 속하는 자료이다(Q40). 그리고 3절은 누가 23장과 병행하고 있다.

> (눅 11:27~28) 이 말씀을 하실 때에, 무리 중에서 한 여자가 음성을 높여 가로되, "당신을 밴 자궁과 당신을 먹인 유방이 복이 있도다"하니, 예수께서 가라사대, "오히려 하나님의 말씀을 듣고 지키는 자가 복이 있느니라"하시니라.
>
> (눅 23:27~29) ^{27}또 많은 군중과 그리고 그를 위하여 가슴을 치며 슬피 우는 여자의 큰 무리가 따라오는지라. ^{28}예수께서 돌이켜 그들을 향하여 가라사대, "예루살렘의 딸들아! 나를 위하여 울지말고, 너희와 너희 자녀를 위하여 울라. ^{29}보라! 날이 이르면 사람이 말하기를, '아기를 낳지 못하는 여자들과, 아기를 낳아보지 못한 자궁과 젖을 빨려보지 못한 유방이 복이 있도다'하리라."(29절만 병행).

누가 11장은 도마의 맥락에서 크게 벌어져있지 않다. 그러나 누가 23장에 나오는 도마의 파편은 사실 너무도 퉁명스럽게 삽입되어 있다. 골고다의 언덕으로 십자가를 걺어지고(구레네 사람 시몬이 걺어졌다) 올라가는 예수의 최후의 장면에서, 애처로운 심정으로 그를 따라오는 예루살렘의 여인의 무리들을 향하여(이들은 갈릴리에서부터 따라온 여인들이 아니다) "나를 위하여 울지말고 너희와 너희 자녀를 위하여 울라"라는 감동적인 메시지를 던진 후에 연이어 삽입된 이 구절은 도무지 왜 여기 이 말이 들어가야 하는지 그 당위성을 알기 어렵다. 주석가들은 그것을 종말론적 비극적 사태에 대한 예견으로 쉽게 해설하고 있지만 역시 어색하다. "나를 위하여 울지말고 너희와 너희 자녀를 위하여 울라"라고 하는, 희생당하는 한 거대한 인간의 대자대비의 연민의 언어 이후에 왜 종말론적 협박의 언사가 끼어드는지 잘 이해가 가질 않는 것이다. "나를 위하여 울지 말고 너희와 너희 자녀를 위하여 울라"는 메시지는 전장에 나가는 병사가 아내와 자녀들의 운명을 염려하는 장쾌한 언어로서, 소포클레스나 세네카 등 희랍 비극에 유사한 구절이 나오고 있다(W. Grundmann, *Das Evangelium nach Lukas* 429). 그러나 이 말에 연접된 29절의 메시지는 종말의 날이 오면 어차피 다 비참하게 죽을 테니까, 애를 낳을 수 없는 불임의 여인이나 애를 낳아보지도 길러보지도 못한 여인들이 오히려 더 행복하게 느껴질 그런 날이 오리라는 이야기인 것이다. 이것은 도무지 설명하기 어려운 유치한 연접이다. 이런 모든 복음서의 어색함이 복음서 저자들이 기존의 파편들을 마구 맥락 없이 꼴라쥬해서 드라마를 구성한 데서 생겨나는 문제점인 것이다. 여기 도마의 원래 맥락은 그러한 종말론적 협박과는 관련이 없다. 그렇다면 본 장은 어떻게 해석되어야 하는가?

여기 군중 속에서 한 여인이 예수를 향하여 외치는 모습은 실로 감동적이다. 기나긴 고통의 세월을 강인하게 견디어 온 조선의 여인의 함성 같은 것을 듣는다. 갈릴리 여인의 강인한 용기 또한 마찬가지일 것이다. 민중 속에서 민중에게 천국의 진리를 선포하고 있는 젊은 예수를 바라보는 여기 "한 여인"은 예수를 낳은 엄마 마리아와도 같은 나이 또래의 노경의 여인이었을 것이다(최소한 50살 이상?). 이 여인은 민중의 지도자인 예수를 자랑스럽게, 대견하게 바라보고 있다. 이 여인은 예수를 향해 외치는 순간 예수를 낳은 예수의 엄마 마리아와의 유대감을 표명하고 있는 것이다.

"젊은 예수여! 천국을 선포하는 그대이지만, 그대의 위대한 모습은 결코 그대 스스로 만든 것이 아니다. 너의 엄마의 자궁이 너를 낳느라고 고통을 겪었고 너의 엄마의 유방이 너를 키우느라고 수고를 하였다. 예수여! 우리를 축복하지 말고, 너를 낳은 자궁과 너를 기른 유방을 축복하여라!"

이 여인의 외침은 매우 인간적인 축복이다. 매우 소박하고 진실하게 인간적 진실에로의 회귀를 예수에게 요청하고 있는 것이다. 우리는 이러한 구절에 담긴 역사적 정황을 너무 기독론적인 메시아 예수상에 가리워 정직하게 해석하지 못했던 것이다. 이 여인의 축복은 애틋한 혈육의 정의 표현이다. 예수는 이러한 축복을 외면할 수가 없다. 외면하면 그것은 위선이다! 기존의 누가 주석가들은 눅 11:28을 그 여자의 음성에 대한 반론으로써 해석하고 막 3:31~35의 단화와 같은 맥락에서 풀이하였다. 예수를 여인의 세속적 관심 속에 파묻어 둘 수가 없는 것이다. 그들은 인간 예수를 신격화해야 하기 때문에 이러한 여인의 외침은 예수에게 난감한 상황을 던져준다고만 생각할 수밖에 없었다.

이러한 난감한 상황에 대하여 예수는 결코 그것을 반박하거나 역전을 꾀하지 않는다. 예수에 대하여 그 여인이 축복한 방식으로 똑같이 그녀에게 축복을 해주는 것이다. 축복의 형식은 같으나 그 내용은 전혀 차원을 달리하는 것이다. 예수를 향한 이 여인의 외침은 혈연적이고, 세속적이며, 물질적인 맥락(a physical perspective)에 고착되어 있다. 예수는 이러한 고착성에 굴복할 수가 없다. 예수는 이미 가족이나 혈연으로부터 자유로워진 사람이다. 지금 이 순간, 이렇게 몰두하여 도마복음과 씨름하고 있는 이 순간에 누군가 나에게 혈연적 정리(情理)에 고착된 축복을 던진다고 생각해 보자! 그 축복이 나의 생애의 일 순간을 스쳐지나갈 수는 있으나, 나의 삶을 그러한 맥락에서 규정하려고 든다면, 나는 그 축복을 거부할 수밖에 없을 것이다.

예수는 그 여인에게 말한다: "여인의 자궁이란 생산을 위함이요, 여인의 유방이란 기름을 위함이다. 그러나 진정한 창조와 진정한 양육은 낳고 기른다는 물리적 사실에 있는 것이 아니라 아버지의 말씀을 생산하고 기르는 데 있는 것이다. 따라서 너희 여인들이 나 같은 자를 낳고 길렀다는 사실에만 자부감을 느낄 것이 아니라, 그대들 스스로 아버지의 말씀을 듣고, 즉 고착된 관념에서 벗어나 새로운 질서의 말씀을 듣고, 그것을 실천할 때(=지키다) 그대 여인들에게도 진정한 축복이 내리게 되는 것이다." 예수는 노자의 "생이불유生而不有"를 설파하고 있는 것이다.

누가는 도마 2절의 내용을 충실하게 계승하였다. 단지 "오히려"라는 역전을 나타내는 부사를 첨가하였고 "아버지"를 "하나님"으로 바꾸어 초월적인 의미를 강화시켰다.

그 다음에 연이어 나오는 말은 결코 종말론적 맥락에서 해석되어서는 아니 된다. 여러분들을 이 3절을 이해하기 위해서는 이미 22장에서 충분히 해설된 예수의 말씀을 상기시켜야 한다: "너희들이 둘을 하나로 만들 때, 그리고 너희들이 속을 겉과 같이 만들고, 또 겉을 속과 같이 만들고, 또 위를 아래와 같이 만들 때, 그리고 너희가 남자와 여자를 하나된 자로 만들어 남자가 남자되지 아니 하고 여자가 여자 되지 아니 할 때, 그리고 너희가 눈 있는 자리에 눈을 만들고, 손 있는 자리에 손을 만들고, 발 있는 자리에 발을 만들고, 모습 있는 자리에 모습을 만들 때, 비로소 너희는 천국에 들어가게 되리라."

예수 엄마의 자궁과 유방에 대한 축복을 아버지 말씀의 "들음"과 "지킴"에 대한 축복으로 바꾸었을 때, 예수는 이미 주체성의 차원을 바꾼 것이다. 따라서 이러한 새로운 주체성은 분열에서 통합으로, 분화에서 미분으로, 분별적 질서에서 혼융된 카오스의 하나됨으로 복귀해야 하는 것이다. 여자라고 해서 애만 낳고, 젖만 주는 주체는, 단지 여자로서 머물 뿐이며 인간이 되질 않는다. 다시 말해서 "우먼 wo-man"일 뿐이며 우먼 이전의 "맨man"이 되질 않는다. 여기 예수는 남자와 여자의 분별이 사라진 새로운 주체의 탄생을 선포하고 있는 것이다: "너희가 '애기 밴 적이 없는 자궁과 젖을 먹인 적이 없는 유방이야말로 복되도다'라고 말할 날이 올 것이다." 이 위대한 혼융의 언사를 누가는 천박한 종말론적 멘트로 써먹으면서 "불임의 여인"까지도 얹혀서 복이 있도다라고 해버린 것이다. 얼마나 복음서 저자들이 "비맥락적" 천재들인가, 그리고 로기온 파편들의 무맥락적 분리와 연결을 자유롭게 감행하는 드라마 작가들인가 하는 것을 쉽게 통찰할 수가 있다. 이것은 불임여성이나 처녀들이나 애를 낳지 못해 안달하는 노처녀들에 대한 종말론적 위로의 축복이 될 수 없는 것이다. 애기 밴 적이 없는 신선한 자궁과 젖을 먹인 적이 없는 싱싱한 유방이야말로 생산과 양육 이전의 혼융된 인간, 여자와 남자의 분별이 사라진 하나된 자(a single one), 모습 있는 자리에 새 모습을 지니게 된 정신적 메타모르포시스(metamorphosis)의 인간, 나라에 들어가는 그 인간의 상징인 것이다. 아이덴티티의 근원적 변화가 없이 우리는 나라에 들어갈 수가 없는 것이다. 여기 "여자와 남자의 분별이 사라진 새로운 주체"라는 말은 매우 신화적으로 들릴 수도 있으나 모든 금욕주의(asceticism)의 근원에는 이러한 여성성과 남성성의 초탈이라는 문제가 가장 구체적으로 선결되어야 할 문제로서 자리잡고 있다. 또 동시에 가장 어려운 최종적 과제상황이기도 한 것이다. 우리는 수녀를 "여자"로 바라봐서는 아니 되며, 스님을 "남자"로 바라봐서는 아니 된다. 여자와 남자는 많다. 왜 하필 수녀를 여자로서, 스님을 남자로서 바라보려고 애쓰는가? 여기 제79장의 사상에는 암암리 "여성 수도승"의 가능성이 암시되어 있다. 도마복음은 여자와 남자의 근원적 차별을 두지 않는다는 의미에서 매우 21세기적 사유를 지니고 있다. 여성은 여성으로 머물러 있는 것이 아니라, 금욕적 수행을 통하여 여성-남성의 분별이 사라진 새로운 몸으로 재건되어야 하는 것이다(Th.114). 이러한 도마의 로기온사상이 초기기독교 여성 수도원의 형성을 가능케 한 것이다. 시몬 보봐르(Simone Beauvoir, 1908~1986)가 말한 "제2의 성 The Second Sex"보다도 더 근원적인 혼융의 새로운 성을 이미 제1세기에 말하고 있다는 의미에서 도마복음서의 가치는 새로운 페미니즘의 시각과 가능성을 여는 것이다.

카파도키아 남근석군

카파도키아 으흐랄라 계곡(Ihlara Valley) 초입 마을에서 농사짓고 있는 아낙들. 예수를 키운 마리아는 이런 여인들 중의 한 사람이었다. 초봄의 땡볕아래 펼쳐진 광경은 나에게 신비로운 평온함으로 다가왔다.

세상이 육체임을 안 자에게는
세상이 합당치 아니 하다

제80장

¹예수께서 가라사대, "이 세상을 알게된 사람은 누구든지 육체를 발견하게 된다. ²그리고 육체를 발견하게 된 사람에게는 누구든지 이 세상이 합당치 아니 하다."

¹Jesus said, "Whoever has come to know the world has discovered the body, ²and whoever has discovered the body, of that person the world is not worthy."

沃案 제56장과 동일한 내용의 로기온이다. 단지 "시체"가 "육체"로 바뀌었을 뿐이다. "시체"는 콥트어로 "프토마 *ptōma*"인데 희랍어에서 차용한 것이다. "육체"에 해당되는 콥트어도 차용어인 "소마 *sōma*"가 사용되었다. "프토마"와 "소마"가 모두 아람어 "피그라 *pigra*"에서 유래되었다고 보는 학자들도 있다. 본 장은 궁극적으로 "영적인 몸의 발견 the discovery of the spiritual body"이라는 주제를 설파하고 있다. 반복적으로 등장하는 로기온도 우연적 중복이라기보다 모종의 편집의도가 있다고 볼 수도 있다.

풍요로운 자여, 다스려라!

제81장

^{1}예수께서 가라사대, "풍요롭게 된 자로 하여금 다스리게 하라. ^{2}그리고 힘을 가진 자로 하여금 그것을 부정하게 하라."

^{1}Jesus said, "Let one who has become wealthy reign, ^{2}and let one who has power renounce it."

沃案 긴 해설을 필요치 않는다. 공관복음서에 병행이 없다. "풍요롭게 된 자"는 물질적 부를 축적한 자를 지칭하지 않는다. 제1절은 도마복음 제2장과 맥락적으로 상통한다: "구하는 자는 찾을 때까지 구함을 그치지 말지어다. 찾았을 때 그는 고통스러우리라. 고통스러울 때 그는 경이로우리라. 그리하면 그는 모든 것을 다스리게 되리라." 추구를 통하여 경이를 맛본 자가 "풍요롭게 된 자"이다. 이와 같이 풍요롭게 된 자래야 다스릴 수 있는 것이다. 도마에서 "다스림"이란, 타인의 지배가 아니라 자기가 자기에게 왕노릇하는 것이다.

제2절의 "힘을 가진 자"를 제1절과 합치시켜 정신적으로 힘을 축적한 자로 볼 수도 있겠으나, 역시 제1절과는 대비되는 모든 "세속적인 힘"을 의미한다고 보는 편이 나을 것이다. 부정의 대상인 "그것"은 역시 "힘" 그 자체일 수밖에 없다. 따라서 어떤 형태의 힘이든지, 물질적이든 정신적이든, 힘을 축적한 자는 끊임없

이 힘을 부정해야 한다. 힘을 가진 자가 힘을 부정하지 않으면 힘을 잃고 만다. 힘의 축적이란 끊임없는 힘의 부정에서 생겨나는 것이다. "도가도비상도道可道非常道"를 말하는 노자적 논리가 여기에 배어있다고 할 것이나, 모든 종교정신의 근원에는 "힘의 자기부정"이 있지 않으면 안된다. 교황이 자기 권력을 부정하지 않으면 가톨릭 전체가 타락하고, 목사가 자기 권력을 부정하지 않으면 교회 전체가 타락하고 만다.

본 장의 내용은 이러한 자기부정의 논리에 의하여 일관되게 해석할 수도 있다: "풍요롭게 된 자는 항상 그 풍요로움을 다스려야 하고, 힘을 가진 자는 항상 그 힘을 부정해야 한다." 다시 말해서 풍요롭게 된 자도 항상 그 풍요로움을 부정해야 한다는 것이다.

으흐랄라 계곡은 하산다그(Mt. Hasandağ, 3268m)에서 뿜어나온 용암고원이 메렌디즈 강(the Melendiz River: 별명이 카파도키아 강)에 의하여 침식된 100~150m 깊이의 계곡이다. 아크사레이(Aksaray)로부터 40km 떨어진 곳에 14km나 뻗어 있다. 이 계곡에도 많은 석굴교회가 산재해 있다.

나는 불이다

제82장

¹예수께서 가라사대, "누구든지 나와 가까이 있는 자는 불과 가까이 있는 것이니라. ²그리고 누구든지 나로부터 멀리 있는 자는 나라로부터 멀리 있는 것이니라."

¹Jesus said, "Whoever is near me is near the fire, ²and whoever is far from me is far from the kingdom."

沃案 동방의 사유나 가치관에 젖어있는 사람이라면 이러한 로기온을 접할 때에, 이미 순간적으로 가슴에 다가오는 벅찬 감격, 어떤 위대한 인격의 열정, 진리에 대한 자신감, 그리고 생명의 약동(엘랑비탈, *élan vital*)을 감지할 수 있다. 구차스러운 설명이 필요없이 그런 육감이 다가오는 것이다. 그런데 서방의 주석가들은 이 장을 에니그마틱(enigmatic)하게만 바라보고, 명료한 해석을 내리지 못하고 있다. "불"이라고 하면 우선 "마지막 심판"이니 "이 세상을 태워버릴 저주의 불기둥"과도 같은 네가티브한 의미만을 먼저 연상하기 때문이다. 서구인들의 사유가 종말론적 인식의 틀로 인하여 얼마나 오염되어 있는가를 방증하는 것이다.

불트만은 종말론을 예찬하고, 종말론에 실존의 의미를 부여하고, 인간의 삶의 매 순간이 종말론적이라고 말했지만, 그것이 제아무리 우리 삶에 그럴듯한 의미를 부여한다 해도, 실로 종말론적 사유는 그 폐해가 너무도 큰 것이다. 인류의 문명은 이제 종말론적 독단의 잠(dogmatic slumber)으로부터 깨어나야 한다. 근원적으로 종말론을 대치하는 새로운 사유를 개발치 못한다면 전 세계의 크리스텐툼(Christentum)은 종말을 맞이할 수밖에 없다. 진실로 한 순간도 우리 삶에 종말론적 의미를 부여해서는 아니 되는 것이다. 종말론의 궁극적 진원인 예수가 종말론자가 아니기 때문이다.

여기 제2절은 아무런 문제가 없다. "나로부터 멀리 있는 자는 나라(천국)로부터 멀리 있다"라는 명제는 명백하게 "나 예수"와 "나라"를 동일시하는 명제이다. 그리고 물론 이때 "나라"가 네가티브한 의미를 지닐 수 없다는 것은 너무도 자명하다. 나를 멀리하는 것은 곧 나라를 멀리하는 것이다. 그렇다면 1절도 2절과 파라렐리즘의 의미맥락에서 이해될 수밖에 없다. 다시 말해서 "나 예수"와 "불"은 동일시되며, "불"은 네가티브한 의미를 지닐 수 없는 것이다.

도마복음에서 설파하는 예수의 아이덴티티에 관하여 가장 집요한 주제가 빛(Light)이다. 그런데 모든 빛이란 그 근원에 있어서 궁극적으로 불(Fire)이라는 것을 근동의 사람들도 너무도 잘 알았다. 배화(拜火)의 사상은 페르시아문명으로부터 팔레스타인문명에 이르기까지 공통된 것이다. 성전에 타오르는 영원한 불꽃을 하나님의 현현으로 인식하였던 것이다.

호렙산 떨기나무에서 모세에게 현현된 불꽃도 하나님의 현현의 상징이었고(출 3:2), 이스라엘민족을 이집트에서 구출해내는 과정에서도 하나님의 상징은 불기둥이었다(출 13:21~22).

황하문명의 사람들은 "불"을 "화火"라 하여, 단지 물리적 산화로서만 생각지 아니 하고 오행(五行)의 가장 근원적 상징체로서, 그것은 생명(Life)을 의미하는 것이었다. 생명의 모든 대사작용이 결국 화(火)를 생산하고 화를 유지하기 위한 것이다. 우리 몸에서 화가 떠나면 싸늘한 송장이 되어버리는 것이다. 화가 있고 없고가, 곧 생명의 유무를 의미하는 것이다. 구약의 "하나님"도 결국은 "생명"을 의미하는 것이다. 그 생명은 결국 빛이며 불이다(시 104:2~4. 주께서 옷을 입음 같이 빛을 입으시며, 하늘을 휘장 같이 치시며, 물에 자기 누각의 들보를 얹으시며, 구름으로 자기 수레를 삼으시고 바람날개로 다니시며, 바람으로 자기 사자使者를 삼으시며, 불꽃으로 자기 사역자使役者를 삼으시며 …).

구약의 하나님에서 나타나는 "불"이 네가티브하고 공포스러운 의미를 지닐 때는 대강 "야훼의 진노"와 관련된 것이지만, 그것도 알고보면 야훼라는 생명력의 짙은 발로일 뿐이다. 야훼가 전투적인 민족신의 성격을 지녔기 때문에, 야훼는 항상 이스라엘민족의 배반에 대한 "질투"의 격정을 표현한다. 이러한 진노의 불길도 결국은 야훼의 생명력의 표현이며, 하나님의 신성(holiness)의 메타포이며, 그것은 궁극적으로 인간의 생명의 "정화"를 의미하는 것이다. 따라서 여기 예수가 자신을 "불"과 동일시한 것은 결국 예수라는 생명의 상징을 의미하는 것이다. 천국은 불이며, 생명이다. 그것은 예수라는 존재의 생명력의 전부인 것이다. 우리는 이미 도마 제10장에서 "불"이 심판의 상징이 아니라, "천국운동의 불씨"라는 것을 충분히 논의한 바 있다: "나는 이 세상에 불을 던졌노라. 그리고 보라! 나는 그 불이 활활 타오를 때까지 그 불을 지키노라." 어찌 이것이 심판의 진노와 저주의 언사일 수 있으랴!

우리는 이제 종교의 본질을 네가티브에서 포지티브로, 저주에서 격려로, 율법에서 사랑으로, 사망의 위협에서 생명의 환희로 전환시킬 필요가 있는 것이다. 나를 가까이 하는 자는 불을 가까이 하는 것이니라. 나를 가까이 하는 자는 자신의 생명의 본질로 가까이 가는 자인 것이다. 이러한 로기온에서 예수의 불 같은 열정과 신념과 자신감, 그 파토스를 감지할 수 없다면, 어찌 그러한 자를 "크리스챤"이라고 말할 수 있사오리이까?

메렌디즈 강

… *Thomas 83*

모습은 빛 속에 숨는다

제83장

¹예수께서 가라사대, "모습들은 사람들에게 보일 수 있는 것으로 드러난다. 그러나 그 모습들 속에 있는 빛은 아버지의 빛의 모습 속에 가리워져 있다. ²아버지도 드러날 것이다. 그러나 아버지의 모습은 항상 아버지의 빛 속에 숨겨져 있다."

¹Jesus said, "Images are visible to people, but the light within them is hidden in the image of the father's light. ²He will be disclosed, but his image is hidden by his light."

沃案 매우 수수께끼처럼 들릴 수 있는 로기온이지만, 구성 낱말들의 의미를 정확하게 규정하면 전체문장이 매우 명료하다는 것을 깨달을 수 있다. 여기 "모습들images"이라고 복수형을 쓴 것은 매우 땅적인, 그러니까 인간의 감관을 통하여 확인할 수 있는 모양들(eikōn)을 의미한다. 플라톤이 말하는 형상(Form)이 아닌 보다 물질적인 모습(shape)을 말하는 것이다. 여기 근원적으로 깔려있는 생각은 창세기 1장의 신화구조와 관련되어 있다. 창 1:2에 보면 하나님이 제일 먼저 창조한 것이 "빛"이다. 그러니까 모든 "빛"은 하나님과 관련되어 있다. 모든 빛의 족보는 결국 하나님에게로 돌아간다. 그리고 창 1:27에는 "하나님의 모습대로 사람을 지어내셨다"라는 구절이 있다. 이때 "하나님의 모습"은 여기서 "하나님의 빛

의 모습"이라는 말로 바뀌고 있다.

이 장을 정확하게 이해하기 위해서는 모습과 빛의 이원적 성격을 염두에 둘 필요가 있다. 모습의 족보는 땅으로 돌아가고, 빛의 족보는 하늘로 돌아간다. 인간은 결국 모습과 빛의 결합체이다. 모습들은 사람들에게 쉽게 보일 수 있는 것으로 드러난다. 그러나 인간에게서 모습이 인간의 전부는 아니다. 그 모습 속에 빛이 자리잡고 있는 것이다. 그런데 그 빛은 아버지의 빛의 모습 속에 가리워져 있다. 우리 속에 내재하는 빛이야말로 아버지의 빛의 모습인 것이다. 아버지의 빛의 모습은 물리적 모습처럼 쉽게 우리의 감관에 드러나지 않는다.

제2절의 "아버지"는 모두가 "그"로 되어있다. 나는 "그"가 아버지를 지칭할 수밖에 없기 때문에 번역문에서 아버지로 구체화시켰다. 아버지도 우리에게 드러날 수 있다. 그러나 아버지의 모습은 항상 아버지의 빛 속에 숨겨져 있다. 아버지는 빛 그 자체이다. 그러기 때문에 아버지의 모습은 빛의 모습일 뿐이다. 그런데 "빛의 모습"은 모습이 없다. 그러므로 결국 아버지는 "모습"을 매개로 하지 않고 파악될 수밖에 없는 것이다. 아버지는 언어를 거부한다. 아버지는 모습으로 포착되지 않는다. 모습으로써 하나님을 말하는 전도사들은 모두 사기꾼이다.

노자는 말한다. 도(하나님)란 무엇인가? 그것은 결코 이름할 수 없다. 그것은 물(物)이 사라진 곳으로 항상 복귀한다(復歸於無物). 그것은 모습이 없는 모습이요(無狀之狀), 물체가 없는 형상이다(無物之象)! 여기 예수는 노자와 같은 이야기를 하고 있지 않은가!

Thomas 84

닮은 꼴만 보고 기뻐하지 말라

제84장

¹예수께서 가라사대, "너희가 [하나님을] 닮은 너희 모습을 볼 때에, 너희는 행복하도다. ²그러나 너희가, 너희 이전에 존재한, 그리고 죽지도 아니 하고 보여지지도 아니 하는 너희 형상들을 볼 때에는, 과연 너희가 얼마나 감내할 수 있으랴!"

¹Jesus said, "When you see your likeness, you are happy. ²But when you see your images that came into being before you and that neither die nor become visible, how much you will bear!"

 이 장 역시 어떠한 기존의 선입견을 가지고 규정해 들어가려고 하면 혼란에 빠진다. 그리고 앞 장(Th.83)과 공통된 주제와 공통된 개념들을 사용하고 있지만, 같은 방식으로 해석하면 올바른 이해에 도달할 수 없다. 83장에서는 로기온 전체가 객관적인 3인칭 기술이다. 그러나 84장은 "너희" 2인칭 복수를 향한 직접적 어법이다. 본 장 2인칭 어법의 특징은 마지막에 "너희" 즉 추구하는 자들 그리고 독자들의 정서적 반응(the emotional reaction of the seekers/readers)을 불러 일으키고 있다는 데 있다. 우선 "닮은 모습 likeness"은 명백하게 창 1:26에서 말하고 있는 하나님을 닮은 모습이다(하나님이 가라사대, "우리의 형상을 따라 우리의 모

양대로 우리가 사람을 만들자"). 하나님이 창조한 것들 중에서 하나님의 모습을 닮은 유일한 피조물이기 때문에 인간은 특수한 존재이다. 하나님을 닮은 나의 모습을 볼 때에 나는 행복하다. 그러나 도마의 예수에게 있어서 이러한 안위는 매우 천박한 것이다. 그것은 구약적 세계관 속에서 이루어지는 상투적인 인간의 자기이해일 뿐이다. 내가 하나님의 형상을 닮았다고 해서 나의 고귀함이 확보되는 것이 아니다. 나의 추구는 바로 그러한 상투적 "닮은 모습"을 뛰어넘어 자기의 진면목을 발견하는 것이다. "나"의 진제(眞諦)는 상투적인 하나님, 구약의 하나님, 그 이전의 것이다. 살아있는 예수의 은밀한 말씀의 추구는 그러한 "성스러운 닮음 the divine likeness"조차도 파괴하는 데서 그 진제를 드러내는 것이다.

제2절의 "너희 형상들 your images"은 83장의 "모습들 images"과 같은 단어(eikōn)를 활용하고 있지만 전혀 뜻이 다르다. 그래서 앞 장의 이미지들은 "모습들"이라고 번역하였고, 여기서는 "형상들"이라고 번역하였다. 여기 "형상들"은 플라톤의 이데아론적인 의미가 강해서 번역어를 차용했지만, 그 실 내용은 83장의 "빛," "아버지의 모습"을 다시 강조하고 있는 것이다. 여기 "형상들"은 내가 존재하기 이전에 존재한 형상들이며, 나와 더불어 죽지도 아니 하며, 나의 감관에 드러나지도 않는, 보여질 수 없는 형상들이다. 그것은 하나님의 형상이 아닌, 아버지의 형상이다. 그것은 궁극적으로 나의 존재의 가장 심오한 차원이며 모습없는 모습이다. 너희가 그러한 형상들을 볼 때에 과연 너희가 얼마나 그 책임과 고통과 환희를 감내할 수 있을 것인가? 여기 제일 마지막 절은 제2장의 언어를 상기시킨다: **"찾을 때까지 구함을 그치지 말지어다. 찾았을 때 그는 고통스러우리라. 고통스러울 때 그는 경이로우리라."**

인간의 정신적 고양은 내가 신의 모습을 닮았다고 하는 그런 자각의 수준에서 생겨나지 않는다. 오히려 그러한 언어가 단절되는, 존재 이전의 존재, 노자가 말하는 무상지상(無狀之狀)으로 회귀하는 데서 생겨나는 것이다. 그것은 고통스러운 것이요, 경이로운 것이다. 과연 너희가 그것을 얼마나 감내할 수 있으리오!

너희가 아담보다 더 위대하다

제85장

¹예수께서 가라사대, "아담은 거대한 힘과 거대한 부로부터 태어났다. 그러나 그는 너희에게도 합당치 아니 하다. ²만약 그가 합당한 자라고 한다면 그는 죽음을 맛보지 아니 하였을 것이기 때문이니라."

¹Jesus said, "Adam came from great power and great wealth, but he was not worthy of you. ²For had he been worthy, he would not have tasted death."

沃案 이미 본 장이 말하고 있는 주제가 충분히 토의되었기 때문에 본문을 평심(平心)하게 따라 읽어도 그 의미가 쉽게 파악될 것이다. 여기 "아담"과 "너희"가 직접적으로 대비되고 있다. 아담이 "거대한 힘 great power"과 "거대한 부 great wealth"로부터 존재로 진입하였다는 사실은 앞 장(Th.84)에서 말한 "하나님을 닮은 모습"을 연상케 한다. 그러한 주제가 계속 토의되고 있는 것이다. 아담은 하나님의 모든 힘과 부를 가지고 태어났지만, 원죄의 인간이 되었으며 모든 분별(남·여, 선·악 등)의 원천이 되었다. 따라서 사망에 이르는 인간이 되었다. 아담은 막강하며 풍요롭다. 그러나 사망에 이르는 모든 평범한 인간의 상징일 뿐이다. 하나님의 형상을 지녔다고, 그 물질적 형상에 집착하면서 뽐내고 자랑하며 행복하게 살아가는 인간이다.

그러나 "너희" 즉 진리를 추구하는 도반들, 그리고 예수의 말씀인 도마복음서를 읽으며 고민하는 자들은 최소한 그러한 아담을 초월하는 경지에 이르러야 하는 사람들이다. 그들은 깨달음을 통하여 "죽음을 맛보지 아니 하는" 영원한 추구자들이다. 여기 아담과 사망을 연결시키고, 너희와 불멸을 연결시킨 사상구조는 바울 로마서의 "아담과 그리스도"(롬 5:12~21)의 논리를 연상케 한다. 한 아담의 범죄로 모든 자가 사망을 얻었다는 그러한 명제에 비견하여, 한 그리스도의 십자가로써 모든 사람이 하나님의 의(the righteousness of God)를 선물로 받게 되었다는 사실을 선포하는 바울의 논리구조는 참으로 강렬한 것이지만, 이미 그러한 논리구조가 바울의 독창적인 것이 아니라, 바울 당대의 여러 양태의 예수운동 속에 보편화되어 있었던 하나의 논리였었다는 가설을 세워볼 수도 있다.

으흐랄라계곡의 다니엘교회(The Church of St. Daniel, 일명 나무아래교회 Beneath The Tree Church) 돔 벽화, 예수의 승천모습이 그려져 있는데 동방 페르시아 영향이 강하고 성상파괴 이전의 고벽화 모습을 전해주고 있다.

여우도 굴이 있는데 인간의 자식인 나는 머리 누일 곳도 없다

제86장

¹예수께서 가라사대, "여우도 굴이 있고 새도 둥지가 있는데, ²인간의 자식인 나는 머리를 뉘어 안식할 곳조차 없도다."

¹Jesus said, "Foxes have their dens and birds their nests, ²but the child of humankind has no place to lay his head and rest."

沃案 큐복음서(Q27)와 병행한다.

(마 8:20) 예수께서 이르시되, "여우도 굴이 있고 공중의 새도 둥지가 있으되 오직 인자(人子)는 머리를 누일 곳도 없다"하시더라.

(눅 9:58) 예수께서 이르시되, "여우도 굴이 있고 공중의 새도 둥지가 있으되 오직 인자(人子)는 머리를 누일 곳도 없다"하시더라.

마태와 누가가 동일하다. 큐자료를 변형없이 옮긴 것이다. 가장 논란이 되는 것은 공관복음서에서 "인자人子"라는 표현이 부활과 재림을 전제로 하는 종말론적 담론 속에서 많이 쓰였다는 것인데, 이 인자담론에 관한 복잡한 논의는, 신학논쟁에 맡겨놓기로 하고, 여기서는 논외로 하겠다("인자"라는 표현은 공관복음서에 72번

나온다. 대개가 예수가 자신을 지칭하는 말로 쓰이고 있는데, 이 인자담론은 인자의 지상에서의 사역·운명·수난예언과 관련된 그룹과 승천, 재림과 관련된 그룹, 두 종류로 나뉜다. 이 인자라는 표현이 메시아적 타이틀인가 아닌가, 그리고 그것이 예수 자신이 쓴 용법인가, 복음서 기자들에게서 구체화된 용법인가 하는 문제가 항상 신학토론의 주제가 된다. 현대의 많은 신학자들이 그것은 아람어에서 그냥 "나"를 겸허하게 표현하는 말이었을 것이라고 주장한다. 우리 동아시아 전통에서도 왕이 자신을 부를 때 "짐朕," "과인寡人"이라 하여 자신을 객관화시킨다. 마찬가지로 예수도 경외와 겸허와 겸손을 나타내는 객관화되고 에두른 표현으로서 "사람의 자식"이라는 어법을 선택했을 수도 있다. 그러나 그러한 의미부여 조차 불필요한 관용구적 어법이었을 수도 있다).

그러나 여기 확고한 사실은 도마의 맥락에는 그러한 공관복음서의 특수한 "인자담론"적 색채가 전적으로 탈색되어 있다는 것이다. 여기서 "인자"라고 하는 것은 단지 여우나 새와 같은 동물에 대비되는 "인간 종자의 자식"이라는 의미밖에는 없다. "인자"는 본시 역사적 예수가 소박하게 자신을 지칭한 말이었을 것이나 후대 복음서 기자들의 종말론적 담론의 구조 속에서 좀 특수한 칭호로서 정형화되어 갔을 가능성이 높다. 여우나 새에 비하면 인간 종자의 자식은 더 고귀한 존재임에 틀림이 없다. 여우에게도 안락한 동굴이 있고 공중의 새에게도 쉴 수 있는 안온한 보금자리가 있는데 반하여 사람의 자식인 나에게는 머리 누일 곳조차 없다는 탄식은 예수의 실존적 현황에 관한 강렬한 대비의 언사이다. 이것은 42장의 "방랑하는 자"와 관련된다.

그리고 큐자료와 비교해보면 도마에는 "안식한다"라는 말이 더 있다. 50장, 60장 등에서 보아왔듯이 도마에서 "안식"은 진리추구와 더불어 특수한 의미를 지닌다. 불교로 말하면 "해탈"에 가까운 종국적인 의미를 지니고 있다. 그러나 나에게는 안식할 곳조차도 없다고 하는 예수의 독백 속에는 예수라는 존재의 특수성이 고백되어 있다. 이것은 해탈을 거부하는 보살적인 대승정신과도 상통한다.

예수에게는 끊임없는 방랑이 있을 뿐이며, 종국적인 안식도 없다. 그것이 예수의 실존이다.

노자는 말한다:

뭇 사람들은 희희낙락하여
큰 소를 잡아 큰 잔치를 벌이는 것 같고,
화사한 봄날에 누각에 오르는 것 같네.
나 홀로 담담하도다!
그 아무 것도 드러나지 아니 함이
웃음 아직 터지지 않은
갓난아기 같네.
지치고 또 지쳤도다!
돌아갈 곳조차 없도다!
뭇사람은 모두 남음이 있는데
왜 나 홀로 이다지도 부족한 것 같은가?

衆人熙熙, 如享太牢, 如春登臺。我獨泊兮, 其未兆, 如嬰兒之未孩。儽儽兮, 若無所歸。衆人皆有餘, 而我獨若遺。『老子道德經』二十章。

그리고 『숫타니파타』 속의 싯달타는 이와 같이 말한다.

소치는 사람 다니야가 말했다:
"밥도 이미 다 지었고 우유도 다 짜놓았습니다.
마히강 언덕 부근에서 나는 처자와 더불어 살고 있습니다.
나의 작은 집 지붕에는 이엉을 얹었고 불도 이미 지펴놓았습니다.
하늘이시여! 비를 내리고 싶으시면 내리소서."

스승이 답하셨다:

"나는 분노하는 적이 없고 마음의 끈질긴 미혹으로부터 벗어났소이다.

마히강 언덕 부근에서 하룻밤 길손이 되었구려.

나의 작은 집 지붕에는 이엉도 얹혀져 있질 않고,

욕정의 불길도 남김없이 꺼져버렸소.

하늘이시여! 비를 내리고 싶으시면 내리소서."

여기 "밥을 지어놓았다 pakkodano"와 "분노하는 적이 없다 akkodano"는 운이 맞는다. 그리고 "우유를 짜놓았다 duddhakhīo"와 "마음의 끈질긴 미혹으로부터 벗어났다 vigatakhīo"도 운을 타고 있다. 싯달타가 말하는 "나의 작은 집"은 싯달타의 "몸"을 상징한다. 여기 "소치는 사람"은 한 군데에서 정착해 사는 사람이 아니라 끊임없이 방랑하는 사람이다. 도마복음 42장의 방랑자와 같은 사람들이다. 그렇지만 안온한 보금자리가 있고 그 속에는 처자가 오순도순 불을 쬐고 있다. 그러나 싯달타는 하룻밤 길손일 뿐이다. 그의 집에는 지붕도 없다. 그래서 불도 다 꺼져버렸다. 지붕이 새니까 그 집 속에 있는 불길이 다 꺼져버린다는 것은 "니르바나"의 상징이다. "니르바나 nirvāṇa"는 본시 번뇌의 불길이 다 꺼졌다(滅)는 뜻이다. 여기 예수가 "여우도 굴이 있고 새도 둥지가 있는데 나는 머리를 뉠 곳조차 없다"고 말한 독백이나 마히강변의 싯달타의 독송은 정확하게 일치하는 것이다. 예수도 안식을 거부했고, 싯달타도 안식을 거부했다. 둘 다 욕정의 불길이 꺼진 방랑자였던 것이다.

으흐랄라 당나귀 탄 일가족. 어린 예수와 엄마 마리아의 모습이 이러했을 것이다.

한 몸에 매달리는 그 몸은 비참하다

제87장

¹예수께서 가라사대, "한 몸에 매달리는 그 몸은 얼마나 비참한가!
²그리고 이 양자에 매달리는 그 영혼은 얼마나 비참한가!"
¹Jesus said, "How miserable is the body that depends on a body,
²and how miserable is the soul that depends on these two."

沃案 비슷한 내용의 로기온이 112장에도 있다. "한 몸에 매달리는 그 몸"은 여러 가지 해석이 가능하다. 오직 육체에만 매달리는 육체, 즉 육체에만 의존하는, 육체 이외의 것은 모르는 육체라는 뜻으로 새길 수도 있다. 이 경우는 하나의 자아를 분열적으로 논구한 것이다. 그런데 이것을 두 개체의 몸으로 해석할 수도 있다. 오직 타인의 육체에 의존하는 육체라는 의미로 새길 수 있는 것이다. 육체와 육체로서 맺어지는 인간관계의 비참함을 말하는 것이다. 물질적 생활에만 의존하는 인간관계일 수도 있고, 성적인 육욕의 교합에만 의존하는 인간들의 비참함을 의미할 수도 있다. 그리고 또 육식을 의미할 수도 있다. 예수운동에 있어서 채식주의(vegetarianism)가 중요한 이슈였는지 그것에 관해서는 나로서는 상고할 바가 없다.

제2절의 "둘"은 "한 몸에 매달리는 그 몸" 즉 "한 몸"과 "그 몸," 그 양자를 가리킨다고 주석가들은 견해를 모은다. 하여튼 본 장의 주제는 육체에만 매달

려있는, 육체에만 의존하는 영혼의 비참함을 말하고 있다. 그러나 본 로기온에서 더욱 본질적인 주제는, 영·육의 문제라기보다는, 모든 종류의 "의존성 dependency"의 부정적 측면을 지적하고 있는 것이다. 여기 도마의 추구자들, 예수의 도반들은 "홀로서기standing alone"를 지향하는 자들이며, 모든 의존성으로부터 해방되어야 하는 사람들이다.

으흐랄라 뱀교회(Yılanlı Church) 서쪽 벽화. 네 벌거벗은 여인이 독사에게 물리고 있다. 첫 여자는 뱀 8마리가 공격하고 있는데 그 죄목은 알 길이 없다. 두번째 여자는 젖꼭지가 물리고 있는데 아기에게 젖을 물리지 않은 죄목이다. 세번째 여자는 거짓말을 많이 해서 입이 물렸다. 네번째 여자는 복종하지 않아 귀가 물렸다. 인도로부터 소아시아에 이르는 민담속의 지옥의 광경은 대체로 동일하다. 여인을 학대하는 주제를 담은 이런 벽화는 예수의 여인존중사상(a single one)과 너무도 거리가 멀다.

천사나 예언자보다 더 심오한 너희여, 자문해보라

제88장

¹예수께서 가라사대, "천사들과 예언자들이 너희에게 올 것이다. 그리고 그들은 너희가 이미 가지고 있는 그런 것들을 너희에게 주리라. ²그때엔 너희도 보답으로, 너희가 세상에서 발견한 그런 것들을 그들에게 주어라. 그리고 너희 자신에게 자문해보라, '언제나 그들은 다시 와서 그들 자신의 것을 가져갈 것인가?'라고."

¹Jesus said, "The angels(or messengers) and the prophets will come to you and give to you those things you already have. ²And you too, in turn, give them those things which you have, and say to yourselves, 'When will they come and take what is theirs?'"

沃案 많은 주석가들이 본 장을 애매하게 해석하고 있다. 나는 내가 이해한 바에 따라 본문도 번역하였다. "천사"라는 번역은 콥트어에도 "앙겔로스 *angelos*"로 되어 있기에 취한 말인데, 천상의 전령일 뿐만 아니라, 지상의 전령일 수도 있다. 여기서 천사나 예언자는 심오한 "나라"의 메시지를 인간에게 전하는 미디어임에 분명하다. 그러니까 이 로기온은 "천사들+예언자들"과 "너희" 즉 예수의 도반들과의 사이에서 일어나는 정보교환에 관한 것이다. 이것은 매우 현실적인 지상의 커뮤니티 상황일 수도 있고, 추구하는 자들의 내면적 세계를 대상으로 한 것일 수

도 있다. 천사나 예언자가 와서 우리에게 말하는 내용도 실상 듣고 보면 심오한 초월적인 이야기가 아니라, 결국은 내가 이미 소유하고 있는 지식의 담론일 뿐이다. 그리고 내가 그들에게 말하는 것도 내가 이 세상에서 발견한 진리에 관한 것이다. 그러나 천사나 예언자들과 내가 주고받는 담론의 성격이 항상 이러한 상식적이고 이미 알고 있는 것들의 수준에서 그치고 만다면 그것은 진정한 정신적 고양을 가져오지 않는다. 그래서 이런 상황에서 우리가 자문해야 할 것은, "천사들이나 예언자들이, 그들만의 독특한 세계, 그들의 수준에 걸맞는 전혀 다른 담론을 과연 언제나 우리 추구인들로부터 취해갈 것인가?"하는 것이다. 우리들의 일상체험에 있어서도 상대방의 차원이 낮을 때는 우리는 낮은 차원의 이야기밖에 할 수가 없다. 같은 학문적 대화를 해도 성균관 대제학과 할 때와 시골 글방 훈장샌님과 할 때가 다르다.

여기 암암리, 예수의 도반들의 정신적 고양의 수준이 이미 전통적인 관념의 천사들이나 예언자들보다 훨씬 더 높은 세계를 달리고 있다는 사실에 대한 시인과 격려가 깔려있다. 예수는 그토록 전통적 가치관에 얽매인 사람이 아니었고, 그를 따르는 영적 도반들의 수준에 어떤 한계를 설정하지 아니 하는 위대한 스승이었다.

으흐랄라계곡 중턱 히아신스교회(Hyacinth Church). 내부는 십자가형.

Thomas 89

어찌하여 너희는 잔의 겉만을 씻으려 하느뇨?

제89장

¹예수께서 가라사대, "어찌하여 너희는 잔의 겉만을 씻으려 하느뇨? ²안을 만드신 이가 또한 겉을 만드신 이라는 것을 너희는 알지 못하느뇨?"

¹Jesus said, "Why do you wash the outside of the cup? ²Do you not understand that the one who made the inside is also the one who made the outside?"

 이 장도 큐복음서(Q43)와 병행하고 있다. 그러나 그 병행문을 비교검토하기 이전에 이 장의 일반적 주제와 관련되는 재미있는 고사를 하나 마가복음에서 인용하여 보자!

(막 7:1~5) 바리새인과 또 서기관 중 몇 명이 예루살렘으로부터 와서 예수께 모였다가, 그의 제자 중 몇 사람이 부정한 손, 곧 씻지 아니 한 손으로 먹는 것을 보았더라. 바리새인들과 모든 유대인들이 장로들의 전통을 지키어, 손을 부지런히 씻지 않으면 먹지 아니 하며, 또 시장에서 돌아와서는 물로 몸을 정화하지 않으면 먹지 아니 하니라. 또 그 외에도 여러 가지를 지키어 오는 것이 있었으니, 잔과 주발과 놋그릇을 씻음이러라.

이에 바리새인들과 서기관들이 예수께 묻되, "어찌하여 당신의 제자들은 장로들의 전통을 준행하지 아니 하고 부정한 손으로 떡을 먹나이까?"

내가 생각하기에 이 고사는 아주 리얼한 역사적 예수의 한 삶의 실제정황을 잘 나타내주고 있다. 역사적 정황의 진실은 알 길이 없으나, 하여튼 예수운동을 조사하기 위하여 바리새인들과 서기관들 몇 명이 예루살렘으로부터 갈릴리에로 파견되었다. 그러니까 바리새인들과 서기관들은 유대지방의 정통파 이스라엘사람들이다. 이들은 이스라엘 장로들의 유구한 전통을 고수하는 전통주의자들이다. 이들은 문서화된 토라 외로도 구전으로 내려오는 자질구레한 토라규정을 정확히 지키는 사람들이다. 이 구전은 AD 200년경에나 내려와서 미쉬나(*Mishnah*)로서 기록되었지만, 예수시대에도 입에서 입으로 전하는 아주 생생하게 살아있던 율법이었다. 이 미쉬나의 주요한 테마 중의 하나가 바로 정결(*Tohoroth*, "cleannesses")이었다.

예수는 갈릴리사람이다. 그리고 그를 따르던 사람들도 갈릴리사람이다. 갈릴리사람들은 유대지방 사람들(=유대인)처럼 "이스라엘 장로들의 유구한 전통"을 고수하지 않는다. 그리고 예수는 당대 헬레니즘사회를 방랑하던 견유학파의 사람과도 같은 "별난" 사람이다. 예수는 "탐식가요, 술주정뱅이요, 세리들과 부랑자들의 친구"(눅 7:34, 마 11:19; Q26)라는 소리를 들었던 매우 격없는 사람이었다. 그의 천국운동은 인간의 내면의 혁명이었지 바리새인들이 주장하는 것과도 같은 율법운동이 아니었다. 따라서 필연적으로 율법이 강요하는 생활의 세세한 준칙에 관해서 별다른 관심이 있을 수 없었다.

당대 팔레스타인 전체 문명권에 있어서도 유대인들은 별종에 속했다. 그들의 행동은 유별나게 무엇이든지 "씻는다"는 것이었다. 여기 마가 7장의 기술에서 당대의 문명의 상식으로 볼 때, 실상 이상한 측은 갈릴리사람들이 아니라, 예루살렘에서 온 바리새인들과 서기관들이었다. 그들의 유별나게 씻어대는 습관은 예수나 예수 도반들에게 오히려 매우 낯선 것이었다. 여기 "씻음"이 오늘날 우리가 말하는 "위생hygiene"의 행위가 아니었다. 여기서 문제되는 것은 세균감염의 문제가 아니라, "제식적 정결ceremonial purity"을 의미하는 것이다. 어떠한 행위를 하든지 나의 몸과 내 몸이 닿는 제기들을 하나님 앞에서 정화(purification)시켜야 한다는 것이다. 그런데 예수의 관점에서 보면 "몸의 정화"는 근원적으로 인간 내면의 문제였으며, 외면적인 "씻음"의 문제가 아니었던 것이다. 현실적으로도 예수와 같은 거친 방랑자·고행자들에게 그러한 "씻음"(일종의 "시킴굿")은 불필요한 사치였다. 이러한 전체적 문화충격 속에서 본 장을 료해해야 하는 것이다. 이제 병행하는 큐자료를 살펴보자!

(마 23:25~26) 화 있을진저! 외식(外飾)하는 서기관들과 바리새인들이여! 잔과 대접의 겉은 깨끗이 하되, 그 안에는 탐욕과 방탕으로 가득하게 하는도다. 소경된 바리새인들아! 너는 먼저 안을 깨끗이 하라! 그리하면 겉도 깨끗하리라.

(눅 11:37~41) ³⁷예수께서 말씀하실 때에 한 바리새인이 자기와 함께 만찬 드시기를 청하므로 들어가 앉으셨더니, ³⁸잡수시기 전에 손 씻지 아니 하심을 이 바리새인이 보고, 이상히 여기는지라. ³⁹주께서 이르시되, "너희 바리새인은 지금 잔과 대접의 겉은 깨끗이 하나, 너희 속인즉 탐욕과 악독이 가득하도다. ⁴⁰어리석은 자들아! 밖을 만드신 이가 속도 만들지 아니 하셨느냐? ⁴¹오직 그 그릇들 안에 있는 것들을 가난한 사람들에게 나누어 주어라. 그리하면, 보라, 모든 것이 너희에게 깨끗하리라."
(병행은 39~40절)

마태와 누가를 비교해보면 누가가 큐복음서의 원형을 더 잘 보존하고 있다 (I. Howard Marshall, *NIGTC:Luke* 491~2). 그리고 놀랍게도 누가는 마태에 없는 도마의 제2절을 보존하고 있다는 사실이다. 누가와 마태는 이 로기온의 전체적 성격을 바리새인과 율법사(서기관)에 대한 저주의 맥락에서 규정하고 있다. 큐자료만 해도 그러한 성격은 두드러지지 않는다. 그러나 도마에는 그러한 맥락이 전혀 없다. "바리새인과 서기관"이라는 복음서의 대립적 맥락은 예수시대에 예수에 의하여 형성된 것이라기보다는 후대의 복음서 기자들의 드라마적 장치의 요소로서 강하게 드러나게 된 것이다. 그리고 앞서 76장의 진주를 매입한 상인의 비유의 상황과 매우 비슷한 패턴의 변화가 일어나고 있다.

마태는 "안"과 "겉"이라는 이원론적 요소를 당초부터 매우 선명하게 부각시키고 있다. 서기관들과 바리새인들이 외면의 위선적 수식에만 힘쓸 뿐, 내면에는 탐욕과 방탕이 가득하다고 말함으로써 그들에 대한 저주의 포커스를 선명하게 만든다. 그러니까 마태는 이미 매우 선명하게 해석된 언어를 제공하고 있는 것이다. 그런데 비하면 누가는 그렇게 철저하게 이원적인 언어를 제공하지 않는다. 그리고 도마의 애매한 성격을 그대로 보존하고 있다. 그리고 제76장의 상황과 마찬가지로 누가는 "구제"라는 강렬한 테마를 도입시키고 있다. 그리고 도마에서는 "안을 만드신 이"가 "겉을 만드신 이"에 선행하고 있는데, 누가에는 그 순서가 역으로 되어 있다.

도마와 "마태-누가"의 가장 큰 차이는, 외면과 내면을 이원적으로 대비시키고, 내면에 충실하면 외면의 외식은 불필요한 것이 되고 만다는 단순한 논리(마태-누가의 경우)를 도마는 취하지 않고 있다는 것이다. 제1절의 비판은 "겉만을 씻으려 하는" 제식적 행위의 피상성(superficiality)을 대상으로 하는 것이기는 하지만 그렇다고 곧바로 내면의 성실함을 대안으로 제시하지는 않는다. 그는 유대인들의 제식적 정화습관 전체를 본질적으로 거부하고 있는 것이다. 그리고 제2절에서는 그 본질적 거부에 상응하는 본질적 인식, 즉 안과 밖의 이원성이 근원적으로 해소되는 어떤 다른 차원의 인식을 제시하고 있는 것이다. 제22장에서 무어라 말했던가?: "너희들이 속을 겉과 같이 만들고, 또 겉을 속과 같이 만들고 …" 안을 만드신 이가 곧 겉을 만드신 이이다. 인간의 내면과 외면은 결코 분리가 되거나, 서로 소외될 수가 없는 "하나"인 것이다. 이렇게 근원적으로 하나된 박(樸)을 인식하지 못하면 모든 정화와 관련된 제식은 의미를 가질 수가 없다.

그러나 방랑하는 예수는 인간의 외면적 치장이나 제식에 관심이 극소했던 인물이었음에는 틀림이 없다. 그의 율법에 대한 거부는 바울의 경우와 같은 연역적 사유의 산물이 아니라, 이러한 라이프 스타일의 자연스러운 취향이었을 것이다. 구약이여 안녕!

으흐랄라 성 다니엘교회(the Church of St. Daniel)**의 벽화 ⟶**

예수는 엄마 마리아가 애통해하며 지켜보는 중에 십자가에 매달려 운명하였고, 엄마 마리아는 예수가 승천한 후에도 앞서 보낸 아들을 생각하면서 슬프게 살았다. 이제 기나긴 슬픔의 세월을 보낸 엄마 마리아가 이 땅의 삶을 마감하려 하고 있다. 오른쪽에 남편 요셉이 호곡하고 있고, 승천한 예수가 이번에는 땅에 내려와 상주(喪主)로서 엄마의 임종을 지켜보고 있다. 예수 왼쪽에 서있는 오라와 날개가 그려진 상은 가브리엘천사의 모습이다. 가브리엘은 마리아에게 예수의 수태를 고지했던 장본인이다. 지금은 예수가 엄마 마리아의 영혼을 가브리엘에게 부탁하고 있는 것이다.

우리나라 옛 설화에도 일찍 죽은 아들이 엄마가 죽었을 때 다시 빈소에 나타나 통곡하는 것을 동네 사람들이 보았다는 다양한 이야기들이 있다. 예수의 십자가 죽음은 엄마 마리아에게는 가슴에 못을 박는 불효였다. 예수는 불효자로서 다시 나타나 어머니에게 마지막 효도를 다하고 있는 것이다. 그 얼마나 눈물겨운 모습인가? 기독교는 우리가 알고있는 기독교가 전부가 아니다. 서구전통 속에서도 무한히 다양한 민간전승이 있었다. 그것을 다 묵살하고 오직 편협한 27서 정경전통만 살아남은 것이다. 초기기독교인들에게도 효(孝)는 삶의 중요한 테마였다.

도마복음에서 말하는 "아버지"의 의미를 되새겨 본다. 아나톨리아 하산다그 만년설 고원지대에 자리잡고 있는 이 벽화의 성스러운 이미지의 전율 속에서 나의 존재의 심연에 있는 "엄마"라는 절대자의 느낌이 떨림(미스테리움 트레멘둠)으로서 다가왔다. 오랜 시간 동안 멍하게 서서 이 성화를 바라보고 또 바라보는 나의 눈시울에는 뜨거운 감격이 고여 있었다.

Thomas 90

나의 멍에는 쉽고 나의 다스림은 부드럽다

제90장

¹예수께서 가라사대, "나에게로 오라! 나의 멍에는 쉽고, 나의 다스림은 부드럽기 때문이니라. ²그리고 너희는 너희 자신을 위하여 안식을 발견하리라."

¹Jesus said, "Come to me, for my yoke is easy and my reign is gentle, ²and you will find rest for yourselves."

 본 자료는 마태에만 있는 M자료와 병행한다. 마태는 도마를 매우 설명적으로 확대시켰다.

(마 11:28~30) 수고하고 무거운 짐진 모든 자들아! 나에게로 오라! 내가 너희를 안식케 하리라. 나는 마음이 온유하고 겸손하니, 나의 멍에를 메고 내게 배우라. 그리하면 너희는 너희 영혼을 위하여 안식을 발견하리라. 내 멍에는 쉽고 내 짐은 가볍기 때문이니라.

마태자료는 도마자료에 비하여, 우선 "수고하는 자들, 그리고 무거운 짐을 지는 모든 자들"이라는 대상을 명료하게 지칭하고 있다. "수고하는 자들"이란, 지친 자들이며 "무거운 짐을 지는 자들" 또한 사회적으로 핍박받는 소외된 자들이다.

"나에게로 오라"는 외침은 마태에 있어서는 산상수훈과도 같은 천국 선포의 강렬한 언사이다. "나"야말로 하나님 아버지에게로 접근할 수 있는 유일한 통로이다. "나에게로"라는 표현은 1인칭 화자의 입술에서밖에는 떨어질 수 없는 말이다. 그 "나"의 초대를 받는 사람은 "지혜롭고 학식이 높은 자들 the wise and learned"이 아니라 "지치고 무거운 짐진 자들 the weary and burdened"이다. 나의 초대는 지적 호기심을 충족시키거나 거만한 자들의 만족감을 강화시키기 위한 것이 아니다. 신약성서에서도 "멍에"라는 개념은 어떤 권위에의 복속이라는 맥락에서 자주 쓰인다. 그것은 두 마리의 소 위에 얹어지는 것이며, 짐, 복종, 비굴을 상징한다. 특히 "나의 쉽고 가벼운 멍에"라는 개념은 암암리 "바리새인 율법의 어렵고 무거운 멍에"라는 개념을 반사적으로 암시하고 있다.

이러한 모든 의미맥락 구조 속에서는 "안식"이라는 의미는 결국 "종말론적 안식 eschatological rest"으로 귀결된다. 그리고 도마에 있는 "너희 자신을 위하여 안식을 발견하리라"라는 구문이 마태에서는 "너희 영혼을 위하여 안식을 발견하리라"라는 구문으로 바뀌어 있다. 역시 마태의 의미맥락은 종말론적 안식과 더불어 모든 개념들이 영성화되어 있는 것이다.

그러나 도마의 의미맥락은 이러한 마태의 색깔 속에서 규정될 수 없다. 우선 "나에게로 오라"는 초대(invitation)는 특정한 대상에게 한정되지 않는다. 지치고 무거운 짐을 지는 영락한 소외계층에게만 발하는 초대장이 아닌 것이다. 인간이라면 누구든지 받을 수 있는 초대이다. 그것은 매우 보편주의적인 명제인 것이다. 예수는 이러한 초대를 정당화할 수 있는 두 가지 이유를 제시한다: "나의 멍에는 쉽고, 나의 다스림은 부드럽다."

우리가 언뜻 생각하기에 지치고 무거운 짐지는 자들에게는 그 급선무가 "멍에를 벗겨주는"일일 것 같은데, 왜 "나의 멍에를 메라"고 말하는 것일까? 여기 인간

존재에 대한 근원적인 통찰이 깃들어 있다. 인간은 살아있는 동안 멍에를 벗어날 수 없는 존재이다. 불교에서 유여열반과 무여열반의 구분이 존재하지만, 인간은 몸을 가지고 있는 한은 멍에를 멜 수밖에 없는 존재이다. 노자도 이렇게 말한다: "인간에게 몸이 없다면, 도대체 무슨 걱정이 있겠는가? 及吾無身, 吾有何患?" 멍에는 소가 밭가는 모습을 연상케 하는데, 그것은 인간의 삶 자체가 "노동"의 과정이라는 것을 상징한다. 그리고 멍에는 두 마리의 소가 같이 끌기 위한 것이다. 멍에는 "더불어 같이 하는 노동"을 상징한다.

여기 "나의 다스림reign"으로 번역된 말은 "나의 주인됨"을 의미한다. 메이어는 "my mastery"라고 했고, 람브딘은 "my lordship"이라 했다. 멍에와 마찬가지로 "주인됨"이라는 말은, 인간은 어디엔가 소속되지 않을 수 없는 존재라는 것을 나타낸다.

그러니까 본 장은 매우 간결하지만 그 전체구조가 3단계의 논리적 맥락을 따라 이루어져 있다. 제1단계는 "나에게로의 초대"이다. 제2단계는 그 초대의 필연성을 입증하는 두 가지 이유이다. 그리고 제3단계는 그 초대를 수락했을 때 그 수락자들에게 수반되는 결과이다. 그 결과는 곧 "안식"이다.

여태까지 우리는 도마에 있어서 "안식"이라는 말의 특수한 의미를 탐구해왔다. 제50장에서는 아버지께서 나 속에 존재한다는 증표가 곧 "운동이요, 안식이다"라고 말했다. 안식은 운동의 계기인 동시에 운동의 목표이다. 여기 "멍에와 안식"의 관계 또한 마찬가지이다. 인간은 멍에를 지니고 살아가지 않을 수 없는 존재이다. 근원적으로 멍에를 메지 아니 하는 자에게는 "안식"도 존재할 수 없다. 그런데 그 멍에가 인간을 죽음과 파멸로 이끄는 구약적 세계관, 질투와 징벌과 율법, 용서없는 권위주의에로의 복속을 강요하는 멍에라면 인간은 그러한 멍에를 메서는 아니된다. 그러기 때문에 예수가 제시하는 멍에는 "쉽고 편안하고 가벼운 멍에"이다.

인간에게 날로 노동의 기쁨을 선사하는 멍에이다. 이러한 멍에를 진 자에게만 "안식"은 찾아온다. 그리고 그 안식은 예수를 위한 것도 아니요, 하나님을 위한 것도 아니다. 바로 "너 자신을 위한" 안식인 것이다. 이러한 "안식"은 불교에서 말하는 "해탈"과 비슷한 개념이다. 이것을 종말론적 안식, 천당에서의 안식으로 해석해서는 아니 되는 것이다. 예수의 말은 어떠한 종교나 권위나 조직을 위한 것이 아니었으며 오직 예수 도반들의 자각을 위한, 도반들 스스로를 위한 가르침이었다. 그런데 이런 말들이 종말론적 맥락을 지니게 되면서 모두 어떤 권위주의에로의 복속을 의미하는 말로서 변질되었다는 것은 가슴아픈 일이다. 우리는 도마에서 항상 그 종말론에 오염되지 않은 순결한 진주를 발견하게 되는 것이다.

카파도키아 고원의 모습을 만들어 놓은 하산다그(Hasandağ, 3268m)의 웅장한 모습. 새벽에 나는 발길을 재촉했다. 이 화산이 폭발하면서 넘친 용암이 부식하면서 기암군과 다양한 지형이 생겨난 것이다.

너희는 하늘과 땅의 표정을 읽을 줄 알면서 너희 앞에 서있는 나를 모르느냐?

제91장

¹그들이 그에게 이르되, "우리가 당신을 믿고자 하오니, 당신이 과연 누구인지를 우리에게 말하여 주소서." ²그께서 그들에게 가라사대, "너희는 하늘과 땅의 표정을 읽을 줄 알면서 너희 면전에 서있는 그 사람을 알지 못하는도다. 그러니까 너희는 바로 이 순간을 읽을 줄을 알지 못하는도다."

¹They said to him, "Tell us who you are so that we may believe in you." ²He said to them, "You read the face of heaven and earth, but you have not come to recognize the one who is in your presence, and you do not know how to read this moment."

沃案 본 장도 큐복음서(Q59)에 병행한다.

(마 16:1~3) 바리새인과 사두개인들이 와서 예수를 시험하여, 하늘로서 오는 징표를 보이기를 청하니, 예수께서 대답하여 가라사대, "너희가 저녁에 하늘이 붉으면 '날이 좋겠다'하고, 아침에 하늘이 붉고 흐리면 '오늘은 날이 궂겠다'하는도다. 너희가 하늘의 현상은 분변할 줄 알면서 어찌하여 이 시대의 징표는 분변할 줄 모르느냐?"

(눅 12:54~56) 또 무리에게 이르시되, "너희가 구름이 서에서 일어남을 보면 곧 말하기를 '소나기가 오리라'하나니, 과연 그러하고, 남풍이 부는 것을 보면 말하기를 '심히 더우리라'하나니, 과연 그러하니라. 너희 외식하는 자들이여! 너희가 하늘과 땅의 기상(氣象)은 분변(分辨)할 줄을 알면서 어찌하여 지금 이 시대를 분변하는 것은 알지 못하느냐?"

도마와 누가-마태자료를 비교해보면 도마의 의미도 선명하게 드러남과 동시에, 얼마나 정경복음서들이 도마자료를 종말론적으로 변형시켜갔는가 하는 것을 역력하게 관찰할 수 있다. 마태와 누가를 비교해보면 큐의 원형을 보존하고 있는 것은 누가쪽이다. 그리고 도마의 원형을 보존하고 있는 것도 누가자료이다.

하늘과 땅에서 나타나는 기상학적 현상으로써 미래에 일어날 일을 판단하는 것은 일종의 과학적 사유의 원형이다. 반복되는 경험의 사례를 귀납하여 일반화된 판단에 도달하고, 그러한 판단으로서 미래를 예측하는 것이다. 그러한 예측을 할 수 있는 이성의 소유자가 어찌 물리적인 사태만을 추론하고 어찌 가장 중요한 "이 시대의 징표"를 분변치 못하는가? 도마의 "이 순간을 읽다"가 누가에서는 "이 시대를 분변하다"로 변했고, 그것이 또다시 마태에서는 "이 시대의 징표를 분변하다"로 변했다. 누가만 해도 "이 시대를 분변한다"는 것이 명백하게 종말의 때를 알아차린다는 뜻으로 해석될 필요까지는 없다. 큐자료의 원형이 꼭 종말론적으로 해석될 필요는 없는 것이다. 그러나 마태는 명백하게 종말론적 함의의 맥락 속에서 이 자료를 활용하고 있다.

도마에서는 질문자들이 불특정의 다수로 나타난다. "바리새인들과 사두개인들"이라는 특정화는 마태의 첨가일 뿐이다. 군중들은 항상 예수의 아이덴티티에 관심이 있다. 예수의 아이덴티티에 관한 예수 자신의 계시를 갈망하고 있는 것이다. 군중들의 질문 속에 이미 예수의 대답의 구조가 들어있다. 군중들은 예수의 계시를 통하여 예수에 대한 신앙에 이르고자 하는 것이다. 이러한 군중의 소망은 "타력신앙"적인 발상이다: "우리가 당신을 믿고자 하오니, 당신이 과연 누구인지를 우리에게 말하여 주소서." 예수는 계시도 거부하고 신앙도 거부한다. 예수가 말하는 계시는 예수의 입을 통하여 올 수가 없는 것이다. 요한복음의 예수처럼 자기 스스로의 입을 통하여 계시하는 모습은 저차원적 예수의 모습일 수밖에 없다. 그러한 예수의 자기계시는 독단이며 신앙의 강요이다. 자기계시는 오도(誤導)를 유발한다.

계시는 "하늘과 땅의 표정을 읽을 줄 아는 것"과도 같이 평범한 객관적 사태를 파악할 줄 아는 범인들의 이성적 능력 속에 이미 내재하는 것이다. "읽는다peirao"는 것은 시험하고, 조사하고, 탐구하고, 체험하는 것이다(메이어는 "to examine"이라는 동사를 썼다). 그러니까 하늘과 땅의 기상과도 같은 사태를 파악하여 일반화된 명제에 도달할 줄 아는 능력을 소유한 인간이라면, 당연히 너희 면전에 서있는 그 사람, 나 살아있는 예수를 인지할 수 있어야 하는 것이다. 그런데 너희는 하늘과 땅의 표정을 읽을 줄 알면서 너희 면전에 서있는 나 예수를 읽지 못한다. 그리고 나에게 나의 아이덴티티를 계시할 것을 요구하고 있다. 그 얼마나 슬픈 일인가!

여기 우리는 도마복음의 출발점이 "살아있는 예수의 은밀한 말씀들"이었다는 사실을(Th.서장) 상기할 필요가 있다. 여기의 예수는 죽은 예수가 아니라 살아있는 예수다. 부활한 예수가 아니라 오늘 여기 현존하는 예수다. "살아있음"은 "현존성"만을 전제로 하는 것이다. 그 살아있는 예수는 바로 우리 추구하는 자들의 면전에 서있는 현재 그 시점의 예수이다. 그 예수는 예수의 입을 통하여서도 규정될 수 없는 예수이다: "너희는 바로 이 순간을 읽을 줄을 알지 못하는도다!" 이 순간의 대상은 마태가 말하는 "시대의 징표"가 아니라 예수의 아이덴티티에 관한 것이다. 그러나 예수의 아이덴티티는 오직 추구하는 자들 내면의 아이덴티티 속에서 드러나는 것이다.

여기 예수의 로기온에 깊게 배어있는 사상은 바로 참된 앎은 "현존의 즉각성"에 있다는 것이다. 그 즉각성은 언어적 규정이 아니라 직감이며 당장의 총체적 깨달음이다. 그것은 언어도단(言語道斷: 언어를 통하여서는 오묘한 진리에 도달할 수 없다는 선적 사상)의 세계이며 도가도비상도(道可道非常道)의 세계이다. 도를 도라고 언어적으로 규정하면 바로 이 순간의 현존하는 살아 생동하는 도는 사라져버릴 수밖에 없다.

불행하게도 본 장의 로기온을 서구의 주석가들은 해석하지 못한다. 역사적 예수의 동방적 사유의 본체를 꿰뚫지 못하기 때문이다. 본 장은 누가 봐도 명백하게 선언하고 있는 것이다: 예수를 아는 것은 바로 이 순간을 읽는 것이며, 그것은 바로 너희 면전에 서있는 그 사람을 아는 것이다. "그 사람"이 꼭 역사적 한 개체였던 갈릴리의 예수라는 사나이일 필요는 없다. 나의 실존의 면전에 서있는 "그 사람"을 알지 못하면, 예수를 알 수 있는 길은 영원히 열리지 않는다. 모든 계시는 우리를 신앙으로 이끄는 것이 아니라 우리에게 내재하는 현존의 직관으로 이끄는 것이어야 한다. 직관은 우리에게 확신을 강요하는 것이 아니라 끊임없는 의문을 제기하는 것이다. 예수는 이러한 의문 속에 엄존하는 살아있는 그 사람이다. 회의의 차단은 모든 사교(邪敎)의 특징이다.

예수는 자기에게로의 신앙을 거부한다. 예수는 믿음의 대상이 되어서는 아니 된다. 오로지 예수의 말씀만이 해석과 깨달음의 대상이다. 이러한 예수를 바울은 철저히 믿음의 대상으로 만들었다. 예수라는 존재를 우리 죄의 대속의 주체로 규정해놓고, 그 존재의 규정성에 대한 전적인 믿음을 권유한다. 이렇게 예수에 대한 믿음이 기독교의 핵심테마가 되면 실제로 예수의 말씀은 사라지게 된다. 말씀은 신앙을 촉매하는 부수적 위치로 전락하게 된다. 도마전통은 이러한 바울전통과 대립하는 강력한 사상줄기를 형성했다. 그래서 믿음을 거부하고 말씀의 일차적 중요성을 말한다. 그런데 말씀은 어디까지나 역사적 예수의 살아있는 말씀이었다. 이러한 도마전통에 대하여 바울전통을 강력히 리클레임한 새로운 운동이 바로 요한공동체의 로고스기독론이었다. 요한은 말씀 자체를 역사적 예수로부터 분리하여 하나님의 화신으로 만들었고, 그 말씀을 바울이 말하는 전적인 신앙의 대상으로 실체화시킴으로써 기독론의 최종적 근거를 창출하였던 것이다.

나는 찾으러 가고 있었다. 히타이트제국의 지하도시 데린쿠유로 가는 길. 해발 1,150m 고지.

왜 찾고있지 않느냐?

제92장

¹예수께서 가라사대, "찾으라! 그러면 너희는 발견할 것이다. ²허나 지난 시절에는, 너희가 나에게 구하는 것들에 관하여 나는 너희에게 말하지 않았다. 나는 지금 바로 그것들을 말하려하나 너희가 그것들을 찾고 있지 않구나!"

¹Jesus said, "Seek and you will find. ²In the past, however, I did not tell you the things about which you asked me then. Now I am willing to tell them, but you are not seeking them."

沃案 외관상 매우 평범한 언어로 이루어져 있지만 해석은 심층적 통찰을 요구한다. 제1절과 제2절 사이에 모종의 단절이 있는 것처럼 느껴지기도 하기 때문이다. 제1절은 큐복음서(Q35)에 속하는 것으로 도마의 구절과 정확하게 일치한다.

(마 7:7) 구하라! 그러면 너희에게 주실 것이요. 찾으라! 그러면 너희는 발견할 것이요. 문을 두드리라! 그러면 너희에게 열릴 것이니라.

(눅 11:9) 내가 또 너희에게 이르노니, "구하라! 그러면 너희에게 주실 것이요. 찾으라! 그러면 너희는 발견할 것이요. 문을 두드리라! 그러면 너희에게 열릴 것이니라."

마태와 누가의 구절도 일치하고, 그 중 한 구절인 "찾으라! 그러면 너희는 발견할 것이다"가 도마와 일치한다. 그런데 마태-누가에서는 이 메시지는 하나님께로 향한 기도양식 중의 하나로서 언급된 것이다. 누가에서는 "주기도문" 바로 뒤에 나오고 있다. 그러나 도마의 예수는 기도라는 양식을 좋아하지 않는다. 이것은 하나님을 향한 기도가 아니라 추구하는 주체들의 내면의 노력에 관한 것이다(cf. Th.2). 92장과 94장은 주제의 흐름이 연결되고 있다. 따라서 "찾으라! 그러면 너희는 발견할 것이다"라는 메시지는 물론 부정적 함의를 지니고 있지 않다. 그것은 본 장의 전체 논의의 대전제로서 제시된 것이다.

이것을 마태-누가에서처럼 하나님의 영광을 드러내기 위한 기도로서 이해하면, 찾기만 하면 찾게 된다는 하나님의 역사하심이 강조되므로 매우 타력신앙적 복음이 된다. 그리고 찾는 대상도 결국 하나님이다. 하나님을 찾으라! 그러면 너희는 하나님을 발견케 된다는 것이다. 구함도 구하는 주체의 노력이 강조되기보다는, 하나님의 선물주심이 강조되고 있다. 구함의 주체적 노력 끝에 얻는 어려운 대가가 아니다. 이것은 마치 양명좌파(현성파現成派: "구하면 즉각 이루어진다," 양지良知는 공부의 축적에 의한 것이 아니라 곧바로 달성된다. 직오直悟·직신直信을 강조한다)의 논리와 비슷하다.

그러나 여기 도마의 논리의 배면에는 공관복음서 기자들이 간과하고 있는 주체적 노력의 논리가 배어있다. "찾으라! 그러면 너희는 발견할 것이다"라는 명제에서 강조되고 있는 것은 "발견"이 아니라 "찾음"이다. "발견"이라는 결과가 아니라 "찾음"이라는 주체적 노력이다. 다시 말해서 주체적으로 찾는 노력이 없으면 발견도 있을 수 없다는 것이다. 따라서 1절과 2절의 내면을 관통하는 논리는 바로 이 "찾음"에서 찾아져야 할 것이다.

"찾음"이란 일시적인, 일회적인 찾음이 아니라, 끊임없는, 생의 모든 순간에서 지속되어야 할 추구며, 탐색이며, 모험이다.

"지난 시절"은 아마도 역사적 예수의 실존적 고백을 의미하는 것으로서 예수의 사역시기의 초기상황, 즉 예수 천국운동의 형성시기(formative years)를 지칭하는 것으로 보아야 할 것이다. "그때 너희가 나에게 구하는 것들에 관하여 나는 너희에게 말하지 않았다." 따르는 자들의 추구는 있었으나, 초기 제자들의 질문은 자기들이 진정으로 무엇을 질문하고 있는지를 몰랐다. 그들은 근본적인 문제에 관하여 "감"이 없었다. 그래서 그러한 상황에서는 그러한 무지한 질문에 일일이 답할 수가 없었다. 진정한 질문과 진정한 대답이란 영적 소통이 가능한 상태에서 이루어지는 것이다. 그런데 그러한 초보적 상태를 지나 예수의 도반들이 많이 성숙했다. 그들은 예수를 따라다니면서 딴 그룹에서 얻어 듣지 못하는 많은 것을 얻어 들었다. 그래서 자만감이 생겼다. 그래서 그 초기의 추구를 지속하지 않는 것이다: **"나는 지금 바로 그것들을 말하려 하나 너희가 그것들을 찾고 있지 않구나!"**

그들은 진실한 추구를 지속시키고 있질 않은 것이다. 기꺼이 설법하고자 하는 쾌락(快諾)의 심사가 있을 때 오히려 도반들은 찾고 있지를 않다. 소통의 의지가 이렇게 서로 엇갈리는 상황은 실제로 우리가 살면서 많이 직면하게 되는 실존적 상황인 것이다. 기나긴 삶의 추구에는 반드시 초심(初心)의 신선함이 지속되어야 한다. 이 로기온의 전체적 의미는 찾으면 발견할 수 있을 터인데 찾고있지 않는 도반들의 게으름, 자만을 지적함으로써 진리에 대한 추구(찾음)는 삶의 모든 순간에서 지속되어야 한다는 것을 말하고 있다. 그리고 경장(經藏)과 논장(論藏)의 문제도 암시되고 있다. 도반들이 논장에만 빠져 경장은 추구하지 않고 있는 상황에 대한 경계가 나타나 있는 것이다. 이 로기온에 내포되어 있는 부정적 함의의 측면이 다음 장으로 연결되고 있다.

거룩한 것을 개에게 주지말라

제93장

¹(예수께서 가라사대,) "거룩한 것들을 개들에게 주지말라. 그들이 그것들을 똥거름 더미에 던지지 않도록 하라. ²진주들을 돼지들에게 주지 말라. 그들이 그것들을 진창 속에 밟지 않도록 하라."

¹(Jesus said,) "Do not give what is holy to dogs, or they might throw them upon the manure pile. ²Do not throw pearls to swine, or they might make mud of it."

沃案 2절의 경우, 콥틱 텍스트에 보이지 않는 곳이 있어 복원에 약간 문제가 있다. 메이어의 복원을 따랐다. 심각한 내용이 없는 부분이며 그 의미는 명료하다. 본 장은 마태에만 있는 자료에 병행한다.

> (마 7:6) 거룩한 것을 개에게 주지 말며, 너희 진주를 돼지 앞에 던지지 말라. 저희가 그것을 발로 밟고, 돌아서서 너희에게 덤벼 물어뜯지 못하도록 하라.

도마를 마태와 비교해보면 두 명제가 다 앞 구절은 일치하는데 뒷 구절은 변형되었다. 상당수의 마태 주석가들이 개나 돼지를 모두 "이방인"으로 간주하고, 이 로기온자료가 이방선교에 대한 초기 유대기독교인들의 반발로 간주하였다. 그리고 마태의 초월주의적 이론 틀에 있어서는 개·돼지와 하나님의 이원성이 대립되며, 속세의 모든 것이 개·돼지에 속하는 것이다. 따라서 이 논의는 앞서 말한 보물을 오직 좀과 동록이 해하지 못하는 하늘에 쌓아 두라는 비유와 상통하게 된다. 오직 하나님 중심의 삶의 비젼(a radically theocentric vision of life)을 강조하고 있는 것이다. 도마의 문맥에는 그러한 논의는 가당치 않다.

구약의 기술에 보면 개나 돼지는 요즈음 우리가 기르는 가축이라기보다는 야생의 동물들이며, 대개 사악하고 불결하며 구역질나는, 그러면서 위험한 동물로서 묘사되어 있다(삼상 17:43, 24:14, 왕상 14:11, 21:19, 왕하 8:13, 욥 30:1, 잠 26:11, 전 9:4, 이사야 66:3). 여기서는 앞 장과 관련하여 근원적으로 예수의 말씀에 대하여 이해가 없는 자들, 그리고 추구를 포기하는 자들을 가리키고 있다.

고귀한 예수의 나라에 관한 말씀은 거룩함을 근원적으로 인지할 수 없는 개·돼지들에게 던져질 필요는 전혀 없는 것이다. 이것은 엘리티즘이 아니라, 근원적으로 소통불가능한 자들에 대한 전략적 방편일 수도 있다. 도마의 맥락은 매우 현실적이다. 진주는 근원적으로 돼지에게 먹이로 인지되지 않는다. 진주와 같은 풍요로운 진리는 오직 그 가치를 인정할 줄 아는 사람들을 위하여 귀하게 보호되어야 할 필요가 있다는 것을 말하고 있다. 진리는 오직 "이해 understanding"의 장(場)에서만 소통되는 것이다.

데린쿠유 마을광장. 전면에 있는 것이 성 테오도르교회(854년 건축). 이 광장 지하에 거대한 지하도시가 있다.

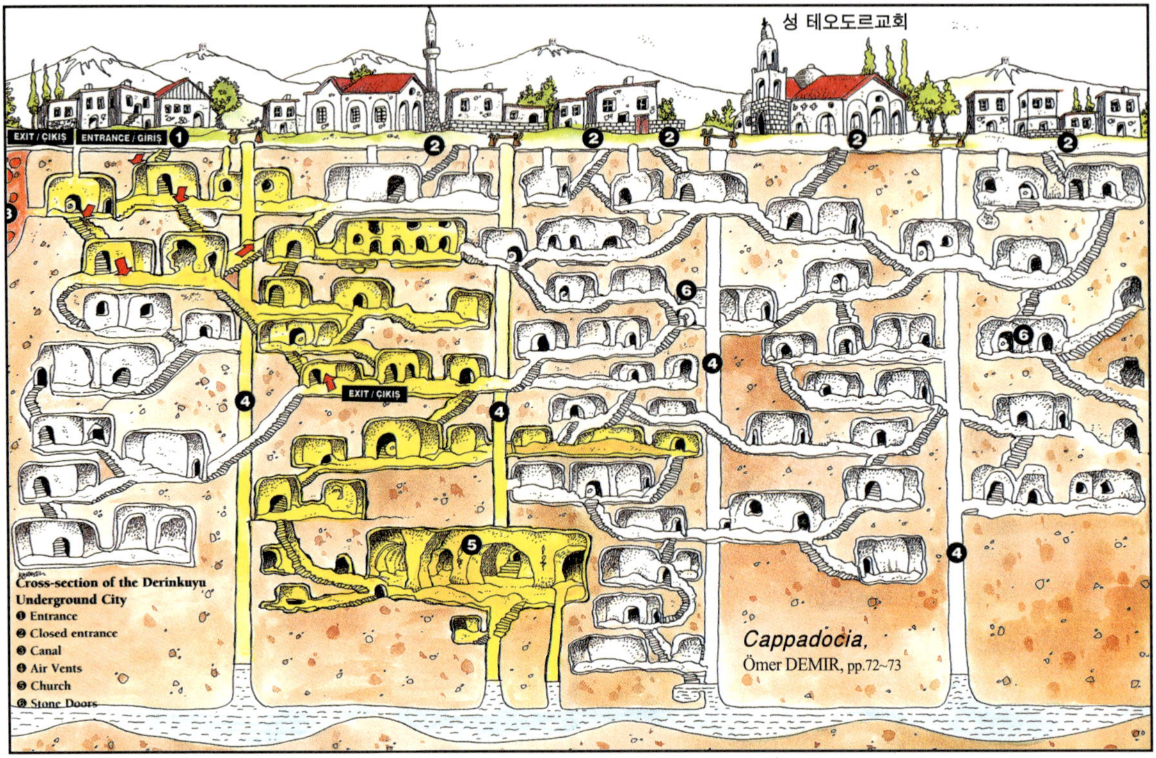

지금으로부터 4천년 전에까지 소급되는 이 지하도시는 희랍 역사가 크세노폰(Xenophon, BC 431~350)의 저서 『아나바시스 Anabasis』 속에서 언급되고 있다. 주로 히타이트제국의 사람들이 방어전투용으로 개발하였다. 그 규모가 방대하다. 카파도키아 지역에 이러한 지하도시가 200여개나 된다고 한다. 세계 7대 불가사의 중의 하나로 꼽기도 한다.

두드리는 자에게 열린다

제94장

^{1}예수께서 가라사대, "찾는 자는 발견할 것이다. ^{2}두드리는 자에게는 열릴 것이다."

^{1}Jesus said, "One who seeks will find; ^{2}for one who knocks it will be opened."

沃案 본 장의 내용에 관해서는 이미 해설하였다. 큐복음서(Q35)의 하반부가 병행한다.

(마 7:8) 구하는 자마다 받을 것이다. 그리고 찾는 자는 발견할 것이다. 그리고 두드리는 자에게 열릴 것이니라.

(눅 11:10) 구하는 자마다 받을 것이다. 그리고 찾는 자는 발견할 것이다. 그리고 두드리는 자에게 열릴 것이니라.

도마에는 "구함-받음" "찾음-발견" "두드림-열림"의 세 명제 중 "구함-받음"이 없다. 도마의 전승에다가 큐가 보태었거나, 각기 다른 전승들이었을 가능성이 있다. 도마에 있어서 두드리는 문은 천국의 문이라기보다는, 예수의 말씀의 문을 의미할 것이다. 여기서 찾는 자와 두드리는 자는 개·돼지와 대비되는 사람들이다.

돈을 꿔주려면 아예 받을 생각마라

제95장

¹예수께서 가라사대, "너희가 돈을 가지고 있다면, 이자 받을 생각하고 빌려주지 말라.
²차라리, 그 돈을 너희가 다시 돌려받을 수 없는 사람에게 주어버려라."
¹Jesus said, "If you have money, do not lend it at interest.
²Rather, give it to someone from whom you will not get it back."

沃案 예수는 정말 앗쌀해서 좋다. 사실 이러한 예수의 말씀은 현실적 삶을 살아가는 데 매우 유용한 교훈이다. 돈을 남에게 꾸어줄 수 있는 사람은 여유가 있는 사람이다. 돈을 아예 안 꾸어주든가, 꾸어주려면 이자를 붙여먹을 그런 구질구질한 소인배노릇 하지 말라는 것이다. 출애굽기 22:24에 보면 유대인의 관습 중 약자를 보호하는 율법이 적혀져 있다: "너희 가운데 누가 어렵게 사는 나의 백성에게 돈을 꾸어주게 되거든 그에게 채권자 행세를 하거나 이자를 받지 말라."

그러나 예수시대에 이자를 붙여먹는 고리대금업은 상당히 성행하던 습관이었다. 이러한 분위기 속에서 예수는 돈에 대한 관념을 근원적으로 전환시키고 있다. 예수는 금식이나, 구제나, 기도와 같은 외면적 행위를 전적으로 금지시키고 있다(Th.14). 예수는 돈을 빌려주는 행위에 관해서도 근원적으로 부정적인 견해를 표방하고 있다. 돈을 빌려주지 말라는 것이 아니고 돈을 빌려주는 방식을 혁명시켜야 한다. 돈을 빌려줌을 통하여 돈을 벌지 말라는 것이다. 예수는 금융업을 부정한 사람이었는데, 유대인들이 세계금융을 독점하고 달러지상주의를 조장하여 미제국주의의 화신이 되어있는 현실은 세계사의 한 아이러니라 아니 할 수 없다. 서구역사를 통하여 기독교가 금융업을 천시했기 때문에 유대인이 고리대금업을 독점하도록 휘몰아갔던 것이다. 셰익스피어가 『베니스 상인』에서 그리고 있는 유대인 이미지를 연상하면 쉽게 이해가 갈 것이다.

큐복음서(Q15)에 비슷한 문구가 있다.

(마 5:42) 네게 구하는 자에게 주며, 네게 꾸고자 하는 자에게 거절하지 말라.

(눅 6:30) 무릇 네게 구하는 자는 누구에게든지 주며, 네 것을 가져가는 자에게 다시 달라 하지 말라.

누가 쪽이 도마자료의 논지를 더 많이 보존하고 있다. 도마의 내용이 훨씬 더 구체적이고 강렬하고 단호하다.

데린쿠유(Derinkuyu) 라는 말은 "깊은 우물 deep well"이라는 뜻이다. 이 우물은 지상에서 수면까지 85m나 되는데 지하도시와 연결되어 생활용수를 제공하며 통풍구 역할도 한다. 카파도키아 지역은 해발 1,355m 고원지대이다.

아버지의 나라는
빵 속에 효모를 숨기는 여인과도 같다

제96장

¹예수께서 가라사대, "아버지의 나라는 한 여인과도 같도다. ²그 여인은 아주 소량의 효모를 가져다가 밀가루 반죽 속에 숨기어, 그것을 많은 갯수의 빵으로 부풀리었도다. ³귀가 있는 자는 누구든지 들으라!"
¹Jesus said, "The kingdom of the father is like a woman. ²She took a little yeast, hid it in dough, and made it into large loaves of bread. ³Whoever has ears should hear."

沃案 큐복음서(Q62)에 병행한다.

(마 13:33) 또 비유로 말씀하시되, "천국은 마치 여자가 밀가루 서 말 속에 갖다 넣어 전부 부풀게 한 효모와도 같으니라."

(눅 13:20) 또 가라사대, "내가 하나님의 나라를 무엇에다 비교할꼬? 마치 여자가 밀가루 서 말 속에 갖다 넣어 전부 부풀게 한 효모와도 같으니라."

누가의 의문형 어투가 마태에서는 평서문으로 바뀌어 있다. 평서문이라는 시각에서는 마태가 도마와 더 근접하지만, 전승의 계보는 구체적으로 확정할 길이 없다. 도마에는 "서 말"이라는 밀가루 반죽의 분량에 관한 규정이 없다. 그리고 마태-누가는 모두 천국을 "효모"라는 사태(event)에 비유하고 있는데, 도마는 천국을 "여인"이라는 인격체(person)에다가 막바로 비유하고 있다. 앞서 76장에서 설명했듯이 천국은 "사태"가 아니라 "행동중인 사람"이다. 천국은 인격주체의 내면의 문제이며, 사람이 행동하는 실천방식 가운데 내재하는 것이다. 천국을 "사람"으로 비유하고, 또 천국을 "아버지의 나라"라고 표현한 도마의 로기온자료가 누가-마태자료에 선행하는 고태(古態)라는 것은 의심의 여지가 없다. 복음서 기자들은 천국이 사람과 같다고 하는 역사적 예수의 어법을 수사학적으로 어색하게 느꼈을 수도 있다.

작은 것이 큰 것으로 변화하는 것, 천국운동은 비록 작은 데서 출발하지만 인간세를 휘덮는 거대한 운동으로 발전하리라는 예수의 신념은 이미 제20장의 겨자씨의 비유에서 충분히 토의되었다.

본래 유대인의 유월절 관습에 무교병(無酵餠)의 전통이 있기 때문에 유대인들은 효모(yeast, leaven)를 악한 뉘앙스로 사용했다. 그들은 발효를 부패라고 보았기에 악의 대명사로 간주한 것이다. 예수는 이러한 저열한 효모를 천국을 상징하는 위대한 촉매로 승화시켰다. 강렬한 반어법이라고 할 것이다. 예수는 참으로 반유대적이었다. 기존의 성서 우리말번역은 "누룩"이라는 표현을 썼으나 나는 아무래도 "누룩"은 양조와 더 관련되는 것이라서 "효모"라는 표현을 썼다.

효모는 소량이지만 밀가루 반죽 속에 숨기어지면, 그것은 내부로부터(from within), 소리없이, 은밀하게, 천천히, 아주 본질적인 화학변화를 일으킨다. 그리고 그것은 매체를 "부풀린다." 즉 예수운동이 확산되는 것을 상징하고 있다. 그 프로세스는 일단 시작되면 비가역적이고 자연적(自然而然)이다. 그리고 효모는 생명의 근원인 맛있는 빵을 모두에게 제공하는 것이다.

여기 천국이 여인과도 같다고 한 것은 특별한 의미가 있다. 이 여인은 효모의 주체로서 등장하고 있다. 즉 이 여인은 남자가 여자가 되고, 여자가 남자가 된, 즉 초기 예수운동의 성개방성을 상징하고 있다. 예수를 따르고 지원하는 사람들 중에는 여인들이 많았다. 마지막 골고다언덕에 모인 사람들도 대부분이 여자들이었다(막 15:40~41). 예수운동의 큰 특징을 두 개 꼽으라면, 여성 그리고 모든 약자들에 대한 편견없는 태도와 개방적 공동식사(open commensality)였다. 이 두 가지 특징이 여인과 효모로 나타내어지고 있는 것이다.

예수운동은 인류사의 가장 큰 혁명이라고도 말할 수 있는 여성혁명의 출발이었다. 그 심오한 철학적 배경이 여기 도마복음서에 보존되어 있는 것이다. 그런데 이러한 도마전통이 지독하게 남성중심주의적인 바울에 의하여 변모되었고, 초기교회공동체의 장로들, 조직원들에 의하여 묵살되었다. 예수는 하나님 "아버지" 그 자체를 여성성으로, 아니, 남성과 여성의 구분이 근원적으로 해소된 새로운 성(new gender)으로 생각했다("하나님 어머니"를 암시하는 표현이 101장에 나오고 있다). 그것은 새로운 주체(new subjectivity)였고 새로운 생명(new life)이었다.

도처에 있는 차단용 돌문(거대한 연자방아 같다. 무덤문과 같은 형식)은 이 지하도시가 방어용이었다는 것을 입증한다.

단면으로 보면 스위스 치즈의 구멍뚫린 모습같은 터널의 미로를 따라 내려가면 지하 7층의 깊이에서 거대한 홀에 도달하게 된다. 물론 중도에 많은 차단 돌문을 거친다. 이 도시는 히타이트제국시대, 로마시대, 비잔틴시대를 거치면서 줄곧 사용되었는데, 이 지하도시야말로 초대교회의 성지였다는 사실이 여기 특기 되어야 한다. 바울의 선교이래 이 카파도키아 지역의 교인들은 로마의 박해를 피하고 자유로운 신앙생활을 하기 위하여 이 지하로 몰려들었던 것이다. 그래서 성당형태로 지하를 다듬고 생활공간도 더 만들었다.

아버지의 나라는 부지불식간에 밀가루를 흩날리며 걸어가는 한 여인과도 같다

제97장

¹예수께서 가라사대, "아버지의 나라는 밀가루를 가득 채운 동이를 이고 가는 한 여인과도 같다. ²그녀가 먼 길을 걸어가는 동안, 이고 가는 동이의 손잡이가 깨져서, 밀가루가 새어나와 그녀가 가는 길가에 흩날려 뿌려졌다. ³그러나 그녀는 그 사실을 전혀 알지 못했다. 그녀는 문제를 눈치채지 못했던 것이다. ⁴그 여인이 집에 당도했을 때, 그녀는 그 동이를 내려놓았다. 그리고 그것이 비어있는 것을 발견했다."

¹Jesus said, "The kingdom of the father is like a woman who was carrying a jar full of meal. ²While she was walking along a distant road, the handle of the jar broke and the meal spilled behind her along the road. ³She did not know it; she had not noticed a problem. ⁴When she reached her house, she put the jar down and discovered that it was empty."

沃案 나는 언젠가 이런 말을 한 적이 있다. 『논어』 499장의 로기온자료 중에서 가장 좋아하는 두 개를 뽑으라고 한다면, 나는 주저없이 「술이述而」편의 "시구야 是丘也"와 「팔일八佾」편의 "시례야是禮也"를 꼽겠노라고. 그런데 누가 나보고 도마복음서 중에서 두 장을 꼽으라 한다면 나는 주저없이 42장과 97장, 이 두 장을

꼽을 것이다. 제97장의 매력이 없었더라면 나는 나의 인생에서 예수를 다시 쳐다보지 않았을지도 모른다. 예수는 사람들이 몰라서 걱정이 아니라, 너무 많이 알고 너무 잘 알아 걱정이다.

2천년 동안 사람들의 짙은 지식의 안개 속에 가려져왔기 때문에 예수는 불행한 것이다. 예수는 양천년의 주석더미를 헤치고 나올 기력이 없다. 그는 이미 신학자들의 학설과 목사들의 교설더미 속에서 압사당하기 직전이다. 그런데 전혀 우리가 몰랐던 예수, 일체의 알레고리적 해석을 거부하는 너무도 충격적이고 너무도 당혹케 하는 살아있는 예수의 비유말씀이 우리 눈앞에 드러나 있다. 양천년 동안의 인간의 온갖 똥찌꺼기가 한 방울도 묻지 않은 예수의 말씀이 여기 있다: "**너희를 더럽히는 것은 너희 입으로부터 나오는 것이니라**"(Th.14).

예수의 이 비유는 우리의 입에 의하여 더럽혀진 적이 없는 순결한 로기온자료이다. 그래서 서구인들은 아직까지도 이러한 예수의 비유를 있는 그대로 해석하지 못한다. 일체의 알레고리적 해석을 거부하는 이 비유를, 있는 그대로 해석하지 못하고 온갖 출전을 끌어대려고 안간힘을 쓴다. "있는 그대로 해석하라"라는 나의 명제는 매우 명료하다. 보자! 나라(천국)는 밀가루동이를 이고 가는 여인과도 같다고 모두(冒頭)에 밝혔으면, 이 여인의 행동의 결과가 곧 나라이다. 그 행동의 결과가 무엇인가? 바로 "빈 동이"다! 이 "빈 동이"는 어떠한 경우에도 부정적인 맥락에서 해석될 수 없다. 그 핵심은 "빔"이다. 그런데 서구인들은 이 "빔"을 해석하지 못하고 있는 것이다.

예수가 말하고자 하는 나라는 바로 "빔"(Emptiness)이었던 것이다. 이 최종적 사실에 대한 어떠한 다른 해석이 필요하지 않다. 빔은 모든 생명의 가능성을 함장하는 것이며, 그것은 무한한 에너지의 잠재태이다. 빔이 있어야만 천지는 생성한다. 그것은 바로 노자가 말하는 "허虛"이며, "반자도지동反者道之動"의 "반反"이며, 동정(動靜)의 "동動"이다. 예수는 노장적 사유에서도 결코 멀리 있지 않다.

이 비유를 해석하기 전에 나는 한 여인을 생각한다. 나의 아내의 할머니였는데 평안북도 의주 압록강이 멀지않은 아주 깊은 두메산골에서 사신 분이었다. 동네가 하도 읍내와 격절되어 있고 화전민 전답에 초가가 드문드문 박혀있어, 전설 속의 고향 같은 곳이었다. 이 할머니는 얼마나 강인한 생활력을 소유했는지 삶의 모든 것을 본인 스스로 해결했다. 삼대 과부가 그 두메산골 한 집에서 살았으니 이미 우리가 아는 여인의 연약함은 찾아볼 수가 없었다. 기골이 장대했고 호연지기가 천지간에 뻗쳤다. 동경유학생인 며느리가 해산의 고통을 치르는데도 눈 하나 깜짝 않고 이렇게 말하는 것이었다: "애 낳는 것은 초근목피로 보릿고개 넘길 때 똥 누는 것보다 쉬운 일이다." 이 할머니가 바로 나의 아내의 친할머니였다.

제일 가까운 시장이래야 삼십 리 밖에 있었는데, 생필품을 매매하러 여인의 몸으로 홀로 산길 삼십 리 밖을 걸어갔다 오는 것은 다반사였다. 항상 큰 다라이를 정수리에 이고 다녔는데, 시장 갈 적에 빈 다라이를 이고 갈라치면 너무 심심하다고 큰 바위덩어리를 들썩 집어넣고서야 이고 갔다고 한다. 그리고 가는 길에 호랑이가 슬금슬금 따라오면 돌아서서 따라오지 말라고 호통을 치곤 했다는 것이다. 나는 여기 97장에 나오는 여인을 생각할 때 나의 아내 할머니를 연상한다. 나는 그 할머니가 돌아가셨을 때 비문을 지었는데 이렇게 썼다: "무위지세無爲之世, 우차고종于此告終"(무위의 세상이 여기서 종언을 고하다).

삼십 리 밖 시장에 가서 밀가루를 사서 동이에 가득 채우고 두메산골 집으로 돌아오는 한 팔레스타인 여인을 생각해보라! 팔레스타인 여인이 머리에 이는 항아리는 높이가 높고 손잡이가 아래쪽에 달려있다. 그 손잡이에 빵꾸가 나면 밀가루가 새어나간다. 그러나 밀가루가 새는 것은 그 여인의 뒤로 조금씩 흩날리기 때문에 전혀 눈치를 챌 수가 없다. "그 사실을 전혀 알지 못했다," "문제를 눈치채지 못했다"는 것이 두 번이나 반복되어 상세하게 보도되고 있다. 노자 말을 빌리면 "자연스럽게" "스스로 그러하게自然而然" 조금씩 새어나갔던 것이다. 그것을 눈치챘더라면 매우 인위적인 복잡한 상황이 벌어졌을 것이다. 밀가루를 사가지고 오는 이 여인에게는 많은 꿈이 있었을 것이다: "빵을 만들어야지," "국수를 빚어 잔치를 해야지," "사랑하는 남편과 아이들에게 맛있는 과자를 만들어 주어야지." 꿈에 부풀어 이 여인은 편안한 마음으로 집에 당도하였다. 그리고 동이를 내려놓았을 때 동이가 비어있는 것을 발견했다. 그것이 전부다! 더 이상의 아무런 해석의 실마리가 없다.

동이가 비어있는 순간, 이 여인의 모든 세속적 꿈이 사라졌다. 그것도 아주 편하게, 자연스럽게, 그리고 누굴 탓할 수도 없게 사라진 것이다. 바로 이렇게 세속적 꿈과 갈망과 소망(삶의 짐)이 사라지는 그 "빔," 그 "빔"이 천국이라고 예수는 갈파하고 있는 것이다. 이것은 진실로 살아있는 예수의 방할(棒喝)이요, 방하착(放下着)이다: "내려놓아라! 그리고 비워라!"

이미 우리는 63장에서 많은 꿈을 간직한 부자의 이야기를 들었다: "그러나 바로 그날 밤 그는 죽었다." 아무리 항아리가 밀가루로 가득차있다 한들 그것은 이미 허망한 것이다. 말씀의 발견의 충만함은 바로 항아리의 빔의 발견에서 완성되는 것이다. 또 어찌보면, 밀가루가 상실되어가고 있지만, 그러나 꿋꿋하게 살아가는 강인한 여인의 모습을 아버지의 나라라고 예찬하는 예수에게는 민중의 애잔한 삶에 대한 깊은 동정이 서려있을지도 모른다.

카파도키아 히타이트제국의 수도였던 카이세리(Kayseri). 로마황제 티베리우스(AD 14~37)시대에 카이사레아로 명명되었다. 7세기 아랍이 점령. 셀주크가 1084년부터 지배. 1243년 몽골인이 도착. 몽골제국의 중요센타가 되었다가 결국 오스만제국으로 귀속된다. 이 모스크와 마드라사는 1249년에 지어져 1547년에 재건됨. 문양이 정교하다.

나는 카파도키아 데린쿠유에서 에데사왕국 우르파까지 750여km를 하루에 달렸다. 새벽 4시에 출발하여 오후 4시에 도착했다. 이 길은 옛날 카라반들이 개척해 놓은 실크로드이다. 그러니까 이 길을 쭉 따라가면 중국 장안을 거쳐 신라 계림에까지도 이른다는 얘기다. 태고의 정적을 간직한 길이었다. 새벽 기운이 한없이 싱그럽다. 옆 계곡으로 만년설이 녹아 내리는 청정한 시냇물이 흐른다. 여기 사리즈(Sariz)라는 팻말이 보이는데 "사리즈"는 "실크" 즉 비단이라는 뜻이다. 시냇물 이름도 사리즈 강, 즉 비단 강이다. 예수가 말하는 "방랑하는 자들"이 이런 길들을 걸었다. 이곳은 사도 바울의 전도영역이기도 했다.

아버지의 나라는
엄청난 강자를 살해하는 사람과도 같다

제98장

¹예수께서 가라사대, "아버지의 나라는 엄청난 강자를 죽이려고 노력하는 사람과도 같다. ²집에 있을 때 그는 그의 칼을 뽑아, 자신의 팔이 그것을 감당해낼 수 있을까를 시험하기 위하여, 벽 속으로 세차게 찔러넣었다. ³그러자 그는 그 강자를 죽이고 말았다."

¹Jesus said, "The kingdom of the father is like a person who wanted to put someone powerful to death. ²While at home he drew his sword and stuck it into the wall in order to find out whether his hand could carry through. ³Then he killed the powerful one."

沃案 예수의 비유의 강렬함은 도덕적 함의의 제한성을 여지없이 파괴시킨다. 여기 강자는 우리 몸 안에 있는 적(敵)일 수도 있다. 그러면 제7장의 "사자를 삼켜라"라는 테마와 연속성이 있게 된다. 그러나 "엄청난 강자"는 도반들에게 부닥치는 세파의 험난함, 그리고 세속적 권력의 위압과 압제를 상징할 수도 있다. "팔이 감당한다"는 것은 내면의 새로운 주체성의 확립을 뜻한다. 이러한 주체성이 확립되었을 때는 세태에 대하여 움추리기만 할 것이 아니라 힘차게 찔러넣는 공격적 자세를 취해야 한다. 그러다 보면 언젠가 강자를 죽일 수 있게 되는 것이다.

아버지의 뜻을 실천하는 자들이야말로
나의 형제요 나의 엄마다

제99장

¹따르는 자들이 그에게 말하였다: "당신의 형제들과 모친이 밖에 서 있나이다." ²그가 그들에게 말하였다: "나의 아버지의 뜻을 실천하는 여기 있는 이 사람들이야말로 나의 형제들이요 나의 모친이니라. ³이들이야말로 나의 아버지의 나라에 들어갈 사람들이니라."

¹The followers said to him, "Your brothers and your mother are standing outside." ²He said to them, "Those here who do the will of my father are my brothers and my mother. ³They are the ones who will enter the kingdom of my father."

沃案 공관복음서 모두에 병행한다.

(막 3:31~35) 때에 예수의 모친과 형제들이 와서 밖에 서서, 사람을 보내어 예수를 부르니, 무리가 예수를 둘러 앉았다가 여짜오되, "보소서! 당신의 모친과 형제들과 자매들이 밖에서 당신을 찾나이다." 대답하시되, "누가 내 모친이며 내 형제들이냐?" 하시고, 둘러앉은 자들을 둘러보시며 가라사대, "바로 여기 내 모친과 형제들이 있도다! 누구든지 하나님

의 뜻을 실천하는 자는 나의 형제요, 자매요, 모친이니라."

(마 12:46~50) 예수께서 무리에게 말씀하실 때에 그 모친과 형제들이 예수께 말하려고 밖에 섰더니, 한 사람이 예수께 여짜오되, "보소서! 당신의 모친과 형제들이 당신께 말하려고 밖에 서있나이다"하니, 말한 사람에게 대답하여 가라사대, "누가 내 모친이며 내 형제들이냐?"하시고, 손을 내밀어 제자들을 가리켜 가라사대, "나의 모친과 나의 형제들을 보라! 누구든지 하늘에 계신 내 아버지의 뜻을 실천하는 자가 내 형제요 자매요 모친이니라"하시더라.

(눅 8:19~21) 예수의 모친과 그 형제들이 예수에게 왔으나, 무리를 인하여 가까이 하지 못하니, 혹자가 고하되, "당신의 모친과 형제들이 당신을 보려고 밖에 서있나이다." 예수께서 대답하여 가라사대, "내 모친과 내 형제들은 곧 하나님의 말씀을 듣고 그것을 실천하는 이 사람들이라" 하시니라.

공관복음서에 모두 등장하는 이 이야기는 어떠한 이념성이나 연역적 전제를 놓고 꾸며낸 이야기라기보다는 역사적 예수의 한 실황의 보고와 같다는 느낌을 주는 특이한 사례이다. 불트만은 이 이야기도 후대의 교회공동체의 산물이라고 보았고, 크로쌍은 마가 자신의 창작이라고 보았지만, 내가 생각하기에 이 이야기는 역사적 근거가 있는 전승이라고 보여진다. 그리고 이 이야기가 도마복음서에 실려있다는 사실은 그러한 역사성에 대한 확신에 무게를 실어준다.

공관복음서는 모두 보고자가 예수의 제자들, 도반들이 아닌 객관적인 아웃사이더로 되어있다. 도마에는 따르는 자들, 즉 도반들이 보고한다. 그러니까 도마의 이 이야기는 도반들의 인식의 미흡처를 깨우치는 말이다. 도마의 "아버지의 뜻을 실천한다"가 마가에는 "하나님의 뜻을 실천한다"로 되어있다. "아버지"에서 "하나님"에로의 변화만 빼놓고는 양자는 동일한 표현이다. 마태는 기본적으로 동사와 목적어에는 변화가 없지만 "하늘에 계신 내 아버지의 뜻을 실천하다"라고 하여 초월적 의미를 보강시켰다. 항상 판에 박힌 듯이 나타나는 마태의 변용이다. 마태복음 자체가 독자들로 하여금 예수의 제자로서 종말의 왕국에 참여케 하기 위하여 쓰여진 것이다. 그런데 누가는 "하나님의 말씀을 듣고 그것을 실천하다"로 변화시켰다. 이것은 명백하게 누가가 마가자료를 다듬은 것이다. 그렇지만 전체적인 구성으로 보면 도마에 가장 근접하는 것은 누가자료이다. 누가는 "누가 내 모친이며 내 형제들이냐?"라는 마가-마태에 나타나는 중간부분이 없다. 그것은 어찌 보면 예수와 예수가족간에 어떤 분쟁적 감정 같은 것을 반영할 수도 있다. 누가는 그러한 사적인 것을 일체 보고하지 않는다. 그러나 또 마지막 구문에 도마에는 "형제들-모친"의 순서로 되어있는데 누가에는 "모친-형제들"의 순서로 되어있다. 마가와 마태는 "형제-자매-모친"으로 되어있다(세 단어가 다 단수이다).

이 4개의 단화를 놓고 전승의 계통을 확정짓기는 매우 어렵다. 내 생각에는 누가에게 마가자료와 도마자료가 같이 있었을 가능성이 있다. 그러나 이 4개의 단화가 모두 어떤 역사적 정황을 공통된 주제로써 전달하고 있다는 사실에는 다 일치하고 있다.

아주 톡 까놓고 이야기하자면, 예수는 가정생활이 순탄한 사람은 아니었을 수도 있다. 사생아였을 가능성도 있고, 복음서에서 유년시절 설화를 제외하고 아버지가 등장하지 않는다는 사실은, 아버지가 일찍 돌아가셨을 가능성도 있다. 여기 우리나라 성경에 모두 "아델포이*adelphoi*"를 "동생들"로 번역했는데 그것은 "형제들"로 번역해야 한다. 예수가 맏형이라는 보장은 전혀 없다. 최소한 인간 마리아와 요셉의 자녀들은 예수를 이해할 수 있는 차원의 사람들이 아니었을 것이다. 물론 예수가 행복하고 단란하고 순탄한 가정생활을 한 사람이라고 가정을 할 수도 있다. 그리고 "아빠"에 대하여 그토록 신성한 의미를 부여하는 것을 보면 그의 세속적 아버지가 우리가 일반적으로 생각했던 것보다는 예수에게 심오한 인격적 영향을 끼친 위대한 인물이었을 수도 있다. 헬레니즘 문명권의 정신적 성취를

흡수한 매우 개방적인 지적 자이언트였을 가능성도 있다. 그러나 예수의 공생애는 근원적으로 가족주의를 초탈한 삶이었다. 도마복음서에도 가족에 대한 저주에 가까운 부정적 언급은 계속 나타나고 있다(Th.16, 31, 55, 79, 101, 105).

동물세계에 있어서는 가족이라는 것은 종족번식을 위한 필연성의 범주 내에서만 허락되는 것이다. 그 필연성이 사라지면 가족은 해체된다. 그리고 전적으로 타자로서 유리되어 버린다. 지속적인 가족의 개념이란 인간에게 매우 특수한, 문명의 현상일 뿐이다. 예수는 천국운동을 선포한 사람이었다. 천국운동은 "아버지"와 인간의 관계를 다시 설정하는 운동이었으며, 인간관계 그 자체의 보정이나 개선을 위한 운동이 아니었다. 생물학적 혈연공동체를 뛰어넘은 어떤 새로운 이념공동체를 지향하는 운동이었던 것이다. 예수에게는 혈연의 정에만 끌리는 가족이라는 개념을 혁명시킬 필요가 있었다. 가족이나 가정의 유대에 대한 부정은 그것을 넘어서는 새로운 말씀에 대한 긍정으로 전환되고 있는 것이다.

인간 예수에게 있어서 갈릴리의 가족공동체 속에 묶여 사는 삶과, 당대의 소외된 모든 사람에게 "나라"를 선포하기 위하여 무소유의 단신으로 방랑하는 삶은 너무도 이질적인 것이었다. 일자가 부정되지 않고서는 타자가 긍정될 수 없는 특수상황이 있었다. 이러한 예수의 역사적 상황을 우리는 좀 리얼하게 이해할 필요가 있다. 그리고 예수에게는 공동이념을 받들며 공동식사를 하는 특수공동체가 있었다. 이러한 특수공동체의 멤버들, 즉 아버지의 뜻을 실천하는 공동체의 사람들이야말로 우선적인 가족이 아닐 수 없다. 물론 혈연가족이라도 이러한 공동체의 순결한 멤버가 될 때에는 새로운 가족이 될 수 있다.

이러한 예수의 특수사례를 인류의 보편적 윤리로서 논의하는 것은 어리석다. 인간은 현재 야생동물이 아니다. 문명 속의 존재이며, 문명적 삶의 근원에는 역시 가정이라는 것이 있다. 예수의 십자가를 지켜보고 그 시신을 옮긴 장본인도 분명 예수의 혈연적 엄마 마리아였을 것이다.

예수의 훼밀리즘에 대한 부정의 대치점에 서있는 것이 유교(Confucianism)라고 우리는 말할 수 있다. 그러나 유교의 새로운 에포크를 창조한 공구(孔丘) 본인은 그렇게 가정적인 인물이 아니었다. 그리고 매우 순탄치 못한 가족사가 공자 선대로부터 후대에까지 이어졌다. 공구가 가족과 단란한 시간을 보낸 것은 그의 생애에 있어서 극히 짧은 시기에 불과했다. 공자는 그의 생애의 대부분을 제자들과 함께 공적인 명분을 위해 살았다.

내가 말하고자 하는 것은, 동서문명에 대한 너무 쉬운, 범주적인 규정은 문제가 있다는 것이다. 예수가 되었든 공자가 되었든, 현존하는 우리가 되었든, 공생애를 사는 사람들에게 가족주의의 우선시는 모든 것을 비생산적으로 만든다는 것이다. 공적인 이념을 위하여 공적인 삶을 살 수 있도록 그들을 도와주는 것이야말로 이러한 담론으로부터 우리가 취할 수 있는 궁극적 의미가 아닐까, 나는 그렇게 생각한다.

타우루스 산맥(Taurus Mts.) 고원지대에서 아침 찬거리 나물(토마르자)을 뜯고 있는 아나톨리아의 여인

하나님의 것은 하나님에게, 나의 것은 나에게

제100장

¹그들이 예수에게 한 개의 금화를 보이며, 그에게 말하였다: "카이사의 사람들이 우리에게 세금을 요구하나이다." ²그께서 그들에게 가라사대, "카이사의 것들은 카이사에게 주어라. 하나님의 것들은 하나님에게 주어라. 그리고 나의 것은 나에게 주어라."

¹They showed Jesus a gold coin and said to him, "Caesar's people demand taxes from us." ²He said to them, "Give Caesar the things that are Caesar's, give God the things that are God's, and give me what is mine."

沃案 여기 도마복음서 중에서 가장 충격적일 수 있고, 기독교의 성격을 근원적으로 전환시켜야 할 매우 중대한 로기온 파편을 발견한다. 그리고 도마의 원자료가 어떻게 복음서 구성작가들에 의하여 활용되고, 왜곡되고, 확대되고, 드라마타이즈되고, 해석되었는가 하는 사실에 관한 생생한 보고를 우리는 듣게 된다. 그러나 현재 서구의 주석가들은 도마의 자료에 의하여 현행 복음서를 재해석하는 용기를 발휘할 엄두를 내지 못한다. 마가에 의하여 구성된 드라마가 워낙 잘 짜여져 있고, 그것이 그 나름대로 매우 복합적인 의미맥락 속에서 유기적 통일성을 이루고 있기 때문이다. 도마 자료라는 새로운 잣대에 의하여 재해석하기에는

기존의 신학적 체계의 관성과 하중이 아직은 너무도 강하게 굴러가고 있는 것이다. 나 도올과 같은 방식으로 정직하게 도마라는 잣대를 들이대면 기독교의 가장 심오한 신념들이 붕괴되는 결과가 초래되는 것은 너무도 명확한 이치이기 때문이다. 불트만의 말대로 마가가 되었든, 마태·누가가 되었든 현행 복음서는 이미 바울이 개척한 헬레니즘 문화권의 초대교회의 문제의식 속에서 생겨난, 기독교(Christianity)의 독창적 작품이다. 소위 정경 4복음서는 헬레니즘 기독교의 그리스도 예배, 성찬, 그리고 기독론적 신화와 논설 속에서 자라난 것이다. 복음서는 결국 교리사와 예배사의 산물인 것이다.

그러나 도마복음서는 이러한 헬레니즘적 기독교 이전의, 팔레스타인 전승의 순결성을 보존하고 있다(도마복음서가 시리아 지방에서 전파되고 보존된 것은 상당한 역사적 근거가 있으나, 그 성립은 오리지날한 팔레스타인 전승에 속하는 것이다). 교리사, 예배사 이전의 역사적 예수의 실제상황에 더 근접하는 보도가 그 주류를 형성하고 있는 것이다. 이러한 전승의 근원적 차이를 우리는 인정하고서 양자를 비교해야 하는 것이다. 본 장의 내용은 불트만이 아포프테그마라고 규정한 전승양식인데 공관복음서에 모두 등장하고 있다.

> (막 12:13~17) 저희가 예수의 말씀을 책잡으려 하여 바리새인들과 헤롯당 중에서 몇 사람을 보내매, 그들이 와서 가로되, "선생님이시여! 우리가 아노니, 당신은 참되시고, 아무라도 꺼리는 일이 없으시니, 이는 사람을 외모로 보지 않고, 오직 참으로써 하나님의 도(道)를 가르치심이니이다. 카이사에게 세를 바치는 것이 가하니이까, 불가하니이까? 우리가 바치리이까, 말리이까?"한대,
> 예수께서 그 위선됨을 아시고 이르시되, "어찌하여 나를 시험하느냐? 데나리온 하나를 가져다가 내게 보이라"하시니,
> 그들이 가져왔거늘, 예수께서 가라사대, "이 화상과 이 글이 뉘 것이냐?" 그들이 예수께 가로되, "카이사의 것이니이다."

이에 예수께서 가라사대, "카이사의 것은 카이사에게, 하나님의 것은 하나님에게 바치라"하시니, 저희가 예수께 대하여 심히 기이하게 여기더라.

(마 22:15~22) 이에 바리새인들이 가서 어떻게 하여 예수를 말의 올무에 걸리게 할까 상론하고, 자기 제자들을 헤롯당원들과 함께 예수께 보내어 말하되, "선생님이시여! 우리가 아노니, 당신은 참되시고, 참으로써 하나님의 도를 가르치시며, 아무라도 꺼리는 일이 없으시니, 이는 사람을 외모로 보지 아니 하심이니이다. 그러면 당신의 생각에는 어떠한지 우리에게 이르소서. 카이사에게 세를 바치는 것이 가하니이까, 불가하니이까?"한대,

예수께서 저희의 악랄함을 아시고 가라사대, "너희 위선자들아! 어찌하여 나를 시험하느냐? 세를 내기 위한 그 돈을 나에게 보이라"하시니, 그들이 데나리온 하나를 가져왔거늘, 예수께서 그들에게 말씀하시되, "이 화상과 이 글이 뉘 것이냐?" 그들이 가로되, "카이사의 것이니이다." 이에 예수께서 그들에게 가라사대, "그런즉 카이사의 것은 카이사에게, 하나님의 것은 하나님에게 바치라"하시니,

저희가 이 말씀을 듣고 기이하게 여겨 예수를 떠나가니라.

(눅 20:20~26) 이에 저희가(서기관들과 대제사장들) 엿보다가, 예수를 총독의 치리(治理)와 권세 아래 붙잡아 놓으려 하여 정탐들을 보내고, 그들로 하여금 스스로 의인(義人)인 체하며 예수의 말을 책잡게 하니, 그들이 물어 가로되, "선생님이시여! 우리가 아노니, 당신은 바로 말씀하시고 가르치시며, 사람을 외모로 취하지 아니 하시고, 오직 참으로써 하나님의 도(道)를 가르치시나이다. 우리가 카이사에게 조공을 바치는 것이 가하니이까, 불가하니이까?"하니, 예수께서 그 간계를 아시고 가라사대, "데나리온 하나를 내게 보이라. 뉘 화상과 글이 여기 있느냐?"

그들이 대답하되, "카이사의 것이니이다."

예수께서 그들에게 가라사대, "그런즉 카이사의 것은 카이사에게, 하나님의 것을 하나님에게 바치라" 하시니, 저희가 백성 앞에서 그의 말을 능히 책잡지 못하고 그의 대답을 기이하게 여겨 잠잠하니라.

이 세 개의 파편을 비교해보면 명백하게 마가자료가 오리지날이고, 그 자료를 마태와 누가가 자신들의 정황에 따라 변조시켰음을 알 수 있다. 대체적으로 마태는 마가자료를 충실하게 계승한 편이고, 누가는 마가자료를 많이 뜯어고쳤다. 마가와 마태는 대질하는 주체가 바리새인들과 헤롯당원들이 되어 있으나, 누가는 주체를 "서기관들과 대제사장들"로서 설정하고 그들이 보낸 "정탐들"을 대질자로 삼고 있다. 누가 시대에는 이미 "바리새인들과 헤롯당원들"이 별로 의미가 없었을지도 모른다("헤롯당원들Herodians"은 누가와 요한에 전혀 등장하지 않는다). 하여튼 누가는 "예수를 총독의 치리와 권세 아래 붙잡아놓으려 한다" "스파이를 보내다" "스스로 의인인 체하게 한다"는 등등 드라마적 의도와 분위기를 매우 강렬하게 노출시키는 언사를 사용하고 있다. "세금"이라는 용어도 마가·마태는 "켄소스 *kēnsos*"라는 라틴말 차용어(census)를 쓰고 있으나, 누가가 그것을 "조공, 공세"를 의미하는 "포로스*phoros*"로 바꾸었다(tribute). 마가는 "데나리온 하나를 가져오라! 그리고 나로 하여금 볼 수 있게 하라"로 되어 있는데 누가는 "데나리온 하나를 내게 보이라"로 간결하게 표현했다. 그러나 마태는 "세금을 내기 위한 그 돈을 나에게 보이라"라고 하여, 그 돈이 직접 세금을 내는 수단으로 쓰이는 화폐라는 것을 구체적으로 지시하고 있다.

하여튼 이러한 소소한 문제들은 대의에서 벗어나지 않기 때문에 크게 중요하지 않다. 가장 중요한 것은 공관복음서의 기술과 도마복음서 기술의 큰 차이를 파악하는 것이다. 공관복음서는 마가자료가 오리지날한 것이므로 마가자료를 중심으로 분석해보겠다.

우선 불트만은 이 아포프테그마가 막 12:17에 나오는 "카이사의 것은 카이사에게, 하나님의 것은 하나님에게 바치라"라는 독립된 로기온 하나를 자료로 하여 마가가 전체 스토리를 구성한 것이 아니라, 13절부터 17절까지가 처음부터 통일적으로 구상된 유기적인 하나의 아포프테그마이며, 이것을 후대의 교회작품으로 생각할 근거는 없다고 주장했다(Rudolf Bultmann, *The History of the Synoptic Tradition* 26. 13절에 약간 마가의 편집이 감지될 뿐이다). 그러나 이러한 불트만의 주장이야말로 하등의 논거가 없다. 도마자료에 비교해보면 이 아포프테그마는 마가의 탁월한 상상력의 소산이며, 아주 소박한 원시자료를 교회의 이념에 맞추어 극화시키고 확대시킨 결과물이라는 것을 알 수가 있다.

도마에는 일체 "그들"에 대한 규정이 없다. 그리고 그들은 자기들의 문제상황을 예수에게 보고한 것뿐이다. 예수를 책잡힐 난감한 처지에 빠뜨리려는 계략의 의도 같은 것을 전혀 가지고 있지 않다. 도마의 전후 맥락에서 보면 "그들"은 그냥 돈 잘 버는 "상인이나 비즈니스맨들"이다. 예수에게 대적적인 존재가 아니다. 다시 말해서 드라마는 항상 "적대관계"를 중심으로 설정된다는 것이다. 특히 예수의 수난드라마(Passion drama)의 구조가 그러하다. 도마는 수난드라마에 본질적으로 관심이 없다. 그러면 얼마나 정교하게 마가가 도마자료, 혹은 최소한 도마류의 원자료를 극화시켰는지를 우리는 살펴보아야 한다.

우선 바리새인들과 함께 등장하는 헤롯당원들은 헤롯 안티파스(Herod Antipas)의 치세와 정책을 지지하는 극우파이다. 이들은 당연히 로마에 대한 충성심을 가지고 있다. 이들과 극대점에 서있는 사람들이 열심당원들(Zealots)이라고 불리는 민족주의 좌파이며, 이들은 반로마적인 급진파 유대인들이었다. 당시 열심당원들은 반란의 불씨였으며 로마의 치자들에게는 탄압의 대상이었다. AD 6년, 퀴리니우스 총독 때 갈릴리의 유다(Judas the Galilean)와 그를 따르는 자들이 반란을 일으켰는데, 이들이 바로 열심당원들이었다. 이 반란은 처참하게 진압되었지만 그 불씨는 꺼지지 않고 계속 살아나서 다양한 형태의 애국운동으로 발전한다. 그러다가 결국 AD 66년의 반란에 결정적인 촉매 역할을 하였고 다양한 좌파그룹들을 결집시켜 결국 AD 70년의 예루살렘 멸망이라는 비극을 초래케 하였던 것이다. 예수는 근원적으로 이 열심당원이나 시카리(Sicarii: 단검을 소지하고 다니는 어반 테러리스트들)의 폭력혁명이나 정치노선에 회의적이었다. 그의 유명한 산상수훈도 어떤 의미에서는, 마하트마 간디를 연상케 하는, 열심당원 노선에 대한 평화선언을 의미할 수도 있다. 그러나 당대의 보수주의자들에게는 예수의 천국사상의 래디칼한 성격은 열심당적 이데올로기의 표현처럼 곡해될 수도 있었다. 이러한 복합적 감정이 이 스토리의 배경에 깔려있는 것이다.

여기 문제가 되고 있는 "세금"은 앞서 말했듯이, "켄소스"라는 것으로 우리말로 하면 "인두세poll tax"라고 불리는 것이다. 즉 재산이나 수입, 수확에 대하여 매기는 세금이 아니라 존재한다는 것만으로 두당 내는 세금이다. 이 세금을 걷기 위해서 호구조사를 했기 때문에 우리가 "호구조사"를 "켄소스" 즉 센서스(census)라고 말하는 것이다. 로마의 세금을 모든 사람들이 내기 싫어했지만, 열심당원들이 특별히 극렬하게 반대했던 것이 바로 이 "켄소스"였다. 퀴리니우스 총독 때 반란을 일으켰던 것도 퀴리니우스 총독 시절에 호구조사를 무리하게 강행하였기 때문이었다. 따라서 예수가 이 "켄소스"에 관한 질문에 "노"를 하면 예수는 열심당원으로 몰리게 되어 로마 당국의 탄압의 대상이 된다. 그리고 "옛스"를 하면 친로마세력이 되어 열심당원들에게 공격의 표적이 된다. 이들은 예수에게 이러한 딜레마를 제시했다. 그리고 예수가 이런 딜레마를 성공적으로 빠져나가자 질문자들이 경악하는 장면으로 끝난다("심히 기이하게 여기더라"). 그러나 도마의 로기온에는 전혀 이런 딜레마의 텐션이 없다.

그리고 이들 질문은 정치적인 맥락뿐 아니라, 매우 미묘한 종교적·신학적 맥락이 개재되어 있다. 도마에는 장소에 대한 보고가 없다. 그러나 마가에는 이 대화의 배경이 예루살렘으로 설정되어 있다. 여기에는 결정적인 이유가 있다. 갈릴리는 로마의 직할구역이 아니었기 때문에 인두세를 내지 않았다. 이 인두세는 유대지방의 사람들 즉 유대인들에게만 적용되는 문제였다. 그리고 열심당원들도 주로 유대지방에서 활약했다. 따라서 갈릴리 사람인 예수는 이 문제에 대하여 매우 객관적일 수 있는 입장에 있었다.

또 하나의 문제는 이 "켄소스"는 로마직접통치지역의 로마세였기 때문에 반드시 로마의 돈으로 내야했다. 유대지방에 통용되는 동전이 있었지만, 그런 돈으로는 낼 수가 없었다. 여기 "데나리온"은 로마의 은화인데, 물론 로마의 황제가 발행한 돈이다. 이 은화에는 그 돈이 유통되는 당대의 황제의 얼굴이 그려져있다. 이 황제를 "카이사"라고 불렀는데, "카이사"라는 것은 역사적으로 존재했던 "줄리어스 시저(카이사, Julius Caesar, BC 100~BC 44)" 그 개인을 가리키는 것이 아니라, 그 이후의 황제들을 일반화해서 부르는 명칭이다. 줄리어스 시저가 워낙 탁월한 인물이었기 때문에 사후에 그는 신격화되었고, 그 이후의 황제들의 이름에는 그 신성의 후계성을 상징하는 카이사라는 명칭이 꼭 따라다녔다. 그러니까 예수시대의 카이사는 옥타비아누스의 양아들인 티베리우스 황제였다(풀네임은 Tiberius Julius Caesar Augustus, BC 42~AD 37. 제2대 로마황제이며 치세기간은 AD 14~37).

티베리우스의 은화(데나리온)에는 그의 얼굴이 가운데 부조로 새겨져 있다. 그리고 그 얼굴 주변으로 뺑 둘러 다음과 같은 글씨가 새겨져 있다: "TI CAESAR DIVI AUG F AUGUSTUS" 동전은 면적이 작기 때문에 동전장인들은 약호를 새겨 넣었다. 이 약호는 다음과 같다: "티베리우스 카이사, 하나님이 되신 아우구스투스의 아들, 신성한 황제. Tiberius Caesar, son of the deified Augustus, Augustus." 그리고 그 뒷면에는 또 "최고 제사장"이라는 뜻의 "PONTIFEX MAXIMUS"라는 글이 새겨져 있는데, 이것은 "법왕法王"이라는 뜻이다. 줄리어스 시저가 37세 때 선거에 의하여 그 자리에 앉았고 로만 포럼에 자리잡고 있는 로마의 수호여신 베스타(Vesta)를 모신 후로 그런 전통이 이어졌던 것이다. 그러니까 이 동전 자체가 "황제숭배 emperor worship"의 상징이며 황제를 하나의 "하나님"으로 인정하는 것을 의미한다. 그러나 정통유대인들의 입장에서는 이것은 매우 불경스러운 우상숭배(idolatry)를 뜻하는 것이다. 유대인들에게 통용되는 로칼한 동전에는 일체의 우상숭배적 화상이 그려져 있질 않았던 것이다.

여기 예수가 "어찌하여 나를 시험하느냐?"하고 "데나리온 하나를 가져오라"라고 한 것은 매우 절묘한 드라마가 숨겨져 있다. 예수는 그 은화를 소유하고 있지 않았던 "무소유의 사나이"였다. 따라서 그것을 "가져오라"고 했을 때, 이미 예루살렘의 이스태블리쉬먼트를 점하고 있었던 질문자들(바리새인들과 헤롯당원들)은 그 은화를 주머니 속에 품고 있었던 것이다. 그 사실은 이미 그들이 엄격한 유대인의 계율에 의하면 우상숭배의 불경죄를 범하고 있다는 뜻이 된다. 벌써 그들은 예수에게 한 수 먹은 것이다. 따라서 예수는 묻는다: "이 화상과 이 글이 뉘 것이냐?" 그들은 대답한다: "카이사 티베리우스의 것입니다." 그들은 이미 로마황제의 권위를 인정하는 시스템 속에 들어가 있는 타협자들인 것이다.

이에 예수는 최종적 결론을 내린다: "카이사의 것은 카이사에게, 하나님의 것은 하나님에게 바치라." 여기 "바치라"라는 동사에 주목할 필요가 있다. 우리나라 번역판에는 14절의 질문과 17절의 대답이 모두 "바치다"로 되어 있지만, 14절의 질문에 쓰인 동사는 "디도미*didōmi*"로서 그냥 "주다"이다. 그러나 예수의 대답에 쓰인 동사는 "아포도테*apodote*"인데 이것은 "돌려주다"의 뜻이다. 즉 원래의 주인에게 되돌려준다는 뜻이다. 로마의 통치에 의하여 이득을 보고있는 자들은 이득 본 것을 주인에게 되돌려줌으로서 빚진 상태로부터 해방된다는 것이다.

바울의 편지에 다음과 같은 유명한 이야기가 있다.

> 각 사람은 위에 있는 권세들에게 굴복하라. 권세는 하나님으로부터 생겨나지 않음이 없나니, 모든 권세는 다 하나님의 정하신 바라. 그러므로

권세를 거스리는 자는 하나님의 명을 거스림이니, 거스리는 자들은 심판을 자취(自取)**하리라**(롬 13:1~2. 7절까지 같은 논지 계속됨. 벧전 2:13~17에도 같은 논지가 있음).

바울은 로마당국의 정치적 권위에 대해서 매우 철저히 타협적이었다. 그러한 그의 정치적 입장이 로마세계에서 기독교 교회운동을 일궈나가는데 매우 결정적인 역할을 했을 수도 있다. 정치적 타협이 없이는 모든 종교의 초기형태는 살아남기 힘들다. 여기 마가의 아포프테그마가 이러한 바울의 사상을 반영한 것일 수도 있다. 대부분의 주석가들이 그렇게 생각하기를 꺼린다. 오히려 여기 마가가 활용한 자료에서 바울의 사상이 유래되었다고 본다. 그러나 내가 보기에 그러한 가능성은 전무하다. 예수는 로마의 권세에 대한 충성과 하나님의 권세에 대한 충성을 병치시켰다. 두 충성이 결코 충돌될 필요가 없는 독자적인 영역을 가지고 있는 것으로 본 것이다. 마가의 예수 디펜스는 일단 성공한 것처럼 보인다. 그렇다면 과연 우리는 이러한 마가의 정교한 드라마를, 마가의 논리에 따라 교묘하게 정당화할 수 있을까? 정교분리(政敎分離)를 연상케 하는, 두 권위의 분리 내지는 타협으로써 모든 인간사의 문제가 해결된단 말인가? 아무리 주석가들의 미사여구가 예수의 재치를 극찬한다 해도 찜찜한 구석은 남는다. 예수는 좌파도 아니고 우파도 아닌, 좌우양도론(左右兩道論)을 주장하는 회색분자였을까?

여기서 우리는 이러한 마가드라마의 원본 중핵이 되고 있는 도마복음서의 충격에 새롭게 눈을 떠야 한다. 도마를 정직하게 바라봐야 하는 것이다.

도마의 원문을 다시 한번 세밀히 검토해보자! 도마의 원문은 "그들"로 시작하고 있다. "그들"은 물론 예수의 주변에 있던 불특정의 사람들을 말할 수도 있고, 예수의 따르는 자들 중에 몇 사람일 수도 있다. 예수운동의 지지자들 중에는 부유한 사람들도 많았다. 그래서 공동식사가 가능했던 것이다. 그리고 예수의 로기온 속에서 계속 부정과 긍정의 대상으로 등장하였던 "상인들merchants" "비지니스맨들buisinessmen"일 수도 있다. 여기 "금화"라는 표현이 "데나리온"보다는 한 급이 위라는 사실도 중요하다. 티베리우스 시대에도 많은 종류의 금속화폐가 주조되었는데 금화도 많다. 금화(aureus)는 고액의 거래에서만 통용되었으며, 하급의 상인들은 만져볼 수가 없었다. 일반 서민 시장에서는 동화가 주로 통용되던 것이다. 금화에 새겨져 있는 화상과 글씨는 데나리온의 경우와 동일하다. 필자가 직접 확인해본 실물에도 이와 같이 쓰여있다: "TI CAESAR DIVI AUG F AUGUSTUS." 로마의 통화제도의 기본은 은본위였으며 데나리온이 가장 지속적인 기준이었다. 그러나 금화도 예수시대에는 많이 통용되었다. 줄리어스 시저가 갈리아지방(Gaul)과 브리타니아지방(Britania)을 정복하면서 이 지역으로부터 금이 대량 유입되기 시작하였던 것이다. 금화와 은화의 가치비율은 1:25정도이다. 내가 본 금화의 무게는 7.8g 정도이다.

도마에는 "화상과 글씨"에 대한 언급이 없다. 뿐만 아니라 "데나리온을 하나 가져오라"는 예수의 요청도 없었다. 금화를 보인 것은 처음부터 상인들이었다. 그리고 로마의 세금부과가 너무 지독하다는 것을 투정했을 뿐이다. 이런 투정에 대해 예수는 충고의 말을 했을 뿐이다: "카이사의 것들은 카이사에게 주어라. 하나님의 것들은 하나님에게 주어라. 그리고 나의 것은 나에게 주어라." 이것이 전부다. 외면상으로 마가의 구성과 비슷한 느낌을 주지만 그 함의는 소양지판이다. 예수의 어법이 항상 그러하듯이, "카이사 → 하나님 → 나"의 나열은 긴장감을 고조시키는 점층적(漸層的) 화법이다. 이 삼자의 나열의 궁극적인 강조점은 "나"에게 있다. "나의 것 what is mine"에 있다. 카이사와 하나님의 대비는 전혀 중요하지 않다. 즉 카이사와 하나님은 "나"에 대하여 객체화된 동급의 두 항목일 뿐이다.

금화를 가지고 그 로마황제권력의 유통필드에서 수익을 올리고 있는 사람들은 당연히 세금을 내야한다. 앞서 말했듯이 그것은 본시 로마황제의 것이기 때문에 로마황제에게 되돌려주는 것은 너무도 정당하다. 다음으로 객체화되고 있는 것은 "하나님"이다. 이 하나님은 유대인들이 숭상하는 하나님이다. 바로 로마치세에서 득을 보면서 민중을 지배하고 있는 모든 유대인 이스태블리쉬먼트가, 로마황제처럼 숭상하고 있는, 여호와 하나님이다. 예수는 "하나님"을 좋아하지 않는다. 예수는 오직 "아버지"를 말할 뿐이다. 질투와 징벌과 율법과 사망과 분열된 아담의 창조주 야훼, 엘로힘은 예수에게는 부정의 대상이다. 예수는 구약적 세계관에 대해 일말의 관심도 없다. 예수시대에만 해도 우리가 상식적으로 알고있는 "구약"이라는 바이블조차 존재하지 않았다. 대부분 그것은 구전으로 형성된 엉성한 관념들의 집합일 뿐이었다. 예수의 신념 중에 가장 중요한 측면이 여기 제시되고 있는 것이다. 로마의 치세는 사실, 그 이전의 어떠한 형태의 치세에 비해서도 관대한 것이었으며 다양한 종교적 신념에 대해서는 관용이 있었다.

　유대인들의 삶을 비참하게 만드는 것은 로마의 집정관들이 아니라, 이들 이방세력을 등에 엎고 율법을 앞세워 자국민을 탄압하는 율법사들, 서기관들, 바리새인들, 제사장들 등등 모든 유대교 이스태블리쉬먼트였다. 예수가 열심당원들과 같은 좌파들과 행동을 같이 할 수 없었던 가장 결정적인 이유는 단순한 로마의 정치권력으로부터의 해방이 유대인민의 해방을 가져올 수 없다는 예수의 신념 때문이었다. 이 땅에 "아버지의 나라"가 임하지 않는 한, 새로운 지배구조(바실레이아, $\beta\alpha\sigma\iota\lambda\varepsilon\acute{\iota}\alpha$)가 정착되지 않는 한, 이스라엘의 정치해방은 의미없는 것이다. 그것은 마치 오늘날 이스라엘이 자국만의 해방을 외치면서 세계인민 모두를 불행에 빠뜨리고 있는 것과도 같다. 오늘날 이스라엘 정치의 가장 파국적 측면은 야훼가 불어넣어준 "선민의식"과 "율법주의"이다. 보편윤리가 결여되어 있는 것이다. 나치 유대인학살에 대한 반동이라고는 하지만, 그 반동의 성격이 너무 지나치게 반동적인 것이다.

예수는 "카이사"를 단순히 정치적 권력으로 보고 있는 것이 아니다. 옥타비아누스 아우구스투스 이래로 그것은 절대적 하나님의 위치를 점하고 있는 그 무엇이다. 그것은 현세의 실제적인 하나님이었다. 따라서 예수가 두 번째로 제시하는 하나님, 즉 구약의 하나님은 예수의 문제의식 속에서는 카이사와 동일시되고 있다. 구약의 모든 내용은 구약의 하나님에게 되돌려주어라! 카이사와 야훼는 다 똑같은 존재들이다. 예수는 이 로기온에서 이미 콘스탄티누스 이후에 전개되는, 황제권력화 되는 기독교의 모습을 예언하고 있는지도 모른다. 나 예수의 것만 나에게로!

마가는 이러한 래디칼한 예수의 입장을 그대로 수용할 수가 없었다. 유대인을 포용하지 않으면 초대교회공동체는 성립할 수가 없었기 때문이다. 마가는 "나의 것은 나에게 주어라"라는 제3의 명제를 드롭시켰다. 그리고 제1의 명제와 제2의 명제를 대립시켰다. 그렇게 되면 예수는 자연스럽게 "하나님의 아들"이 되고, 로마의 권력세계와 아버지의 나라의 정면충돌을 원치 않았던 예수의 입장을 살릴 수 있기 때문이다. 그리고 이러한 변용을 의미있게 하기 위하여 온갖 텐션을 자아내는 드라마 장면들을 설정했다. 마가는 이러한 식으로 도마원자료를 변용시켜 나가면서 오늘날 기독교의 원점이 된 수난드라마복음서를 창작해낸 것이다. 불트만은 말한다:

> 마가라는 저자는 그에게 가능했던 모든 방법을 동원하여 원래의 전승들을 특별한 방향으로 맞추어 놓고, 바울 영역의 헬레니즘교회가 요구하는 대로 전승의 의미를 부각시키는 데 성공하였다. 즉 전승을 헬레니즘 기독교의 기독론적 케리그마(the Christological Kerygma of Christendom)에 결합하고, 기독교의 비의(秘儀)인 세례와 성만찬을 전승 안에다 세움으로써, "예수 그리스도의 복음"이라고 부를 수 있는 예수 생애의 서술을 인류사에 최초로 탄생시켰다 … 우리가 본 바에 의하면, 예수의 생애 서술이기도 한 복음서를 쓴 첫 시도자가 마가라는 사실은 마태와 누가에서 보다도 더 강하게 마가에서 신화적 요

소(mythical element)가 나타난다는 사실과 일치한다. 마태와 누가에도 이 적적인 것이 고조되고 새로운 신화적 요소가 끼어들었지만, 역시 마태·누가의 전체윤곽에서는 그리스도 신화가 지상에서 활동한 예수상 뒤로 후퇴하고 있다 (*The History of the Synoptic Tradition* 346~348: 불트만이 마가가 마태·누가보다 더 신화적이라고 본 것은 매우 기발한 관점이다).

싯달타는 무신론자였다. 사실 여기서 무신론이라는 말은 신이 있다 없다는 것과는 무관하다. 근원적으로 신의 존재가 인간의 구원과 무관할 때 모든 사유는 무신론이 아니 될 수 없다. 유일신론적인 브라마니즘이 아무리 고상한 철학적 언어를 제공해도 결국 인간을 의타적인 존재로 전락시키고 있는 상황에서 싯달타는 "마음의 혁명"을 부르짖고 나선 것이다. 예수도 "메타노이아"를 부르짖는다.

나는 생각한다. 예수는 니체보다도 더 본질적인 무신론자였다. 예수에게는 살해해야 할 하나님이 그렇게 강압적으로 그의 정신세계를 압박하고 있지 않았다. 예수는 단지 구약의 하나님과의 결별을 선언하고 새로운 "아버지의 나라"를 선포하고자 했다: "하나님(야훼)의 것은 하나님(야훼)에게로! 나의 것은 나에게로!" 구약이여, 안녕!

목동들의 집
타우루스 산맥
바울의 고향 북쪽

하나님 엄마가 나에게 생명을 주셨다

제101장

¹(예수께서 가라사대,) "내가 증오하는 것처럼 아버지와 어머니를 증오하지 아니 하는 자는 누구든지 나의 도반이 될 수 없다. ²그리고 내가 사랑하는 것처럼 아버지와 어머니를 사랑하지 아니 하는 자는 누구든지 나의 도반이 될 수 없다. ³나의 엄마는 거짓을 주었지만 나의 참된 엄마는 나에게 생명을 주었다."

¹(Jesus said,) "Whoever does not hate father and mother as I do cannot be a follower of me, ²and whoever does not love father and mother as I do cannot be a follower of me. ³For my mother gave me falsehood, but my true mother gave me life."

沃案 복잡하게 생각할 아무런 건덕지가 없는 로기온이다. 이미 99장에서 충분히 토론하였다. 여기 예수는 세속적 혈연의 가족관계 속의 아버지와 엄마와 그러한 혈연을 초월한 영적 세계 속에 있는 아버지와 엄마를 대비시키고 있다. 세속적 가족공동체와 영적 가족공동체의 관계에 있어서 전자는 증오의 대상으로 후자는 사랑의 대상으로 나타난다. 영적공동체 속의 엄마·아버지의 궁극은 하나님 엄마와 하나님 아버지가 될 것이다. 예수는 신성(Divinity)에 대해서도 양성을 다 인정한 것 같다. 세속적 엄마는 나에게 거짓을 주지만 하나님 엄마는 나에게 생명

을 준다. 단순한 대비의 언사로 읽으면 족하다. 세속적 엄마가 문자 그대로 거짓을 준다는 뜻은 아닐 것이다. 세속적 엄마는 거짓된 세상에서 거짓말을 하고 살 수 밖에 없는 나 존재를 만들어 놓았다는 뜻이다. 그러므로 이 3절의 메시지는, 세속적 엄마·아버지가 아닌, 신적인 엄마·아버지를 사랑해야 한다는 1·2절의 메시지를 강화시키고 있다. 초월적 절대자의 체험은 궁극적으로 비근한 엄마·아버지와의 절대적 교감으로부터 출발하는 것이다. 구체로부터 추상에로의 도약에 성(the Holy)이 개입되는 것이다. 단지 우리가 여기서 확인해야 할 것은 세속적인 모든 관계의 해체야말로 도마공동체의 철저한 룰이었다는 것이다.

중동지방에서는 어느 민족이든지 자기네 신을 목자에 비유하였다. 유대민족에게는 야훼만이 이스라엘의 참된 목자였다. 세속적 왕들은 제대로 된 목자들이 아니었다. 그러나 다윗은 예외였다. 다윗은 곧은 마음과 숙련된 손을 가진(시 78:70~72) 위대한 목자였다. 이 다윗의 계열에서 메시아가 나오리라는 신념이 목자로서의 신약의 예수 이미지를 만들었다. 그러나 역사적 예수에 관한 목동의 이미지는 전혀 무근거한 것이다. 예수를 목동으로 비쥬얼라이즈시키는 것은 예수를 오히려 구약적 세계관에 가두는 비극적 발상이다. 이러한 그릇된 이미지가 오늘날 "목사牧師"라는 허무맹랑한 이미지를 보편화 시켰다는 것도 반성해볼 만한 사태이다. 조선사람들 체험세계에서는 근본적으로 어색한 메타포이다. 차라리 「워낭소리」의 주인공과 같은 이미지가 되어야 하지 않을까?

여물통에서 잠자는 개가 되지마라

제102장

¹예수께서 가라사대, "부끄러워할지어다! 바리새인들이여. 그들은 소 구유에서 잠자고 있는 개와 같기 때문이다. 개는 여물을 먹지도 않으면서 또 소들로 하여금 여물을 먹지도 못하게 하기 때문이다."

¹Jesus said, "Shame on the Pharisees, for they are like a dog sleeping in the manger of oxen, for it does not eat or let the oxen eat."

沃案 제39장과 중복되는 로기온이며 큐복음서와 병행한다(Q44: 마 23:13, 눅 11:52). 그러나 39장보다 표현이 더 명료하고 쉽다. 여기 개는 야생견류이며 더럽고 사나운 이미지가 있다. 헬레니즘문화권의 영향이 역력하다. 똑같은 이야기가 이솝우화에 나오기 때문이다(Aesop, *Fable* 702). 이솝우화가 견유학파의 사람들에 의하여 많이 보존되고 재생산되었다는 것을 생각하면, 예수와 견유학파의 관계를 이런 우화나 비유를 매개로 해서 분석해볼 수도 있다.

한 사악한 개가 건초로 가득찬 구유 속에 누워있었다. 소가 들어와 건초를 먹으려 하자, 소가 먹지 못하게 하면서 이빨을 드러내고 으르렁거리며 협박하였다. 이에 양순한 소가 기가 막혀 개에게 말하였다: "아니, 니가 왜

> 우리한테 원한을 품은 듯이 으르렁거리냐? 건초를 먹는 것은 네가 가지고 있지 않은 우리의 자연적 식성인데 그걸 가지고 으르렁대는 것은 이상하지 않냐? 건초를 먹는 것은 너의 자연적 식성도 아닌데, 우리마저 못먹게 하다니, 원, 참!"

역사적 예수와 바리새인들의 관계가 실제로 어떠했는지는 잘 알 수가 없다. 예수시대 바리새인들은 시나고그운동의 주역들이었고 그들은 시나고그의 강단을 독점했다. 그리고 자기들이 생각하는 율법적 설교 이외의 설교를 인정하지 않았다. 혹자는 예수 자신이 바리새인 계열의 사상가였을 가능성도 있다고 주장한다. 바리새파의 철학(Pharisaism)과 예수의 사상성향은 많은 주장을 공유하기 때문이다. 그러나 나는 예수는 역시 갈릴리의 토착적 개방풍토에서 자라난 사상가이며 바리새파와는 전혀 다른 계보에 속한다고 생각한다. 예수는 오히려 레바논·시리아지역의 개방된 동방사유에 더 많은 영향을 받았다.

하여튼, 본 로기온이 우리에게 감동을 주는 것은 "진리의 독점"에 대한 경고이다. 어떠한 진리든지 진리는 독점될 수 없는 것이다. 오늘날 개신교 목사들이 자기들의 강대상을 무슨 신성한 독점물로 생각하는 착각도 이만저만한 착각도 아니다. 유대교는 제식화된 성전문화이기 때문에 일정한 독점적인 제사장계층을 요구한다. 그것은 마치 브라만계급과도 같은 것이다. 그러나 종교혁명이란 바로 그러한 독점적 구조를 개방시키는 데서 출발한 운동이다. 설교강단은 어디까지나 대중을 위하여 존재하는 것이지 목사 개인의 소유물이 아니다. 대형교회일수록 그런 착각이 심한데, 그런 목사님들은 모두 여기서 말하는 "여물통 속에서 잠자고 있는 개들"이다. 이 개들은 자기도 안 먹으면서 남도 못먹게 하는 것이다. 설교강단은 개방될수록 대중에게 은혜가 온다.

나는 "도올서원"을 운영하면서도 강단을 모든 학자들에게 자유롭게 개방시켰다. 내가 아무리 학식이 높더라도 특수 분야의 후학들의 지식은 나를 능가하는 자들이 많다. 그런 학자들을 많이 모셔왔는데, 모셔오면 반드시 나 자신이 학생들과 함께 들으면서 공부하였다. 이러한 개방성은 결국 학생들의 축복으로 돌아간다. 다양한 견해를 접할 수 있고, 개방적 사유를 하게 하며, 활발한 토론이 전개되며, 무엇보다도 학생 본인들이 스스로 개방적 인격을 배양한다는 것이다. 그래서 그들이 미래사회에서도 개방적 태도로써 모든 것을 운영해나가게 될 것이다. 우리나라 교계의 가장 큰 문제는 폐쇄성이다. 돼지멱따는 듯한 소리로써 "여호와 하나님" 만세를 부르면서 신도들을 편협한 가치관으로 휘몰아간다. 자기도 설교를 못하면서 남도 설교를 못하게 하는 그러한 독점적 생각을 버려야 한다. 건강한 종교문화가 아쉽다. 앞서 말했듯이, 양떼를 몰고가는 목자로서의 목사의 아이덴티티는 성서적 근거가 박약하며, 신도들을 비하시키는 발상이며, 목사 자신을 자기최면적 착각 속에 매몰시킨다.

도둑놈이 언제 들어올지를 아는 자는 복이 있도다

제103장

¹예수께서 가라사대, "도둑놈들이 어느 시점에 어디로 들어올지를 미리 아는 자는 복되도다! 그는 일어나서 그의 중요한 자산들을 점검하고, 도둑놈들이 들어오기 전에 자신을 무장할 것이기 때문이다."

¹Jesus said, "Blessings on the person who knows at what point the robbers are going to enter, so that he may arise, bring together his estate, and arm himself before they enter."

沃案 제21장과도 일부 중복된다. 이런 로기온에 대해서도 구구한 해석들이 많다. 도둑놈을 외재화된 대상으로 해석하기 보다는 내 몸 안에 있는 것으로 해석하는 것이 정곡을 얻는다고 보아야 할 것이다. 예수 도반들의 내면의 생활의 문제를 형상화한 것이다. 물론 도둑놈에 대한 경계는 세속에 대한 경계를 내포한다. 세상을 금식하고 세상을 안식하는 나의 영적 생활과 관련된 것이다. 내 몸 속에서 항상 도둑놈들은 예고없이 닥친다. 언제 어디를 뚫고 들어올지 모른다. 영역상으로 "at what point"에 해당되는 콥트어가 시점과 장소를 다 가리킬 수 있기 때문에 나는 "어느 시점에 어디로"라고 번역했다. 여기 종말론적 시간성(eschatological temporality)은 개입되지 않는다. 우리는 항상 깨인 자세로 빈틈없이 경계해야 한다.

지금 이 글을 쓰고 있는 나는 치통을 심하게 앓고 있다. 내가 일전에 상재한

『계림수필』이라는 책 속에서 술에 담근 록키산맥 산삼을 먹고 효과를 본 일이 있다고 쓴 적이 있는데, 그것을 읽은 독자 한 분이 똑같은 산삼주를 한 병 가지고 왔다. 그래서 산삼 한 뿌리를 혼자서 다 먹었다.

효과를 보기는커녕, 입안이 다 헐고 무릎 관절 상태도 더 나빠지고, 치주염이 재발하여 이빨을 빼야하는 지경에 이르렀다. 나의 경계태세에 크게 빵꾸가 난 것이다. 산삼 한번 먹고 우연히 효과를 보았다고 또 그것을 독식했다는 것 자체가 지극히 "타력신앙"적 사고이다. 일상적 경계를 통해서 내 몸의 아름다운 순환이 이루어지고 있는 판에 갑자기 산삼을 먹어서 "천국에라도 갈 듯한 기대," 이런 심리상태가 나의 몸을 망가트리고 나에게 무한한 고통을 안겨주게 된 것이다. 이 산삼의 악영향으로 나는 한 달 이상이나 호된 고통을 겪고 있다. 누구를 탓하겠는가? 도둑놈이 언제 어디로 들어올지를 아는 자는 복되도다! 이런 자들이야말로 지혜로운 자들이다. 우리의 색욕·식욕·명예욕·권력욕, 이런 것들이 언제 어디서 일어나는지를 미리 아는 자들은 복되도다! 항상 바른 경계태세를 취할 수 있기 때문이다! 오호라! 도올이여! 그대는 곤고(困苦)로운 자로다!

이것이 바로 메소포타미아 문명을 탄생시킨 그 유명한 유프라테스 강 상류이다. 비레직(Birecik)에 도착하여 찍었다. 우르파까지 80km 남았다. 도심을 흐르는 물이 아직도 옥빛, 금강산 옥류동에서 본 그 청정한 빛깔이었다.

Thomas 104

신랑이 혼방을 떠난다면
그제서야 금식하고 기도하라

제104장

¹그들이 예수께 가로되, "오소서! 오늘 같이 기도합시다. 그리고 같이 금식합시다." ²예수께서 가라사대, "내가 도대체 무슨 죄를 저질렀단 말인가? 또한 내가 어떻게 파멸되었단 말인가? ³차라리, 신랑이 혼방을 떠난다면, 그제서야 사람들로 하여금 금식하고 기도케하라."

¹They said to Jesus, "Come, let us pray today and let us fast." ²Jesus said, "What sin have I committed, or how have I been undone? ³Rather, when the bridegroom leaves the wedding chamer, then let people fast and pray."

沃案 이 로기온 역시 예수의 오리지날한 내면적 담론이 어떻게 후대의 복음서 기자들에 의하여 종말론화되고 또 종말론적 알레고리 해석으로 둔갑되었는지를 보여주는 좋은 예이다. 공관복음서에 모두 병행한다.

(막 2:18~20) 요한의 제자들과 바리새인들이 금식하고 있는지라, 사람들이 예수께 와서 말하되, "요한의 제자들과 바리새인들의 제자들은 금식하는데, 어찌하여 당신의 제자들은 금식하지 아니 하나이까?"

예수께서 저희에게 이르시되, "혼인집 손님들이 신랑과 함께 있을 때에 금식할 수 있느냐? 신랑과 함께 있을 동안에는 금식할 수 없나니, 그러나 신랑을 빼앗길 날이 이르리니, 그 날에는 그들도 금식할 것이니라."

(마 9:14~15) 그때에 요한의 제자들이 예수께 나아와 가로되, "우리와 바리새인들은 금식하는데 어찌하여 당신의 제자들은 금식하지 아니 하나이까?"
예수께서 저희에게 이르시되, "혼인집 손님들이 신랑과 함께 있을 동안에 슬퍼할 수 있느뇨? 그러나 신랑을 빼앗길 날이 이르리니, 그때에는 그들도 금식할 것이니라."

(눅 5:33~35) 저희가 예수께 말하되, "요한의 제자들은 자주 금식하며 기도하고, 바리새인들의 제자들도 또한 그리하되, 당신의 제자들만은 먹고 마시나이다."
예수께서 저희에게 이르시되, "혼인집 손님들이 신랑과 함께 있을 때에 너희가 그 손님으로 하여금 금식하게 할 수 있느뇨? 그러나 저희가 신랑을 빼앗기게 되는 그 날이 이르리니, 그 날에는 그들도 금식할 것이니라."

이 세 자료를 비교해보면 마가자료가 원형이고, 이 마가자료를 마태와 누가가 변형시켰음을 알 수 있다. 후반부의 예수의 말은 이미 마가가 도마자료를 래디칼하게 변형시킨 것인데, 마가의 형태를 마태와 누가가 그대로 계승하고 있다. 마가는 질문자들을 "사람들이"라고 하여, 불특정인들로 나타내었다(impersonal plural construction). 그러나 마태는 그들을 "요한의 제자들"로 한정시켰다. 마태는 요한이 감옥에 갇혀있는 역사적 상황을 전제로 한 것이다. 마태는 역사적인 리얼한 정황에 대한 관심이 많다. 누가도 질문자들을 직접적으로 지칭하지 않았다. 그러나 전후 맥락으로 볼 때 "바리새인들과 저희 서기관들"(5:30)을 지칭한 것으로 보아야 할 것이다. 질문 속에 "바리새인들의 제자들"이라는 표현이 나오므로 질문자를 "바리새인들의 제자들"이라고 보기는 어렵다. 마가와 마태는 "금식"만을 말하고 있는데 반하여 누가는 "금식"과 "기도"를 같이 말하고 있어 도마자료에 근접하고 있으나, 이 사실만으로 양 자료의 친화성을 확보하기는 어렵다. 누가는 예수의 제자들을 "먹고 마신다"는 표현을 첨가하고 있는데 이것은 고발성을 강화시키는 드라마적 변용이다.

원래 금식이란 유대인들에게 있는 풍속이었지만 강제적이거나 제도적인 것이 아니었다. 개별적 선택에 의한 자발적 행위였다. 그러나 바리새인들은 예수시대에 이것을 제도화시키고 의무화시켰다. 매 월요일과 목요일, 그러니까 일주일에 두 번을 금식하는 것으로 규정하였던 것이다. 그것을 하나님 앞에서의 종교적 열정의 표시로 생각했다(눅 18:12).

세례요한은 본시 매우 금욕적인 사나이였다. 광야에서 항상 금식하면서 살았던 것이다. 따라서 세례요한의 제자들은 자주 금식하였던 것이다(눅 5:33에 "요한의 제자는 자주 금식한다"라는 표현이 있다). 그러니까 예수 시대에 "금식"하면 가장 두드러지는 두 그룹이 있었으니, 그것이 바로 바리새인들의 제자들과 요한의 제자들이었다. 마가는 바로 이러한 역사적 사실을 배경으로 논쟁대화(아포프테그마의 한 양식)를 구성한 것이다. 그러나 도마에는 이러한 배경이 전혀 나타나지 않는다. 그리고 이 대화가 마가에는 예수 제자들의 행동양식에 대한 예수의 변명으로 나타나고 있다. 그러나 도마에선 대화의 내용이 예수 자신의 행동에 관한 것이다.

혼인은 잔치이며 즐거운 자리이며 축복의 자리이다. 그것은 먹고 마시는 자리이지 금식해야 할 자리가 아니다. 금식은 슬픔의 표현이다. 따라서 혼인잔치집에서 신랑의 친구들이(혼인집 손님들)이 신랑과 같이 있는 동안에 금식을 한다는 것은 너무도 어울리지 않는 행동이다. 여기서 혼인잔치는 "메시아의 시대"라는 것을 알레고리적으로 나타내고 있다. 신랑은 예수이고 혼인집 손님들은 예수의 제자들이다. 이들은 메시아의 잔치(the messianic banquet)에 참여하고 있는 것이다.

그런데 여기 "신랑을 빼앗길 그 날이 오리라 The days will come, when the bridegroom is taken away from them"는 표현은 신랑이 강압적으로 혼인잔치 손님들로부터 데려감을 당한다는 것이며, 그것은 매우 갑작스럽고도 폭력적인 잔치의 종말을 암시하고 있다. 이것은 예수의 폭력에 의한 격렬한 죽음을 상징하고 있다. 이것은 너무도 명료한 알레고리적 해석을 전제로 한 것이다. 다시 말해서 부활절 이후의 초대교회의 금식의 습관을 정당화하기 위한 아포프테그마일 수도 있다. 그러나 실제로 초대교회에서 예수의 죽음을 기념하기 위해서 금식을 정례화했는지는 알 수가 없다. 예수의 죽음과 부활은 공동식사의 즐거운 잔치였을 수도 있기 때문이다. 불트만은 이 아포프테그마가 초대교회에서 세례요한파들의 막강한 잔존세력들과 기독교도들과의 관계 문제가 활발히 논의되었을 때에 날조된 것으로 보았다. 그러나 그러한 불트만의 논의는 도마자료와 비교해보면 전혀 근거없는 추론에 불과하다.

그리고 구약에서는 야훼를 "신랑"에 비유한 표현이 많이 나온다(호세아 2:18, 이사야 54:5~8, 62:5 등을 보라). 그러나 메시아를 낭군이나 신랑으로 표현한 적은 없다. 그러나 마가는 예수야말로 하나님의 생명력(the life-giving power of God)을 나타낸다고 생각했기 때문에, 원래 하나님에게 적용된 표현이지만 예수에게로 무리없이 옮겨 썼을 것이다. 그러나 도마에서는 그러한 은유나 비유는 전혀 정당성이 확보되지 않는다.

"그들"은 예수의 도반들이다. 그들이 예수에게 같이 기도하고 같이 금식하자고 졸라대는 것이다. 그러나 예수는 근원적으로 "죄의식"이 없는 사람이었다. 유대인들의 원죄(Original Sin)의식이 없었던 사람이었다. 예수는 인성(human nature)에 대한 윤리적 규정을 거부한 사람이었다. 근원적으로 성선·성악적 논의에 관심이 없었다. 그리고 이미 6장, 14장, 그리고 53장(할례에 관계됨)에서 보았듯이 근원적으로 금식이나 기도나 구제와 같은 외면적·제식적 행위는 근본적으로 인간의 죄의식만을 조장할 뿐이며, 인간의 구원과는 하등의 관계가 있을 수 없다고 보았다. 예수는 이러한 문제에 대하여 소극적으로 대처한 것이 아니라 적극적으로 금지시켰다: "너희가 금식한다면, 너희는 너희 자신에게 죄를 자초하리라. 그리고 너희가 기도한다면, 너희는 정죄되리라. 그리고 너희가 구제한다면, 너희는 너희 영혼에 해악을 끼치리라"(Th.14).

따라서 예수는 같이 기도하고 금식하자고 졸라대는 도반들에게 다음과 같이 반문한다: "내가 도대체 무슨 죄를 저질렀단 말인가? 도대체 내가 어떠한 방식으로 파멸에 이르렀단 말인가?"

『나사렛사람들복음서 Gospel of Nazoreans』(2)에는 다음과 같은 재미있는 표현이 있다:

> 보라! 주님의 엄마와 그의 형제들이 예수에게 권유하여 말하였다: "세례요한이라는 사람이 죄사함을 위하여 강에서 세례를 베풀고 있단다. 예수야! 같이 가서 그에게 세례를 받자꾸나."
> 그러나 예수는 그들에게 다음과 같이 말하였다: "도대체 내가 뭔 죄를 저질렀길래, 그에게 빨리 달려가서 그에게 세례를 받는단 말이요? 글쎄, 내가 지금 말한 이것이 순전히 내 무지에서 나온 것이라면 모를까."

하여튼 예수는 그러한 제식적 행위로 인하여 인간이 구원된다는 가능성에 대해 일말의 기대도 걸지 않는다. 그리고 말한다: "차라리, 신랑이 혼방을 떠난다면, 그제서야 사람들로 하여금 금식하고 기도케하라."

여기 "신랑이 혼방에 들어간다"는 표현은 이미 75장에서 충분히 토론되었다. 그것은 반야와 방편이 하나가 된 합체불의 경지이며, 남자와 여자가 분화되기도 전의 혼융된 존재이며, 유와 무가 분별되기도 전의 박(樸)의 상태이다. 그것은 단독자이며 방랑자이며 고독자이며, 하나된 자이다. 여기 "신랑이 혼방을 떠난다"는 표현은 새로 맞이한 아내를 버리고 떠난다는 뜻이 전혀 아니라, "단독자됨을 포기한다"는 상징적 표현이다. 그리고 이것은 예수 한 사람의 상황에만 적용되는 사태가 아니라, 예수의 도반이면 누구든지 다 단독자가 되어야 하는 것이다. 그 단독자됨을 포기한다면, 다시 말해서 무분별의 카오스에서 분별의 세상으로 나온다면 물론 너희는 금식하고 기도해야 할 것이다. 그러나 예수에게 있어서 단독자를 포기한다는 것은 있을 수가 없다. 따라서 금식하고 기도할 가능성은 전혀 없다. 그것은 아버지의 나라에 들어가기를 포기하는 것이다. 혼방에 들어간다는 것은 아버지의 나라에 들어간다는 것의 다른 표현이기도 하다. 따라서 예수의 도반들은 금식하고 기도할 것이 아니라, 끊임없이 살아있는 예수와 함께 혼방에 들어가야 한다. 살아있는 예수와 끊임없이 대화하고 융합되어야 하는 것이다.

이러한 심오한 메시지를 "메시아의 잔치"로 변모시킨 마가의 문학적 상상력에 우리는 다시 한 번 경탄하지 않을 수 없다.

인류역사상 최초의 기독교 왕국 에데사(Edessa)의 수도 산리우르파(Şanlıurfa). 이미 지금으로부터 대략 3,500년 전에 거대한 성이 지어졌다. 박물관 도시라 불리울 정도로 역사가 켜켜이 쌓여있다. 2·3세기에는 교회가 가장 많은 곳이었다.

세속적 엄마와 아버지만 아는 너는 창녀의 자식이다

제105장

¹예수께서 가라사대, "(세속적) 아버지와 엄마만을 아는 자는 누구든지 창녀의 자식이라 불릴 것이니라."

¹Jesus said, "Whoever knows the father and the mother will be called the child of a whore."

沃案 너무도 당연한 이야기래서 부연설명을 필요로 하지 않는다. 단지 육신의 엄마·아버지만을 생각한다면 엄마·아버지의 육욕의 산물인 나는 창녀의 자식이라 말해도 크게 문제 될 것이 없다. 『켈수스 논박 Against Celsus』(1.28;32)에 보면, 예수는 마리아의 사생아였다. 판테라(Panthera)라고 불리우는 로마 병정과 마리아가 섹스해서 낳은 자식이 예수라는 설이 초대교회에 상당히 널리 유포되어 있었다. 묘지명으로 고증해보면 티베리우스 쥴리우스 아브데스 판테라(Tiberius Julius Abdes Panthera)라는 이름의 시돈의 궁술장인(a Sidonian archer)이 예수가 태어날 시기에 팔레스타인에 주둔해 있었다는 것이 입증되고 있다.

그리고 같은 나그함마디문서인 『변자도마서 Book of Thomas』(144, 8~10)에는 이런 말이 있다: "여자라는 인종과 가까이 하기를 좋아하고 그들과 오염된 성교를 즐기는 너희여, 부끄러워할지어다!"

그리고 이레나에우스의 『이단들에 대하여Against Heresies』(1.23.2)에 보면, 마술사 시몬(Simon the Magician)이 항상 두로(Tyre) 출신의 헬레나(Helenā)라는 아름다운 창녀를 항상 데리고 다녔다. 그리고 헬레나는 원래 천상의 하나님 아버지의 사유(the first Thought of his mind, 신적 영혼)이었는데 천사들과 권능들을 창조하기 위하여 지상으로 파송되었다고 한다. 그녀는 천사들과 권능들을 출산하였고, 그들은 이 세계를 만들었다. 그러나 천사들과 권능들이 이 세계를 만든 후에는, 그녀를 이 세계 속에 가두어버렸다. 그래서 천상의 하나님 아버지에게로 돌아갈 수가 없었다. 그래서 인간의 육체에 갇혀서 여성의 몸으로서 윤회를 계속하였다. 과거 "트로이의 헬레나"도 그녀의 현신의 하나였다. 그러면서 이 몸에서 저 몸으로 창녀질을 끊임없이 해대면서 인간을 산출하였다. 그녀는 신분은 창녀이지만 모든 사람의 어머니이다. 하여튼 황당하지만 이것이 마술사 시몬이 자기가 데리고 다니는 창녀에 대하여 설명하는 방식이다.

그리고 같은 나그함마디문서 중에 『영혼의 해석The Exegesis on the Soul』이라는 문헌이 있는데, 인간의 영혼이 육체에 의하여 강간당하고 천하게 학대를 받으면 곧 영혼은 창녀가 되고만다고 기술해놓고 있다.

이미 101장에서 생물학적 "육신의 엄마"와 "참 엄마"의 구분이 논의된 바 있다. 생물학적 엄마에만 인간이 집착하면 그러한 인간은 "창녀의 자식"일 뿐이라는 예수의 로기온은 좀 각박하기는 하지만 매우 리얼한 각성을 우리에게 던져주는 강렬한 언사이다.

그리고 요한복음 8:41에 이런 말이 있다는 것도 한번 상기해볼 만하다.

"아브라함은 이런 짓을 하지 않았다. 그러니 너희는 너희 육신의 애비가 한 짓을 행하고 있는 것이다." 그들이 예수께 대답하여 가로되, "우리는 음란한 간통으로부터 태어나지 아니 하였다. 우리는 오직 하나의 아버지로부터 태어났으니 곧 하나님이시라."

아브라함 전설과 관련된 우르파 니므롯 성채 해자. 성채 본래 모습의 거대함을 말해준다.

바로 이곳이 아브라함이 탄생한 동굴이다(Hazreti ibrahim'in Doğum Mağarası). 아브라함은 7세때까지 니므롯 왕의 박해를 피해 이 동굴에서 살았다. 니므롯은 꿈속에서 새로 태어난 아기가 그의 왕좌를 빼앗으리라는 예언을 듣고 모든 신생아의 살해를 명하였던 것이다. 그 동굴 앞에서 만난 할아버지. 아마도 아브라함은 이 할아버지의 모습이었을 것이다.

너희가 둘을 하나로 만들면 산도 움직일 수 있다

제106장

¹예수께서 가라사대, "너희가 둘을 하나로 만들 때는 너희는 사람의 자식들이 될 것이니라. ²그리고 너희가 '산이여! 여기서 움직여라'라고 말하면, 산이 움직이리라."

¹Jesus said, "When you make the two into one, you will become children of humankind, ²and when you say, 'Mountain, move from here,' it will move."

沃案 본 로기온의 내용은 이미 48장에서 상설되었다. 여기 "사람의 자식들"은 86장의 "인간의 자식"과 같은 표현인데 복수가 되었다. 여기 "너희는 사람의 자식들이 될 것이니라"는 말씀에서 중요한 사실은 예수의 도반들과 예수와의 아이덴티티의 일치이다. 다같이 "사람의 자식"이 된다는 것이다. 예수의 말씀을 추구하는 사람들은 모두 예수와 같이 된다는 것이다. 여기 세 주제가 나타나고 있다: 1) 하나된 자 2) 사람의 자식들 3) 물리적 사태를 지배하는 정신적 권능. 둘이 하나가 된다는 것은 방랑하는 단독자와 세속에 투자하는 상인의 결합을 의미할 수도 있다. 세속적 주체와 영적 주체가 하나가 되었을 때는 높은 차원의 권능을 발휘할 수 있다. 이것은 성불(成佛)이며, 예수와 같은 아이덴티티를 획득함이다. 이러한 경지에서는 실제로 반산(搬山)도 가능하다. 신적 권능이 자연의 영역에서 과시되는 것이다. 아무것도 영적인 세계와 물리적 세계를 분리시킬 수 없다. 우리는 하나됨을 통하여 신적인 권능을 획득해야 한다.

가장 큰 양 한 마리

제107장

¹예수께서 가라사대, "나라는 일백 마리의 양을 가지고 있는 목자와도 같다. ²백 마리 중에 가장 큰, 그 한 마리가 무리를 떠났다. 목자는 아흔 아홉 마리를 버려두고 그 한 마리를 찾을 때까지 헤매었다. ³그리고 이 모든 수고를 끝내었을 때, 목자는 그 양에게 말했다: '나는 아흔아홉 마리보다도 너를 더 사랑하노라.'"

¹Jesus said, "The kingdom is like a shepherd who had a hundred sheep. ²One of them, the largest, went astray. He left the ninety-nine and sought the one until he found it. ³After he had gone to this trouble, he said to the sheep, 'I love you more than the ninety-nine.'"

沃案 이것도 큐복음서에 속하는 너무도 유명한 "길 잃은 양 The Lost Sheep"의 비유이지만, 도마자료가 큐자료로 변형되는 과정은 참으로 놀랍다. 어떠한 경우에도 큐자료에서 도마가 나왔다고 볼 수는 없다. 그러나 양자가 다 그 나름대로 독특한 의미구조를 지니고 있다.

(마 18:12~14) 너희 생각에는 어떻겠느뇨? 만일 어떤 사람이 양 일백 마리가 있는데 그 중에 하나가 길을 잃었으면 그 아흔아홉 마리를 산에 두

고, 가서 길 잃은 양을 찾지 않겠느냐? 진실로 너희에게 이르노니, 만일 찾으면 길을 잃지 아니 한 아흔아홉 마리보다 이것을 더 기뻐하리라. 이와 같이 이 소자(小子) 중에 하나라도 잃어지는 것은 하늘에 계신 너희 아버지의 뜻이 아니니라.

(눅 15:4~7) "너희 중에 어느 사람이 양 일백 마리가 있는데 그 중에 하나를 잃으면 아흔아홉 마리를 들에 두고, 그 잃은 것을 찾도록 찾아다니지 아니 하겠느냐? 또 찾은즉, 즐거워 어깨에 메고 집에 와서 그 벗과 이웃을 불러 모으고 말하되, '나와 함께 즐기자. 나의 잃은 양을 찾았노라' 하리라.
내가 너희에게 이르노니, 이와 같이 죄인 하나가 회개하면 하늘에서는 회개할 것 없는 의인 아흔아홉을 인하여 기뻐하는 것보다 더하리라."

마태와 누가의 전승을 놓고 과연 어느 것이 더 오리지날한 것인지에 관해서는 의견대립이 팽팽하다. 결정하기 곤란하다(마태 오리지날리티: Bultmann, Linnemann, J. Dupont, Schulz; 누가 오리지날리티: W. Pesch, Stuttgart, K. E. Bailey). 그러나 결국 하나의 비유가 각기 다른 전승으로 발전하였다고 볼 수밖에 없을 것이다. 누가는 바리새인들과 서기관들이 예수의 처신을 비판하는데 대한 대답으로서 이 비유를 썼다. 그러니까 누가는 이 비유를 그의 적들에게 발한 것이다. 그 적들의 비판은 예수가 세리들과 죄인들을 영접하고 그들과 공동식사를 한다는 것이었다. 따라서 이 비유는 죄인 하나라도 회개하기만 한다면 회개할 필요가 없는 의로운 아흔아홉 사람보다 더 귀중하다고 하는, 이른바 구원론적인 열정에 더 강조점이 있다.

그러나 마태의 비유는 예수의 제자들에게 말하여진 것이다. 따라서 마태의 비유는 공동체의 사람 중에서 단 하나의 연약한 자라도 소홀히 할 수 없다는, 즉 초기교회공동체에 있어서 연약하고 소외된 소수에 대한 목자적 관심(pastoral care)

을 강조하는 데로 논지가 모아지고 있다. "소자 중에 하나라도 잃어지는 것은 하늘에 계신 너희 아버지의 뜻이 아니다."

그러나 누가가 되었든, 마태가 되었든 공통된 것은 100마리의 양 모두에 대한 보편적 관심이 전제되어 있다는 것이다. 소외되었거나, 연약하거나, 죄를 지었거나, 어느 한 개체에 대한 관심은 소중하다는 것이며, 그 개체가 100마리 중에 누구든지 될 수가 있다. 한 마리를 찾는 기쁨에 그 강조점이 있다 할지라도 아흔아홉 마리를 본질적으로 소홀히 한다는 뜻은 아니다. 100마리에 대한 보편주의적 가치가 기본적 골격을 이루고 있다.

그러나 도마에서는 상황이 매우 다르다. 아흔아홉 마리와 한 마리는 근원적으로 다른 가치관의 소산이다. 한 마리는 백 마리 중의 임의의 한 마리가 아니라, 아흔아홉 마리와 본질적으로 대비되는 한 마리인 것이다. 그 한 마리는 그 중에서 가장 크고 아름다운 것이다. 나머지 아흔아홉 마리와 비교도 안되는 가치있는 소중한 한 마리인 것이다.

여기 아흔아홉 마리의 떼는 일상적 자아를 상징하며 군중 속에 파묻혀 사는 비본래적인 자아의 모습이다. 이에 반해 한 마리는 본래적인 자아의 모습이며, 내가 획득해야만 하는 나의 본래의 하나된 자로서의 모습이다. 이 한 마리는 아흔아홉 마리로부터 떠나야만 한다. 그것은 실종이나 길을 헤매는 것이 아니라, 스스로 아흔아홉 마리를 버리는 결단이다. 목자 또한 아흔아홉 마리를 버려두고 그 한 마리를 향해 고독한 여행을 떠난다. 이 모두가 "버림"과 "고독"과 "방랑"과 "무소유"를 상징하고 있다. 『숫타니파타』에도 이런 구절이 있었다: **"어깨가 딱 벌어져 연꽃처럼 늠름한 거대한 코끼리가 그의 무리를 떠나 가고 싶은 대로 숲속을 노닐 듯, 저 광야를 가는 코뿔소의 외뿔처럼 홀로 가거라."** 8장에서 작은 고기들과 큰 고기 한 마리가 이미 논의되었고, 76장에서도 매매할 많은 상품들과 단 하나의 진주가 논의되었다. 물론 그와 같은 맥락에서 이 로기온이 해석되어야 하는 것이다.

마태-누가의 "길 잃은 양의 비유"와는 본질적으로 차원을 달리하고 있다.

이러한 도마자료가 큐복음서(마태-누가)에 의하여 변용된 과정은 비록 그것이 다른 맥락에서 왜곡되었다 할지라도 "왜곡"이라고 말할 수 없는 그 나름대로의 소중한 가치를 지니는 새로운 전승을 창조했다고 말할 수 있다. 아마 도마자료가 변형되는 과정에서 발생한 가장 긍정적 수확 중의 하나라고 말해야 할 것이다. 인간에 대한 평등주의적 가치관, 그리고 개체에 대한 존중, 그리고 약자나 소외된 자 그리고 죄지은 자에 대한 관심과 구원론적 열정은 기독교를 인류의 고등종교로서 만드는 데 결정적 기여를 한 것이다.

욥(Job)은 이슬람에서도 중시되는 선지자 중의 한 사람이다. 욥은 사탄의 질시를 받아 건강과 부와 가정을 잃었다. 그러나 욥은 하나님에 대한 신앙을 잃지 않고 7년간을 이 우물 옆 동굴에서 비참하게 살았다. 결국 욥은 회복된다. 그리고 내가 서있는 이 우물의 물로 온 몸의 부스러기가 씻은 듯이 낳았다. 선한 자가 이 세상에서 별 악업 없이도 당하는 고통에 대한 치열한 인종을 말하는 욥기는 세계 문학사의 한 금자탑으로 꼽힌다. 칼라일은 역사가 있은 이후 붓으로 쓴 것 중에 가장 숭고한 걸작이라고 말했다. 나의 어머니도 항상 말하시곤 했다: "내가 구약중에서 가장 사랑하는 글이 욥기이다." 그 욥의 수난의 현장이 바로 여기 우르파라고 이슬람사람들은 믿는다.

예수 나 자신 또한 너희처럼 되리라

제108장

¹나의 입으로부터 나오는 것을 마시는 자는 누구든지 나와 같이 되리라. ²나 자신 또한 그 사람과 같이 되리라. ³그리고 감추어져 있는 것들이 그 사람에게 드러나게 되리라.

¹Jesus said, "Whoever drinks from my mouth will become like me; ²I myself shall become that person, ³and the hidden things will be revealed to that person."

沃案 흔히 도마복음서의 로기온 배열이 임의적이고 어떠한 주제적 통일성을 찾기 어렵다고 말하지만, 과연 이것들이 완벽하게 랜덤(random)한 것인가에 관해서는 보다 체계적인 연구가 필요할 것이다. 나는 현재 이 복음서의 의미를 캐는 데만 주력하고 있기 때문에 그러한 문제를 체계적으로 논구하지는 못했다. 후학 중에서 탁월한 신학도가 나오면 불트만의 전승사연구를 훨씬 뛰어넘는 고등한 논의를 할 수 있을 것이라고 확신한다. 시작부에서 논의된 내용들이 이제 말미로 달려가면서 매우 명료한 주제의식을 드러내면서 완결로 치닫고 있다는 느낌이 든다. 하여튼 여기 114개 로기온의 배열은 카오스적인 배열이면서도 연출자의 치열한 의도가 숨어 있는 정연한 코스모스라고도 말할 수 있을 것 같다.

원문은 "나의 입으로부터 마신다"로 되어있는데, 그것은 물론 나의 입으로부터 나오는 말씀을 마신다는 뜻이다. 이미 서장에서부터 그 말씀은 "은밀한" 말씀이라고 규정되었다. "그것을 마시는 자는 나와 같이 되리라"는 브라만과 아트만의 합일과도 같은 경지를 표현하고 있다. 나의 말씀을 마시는 자는 나와 같이 된다. 이 언명에 부수되는 정직한 결론은 이것이다: "나 자신도 스스로 바로 나와 같이 되는 그 사람이 된다." 예수의 말씀을 추구하는 자는 궁극적으로 예수가 된다. 예수는 바로 동시에 추구하는 자가 된다. 추구하는 자와 예수는 완벽하게 동일한 "하나된 자"가 되는 것이다. 이것은 진정한 의미에서 나의 존재의 변혁(變革, transformation)이며, 기화(氣化, empowerment)이며, 신생(新生, renewal)이다. 예수와 예수의 도반이 다 함께 새로운 아이덴티티를 획득하는 것이다. 하나님은 인간을 구원하는 순간에만 새로워진다. 인간 또한 하나님을 구원하는 순간에만 새로워진다. 예수가 인간을 구원한다면, 우리 또한 예수를 구원해야 하는 것이다. 이러한 호상적 구원이 없으면 예수도 죽고 나도 죽는다. 생명을 상실하는 것이다. 오늘날 기독교의 맹점은 바로 이러한 도마예수의 순결성과 논리적 타부가 없는 정직성의 결여에 있다. 예수의 인격과 말씀, 그 모든 것을 권위주의적 허상, 그러니까 우상 속에 가두어 놓고 있는 것이다.

바울이 로마인서 12장에서 **"너희는 오직 마음을 새롭게 함으로써 변화를 받아 하나님의 온전하신 뜻이 무엇인지 분별토록 하라"**고 말했는데, 참으로 좋은 말이지만 도마 속의 예수의 이 로기온을 바울이 몰랐다는 것은 참으로 아쉽다. 예수가 참으로 우리 죄를 대속한다면, 우리 또한 예수의 죄를 대속할 수 있어야 한다. 나의 마음이 진정으로 새롭게 된다는 것은 예수가 나의 마음이 되고, 내가 예수의 마음이 될 때에만 가능한 것이다. 그럴 때 감추어져 있는 모든 것들이 나에게 드러나게 되는 것이다. 3절의 표현은 5장, 6장과 관련된다. 하나됨을 통하여 드러나는 새로운 아이덴티티는 감추어져 있는 모든 것들을 드러나게 만든다.

 *Thomas 109*

나라는 보물이 숨겨져 있는것도 모르고 밭을 가는 농부와도 같다

제109장

¹예수께서 가라사대, "나라는 그의 밭에 한 보물이 숨겨져 있는데도 그것이 거기에 있는 줄을 모르는 한 사람과도 같다. ²그리고 그가 죽었을 때에 그는 그 밭을 그의 아들에게 물려주었다. 그 아들 또한 보물에 관해서는 전혀 알지를 못했다. 그 아들은 그 밭을 상속받은 후에 곧 팔아버렸다. ³그 밭을 산 사람은 밭을 갈았고 그 보물을 발견하기에 이르렀다. 그리고 그가 원하는 누구에게든지 이자를 붙여서 돈을 빌려주기 시작했다."

¹Jesus said, "The kingdom is like a person who had a treasure hidden in his field but did not know it. ²And when he died, he left it to his son. The son did not know about it. He took over the field and sold it. ³The buyer went plowing, discovered the treasure, and began to lend money at interest to whomever he wished."

沃案 많은 주석가들이 이 장에 관해서 명료한 해석을 내리기를 힘들어 한다. 다양한 해석의 가능성이 있기 때문이다. 마지막에 "이자를 붙여서 돈을 빌려준다"라는 표현은 95장의 로기온 내용과 상치되고 있다. 우선 이 로기온을 연상케

하는 구절이 마태에 하나 있다.

> **(마 13:44)** 천국(the kingdom of heaven)은 마치 밭에 감추어진 보물과도 같으니, 한 사람이 이를 발견한 후 그것을 다시 숨겨두고, 기뻐하여 돌아가서 자기의 소유를 다 팔아 그 밭을 샀느니라.

마태는 이것을 자기의 모든 소유를 팔아 진주를 산 상인의 이야기(Th.76, 마 13:45~46)와 병치시키고 있다. 이러한 병치는 비유의 의미를 강화시키는 수단으로 쓰이고 있다. 여기 "보물treasure"이나 "진주pearl"는 모두 천국(the kingdom of heaven)의 더 말할 수 없는 소중한 가치에 관한 것이다. 그리고 그것은 종말론적 맥락 속에서 규정되고 있다. 유대교의 묵시론적 전통 속에서 천국의 도래는 인간의 의지와 무관하게 하나님의 행위에 의하여서만 시간의 종말에 일어나는 사건이다. 그러나 여기 마태는 종말론을 현재화시키고 있다. 이미 예수의 재림은 현재 속에 진행되는 사건이다. 따라서 인간은 그것을 지금 발견하여야 한다. 어떠한 세속적 가치를 희생하고서라도 그 보물(=천국)을 확보할 때 그에게는 세속적 가치와 비교될 수 없는 엄청난 천국의 가치가 발생하는 것이다.

마태의 "발견"은 약간 문제가 있다. 전체적인 구성으로 볼 때 사기성의 소지가 있어 보인다. 랍비의 율법전통 속에서도 밭에서 발견한 보물은 그 밭의 소유주에게 속하게 되어 있다. 이러한 도덕적·법률적 문제를 해결하기 위하여 그 발견자는 그 보물을 발견하지 않은 것처럼 그냥 묻어두고 다시 "숨겨둔다." 아마도 상당시간 숨겨두었을 것이다. 그동안 이 사람이 취해야 할 행동은 상당히 버거운 일이다. 그 밭 자체의 소유권을 획득하는 것이다. 그러나 밭 자체의 소유권을 획득한다는 것은 결코 쉬운 일이 아니다. 그는 자기가 가지고 있는 전 재산을 다 팔아야 한다. 다시 말해서 그 밭에 숨겨놓은 보물은 모든 세속적 가치를 희생해서라도 구매되어야 할 가치가 있다는 것을 이 사람은 아는 것이다.

그러나 이 비유에 함축되어 있는 보물의 사태는 기나긴 세월의 노력 끝에 얻어지는 가치라기보다는 우연한 행운의 결과라는 사실이다. 그러한 발견은 누구에게나 주어지는 사태가 아니라 특별한 선택을 받은 자에게 주어지는 행운이다(The 'finding' is not viewed as the outcome of particular effort or ability, but rather as a piece of extraordinarily good fortune. John Nolland, *NIGTC Matthew* 564).

종말론적인 전제가 없는 도마의 경우, 과연 이러한 종류의 비유가 동일한 의미맥락에서 해석될 수 있을지 의문이다. 그러나 대부분의 도마복음 해석자들이 이러한 마태의 맥락과 병행하여 본 장을 해석하고 있다. 우선 그러한 일반적 해석을 따르자면, 자기 밭에 보물이 숨겨져 있다는 사실을 인식하지도 못했고 발견하지도 못한 첫 주인에 대하여 긍정적인 시각이 성립하지 않는다.

자기 몸에, 자기 영혼에, 자기 삶에 엄청난 보화가 숨어있다는 것을 인식하지도 못하고 발견하지도 못한 채 살아가는 그 첫 주인의 삶은 "자각" 없는 일상적 삶에 비유된다. 그 첫 주인은 그냥 그렇게 살다 죽었다. 그리고 별 생각없이 그 아들에게 그 밭을 물려주었다. 그 밭을 상속받은 아들 또한 전혀 그 밭의 가치를 인식하지 못했다. "자각"이 없는 것이다. 그 밭을 일구고자 하는 삶의 결의나 결단이 없는 것이다. 그래서 별 생각없이 곧 타인에게 팔아버렸다. 세 번째로 그 밭을 산 사람도 그 밭에 보물이 숨겨져 있다는 것을 인식하지 못한 채 밭을 샀다. 그러나 그는 밭을 샀고 소출을 원했기에 밭을 갈았다. 그러다가 우연히 보물을 발견하기에 이르렀다. "무지"에 대하여 "자각적 발견"이 대비되는 것이다. 그래서 그 자각적 발견에 대하여 재산의 증식에 관한 상행위가 긍정되는 것처럼 해석되는 것이다. 64장이나 95장과는 다른 맥락에서 현실적 재산증식 행위가 긍정되고 있다고 간주하는 것이다. 전체적으로 보면 마태의 상황과 도마의 상황은 순서가 거꾸로 되어 있다. 마태의 경우는 보물을 먼저 발견하고 밭을 샀다. 그러나 도마의 경우는 밭을 먼저 샀고 보물을 발견했다. 그러나 이 두 사태에 공통된 것은 보물의 발견 그 자체는 우연적인 사건이었다는 것이다.

메이어는 이 장과 관련된 자료들을 소개하고 있다. 잠언 2장에는 다음과 같은 이야기가 실려있다.

> 아들아, 내 말을 받아 들이고 내 훈계를 간직하여라. 바른 판단에 마음을 두어라. 슬기를 찾아 구하고 바른 판단을 얻고 싶다고 소리쳐 불러라. 은을 찾아 헤매듯 그것을 구하고 숨은 보화를 파헤치듯 그것을 찾아라. 그래야 눈이 열려 야훼 두려운 줄 알게 되고 하느님이 어떤 분이신지 알게 되리라(잠 2:1~5).

그러나 여기서 말하는 "숨은 보화를 파헤치듯 그것을 찾아라"라는 이야기는 결코 본 장의 맥락과 일치하지 않는다. 그것은 매우 의식적으로 의도적으로 찾는 노력이지만, 본 장의 "찾음"은 기실 우연한 행운일 뿐이다. 잠언의 말은 도마의 76장의 상황에 보다 잘 어울린다. 상인이 진주를 사는 행위는 매우 의식적인 신중한 노력의 결과이다.

『미드라쉬 라바 Midrash Rabbah』에는 다음과 같은 이야기가 있다.

> 랍비 시므온 벤 요하이는 다음과 같이 가르쳤다: "그것은 쓰레기더미로 덮혀있던 밭을 상속받은 한 사람과도 같다. 그 상속자는 매우 게을렀다. 그래서 그는 그 밭을 헐값에 팔아버렸다. 그 밭을 산 사람은 열심히 일했고 쓰레기더미를 치웠다. 그러다가 그는 그 더미 속에서 엄청난 보물을 발견했다. 그래서 그는 그 보물로써 그곳에 거대한 궁전을 지을 수 있었다. 그리고 그는 시종들을 뒤에 따르게 하며 공중 앞에서 화려한 행렬을 갖추고 위세 당당하게 돌아다녔다. 이것을 본 매인(賣人)이 숨이 막히는 듯 절규하였다: '아! 얼마나 엄청난 것을 내가 상실하였는가!'"(Song of Songs 4.12.1).

아마도 이 『미드라쉬 라바』의 논조가 가장 통속적인 도마해석의 모델을 이루고 있다고 여겨진다. 그러나 엄청난 보물을 발견하여 궁전을 짓고 화려한 행렬을 하고 다니는 것이 종말론적 천국의 기대치가 되어서는 아니될 것이다. 그러한 세속적 가치의 화려함 때문에 보물발견의 가치가 정당화될 수는 없다. 도마의 예수는 본시 이러한 세속적 가치를 정면으로 거부한 사람이었다는 것을 우리는 상기하지 않으면 아니된다. 이솝우화에는 이러한 『미드라쉬 라바』의 허황됨을 해소시키는 보다 진실한 이야기가 실려있다.

> 한 훌륭한 농부가 수명을 다해 가고 있었다. 그는 그의 아들들이 농삿일을 배우기를 간절히 원했다. 그래서 그 아들들을 불러 말하였다: "아들들아! 나는 많은 농장 중 그 하나에 보물을 파묻어 두었다." 그가 죽은 후에 아들들은 쟁기와 곡괭이를 들고 가서, 그 농장들을 모두 갈아엎었다. 그들은 결국 그 보물을 찾지 못했다. 그러나 그 농장이 그들에게 몇 배의 수확을 안겨주었다. 이 이야기는 말한다. 수고로부터 얻은 것이야말로 진정한 인간의 보배라는 것을(Aesop, *Fable* 42).

이제 우리는 여태까지의 서구 주석가들이 상식적으로 전제하는 어떠한 선입견적 틀을 벗어나 살아있는 예수의 말씀을 액면 그대로 살펴볼 필요가 있다. 아주 맥아리 없는 듯이 보이고 도저히 가치를 부여할 수가 없는 듯이 보이는 평범한 사태 속에서 "나라"를 발견하는 예수의 역설적 지혜에 우리는 새롭게 눈을 떠야 하는 것이다. 예수의 사유의 아시아적 가치는 이런 비유 속에서 극명하게 드러난다.

우선 "나라는 … 과도 같다"했을 때 그 "같다"의 대상이 꼭 인격적 주체라는 사실을 우리는 계속 목도하여왔다. 그리고 그 주체(사람)가 곧 나라이며, 그 주체의 행위 속에 나라가 내재한다는 논리 속에 하등의 예외적 레토릭이 동원된 바가 없었다. 여태까지의 서구 주석가들의 논리를 따르자면 천국의 주체는 첫 번째 땅주인이 아니라, 세 번째 땅주인이 된다. 첫 번째 땅주인은 자각적인 삶을 살지 못했고 세속의 패턴에 따라 부유(浮遊)한 인간이며 따라서 나라의 주체가 될 수가 없다. 천국은 땅을 사서 열심히 밭을 갈다가 주체적인 노력에 보물을 발견한 세 번째 땅

주인에게 돌아갈 수밖에 없다. 그러나 분명히 본 장의 명제는 나라의 주체가 "그의 밭에 한 보물이 숨겨져 있는데도 그것이 거기에 있는 줄을 모르는 한 사람"이라는 것을 명시하고 있다. 즉 나라의 주체는 여태까지 우리가 가치론적으로 폄하해왔던 첫 번째 주인인 것이다. 이 사실에 대하여 우리는 구구한 토를 달아서는 아니 된다. 그것은 엄연한 논리적 사실이다. 예수의 말씀을 우리의 상식의 편의나 선입견적인 가치의 편견에 따라 왜곡해서는 아니 되는 것이다. 천국은 보물이 아니라, 사람이다. 그러나 마태에게 있어서 천국은 분명히 보물이며, 그것은 우연적으로 얻어지는 행운이며, 그 행운을 차지하는 특별한 인간들의 선택적 특혜이며, 그래서 더욱 고귀한 것처럼 느껴지는 그 무엇이다. 이것은 분명히 종말론적, 선민의식적 사유의 산물이다. 살아있는 역사적 예수에게 있어서 그런 식으로 실체화된 천국은, 즉 보물 같은, 우발적으로 유혹적인 천국은 제3장에서 말하는 바 "사람보다 하늘의 새가 먼저 도달할" 그러한 허상이다. 천국은 나 안에 있고 나 밖에 있는 것이다.

천국은 결코 보물이 아닌 것이다. 보물은 어차피 나의 일상성 속에 숨겨져 있다. 나의 일상적 삶 속에 숨겨져 있는 것이다. 그 보물이 숨겨져 있는데도 그것이 거기에 있는 줄도 모르고 뚜벅뚜벅 하루하루를 살아가는 인간의 모습, 그 평범한 인간 속에 "나라"는 내재하는 것이다. 바로 이 109장의 이러한 역설을 이해하지 못하면 97장의 "아버지의 나라는 밀가루를 가득 채운 동이를 이고 가는 한 여인과도 같다"고 한 천국의 비유를 이해할 길이 없다. 밀가루가 새어나가는 것도 모르고 뚜벅뚜벅 걸어가는 여인의 모습이나, 밭에 보물이 숨겨져 있는 것도 모르고 그 밭을 아들에게 물려주는 농부의 모습이나 그 상실의 역설, 즉 상실을 감당할 수 있는 허(虛)의 역설은 동일한 것이다.

여기서 우리는 첫 번째, 두 번째 주인의 행위를 일상적 인간의 무지(ignorance)라고 매도할 수가 없다. 그들의 행동은 완벽하게 합리적인 것이다. 땅에 보물이 숨겨져 있는 것도 모르고 열심히 죽을 때까지 그 땅을 갈았고 또 죽음에 이르러 그 땅을 아들에게 물려준 그의 행위를 비본래적 자아의 모습이라고 그노스티시즘의 신화구조 속에서 폄하할 하등의 이유를 발견할 수 없다. 그리고 유산 받은 그 땅이 크게 소용되지 않았기 때문에 팔아야 했던 아들의 행동 또한 합리적이다. 오히려 비합리를 말한다면 우연히 보물을 발견하게 된 세 번째 주인의 행운일 뿐이다. 도마의 예수에게는 행운의 예찬이 없다. 진주를 산 상인(Th.76)의 상황에도 일체 행운이 개입되지 않는다. 그리고 세 번째 주인이 보물을 미끼로 이자놀이를 한 것은 제95장의 논리에 비추어 볼 때 그리 아름다운 행동은 아니다. 그것은 단지 그 보물의 가치를 드러내기 위한 장치일 뿐이다. 그것은 어쩌면 로또복권에 당첨한 인간들이 겪어야만 하는 세속적 부화(浮華)의 고통을 상징하고 있을지도 모른다. 결코 긍정적인 맥락에서 해석될 수 없는 욕망의 굴레일 뿐이다. 그리고 『미드라쉬 라바』에서처럼 그것을 판 사람이 배가 아파서 후회의 개탄을 하는 그러한 장면도 삽입되지 않는다. 세 번째 주인은 "돈을 빌려주기 시작했을 뿐이다." 그것으로 끝이다. 우리나라 임란이후에 성립한 한 민담에는 다음과 같은 이야기가 있다. 빈집으로 이사간 몰락한 양반집 안주인이 부엌 바닥을 고르다가 엄청난 보화를 발견한다. 그러나 고민고민 끝에 두근거리는 가슴을 억누르고 다시 고스란히 보화를 파묻어 버린다. 그리고 다른 집으로 이사를 간다. 그리고 어려운 삶을 이어나간다. 그 집안에서 과거 급제자들이 속출하고 정승이 나왔다. 이러한 우리 조상의 지혜를 예수가 따랐을까, 『미드라쉬 라바』의 화려한 궁전을 천국의 모습이라고 선전했을까? 생각있는 자들이여, 한번 판단해보라.

"살아있는 예수"에게 놀라운 것은 살아있는 민중들의 일상적 삶의 진실과 끈기, 그리고 무의식적·무분별적 허(虛)의 동태(動態)에 관하여 집요한 긍정이 있다는 것이다. 천국을 일시적인 허황된 "획득"으로 보지 않는 것이다. 천국은 보물이 아닌 삶의 프로세스이며, 획득이 아닌 버림이요 상실이다. 이러한 나의 해석에 대하여 의구심을 표명할 많은 서구 신학자들에게 나는 말한다. 그대들이 살아있는 예수에 도달하는 길이란 아직 멀고도 멀다.

하란(Harran) 지역은 이스라엘민족의 조상들의 근거지로서 유명한 곳이다. 아브라함 패밀리가 갈대아 우르에서 가나안을 향하여 길을 떠나다가 하란에서 자리잡고 살았던 것이다 (창 11:31). 하란은 아카드말로 대상(caravan)이라는 뜻이니 고대로부터 교역의 중심이었음을 알 수 있다. 후리아왕조의 정치·종교의 중심이었다. 하란은 기원전 첫 밀레니움시기 동안 상업중심 도시로써 매우 번창하였는데 그 활발한 모습은 에스겔 27:23에도 잘 나타나 있다. 그리고 이곳은 달의 신, 신(Sin)에게 봉헌된 도시로서 유명하다. 앗시리아제국의 마지막 시기에는 왕의 거처가 여기 있었다. BC 612년 니느웨(Nineveh)의 함락 이후 하란으로 앗시리아사람들이 몰려들었다. 그리고 결국 메디아, 스키타이, 바빌로니아의 연합군에 의하여 멸망한다 (왕하 19:12). 아브라함이 아들 이삭의 부인을 가나안 여자 중에서 택하지 않고 굳이 하란 여자(리브가)로 취한 것이나 (창 24:3~4), 이삭이 또 며느리들(라헬과 레아)을 하란에서 데려온 것 (창 28:1~2)은 모두 이 조상들의 궁극적 아이덴티티가 하란에 있었다는 것을 알 수 있다.

내가 보고 있는 석회석 조각은 바로 아브라함 시대의 신상으로서 희귀한 유물이다. 아브라함이 우상으로 간주한 신이었을 것이다(『꾸란』아브라함의 장에도 언급이 있다). 터키 산리우르파 박물관 제공. 그리고 현존하는 하란 도성의 규모에서(윗 사진) 인류 최고(最古) 문명 메소포타미아의 한 위용을 감지할 수 있다. 장장 4km에 달하며 187개의 망루가 있었다고 한다.

357

제109장

Thomas 110

세상을 발견하여 부자가 된 자는 세상을 부정하라

제110장

¹예수께서 가라사대, "세상을 발견하여 부자가 된 자는 누구든지, 그로 하여금 세상을 부정케 하라."
¹Jesus said, "Whoever finds the world and becomes rich, let him renounce the world."

 도마복음서는 막판에 이르러 기존의 논조와 본질적으로 상통하면서도 외면적으로 파라독스를 느끼게 하는 자극적인 방편설법을 계속 발하고 있다. 우리가 살고있는 이 세상에 대하여 우리에게 현실적 감각을 선사하는 긍정의 언사가 여기 강렬하게 나타나고 있는 것이다. 도마에 있어서 "세상"은 항상 부정적인 그 무엇으로만 그려져왔다. 바울에 있어서 그러한 부정은 종말론적 전제가 있기 때문에 더욱 철저하게 나타나고 있다. 그러나 예수에게는 그러한 종말론적 전제가 없다. 따라서 세상에 대한 부정은 반드시 세상에 대한 긍정으로부터 출발하지 않으면 아니 된다. "세상을 발견하여 부자가 된 자"라는 표현 속에는 이미 세상의 발견이라는 세속적 프로세스와 그 결과로서의 부자됨에 대한 긍정이 내포되어 있는 것이다.

27장에서 이미 "세상을 금식하지 않는다면 너희는 천국을 발견할 수 없다"고 말하였고, 56장은 "세상은 시체와도 같다"고 말한다.

그러나 세상은 시체이고 육체이지만(Th.80), 그것은 궁극적으로 "부의 원천"이다. 그 부가 아무리 세속적 부(secular wealth)라 할지라도 그 풍요로움이 없이는 인간세는 운영될 수가 없다. 예수의 천국운동도 세속으로 돈을 번 자들의 지원이 없이는 불가능한 것이었다. 예수를 지원한 자들 가운데는 돈 많은 과부들이 많았다. 이들은 돈은 많되 편견이 없고 너그러웠다. 그들 자신이 소외된 자였다. 그래서 "갈구함"이 있었던 것이다. 예수는 이러한 현실성에 문제의식이 있었던 사람이었다. 따라서 여기 본 장의 로기온에서는 "세상"은 발견과 추구의 대상으로 나타난다. 세상의 발견은 세속적 부의 축적으로 이어진다. 여기까지는 우리가 함부로 가치판단을 내려서는 아니 된다. 세상을 발견하고 돈을 번다는 것이 결코 나쁜 일이 아니다. 문제는 그렇게 해서 부자가 된 사람은 반드시 세상을 부정해야 한다는 것이다. 돈을 번 목표가 단지 돈을 버는데 그친다면 그 인간은 시체만도 못한 인간이다. 세상조차 그를 버린다.

이 주제는 이미 81장에서 토의되었다: "풍요롭게 된 자여, 다스려라! 힘을 가진 자여, 부정하라!" 세상에 대한 긍정은 세상의 부정을 위함이다. 세상의 부정은 또다시 궁극적으로 세상을 대긍정으로 이끈다. 긍정과 부정과 대긍정의 이러한 역학은 결코 직선적이 아니다. 도마의 사상에는 이러한 "순환성"과 "회귀성"이 있다는 것을 간과해서는 아니 될 것이다. 예수의 기도는 이러하다: "아버지의 나라가 이 땅에 임하옵소서."

하란의 벌집 가옥(Beehives Houses)이라 부르는 주거양식이 매우 독특하다. 지붕을 만들 나무가 없어 진흙 벽돌로만 쌓아 올린 것인데 태고로부터 내려오는 토담집 양식이다. 여름에 시원하고 겨울에 훈훈하다. 시리아 북부지역, 이탈리아 아풀리아(Apulia)에도 같은 양식이 발견된다.

하늘과 땅이 두루말릴지라도
살아있는 너희는 죽음을 보지 아니 하리라

제111장

¹예수께서 가라사대, "하늘들과 땅이 너희 면전에서 두루말릴 것이다. ²그러나 살아있는 자로부터 살아있는 자는 누구든지 죽음을 보지 아니 하리라." ³예수께서 말씀하시지 아니 하느뇨?: "자신을 발견한 자는 누구든지, 이 세상이 그에게 합당치 아니 하리라."

¹Jesus said, "The heavens and the earth will roll up in your presence, ²and whoever is living from the living one will not see death." ³Does not Jesus say, "Whoever has found oneself, of that person the world is not worthy."

沃案 역시 막판에 나옴직한 로기온이다. 제2절은 이 도마복음서의 서장과 제1장의 내용이 다시 요약되어 나타난 것이다. 그러므로 복음서의 막이 내려갈 즈음에 그 서두의 메시지를 다시 상기시키는 수법은 로기온 배열이 어떤 전체적인 의도 속에서 오케스트레이션되어 있다는 것을 느끼게 된다. 그리고 가장 결정적인 사실은 제3절에 나레이터가 비로소 자기 모습을 드러내고 있다는 것이다. 처음부터 배면에 나레이터가 숨어있다는 것을 암시했었는데 여기 막판에 그 목소리를 드러낸다: "예수께서 말씀하시지 아니 하느뇨?" 이러한 "삐에로pierrot"와 같은

나레이터의 목소리는 예수의 말씀에 대한 추구자들과 독자들이 궁금증을 총괄적으로 풀어버리면서 이 복음의 궁극적 의미를 다시 한 번 선포하고 있다. 살아있는 예수의 말씀이 노리고 있는 궁극적 의도는 신앙이나 계시나 죽음이나 부활이 아니라 도반들 "자기 자신의 발견"이다. 이 자신의 발견은 결국 세속적 가치로부터의 초월이다. 그들에게는 세상이 합당치 아니한 것이다. 세상으로부터 배척당할 것이라는 운명도 암시하고 있다.

제1절의 표현을 두고 많은 주석가들이 아포칼립스를 연상케 하는 표현이라고 말하지만, 그것은 아포칼립스가 아니라 무엇의 중요성을 말할 때 상투적으로 하는 관용구적 표현일 뿐이다. 우리도 상식적으로 "이 땅이 꺼져도 내 말은 …" 이런 식으로 "내 말"의 중요성이나 불변성을 나타낸다.

팔레스타인의 유목민족은 이동생활을 하기 때문에 텐트를 두루마리 형태로 휘감는데 익숙해있다. 그래서 "하늘과 땅이 두루말린다 하더라도"와 같은 표현이 생겨난 것이다. 이사야 34:4, 시편 102:25~27, 히브리서 1:10~12 등등의 표현을 참고해보라. 중동사람들은 땅은 한 겹이지만 하늘은 여러 겹이라고 생각했기 때문에, 땅은 단수로, 하늘은 복수로 표현되고 있다. 주희(朱熹)도 『어류語類』에서 이런 말을 하고 있다.

산하대지가 다 꺼져도 필경 리(理)는 거기에 그대로 있다.
且如萬一山河大地都陷了,畢竟理却只在這裏。(卷一. 胡泳錄)

마가 13장 31절에도 다음과 같은 말이 있다(마 24:35, 눅 21:33).

천지는 없어지겠으나 내 말은 없어지지 아니 하리라.

제2절의 "그러나"는 원래 "그리고"인데 문맥을 살리기 위해 의역하였다. 2절의 "살아있는 자"는 서장에서 기술된 "살아있는 예수"이다. 따라서 "살아있는 자로부터 살아있는 자"는 "살아있는 예수의 말씀에 의거하여 살아가는 사람들"이다.

이들에게는 죽음이 없다. 죽음을 보지 아니 한다. 죽음을 맛보지 아니 한다. 즉 삶의 모든 순간에 죽음의 체험이 없는 것이다. "죽음의 반찬"이 없는 식사만을 하게 되는 것이다(Th.1).

나레이터가 다시 한 번 전체의 주제를 상기시킨다. 예수가, 살아있는 예수가 우리에게(추구하는 자들 = 독자들) 끊임없이 말하고 있지 아니 한가? 무엇을 말하고 있는가? "너 자신을 발견하라! 그리하면 너는 세상을 초월할 수 있으리라. 이미 이 세상이 너에게 합당치 아니 하리라."

우리는 여기서 다시 한 번 108장의 메시지를 상기해야 한다: "나의 입으로부터 나오는 것을 마시는 자는 누구든지 나와 같이 되리라. 나 자신 또한 그 사람과 같이 되리라." 나 자신을 발견한다는 것은 내가 예수와 같이 된다는 것이며, 예수가 나와 같이 된다는 것을 의미한다. 예수와 나의 온전한 융합, 그 하나됨, 그 박(樸)으로의 회귀야말로 나 자신의 발견인 것이다. 그렇게 되면 모든 세속적 영욕으로부터 벗어나게 되는 것이다.

벌둥지 집 속은 꽤 넓고 쾌적하다. 하란이 지금은 매우 영락한 빈촌이지만 고대사회에서는 가장 앞서간 상업도시였다. 따라서 아브라함이나 이삭이 가나안 촌여자보다는 개명한 하란의 여자를 며느리로 맞이하고 싶어했던 것이다. 지금도 하란의 여자들이 인물이 좋다고 한다. 호베쓰(인도의 난)를 만들고 있는 밧단 아람(하란)의 여인들. 96장의 빵만드는 여인들이 연상된다.

하란 동네 한가운데 버려진 채로 있는 중세기의 성채. 히타히트 시대로부터 내려오는 것이라는데 그 규모가 어마어마하다. 오늘 우리가 목격하는 것은 카이로 중심으로 번창한 파티마 이슬람 왕조(Fāṭimid Dynasty)가 1059년에 이 지역을 복속한 후에 재건한 것이다. 원래 이곳은 대상들의 숙소였는데 방이 150개나 되었다고 한다. 지금은 주목하는 사람이 없이 쓸쓸하게 방치되어 있다. 군데군데 훌륭한 조각이나 명문이 남아 있다는데 불행하게도 시간이 없어 자세히 돌아볼 수가 없었다. 지금까지도 아쉬움이 남는다.

Thomas 112

부끄러울지어다! 영혼에 매달린 육체여!

제112장

¹예수께서 가라사대, "부끄러울지어다. 영혼에 매달린 육체여! ²부끄러울지어다. 육체에 매달린 영혼이여!"

¹Jesus said, "Shame on the flesh that depends on the soul. ²Shame on the soul that depends on the flesh."

沃案 이 로기온은 외면적으로 보면 87장과 중복되는 듯이 보인다. 그러나 본장은 87장보다 훨씬 더 명료한 문제의식을 전하고 있다. 도마에서 로기온의 중복은 단순한 중복이 아니라 해석의 차원을 고양시키는 그런 효과가 있다. 29장과도 간접적으로 관계되고 있다.

나는 "의존하다"를 "매달리다"로 번역하였다. 의존성을 보다 강렬하게 표현한 것이다. 보통 육체의 구원이 영혼에 있다고 보는 2원론적 사고는 매우 저차원적인 사유에 속한다. 물론 영혼의 구원이 육체에 있다고 보는 사람도 똑같은 오류를 범한다. 세속적인 육욕 속에 영혼의 가치를 귀속시키기 때문이다. 그것은 매우 덧없는 것이다. 여기 "영혼에 매달리는 육체"나 "육체에 매달리는 영혼"은 모두 도약의 계기가 없이 의존적 관계에 매달려 있는, 초라한 타성의 쳇바퀴에만 머물러 있는 모습들이다. 육체는 영혼으로 다 환원될 수 없으며, 영혼은 육체로 다 환원될 수 없는 것이다. 그 독자적 영역을 인정하지 않을 수 없다. 그러나 또 여기 거부되고 있는 것은 실체론적 사고와 환원주의(reductionism)적 사고이다. 궁극적으로 영혼과 육체는 서로 상호의존적(interdependent)인 관계를 통하여 온전한 모습을 유지하는 것이며 일자가 타자에게로 환원·흡수될 수 없는 것이다. 유심론의 마음도 부끄러운 것이며, 유물론의 물질도 부끄러운 것이다. 영혼과 육체는 서로가 서로를 현현시키며 궁극적으로 함께 구원의 대상이 되어야 한다. 즉 영혼과 육체가 분화되기 이전의 "하나된 자"로서 우리는 회귀해야 하는 것이다. 이러한 박(樸)의 사상을 이해하지 못하는 서구인들에게는 본 로기온 속의 예수의 사상이 이해되지 않는 것이다. 단지 영혼과 육체의 독립성만을 이야기한다면 본 장의 궁극적 함의를 협애하게 이해하는 것이다.

메소포타미아 지역을 여행하면서 나의 가슴속에 가장 짙은 잔상을 남긴 유적이, 너무도 처절하게 파괴된 달의 신전(Temple of Sin)이었다. 5000년 이상의 역사를 지닌 이 신전은 하란 황토의 모든 풍진을 말해주고 있다. 내가 이 신전을 바라보았을 때 나의 가슴속에는 이글거리는 태양빛 정적의 골을 타고 마리아 칼라스의 「카스타 디바」 멜로디가 흘러나왔다. 639년에 무슬림(칼리프 오마르 시대)이 이곳을 접령하면서 모스크로 변모시켰다. 그 후 우마야드 왕조 마지막 칼리프 마르완 2세(Marwan II)가 대모스크 울루 까미(Ulu Cami)로서 증축하였다. 아나톨리아 최초의 최대의 이슬람 사원이었다고 한다. 정교한 포도송이 기둥은 본래 달의 신전의 모습을 상상케 하는 아름다운 유물이다.

Temple of Sin
달의 하나님, 신의 성소

아버지의 나라는 지금 여기 이 땅에 깔려있다

제113장

¹그의 따르는 자들이 그에게 가로되, "언제 나라가 오리이까?" ²(예수께서 가라사대,) "나라는 너희들이 그것을 쳐다보려고 지켜보고 있는, 그런 방식으로는 결코 오지 않는다. ³'보아라, 여기 있다!' '보아라, 저기 있다!' 아무도 이런 말을 할 수 없을 것이다. ⁴차라리, 아버지의 나라는 이 땅 위에 깔려 있느니라. 단지 사람들이 그것을 보지 못할 뿐이니라."

¹His followers said to him, "When will the kingdom come?" ²(Jesus said,) "It will not come by watching for it. ³It will not be said, 'Look, here it is,' or 'Look, there it is.' ⁴Rather the kingdom of the father is spread out upon the earth, and people do not see it."

沃案 대단원의 막을 앞둔 제113장의 로기온을 바라보는 우리의 심정은 참으로 놀라운 충격에 휩싸이지 않을 수 없다. 어떤 치밀한 결구를 발견하기 때문이다. 서장과 1장, 2장은 그야말로 서론적·총론적 일괄이었고 제3장에 이르러 전 복음서를 이끌어가는 주제 로기온(topic logion)이 등장하였다. 그것은 "진실로 나라는 네 안에 있고, 네 밖에 있다"라는 선포였다. 이 천국의 시·공적 현재성, 임재성, 내재성의 주제가 바로 결말 로기온(concluding logion)에 다시 등장하고 있는 것이다. 그렇다면 나레이터와 독자의 마음속에는 3장부터 113장까지 바로

"나라"라는 주제가 모든 초월적·묵시적·종말적 유혹을 거부한 채 현재적으로 임재하고 있었던 것이다.

이러한 도마복음서의 전체 결구와 통관적 주제의식을 초대교회의 종말론적 광분에 대한 안티테제로서 보는 사람은 당연히 도마복음서의 성립연대를 1세기말 경으로 내려잡게 마련이다. 그러나 이미 우리가 쿰란공동체의 종말론적 대망에 대한 열광적 실태를 여실히 목도할 수 있듯이 간약시대(間約時代)에 이미 종말론적 기대는 팽배해 있었다. 엣세네파를 비롯한 다양한 종파들의 움직임이 메시아사상과 종말론을 결부시켜 생각하고 있었다. 도마복음서의 주제는 이미 후대 기독교의 양대 반석을 부정하고 있다. 그 하나가 예수라는 역사적 개체가 통속적 의미에서의 메시아라는 관념과 그 관념에 대한 예수 자신의 자의식을 부정하는 것이다. 또 하나가 바로 천국에 대한 모든 시간적 이해(temporal understanding)를 거부하는 것이다. 여기 본 장의 로기온은 실상 바로 앞의 112장의 내용과 연속되어 있다. 영혼과 육체가 분리될 수 없는 하나라고 한다면 바로 "아버지의 나라"는 우리가 살고있는 이 "세계"와 분리될 수 없다는 것이다. 천국과 세속이 하나이며, 영혼과 육체가 하나이며, 하늘과 땅이 하나이며, 빛과 어둠이 하나라는 이 강렬한 주제는 당대 중동세계의 모든 이원론적 사유를 거부하는 일대 혁명 중의 혁명이었다. "직지인심直指人心," "견성성불見性成佛"을 들고나온 선(禪)의 혁명보다도 더 큰 파문이었다.

이러한 예수의 사상은 결코 당대에 이해될 수가 없었다. 천국이 바로 이 땅에 깔려있다! 너희들이 보지를 못하고 있을 뿐이라고 안타깝게 외치는 예수의 목소리는 "차심此心이 곧 부처(즉불卽佛)"라고 외치는 선사들의 방할과 다름이 없다. 그러나 이러한 도마의 예수의 목소리는 유대광야에 울려퍼질 수가 없었다. 그리고 외롭게 이집트 나일강 상류의 항아리 속에서 1600여 년의 성상 동안 침묵을 지킬 수밖에 없었다. 그러나 그 침묵이야말로 인류에 진정한 빛을 던지기 위한 인내였고 굴종이었다. 만약 도마복음서가 1세기만이라도 일찍 발견되었더라면 도마복음서는 또 다시 화형에 처해졌을 것이다. 황제교화된 가톨릭교회의 성세 속에서는 예수는 영원히 십자가에 못박힐 수밖에 없다. 제2차세계대전을 치르고 인류가 민주와 개화와 풍요와 자유에 관한 최소한의 제도적 보장을 마련한 시기에 도마는 어둠을 뚫고 다시 등장하였던 것이다.

본 장은 큐복음서(Q80)에 병행한다.

> (눅 17:20~21) 바리새인들이 하나님의 나라가 어느 때에 임하나이까 묻거늘, 예수께서 대답하여 가라사대, "하나님의 나라는 두 눈으로 쳐다볼 수 있는 징표들과 함께 임하는 것이 아니요, 또 '보라! 여기 있다' '저기 있다'라고도 말 못하리니, 하나님의 나라는 너희 안에 있느니라."

누가는 도마 혹은 도마류의 자료를 비교적 각색 없이 삽입시켰다. 그리고 도마에 있어서는 예수 도반들의 질문인데, 누가는 그것을 바리새인들의 묵시론적 발상에 대한 예수의 비판으로 활용하였다. 그러나 누가의 주석가들은 이 아포프테그마가 전체적 맥락에서 볼 때 전혀 이질적인 것으로 삽입되어 있다는 것을 감지한다. 도마의 원의가 발현될 수 있는 자리가 도무지 아닌 것이다.

여기 113장에서 말하고 있는 궁극적 메시지는 아버지의 나라 즉 천국은 묵시론적 비전도 아니며 시간의 종말도 아니라는 것이다. 모든 이원론적 분별이 사라진 새로운 주체의 인식 속에서만 드러나는 것이며, 그것은 바로 우리가 살고 있는 이 세계에 대한 끊임없는 재해석을 요구하는 것이다: "단지 너희들이 그것을 보지 못할 뿐이다." 이 한마디는 매우 충격적이다. 천국은 **존재**의 문제가 아니라 **인식**의 문제라는 것을 확언하고 있는 것이다. 천국의 실체화는 끊임없이 거부되어야 한다. 이러한 거부는 단지 이론이성의 인식론적 과제상황이 아니라, 실천이성의 삶의 결단의 과제상황이다. 이론적 거부가 아닌 체험적 수용이다. 그것은 자아혁명이며, 예수의 말씀의 새로운 해석을 통하여 새로운 주체(new subjectivity)를 현현시키며, 새로운 사회관계(social relations)를 창조하며, 이 세계의 새로운 개념과 새로운 패러다임을 제시하는 것이다.

이것이 바로 본 복음서의 1·2장의 문제의식이었고 그 주제가 말미에서 새롭게 결정(結晶)되고 있는 것이다. 다음 최후의 한 장은 또 다시 더 본원적인 주제, "카오스로의 복귀"라는 동방적 사유를 재천명하고 있다.

천국은 여기 이 땅에 깔려있다. 다메섹으로 가는 길.

남성과 여성을 초월하여 살아있는 정기가 되어라

제114장

¹시몬 베드로가 그들에게 가로되, "마리아는 우리를 떠나야 한다. 여자는 생명에 합당치 아니 하기 때문이다." ²예수께서 가라사대, "보라! 내가 마리아를 인도하여 그녀 스스로 남성이 되도록 만드리라. 그리하여 그녀도 너희 남성들을 닮은 살아있는 정기(精氣)가 되도록 하리라. ³어떠한 여인이라도 자신을 남성으로 만드는 모든 자는 하늘 나라에 들어갈 것이니라."

¹Simon Peter said to them, "Mary should leave us, for females are not worthy of life." ²Jesus said, "Look, I shall guide her to make her male, so that she too may become a living spirit resembling you males. ³For every female who makes herself male will enter the kingdom of heaven."

沃案 여태까지 충분히 논의된 내용이므로 그리 심오한 설명을 필요로 하지 않는다. 오늘날의 가톨릭교회조직에 있어서도 여성은 성직위계제(聖職位階制)로부터 배제되어 있다. 도마공동체의 전승을 따른다면 당연히 로마교황이나 추기경직에 여성이 포함되어야 할 것이다. 그러니까 여기 시몬 베드로는 아주 티피칼한 유대교 내지는 유대인예수공동체의 남성편향의 가치관을 대변하고 있다. 베드로의

말 중에 "우리를 떠나야 한다"라고 했을 때, "우리"라는 것은 예수 측근의 공동체도 남성중심의 공동체였었다는 것을 암시하고 있다. 그러니까 예수는 이러한 모든 편향된 가치관으로부터 모든 것을 해방시키려는 혁명적 사유를 하고 있다.

여기 "여자를 남성으로 만든다"라는 표현은 페미니스트들에게는 좀 불만족스러운, 남성중심의 가치관이 남아있는 것처럼 보일 수도 있으나, 문맥을 잘 뜯어보면 남성이든 여성이든 현 상태의 성개념으로는 여기 예수가 말하는 지향점을 만족시키지 못한다. 궁극적 지향점은 "살아있는 정기 a living spirit"이다. 나는 "spirit"를 "영혼"으로 번역하지 않고 "정기精氣"라고 번역하였다. 예수가 말하는 스피리트는 심·신이원론적 실체개념의 한 편에 서있는 "영혼"이 될 수가 없다. 그것은 근원적으로 남성과 여성이라는 성개념으로부터 해방된 "하나된 자 a single one"이다. 본 장의 언어가 너무 축약되어 있기 때문에 충분히 토의되고 있지 않지만, 본 장의 언어는 기실 제22장의 언어를 배경으로 하고 있다: "너희가 남자와 여자를 하나된 자로 만들어, 남자가 남자 되지 아니 하고 여자가 여자 되지 아니 할 때, 비로소 너희는 나라에 들어가게 되리라." 그리고 75장에서는 "단독자만이 혼방에 들어갈 수 있다"고 말했다. 이것은 근원적인 인간해방론인 것이다. 그것은 유위(有爲)의 분별이 사라진 무위(無爲)에로의 복귀인 것이다. 카오스의 원융된 하나에로의 복원인 것이다.

『야고보 제1묵시록』에 이런 말이 있다: "멸하여질 것들이 불멸의 것으로 승화된다. 그리고 여성의 요소는 남성의 요소를 성취한다"(41, 15-19). 『조스트리아노스』에도 이런 말이 있다: "너 자신을 죽음으로써 세례하지 말라. 너보다 나은 사람 대신 너보다 못한 사람 손에 그대를 맡기지 말라. 광기에서 벗어나고 여성됨의 속박을 깨버려라. 그리고 남성의 구원을 획득하라. 너는 고통 받으러 이 세상에 오지 않았다. 너의 굴레를 벗기 위하여 왔노라"(131, 2-10). 모두 남·녀의 근원적 해탈을 암시하는 언사이다. 마지막 장에서 "아버지의 나라"를 "하늘의 나라"로 표현한 것도 뭔가 시사하는 바가 있을지도 모른다(Th.20, 54).

제 목

토마스에 의한 복음
The Gospel According to Thomas

이 로기온 모음집 끝에 "프유앙겔리온 프카타 토마스 ⲠⲈⲨⲀⲄⲄⲈⲖⲒⲞⲚ·ⲠⲔⲀⲦⲀ ⲐⲰⲘⲀⲤ"라는 글씨가 쓰여져 있기 때문에 이 로기온 모음집이 "도마복음서"라고 불리우게 된 것이다. 전통적으로 마가복음(유앙겔리온 카타 마르콘) 이전에 "복음서"라는 문학장르가 존재했다고 간주되지는 않았다. 불트만만 해도 마가복음 이전에 또 다른 복음서가 있었을 수도 있었다는 가능성을 완벽하게 배제하지는 않았다. 그러나 수난드라마로서의 복음서, 즉 설화복음서(narrative gospel)는 아마도 마가복음이 최초의 사건일 것이다. 그러나 그 이전에 존재했던 어록집을 유앙겔리온이라고 불렀을 가능성이 이 도마복음서를 통하여 구체화되었다. 물론 이 제목이 사경자가 후대에 첨가한 것일 수도 있으나, 이 제목이 원래 이 로기온자료집의 유기적 일부라는 것은 너무도 명백하다. 전체가 유앙겔리온이라는 의식을 가지고 치밀하게 편집된 것이 틀림없기 때문이다. 이미 유앙겔리온이라는 말은 바울의 서한문에서 수없이 나타날 뿐 아니라 바울 이전부터 헬라인들이 사람이 직접 전하든 편지로 전하든 소식을 가져오는 것, 특히 승리의 소식이나 다른 기쁜 사건에 대한 소식을 가져오는 것을 지칭하기 위하여 사용되었다.

그리고 유앙겔리온은 황제숭배에 있어서도 매우 중요한 단어였다. 황제는 신적인 통치자로서 자연을 통제하고, 치료를 베풀며, 수호신으로 작용하고, 행운을 가져온다. 따라서 황제의 출생에는 우주적인 표적들이 수반된다. 따라서 황제의 메시지는 기쁜 것이다. 그의 출생에 대한 소식, 그 다음으로는 그가 나이가 들어가는 것, 그 다음으로는 그의 등극에 대한 소식이다. 제사들과 매년 행해지는 축제들은 그와 더불어 시작되는 새롭고 희망적인 시대를 축하하는 것이다(킷텔,『신약성서 신학사전』268). 황제의 유앙겔리온이나 기독교의 유앙겔리온이나 모두 근동지방에서 기원한 것이다. 황제의 많은 메시지들에 반하여 신약의 유앙겔리온은 예수님 한 분의 말씀을 전하며, 많은 황제들의 즉위에 반하여 하나님 나라에 대한 하나의 선포를 언급한다. 따라서 이미 마가 이전에 어록복음서를 유앙겔리온이라고 불렀을 가능성은 충분히 있다. 그래서 우리가 큐자료도 큐자료라 부르지 않고 "큐복음서"라고 부르는 것이다. 마가는 기존의 어록복음서의 타이틀로부터 자신의 패션드라마를 유앙겔리온이라고 부르게 된 것이다.

신약 속의 용법에 있어서도 유앙겔리온은 본시 어떤 정형화된 문서의 이름으로 쓰인 적은 없다. 그것은 예수 그리스도를 통한 하나님의 구원의 행위에 대한 기쁜 소식일 뿐이다. 신약 중에서 가장 빠른 문헌으로 간주되고 있는 데살로니카전서(AD 50년경 성립)에 이미 복음이라는 말을 단순한 메시지라는 함의를 벗어나 기독교인의 삶과 사명, 그 전 영역을 포괄하는 단어로 사용하고 있다(1:5; 2:2, 4, 8, 9; 3:2). 신약 속에서의 복음은 하나님에 대한 관념을 제시하는 것이 아니라 하나님의 행위를 선포하는 것이다. 복음은 관념이 아닌 행위이다. 그것은 하나님의 구원의 행위를 선포하는 기쁜 소식인 것이다. 따라서 신약의 복음은 철저히 하나님 중심의 복음이다.

그러나 도마의 복음은 같은 기쁜 소식이라 할지라도 그것은 살아있는 예수의 은밀한 말씀의 해석에 관한 기쁜 소식이다. 신 중심이 아닌 인간 중심의 복음이며,

야훼를 향한 메타노이아가 아니라 야훼를 버리는 메타노이아이다. 그것은 말씀 속의 아버지를 발견하는 것이며 하나님에로의 예속을 의미하지 않는다. 예수는 어디까지나 선포하는 예수이지, 선포되어지는 그리스도가 아니다. 예수는 자신을 메시아나 구세주로서 인식하지 않는다. 도마의 유앙겔리온이야말로 진정한 복음의 출발이며 죽은 예수가 아닌 살아있는 예수가 우리에게 전하는 "기쁜 소식"이다. 그것은 인류의 인문정신이 개화한 21세기에 다시 태어난 "기쁜 소식"인 것이다. 기나긴 분별의 장벽을 허물고, 동·서를 회통시키고, 융합시키는 기쁜 소식인 것이다.

바울이 개종의 계기가 된 계시를 얻은 곳은 다메섹(Damascus) 성으로 가기 전 그곳에서 17km 떨어진 들판이었다: "사울아 사울아 네가 어찌하여 나를 핍박하느냐"(행 9:4). 그 시리아 지역전승에 의하면 사울은 말을 타고 있었고 눈이 멀어 말에서 떨어졌다고 한다. 그리고 아나니아가 안수한 집으로 인도되었다. 사울이 말에서 떨어진 바로 그 지점에 교회가 서있다. 바울비젼교회 혹은 바울낙마교회(Saint Paul Vision Patriarchal Abbey)라고 부른다. 그곳에 열두제자의 초상이 그려져 있다. 왼쪽으로부터 두번째가 도마이다. 유교의 대성전과 비슷한 배치이다. 왼쪽부터 빌립, 도마, 안드레, 마가, 마태, 베드로, 예수, 바울, 요한, 누가, 야곱, 시몬, 바돌로매.

다마스쿠스(Damascus) 올드 시티(Old City)에 있는 살라딘 성채 옆 길을 내가 걷고 있다. 아주 깨끗하고 품격이 높은 도시였다. 이 길 옆으로 헤르몬 산에서 발원하는 바라다 강(Barada River)이 흐른다. 도심을 흐르는데 물이 청정하고 그 옆으로 아기자기한 가게들이 다닥다닥 붙어있다. 시리아의 바라다 맥주는 너무 맛이 없었다. 다마스쿠스 인근에 아직도 예수말 아람어를 쓰는 마을이 있다.

377

토마스에 의한 복음

로기온 주제 상관 도표

후학들을 위하여 도마복음 각 로기온의 테마와 그 상관관계를 밝혀 놓는다. 앞으로의 복음서 전승사 연구나 신학이론 발전을 위하여 한 참고가 되었으면 한다.

장	주 제	비 고
P	"살아있는 예수"라는 개념이 중요. 바울의 "부활하신 예수"와 대비된다. 어록 복음서(sayings gospel)의 천명. 말씀들은 은밀하다. 화자 예수, 기록자 도마, 그리고 나레이터가 등장하고 있다.	복음서 전체의 성격을 규정하는 서장(Prologue)에 해당.
1	해석의 발견. 죽음의 복음이 아닌 삶의 복음. 삶 속에서의 죽음의 거부.	죽음을 맛보지 아니한다(1, 18, 19, 85, 111).
2	찾을 때까지 구함 - 찾음 - 고통 - 경이 - 다스림.	"다스림" 관련장(2, 81, 90).
3	"나라의 임재"라는 전체 테마 천명(topic chapter) → 113장과 연결(closing chapter). 중간의 51장도 그 사이의 큰 기둥이다.	"나라" 관련장: 나라(3, 22, 27, 46, 49, 82, 107, 109, 113). 하늘나라(20, 54, 114). 아버지의 나라(57, 76, 96, 97, 98, 99, 113).
4	원초성에로의 회귀 → 18, 19, 22, 37, 46, 49, 61, 79, 84. 여기서 "하나된 자"라는 테마가 등장하여 전 복음서를 이끌고 간다 → 4, 11, 16, 22, 23, 49, 75, 106. 도마의 시간관은 종말지향이 아니라 원초지향이며, 직선적 이라기 보다는 순환적이다.	"아기" 관련장(4, 21, 22, 37, 46). "하나된 자"의 테마는 22장에서 피크에 오른다.
5	현존재의 즉각성. 진리의 공개적 성격. 비의성의 거부 → 6, 24, 32, 33, 108.	면전에 서 있는 그 사람을 알라(43, 52, 91).
6	금식·구제·음식금기·율법적·제식적 행위의 거부 → 14, 39, 53, 89, 104. 크게 보면 100장도 관련된다.	14장과 쌍벽을 이룬다. 14장에는 제자 파송 당부가 첨가됨.
7	분열된 자아상. 금욕의 문제. 사자를 삼켜라.	플라톤의 『이상국가론』과 관련. → 11, 27장과도 관련됨.
8	작은 고기와 큰고기 → 23, 107장과 관련.	무리 떠난 양의 비유(107)와 쌍벽을 이룬다.

9	씨 뿌리는 자의 비유. 알레고리적 해석이 없다. 예수운동 확산에 대한 낙관주의. 선·악이나 천당·지옥의 대결이 없다.	공존적 성격은 57장의 비유와 병치된다.
10	9장의 "씨뿌림"은 10장의 "불던짐"과 연결되고 있다.	예수운동의 확산 → 20장의 겨자씨 비유와 관련된다. 불의 상징성 → 82장.
11	하나됨. 죽은 것을 먹어 살아있는 것으로 만듦. 하나됨, 둘됨의 사회적 공능.	먹는다 → 7장. 하늘 사라짐 → 111장. 빛 속에 거함 → 83장.
12	야고보공동체와 친화력 있다. 이러한 역사성은 13장에로 이어진다.	AD 50년경 전후의 역사적 실제상황 반영.
13	베드로에 대한 도마의 우위. 광천샘을 마셔 취하다 → 108장	12·13은 역사적 정황을 나타내는 파편으로서 한군데로 모아졌다.
14	금식·기도·구제는 금지의 대상 정도가 아니라, 정죄와 해악의 원인 → 구약적 세계관의 거부 → 야훼(신)의 부정 → 100장에서 절정에 이른다. 이러한 구약적 세계관의 단절 후에야 도반파송 당부의 말씀이 이어진다. 파송당부 관련(25, 34).	구약·제식·율법·형식·위선의 단절 → 파송. 파송의 핵심은 병자를 고치는 것(의료선교). 도반의 무소유. 더러운 것은 입에 나오는 것일뿐 → 즉 도반들에게 시골 동네에 가서 말조심하라고 당부. 율법거부관련(6, 14, 39, 53, 89, 104).
15	"여자에게서 태어나지 않는자"라는 테마는 16장과 관련. "그를 경배하라"는 17장과 관련된다. "여자가 낳은자"(46) → 79장과도 테마가 연결된다.	15·16·17은 하나의 테마로 연결되고 있다. 루돌프 오토의 *mysterium tremendum*, 즉 "전적인 타자"의 이론이 연상된다.
16	평화와 충돌(전쟁)의 문제가 전혀 아니다. 그것은 왜곡된 해석일 뿐. 오직 超家族主義(trans-familism)일 뿐이다.	"홀로 선다"라는 것이 키워드 → 23, 49, 50장과 관련 → 그리고 42장의 방랑자. 초가족주의 관련장(16, 31, 42, 55, 72, 79, 86, 99, 101, 105).
17	감관의 대상이 아닌것. 그러나 그것을 "진리"라든가 "천국"과 같은 말로 대상화 하지 않는다. 15장의 "아버지"가 가장 직접적인 "느낌Feeling"이다.	15와 17은 호상발명. 17은 또다시 18의 원초성과 관련된다. 계속 주제가 물려서 내려가고 있다.
18	종말론의 거부. 시작이 있는 곳에 종말이 있다 → 이 주제는 22장에서 완전한 형태로 나타난다. 시작이 있는 곳에 종말이 있다는 주제는 19장의 "존재하기 이전에 존재한 자"로 연결된다.	"시작에 서 있는 자"의 "서다"는 16장의 "홀로 서다"를 계승하고 있다 → 23장의 "하나된 자로 서다"로 이어짐. "서다"와 관련된 장(16, 18, 23, 28, 50).
19	파라다이스의 원초성은 다음 20장의 현실적 나라운동과 대비된다. 파라다이스의 다섯그루 나무 ↔ 겨자씨·백향목	18·19는 계승관계. 19·20은 대비관계.
20	겨자씨 → 백향목. 종적인 상승이 아니라 횡적인 연대로 파악되어야 한다.	"하늘나라" 용법(20, 54, 114). 나라운동의 전파력 → 9, 20, 96.

21	옷을 벗는다(37). 방비태세(35, 98, 103). 추수(57, 73, 45).	추수라는 테마는 20장과 간접적으로 관련됨.
22	이론적으로 가장 종합적인 장. 그 테마는 안걸리는 장이 없다. 본 장의 테마는 가장 끝장인 114장에서 구체적으로 나타난다. 3장 이후 22장은 하나의 高峰이다.	3장 - 113장이 연결되고, 22장 - 114장이 연결된다. 아니마 · 아니무스의 합일 관련장(4, 15, 19, 22, 37, 46, 53, 61, 75, 79, 114).
23	예수운동 도반들은 선택된 자들이다. 결코 대중은 아니다. 대중운동을 리드하는 사람들은 역시 선택된 소수일 수밖에 없다.	22장의 "나라에 들어감"과 23장의 "하나된 자로서 서다"는 서로 관련된다.
24	빛의 내재성은 50, 83장과 관련. 빛과 어둠의 비2원론적 연속성은 요한복음의 2원론적 세계관과 대비된다 → 61장을 보라.	23장부터 27장까지는 예수도반들에 대한 훈계로서 연속적 테마가 흐르고 있다: 선택(23), 빛(24), 사랑(25), 내 눈의 티(26), 금욕(27).
25	레위기 19:18과 관련없는 독자적인 말씀이다. 구약과의 연속성 속에서 이해하면 안된다. 기독교의 가장 핵심적 보편적 메시지로서 이해되고 있는 이 유명한 로기온이 여기서는 도반 끼리의 보호의 훈계로서 그 본래 모습을 드러낸다.	형제는 도반이다. 보편적 명제가 아니라, 나라운동의 방편적 윤리일 뿐이다.
26	항상 자기반성이 앞서야 한다. 25장은 예수운동 참여자들의 호상 보호, 26장은 예수운동 참여자들의 자기반성을 통한 정신적 고양을 말한다. 25·26은 예수도반들의 그룹 아이덴티티와 관련됨.	25장에서 "네 눈의 동자처럼 보호하라"는 구절과 26장의 "형제의 눈으로부터 티를 빼다"는 눈이라는 공통단어로 연결되어 있다.
27	세상을 금식하라. 세상에 대하여 안식하라. 금식과 안식의 본질적 의미를 설파 → asceticism. 29장과도 연결된다.	7장의 사자 삼킴으로부터 시작된 욕망의 제어(self-regulation)문제 → 7, 27, 29, 36, 42, 56, 80, 81, 87, 110, 112.
28	23~27장까지 예수도반들에 대한 훈계였으나, 28장에서 예수는 자신의 아이덴티티를 밝힌다. 예수의 실존적 독백.	예수의 고독. 예수와 세상과의 관계. 육신으로 세상 사람들에게 나타남 → 요한복음의 로고스기독론과는 다르다.
29	28장에 육신과 영혼의 문제가 이미 거론되었다. 28장의 문제의식을 받아 영혼의 위대함과 육신의 빈곤을 말하지만 양자의 대적관계를 말하지 않는다.	영혼과 육신의 문제와 관련된 장(7, 15, 28, 29, 56, 61, 80, 87, 112).
30	세 명보다는 한 명에 강조점이 있다 → 단독자, 방랑자 전통.	단독자의 고독이라는 주제는 31장으로 연결된다. 신성에 대한 거부는 → 100장에서 명료하게 드러난다.
31	예수라는 인간의 경지의 고양 → 어릴적 그를 아는 고향사람들이 알아 볼 수가 없다. 역사적 예수의 실존적 문제로 보아야 한다.	초가족주의와 관련된다. 예수의 실존적 고독. 인간은 고독한 존재이다. 고독해야만 오히려 진리에 접근한다.
32	예수운동의 공개성(openness).	32장과 33장은 공통된 주제를 다룬다.

33	개인적으로 터득된 진리는 공적인 검증을 거쳐야 한다. 등불은 됫박 속에 감추지 않는다. 등경 위에 놓는다.	빛 관련장 (11, 24, 33, 50, 61, 77, 83).
34	34장은 32·33장과 대비된다. 비전의 결여를 말한다.	눈먼 자가 눈먼 자를 이끈다는 주제는 "빛"이라는 문제와도 관련된다. 눈먼 자는 빛을 결여한 자이다.
35	지혜로운 도둑질: 내면적 측면과 사회적 측면. 사회운동 전략가로서의 예수의 면모도 엿볼 수 있다.	→ 98장과 관련.
36	세속적 관심의 초월 → 하나님의 섭리가 아니다 → 오히려 무소유의 논지를 설파하는 것이다.	35장의 사회적 관심과 대조적. 사회적 관심과 사회적 무관심은 통합된다.
37	예수와 해후. 예수의 아이덴티티. 禪的 回向. "살아 있는 자"는 예수다. "살아 있는 자의 아들"은 예수를 따르는 자들 자신이다.	예수의 아이덴티티 관련장 (13, 15, 24, 28, 37, 50, 52, 59, 71, 77, 82, 86, 90, 91).
38	나를 구하고자 하면 나를 발견하지 못한다. 예수는 외재화되지 않는다.	37장의 "발가 벗은 자"와 38장의 "예수에 대한 갈구"는 결국 같은 주제를 말한다: 예수와 따르는 자의 원초적 융합이다(108).
39	예수와 도반들 사이의 훼방꾼들에 관하여: 이들에게 뱀처럼 지혜롭고 비둘기처럼 순결하게 대처해야 한다.	→ 102장과 연결됨. 바리새인과 서기관들 → 3장의 "너희를 이끈다 하는 자들"과도 상통. → 바리새인은 39, 102에 두번 나온다.
40	"아버지"라는 심층차원을 확보해야만 이 세상 한가운데 뿌리를 내린다. 종말론과 관계없다. 오히려 현세론적 관심이다.	→ 28장과도 관련: "나는 이 세상 한 가운데 자리를 잡았다."
41	분배의 논리는 물질세계에만 해당된다. 깨달음의 영역에서는 "가진 자"와 "못가진 자"의 사이에는 완벽한 단절이 있다.	마음의 준비(readiness, openness)가 없는 자는 뿌리채 뽑힌다는 의미에서 40장과 41장이 연결된다.
42	중간 클라이막스: "방랑하는 자들이 되어라." 도마복음 전체에서 가장 중요한 로기온 중의 하나.	『숫타니파타』사상과 상통. 바울의 현세부정은 종말론을 전제하기 때문에 여기 "방랑"과는 다르다. 그러나 바울 본인은 방랑자적 삶을 살았다.
43	예수는 유대인이 아니다. 유대인의 분열적 멘탈리티는 폄하의 대상.	예수의 아이덴티티에 관한 영원한 현재성(24, 37, 43, 59, 91).
44	삼위일체 논쟁의 모든 요소는 이미 역사적 예수에게 있었다. 아버지·아들에 대해 성령의 절대성이 강조된다. 추상적 가치의 우위. 아버지 < 아들 < 성령, 漸層的 강조의 논법.	→ 논리적 구조가 100장과 비슷하다. 카이사와 하나님이 폄하되는 것처럼, 여기서는 아버지와 아들이 폄하된다. 모든 실체적 사유의 거부.
45	緣起論的 사유: 善因에서 善果나오고 惡因에서 惡果나온다.	바울의 頓과 예수의 漸. 44장의 "성령에 대한 모독"과 45장의 "나쁜 창고로부터 나쁜 것을 내옴"은 상통하는 주제이다.

46	세례요한에 대한 예수의 긍정적 평가: 역사적 예수와 역사적 요한의 관계 암시. "아기"라는 주제로써 세례요한을 한정시킨다: 예수와 요한이 결별케 된 그 분기점이 바로 "아기"라는 사실이 중요하다.	세례요한은 단 한 번 여기서 언급됨. 제78장은 세례요한과 무관하다. "아담"이라는 주제는 85장과 관련된다: 바울의 "아담과 그리스도" 논리의 선구.
47	"새 포도주를 새 푸대에"라는 일면적 "새로움"의 논리는 본래 예수의 의도가 아니었다. "묵은 포도주는 묵은 푸대에" 넣어야 옳다. 그리고 묵은 포도주보다 새 포도주가 더 좋다는 가치평가는 없다. 새 것과 묵은 것의 양립불가능성을 말했을 뿐이다.	구약적 세계관의 단절 → 52장과 연결됨 → 그리고 100장에서 완성.
48	46장의 "아기"가 여기서 "한 집안 속에서 둘이 서로 평화를 이룩한다"로 표현되었다. 그리고 48장의 평화는 49장의 "홀로 되고 선택된 자"로 연결된다.	→ 106장과 연결됨. → 46장을 이었다. → 그리고 다시 49장으로 계승됨.
49	"나라에서 왔고 나라로 돌아간다"는 50장의 "빛에서 왔다"와 동일.	49장의 "나라에서 왔다"는 50장의 "빛에서 왔다"로 연결된다. 孟子的 사유.
50	도마복음에 나타난 아시아적 사유의 최고봉: "그것은 운동이요, 안식이로다." 動과 靜. "빛은 스스로 존재하며, 자립하며, 그들의 형상으로 자신을 드러내는도다." → 83장과 가장 직접적으로 연결된다.	『老子』·『周易』의 세계관과 상통. → 83장과 연결. → 51장의 "안식"으로 연결.
51	메시아 대망사상의 부정. 51장의 테마는 3장에서 "나는 너희 안에 있고, 너희 밖에 있다"는 것과 관련된다. 그리고 113장에서 완성된다.	→ 3장, 113장. "기다리는 것이 이미 와있다"는 현재적 임재성은 51장과 52장을 관통하는 주제이다.
52	구약적 세계관의 부정 → 53장으로 연결됨. 구약을 믿는 자는 신약의 배교자이다. 그는 기독교인이라 말할 수 없다. "너희 면전에 살아있는 자를 보라"는 명제는, "어찌하여 내가 말하는 것으로부터 내가 누구인지를 알아차리지 못하느뇨"라는 43장과 상통. 그리고 91장에 다시 강하게 나타난다.	43·52·91은 같은 주제의 강렬하고도 다양한 변용이다. 52장의 이스라엘의 예언자들과 53장의 할례는 상통.
53	할례의 부정. "영 속에서의 진정한 할례" → 바울의 선구.	바울의 아이디어의 상당 부분이 바울의 독창적 문제의식이 아니다. 예수운동에서 이미 제기된, 바울시대의 많은 예수운동가들에게 공통된 과제상황이었다.
54	산상수훈은 실제상황이 아니다. 마카리즘(macarism)의 독립단편이 산재해 있을 뿐이다. "가난한 자"는 "무소유의 실천자"이며 "방랑하는 자"이다.	54의 "가난"과 55의 "십자가"는 상통하는 주제이다.
55	초가족주의와 십자가: 방랑자의 윤리.	초가족주의 관련장(16, 31, 42, 55, 72, 79, 86, 99, 101, 105).
56	세속적 가치의 부정: 세상은 시체. 세속적 가치의 부정이란 실제로 超脫을 의미하는 것이다.	55장과 56장은 세속적 가치의 초월이라는 주제가 공통된다. → 80장에 다시 나온다(시체 → 육체).

57	아버지의 나라에 관한 "가라지의 비유": 마태의 종말론적 협박과는 전혀 다르다. 알레고리적 해석이 없다. 선악의 공존: 여유로운 기다림.	아버지의 나라(57, 64, 76, 96, 97, 98, 99, 113).
58	"고통을 겪는다"라는 표현은 구체적으로 도반들의 육체적 노동을 지칭한다. 54·58은 같은 마카리즘 유형에 속한다.	54장의 "가난한 자"와 58장의 "고통을 겪기에 생명을 발견하는 자"는 상통한다.
59	사후의 세계 부정, 부활의 가능성 차단. "봄 = 삶" "볼 수 없음 = 죽음." 저승은 이승에서만 구현된다.	"살아있는 자를 보라" → 24, 37, 43, 52, 59, 91, 111.
60	예수도 배가 고팠을 것이다. 양을 보니 군침이 돌았을까? 시체가 되어 먹히지 않는 안식의 자리.	"안식" 관련장(27, 50, 51, 60, 61, 86, 90). 60장과 61장은 "안식"이라는 주제가 공통된다.
61	살로메와 예수는 허물없이 동거하는 사이였으나, 예수는 살로메를 여자로 보지 않았다. 그러나 살로메는 예수를 남자로 인식했을 가능성이 높다. 이러한 기묘한 텐션이 세 주제로 설파된다: 1) 남·여의 원초적 융합 2) 분열과 전체 3) 어둠과 빛.	→ 24장부터 연속된 주제이다. 어둠과 빛은 가치론적 이원실체가 아니라 분열과 전체(융합, Undifferentiation)의 문제일 뿐이다. 합방·혼방의 주제(61, 75, 104).
62	62장은 실제로 61장에 대한 마무리 멘트일 수도 있다. 신비로운 가르침은 은밀하다. 신비를 드러내는 과정은 은밀하게 이루어져야 한다. 이것은 폐쇄성이 아닌 奧義전수의 정당한 제한성을 의미한다.	→ 93장, 96장.
63	세속적 가치의 허망함. 禪的인 간결함. 누가의 기술보다 훨씬 더 오리지날하고 단순하고 강렬하다.	63, 64, 65장은 이야기가 있는 비유인데 세속적 가치의 허망함이라는 공통주제로써 한 자리에 같이 편집되었다.
64	지혜의 잔치에 초청되는 황홀한 기회를 세속적 가치에 얽매어 유실하고 마는 어리석은 거래인들(비지니스맨)과 상인들. 메시아적 잔치(Messianic Banquet)는 아니다.	종말론적 맥락이 없는, 비유의 소박한 성격이 특징.
65	사악한 농부들의 비유(The Parable of the Wicked Husbandmen)도 예수의 수난드라마(Passion Drama) 구조와 아무 관련 없다. 포도원 주인이나 소작농부들이나 다 같은 세속적 욕망의 화신들이다.	알레고리적 해석이 전무하다.
66	66장을 공관복음서는 "사악한 농부들의 비유"의 일부로서 활용하였다. 시편 118:22와도 관련 없다.	세속적으로 버림받는 자가 오히려 선택받는 자일 수 있다. 아름다운 백조로 변해가는 미운 오리새끼. 63~66까지 하나의 테마.
67	67장의 주제는 63~66장의 주제와 관련이 있다. 그 총론적 멘트일 수 있다. 포도원을 소유한 사람(65), 거래인들과 상인들(64), 돈을 많이 지닌 부자가(63) 모두, 아무리 세속적으로 모든 것을 안다해도 자기를 모르면 아는 것이 아무것도 없는 것이다.	63~66장과 관련 있다. "자기에 대한 앎"이 세속적 풍요로움에 선행해야 한다.
68	박해를 박해로 생각치 않고 살아가는 방랑자들. 궁극적으로 박해받을 수 없다. 박해의 자리가 없다.	→『금강경』적 무소주(無所住).

69	68장: 사회적 문제. 69장: 내면적 문제. "굶주림" → 허황된 천국에서의 보상이 아니라 배고픈 타인의 배를 채우기 위한 구체적 굶주림이다. 극도의 금욕과 선행.	68장과 69장은 "박해"라는 주제가 공통된다. 그러나 도마에는 정치적 "박해"라는 문제의식이 별로 없다.
70	69장의 실천과 관련된 내면의 문제일 수도 있다.	타력신앙에 대한 자력신앙. → 24, 50, 83장과 관련됨.
71	종말론과 아무런 관련 없다. 구약의 종언. 성전의 부정. 집 ⟨ 세속적 집 → 방랑 　　 성스러운 집 → 구약의 단절	→ 사도행전 7장의 스테판 연설과 관련됨. → 100장에서 완성됨.
72	이 아포프테그마의 궁극적 의미는 예수 자신의 아이덴티티에 관한 것이다. 예수의 道: Undifferentiated Aesthetic Continuum (F. S. C. Northrop).	→ 살로메가 나오는 61장과 상통. → 77장으로 연결된다. ※ 16장의 메시지와 모순되지 않는다.
73	사실의 보고. 들판의 일손 모자라 애쓰는 일꾼들에게 이르다: "주인에게 추수할 일꾼들을 더 달라고 해라!"	예수의 비유는 직설적이다.
74	막상 필요한 일, 그만큼 어려운 일을 실천하는 사람이 없다.	"사람들이 서성거린다"는 표현이 74, 75장에 공통된다.
75	단독자만이 신부의 혼방에 들어간다.	73·74·75장은 공통된 주제가 있다. 혼방(61, 75, 104).
76	상품팔아 진주(로마시대의 최고의 보석)를 삼. 지상과 천국의 대비가 아니라 현실 속에서의 바른 투자를 의미한다.	75의 "혼방에 들어간다"와 76의 "진주를 산다"는 상통.
77	빛의 주제. 예수의 아이덴티티와 『莊子』「知北遊」에 나오는 莊子와 東郭子의 대화.	1. 나는 빛이다. 2. 나는 전부이다. 3. 나는 어디든지 있다. 4. 나는 자연 속에서도 발견된다.
78	77장과 78장은 모두 예수 아이덴티티에 관한 예수 자신의 천명이라는 면에서 동일.	메시아적 모습의 거부. 77·78은 같은 주제를 말함.
79	15, 22장에서 언급된 주제가 계속되고 있다. 초가족주의와 남·여의 구분 이전의 원초적 인간.	초가족주의(16, 31, 42, 55, 72, 79, 86, 99, 101, 105). 남여융합(22, 61, 75, 79, 112, 114).
80	56장의 주제가 다시 나타남.	→ 56장.
81	자기부정(Self-Negation)사상. 道, 佛, 耶에 共通.	→ 110장.
82	불(Fire)과 생명(Life); 東方의 火사상.	→ 제10장과 긴밀한 관련이 있다.

83	"아버지"의 내재성에 관한 가장 심오한 언급이다.	→ 84, 85장으로 내면적 주제가 흘러간다.
84	하나님을 닮은 모습을 벗어버리고, 나에게 내재하는 아버지의 형상을 발견할 때.	→ 83장.
85	아담의 힘과 부를 초월한다 ― "아버지"를 만나는 자(제15장).	→ 83, 84장. → 15장. → 바울의 "아담과 그리스도."
86	인자담론의 가장 소박한 원초적 명제. 안식의 의식적 거부 → 보살정신, 대승정신.	→ 42장과 가장 깊게 관련 된다. 안식(27, 50, 51, 60, 61, 86, 90).
87	몸과 몸의 의존성. 몸에 매달리는 영혼은 비참하다 → "홀로서기 Standing alone"가 중요하다. → 112장에 더 강렬하게 표현되고 있다.	홀로서기(16, 18, 23, 28, 50). 영·육의 문제(7, 15, 25, 28, 29, 56, 61, 80, 87, 112).
88	천사들과 예언자들이 예수를 따르는 자들 보다도 정신적 수준이 낮다.	→ 구약적 세계관의 부정. → 의타적 지혜의 허망함.
89	예수는 유대인들의 제식적 정화습관 전체를 거부. 율법의 거부. 예수는 체질적으로 외면적 치장이나 제식에 거부반응을 보인다.	구약적 세계관의 거부라는 맥락에서 88·89장은 상통한다. → 제22장과 관련.
90	나에게로의 초대 → 그 초대의 필연성을 입증하는 두 가지 이유 → 초대수락에 수반되는 결과. 인간은 멍에를 떠날 수 없다. → 及吾無身, 吾有何患?『老子』. 안식(해탈)은 네가 너 자신을 위하여 스스로 발견하여야 한다.	89장의 율법거부와 90장의 "나의 멍에는 쉽고 나의 다스림은 부드럽다"는 연결된다. 그리고 91장의 도반들의 믿고자 하는 갈망과도 상통하는 주제가 있다.
91	믿음과 계시의 거부. 인과적 사유를 할 줄 아는 이성적 인간이 가장 중요한 사람을 알아보지 못한다. 예수는 영원히 우리 면전에 서 있는 "그 사람"이다.	예수와의 현재적 해후(24, 37, 43, 59, 91, 108).
92	"발견"이나 "얻음"보다는 "찾음"에 더 강조가 있다. 初心의 지속을 말한다.	→ 94장으로 연결됨.
93	진리는 "이해의 장"에서만 소통된다. 무리한 전도주의(evangelism)의 거부. 거룩한 것·진주/개·돼지는 성과 속의 이원성을 말하는 것은 아니다.	→ 91, 92장과도 상통하는 내면적 흐름이 있다.
94	"구함―받음" "찾음―발견" "두드림―열림"의 세 명제 중 "구함―받음"이 없다.	→ 92장.
95	當代의 이자놀이는 율법적으로 허용이 되지 않는 것임에도 불구하고 아주 보편적인 관행이었다. 팔레스타인 민중들에게는 가장 곤욕스러운 문제였다. 예수의 구체적인 사회적 관심의 일면을 볼 수 있다. 돈 가진 자는 어차피 부유한 자이다. 남을 도울 필요가 있다.	→ 81, 110장(풍요로움의 부정) 그리고 56, 80장(세상의 논리를 부정)과 관련된다. → 109장의 비유와 관련된다. "이자를 붙여서 돈을 빌려주기 시작했다"라는 109장의 표현은 긍정적인 의미를 가질 수 없다.

96	민중의 비참한 삶이 암시된 후에 "아버지의 나라"를 서두로 하는 나라(천국)비유가 세 개 연첩되어 있다. 96·97은 연약한 여인에게 "아버지의 나라"를 비유하였고, 98은 엄청난 강자를 죽이는 강인한 남자에게 비유하여 대조를 주었다. "아버지의 나라"의 다양한 측면을 나타낸다. 누룩이 아니고 효모이다: 내부로부터, 소리없이, 은밀하게, 천천히, 본질적인 화학변화를 일으킨다. 일단 시작되면 비가역적이고 자연적이다. 그리고 생명의 근원인 빵을 모두에게 제공한다. "아버지의 나라"운동의 핵심이 공동식사와 약자에 대한 배려였다. 이 두 가지 특징이 여인과 효모로 나타나고 있다.	→ 96, 97, 98은 "아버지의 나라"를 인격주체로써 논구한 강렬한 비유로기온다. 그리고 이 "아버지의 나라" 개념은 113장에서 완성된다. → 예수운동의 확산이라는 의미에서는 20장의 겨자씨의 비유와도 통한다.
97	"밀가루를 가득 채운 동이를 이고 가는 여인"의 모습은 상실되어만 가고 있는 민중의 삶이다. 그 민중의 삶 속에서 예수는 나라를 발견한다. 그러나 민중은 그 상실을 인지하지 못한다. 그리고 그 대신 "빔Emptiness"을 얻는다. 빔은 공허가 아닌 노자의 "허虛"이다. 모든 생성의 잠능(潛能)이다.	→ 109장의 "보물이 숨겨져 있는데도 그것이 거기에 있는 줄을 모른 한 사람"과 상통한다. 천국은 보물이 아니다. 보물에 대한 사람의 인식체계일 뿐이다.
98	"아버지의 나라"는 사회적 부와 권세를 장악하고 있는 강자들과 대항하여 얻어내는 것이다. 그러한 사회적 측면이 분명히 있다.	→ 35장, 103장과 관련됨.
99	이 장은 역사적으로 예수에게 실제로 일어났을 법한 상황에 대한 보고일 수도 있다. 가족관계의 단절이 아버지의 나라에 들어감의 선결문제였다. 그것은 시간상의 선·후가 아니라 마음자세의 문제이다. 세속윤리의 가장 원초적인 것이 가족관계이고, 그 관계에 얽매여 있는 사람은 공적인 삶을 살기 어렵다.	→ 96, 97, 98과 "아버지의 나라"라고 하는 주제가 상통된다. → 본 장의 초가족주의는 101장, 105장, 107장으로 계속 강렬하게 나타난다. 마지막에 초가족주의를 강렬하게 아필시키는 편집이 이어지고 있는 것이다.
100	공관복음서에서는 이 도마의 오리지날 자료에서 "나의 것은 나에게"라는 마지막 구절을 삭제해 버림으로써 카이사와 하나님을 대결시키고, 하나님을 긍정하면서 예수를 하나님에게 아들로서 부속시켰다. 그러나 예수에게 있어서 카이사와 하나님은 동일하다. "나"에 대하여 단절의 대상일 뿐이다. 구약적 세계관, 그 핵심인 유일신론(monotheism)의 완벽한 부정이다. 예수는 하늘에 계신 존재자(Being)로서의 하나님(God)을 말하지 않는다. 그는 "아바Abba"만을 말할 뿐이다. 예수를 무신론자라고 말하는 것은 의미없는 일이나 예수는 실체론적 유신론자가 아니었다. 예수에게는 신의 존재증명이 존재할 수 없다. "아버지"는 나의 내면에서 나를 초월하는 성(The Holy)이다.	→ 이야기의 화법이 제44장과 같은 패턴이다. → 15장, 50장에서 드러난 예수의 "아버지"觀이 100장에서 완성되고 있다. 아버지는 하나님의 부정에서 출발한다. 하나님은 황제(카이사)와 다를 바 없다. → 61장에서 아버지와의 관계를 언급하고 있지만, 아버지는 분열되지 않은 전체일 뿐이다. → 100장에서 말하는 "나"를 77장의 "나"로써 인식해야 한다: "돌 하나를 들어보아라! 그리하면 너희는 나를 거기서 발견할 수 있으리라." 이렇게 되면 하나님은 자연히 사라진다.

101	속칭 "하나님"을 말한다면, 그 하나님은 "하나님 아버지"인 동시에 "하나님 어머니"가 되어야 한다. 예수는 신성 그 자체를 양성(兩性)으로 생각하고 있다. 신성은 생명이다. 생명의 근원은 엄마이다. 엄마는 혈육적 엄마가 아닌 신성의 상징이다.	→ 생명의 근원으로서의 엄마·아버지의 긍정. 그와 동시에 가족주의의 부정이 이루어진다. 그러니까 엄마·아빠는 궁극적으로 혈연을 초월한 聖의 느낌(Feeling of Holiness)이다. → 초가족주의 관련장(16, 31, 42, 55, 72, 79, 86, 99, 101, 105, 107).
102	진리의 독점에 대한 예수의 경고. 39장의 논지가 여기서 훨씬 더 명료하고 쉽게 드러나고 있다. 교회의 설교강단도 개방되어야 한다. 목사의 권위주의는 철저히 분쇄되어야 한다.	→ 39장과 관련. 바리새인이 등장하는 것은 39, 102 뿐이다. → 이솝우화(702)와 관련. 예수를 갈릴리 견유의 한 사람으로 볼 수도 있다(Crossan). 이솝우화는 견유학파가 발전시킴. 예수가 비유를 잘 드는 것도 헬레니즘 시대의 견유의 분위기를 반영한다.
103	도둑놈이 들어오기 전에 자신을 무장하라. 타력신앙이 아닌 자력신앙적 메시지로 해석할 수도 있고, 예수운동의 사회적 성격을 암시하는 것일 수도 있다.	→ 21, 35, 98장이 관련된다.
104	기도, 금식, 세례 등 일체의 율법적 제식을 예수는 거부한다. 혼방에 있는 한, 즉 무분별의 혼융된 전체에 居하는 한 금식·기도와 같은 행위는 필요가 없을 뿐 아니라, 定罪의 원인이 된다. 예수는 "율법"이라는 意識 자체를 제거하려고 했다. 예수는 인간의 본성(本性)에 관한 도덕적 규정을 내리지 않는다.	→ 혼방관련(61, 75, 104). → "나는 무분별의 전체"라는 의미에서 61, 77의 테마를 계승하고 있다.
105	초가족주의 재차 강조.	→ 101장을 계승.
106	"둘을 하나로 만든다"는 104의 "혼방"과 연결되는 주제이다. 여기서 세 주제가 나타난다. 1) 하나된 자 2) 사람의 자식들(人子들) 3) 물리적 사태를 지배하는 정신적 권능. 세속적 주체와 영적 주체가 하나가 되었을 때, 즉 예수와 같은 아이덴티티를 획득하였을 때 높은 차원의 권능을 발휘 할 수 있다.	→ 48장을 계승.
107	"길 잃은 양 The Lost Sheep"의 비유는 마태·누가자료에서 죄인의 영접(누가), 교회공동체에 있어서의 소외된 소수에 대한 목자적 관심(마태)으로 해석되었다. 구원론적·전도주의적 열정으로 왜곡되었다. 그러나 "길 잃은 양"은 "길 떠난 양"일 뿐이다. 자각적으로 무리적 삶을 떠난 방랑자의 모습일 뿐이다. 목자가 길 떠난 양을 따라 나서는 것이지, 99마리의 무리 속으로 길 잃은 양을 데려오는 이미지가 아니다. 그 양은 본시 99마리의 양과는 비교가 안되는 가장 큰, 소중한 한 마리였던 것이다.	→ 『숫타니파타』의 코뿔소의 외뿔 이미지. → 8장의 작은 고기들에 대한 큰 고기 한 마리. → 76장의 많은 상품들에 대한 단 하나의 진주. → 후대 기독교의 전도주의와, 타인의 자각적 삶을 "길 잃었다"고 단정하는 교회독단론(Church Dogmatics), 그리고 배타주의(exclusivism)는 반성되어야 한다.

108	예수와 따르는 자들의 合一에 관한 가장 온전한 표현이다. 후대 요한복음의 불철저한 상호내거의 모든 논리가 이 108장에 내포되어 있다. 그러나 훨씬 더 완정하다.	→ 成佛의 논리. 예수는 하나님, 아들, 따르는 자의 3자 관계를 말하지 않는다. 예수와 따르는 자의 合一만을 곧바로 말한다. → 13, 15, 17, 22, 24, 30, 37, 49, 50, 59, 61, 77, 83의 장들이 부분적으로 본 장과 연결되어 있다. 이 모든 메시지들이 108장에서 완성되는 것이다.
109	아주 평범한 듯이 보이지만 "나라"에 관한 모든 비유를 109장에서 완성시킨다. 보물이 숨겨져 있는데도 그것이 거기에 있는 줄도 모르고 뚜벅뚜벅 밭을 갈고 그리고 죽고 마는 지극히 일상적인 민중의 삶에 지고의 가치를 부여한다. 여태까지 2천년동안 왜곡되어 온 서구적 가치관으로써는 본 장의 역설을 바르게 이해하기 어렵다.	→ 97장의 "밀가루를 가득 채운 동이를 이고 가는 여인"과 쌍벽을 이룬다. → 천국은 보물이 아니라 사람이며, 사람의 삶의 프로세스이다. 천국은 획득이 아닌 버림이요 상실이다. → 여기 이자놀이는 철저히 폄하되어야 한다. 로또 당첨자의 비운을 암시한다.
110	세상을 발견하고, 또 부자가 되는 세속적 프로세스에 대한 긍정이 있다. 그러나 세상의 긍정은 세상의 부정을 위함이다. 그럼으로써 대긍정에 도달한다.	→ 81장. → 같은 주제가 반복적으로 다시 나오는 것은 그 중요성을 강조하는 의도된 편집이다.
111	여기 이미 서장(Prologue)에서부터 숨어 있던 나레이터(Narrator)가 등장한다. 마지막을 암시한다. 여기 세 주제가 나타난다: 1) 예수의 말씀은 결국 자아의 발견이다. 2) 세속적 가치의 부정. 3) 살아 있는 자로부터 살아 있는 자. 이것은 도마복음의 총결이라고도 말할 수 있다.	→ 서장의 나레이터가 등장하고 제1장의 "죽음을 맛보지 아니하리라"가 다시 등장한다.
112	영혼과 육체는 실체론적으로 접근할 문제가 아니다. 영혼에 매달린 육체, 육체에 매달린 영혼은 모두 건강한 인간의 모습이 아니다. 예수가 비판하는 것은 근원적으로 일방적인 의존성(dependency)에 관한 것이다. 여기서 예수는 영혼과 육체의 독자성(independence)과 건강한 상호의존성(interdependence)을 동시에 말하고 있다.	→ 87장을 보다 정리된 형태로 다시 표현. → 영·육의 문제(7, 15, 25, 28, 29, 56, 61, 80, 87, 112).
113	"아버지의 나라는 이 땅위에 깔려 있다"라는 천국임재사상은 3장부터 113장까지 계속 깔려 있었다. 이 장은 "나라"의 사상을 총결짓고 있다.	→ 3장, 51장, 113장이 "나라" 담론의 큰 기둥이다.
114	혹자는 113장이 실제적인 대단원의 막이고 114장은 후에 첨가된 것일 수 있다고 말하지만, 결코 그렇게 볼 수가 없다. 여성과 남성의 혼융의 문제는 도마복음 전체를 통관하는 대주제이며, 그것을 베드로와 따르는 자들의 대화로 만든 것은 그 상징적 의미가 심오하다. 21세기 페미니즘 담론의 새로운 자료로서 각광받을 만하다. 남·여의 혼융이라는 주제는 원초(카오스)에로의 회귀라는 우주론적 문제를 제기할 뿐 아니라, 젠더(gender)를 넘어서는 사람의 인권문제, 그리고 금욕주의의 근본철학, 그리고 여성의 수도승제도 등등의 문제를 제기하고 있다.	114장의 테마는 이미 4장에서 제기되었고 22장에서 그 이론적 틀이 완성되었다. → 그 외로도 15, 19, 37, 46, 53, 61, 75, 79가 관련된다.

| Title | 마가복음서 이전에 "유앙겔리온"이라는 용례가 있을 수 없다는 가설은 전혀 타당치 않다. "유앙겔리온"은 헬레니즘시대의 일반용법이었으며 황제숭배사상의 용어로 널리 쓰였다. AD 50년경에 성립한 신약 최초의 문헌인 데살로니카전서 속에서 "복음"이라는 단어는 이미 기독교인의 삶과 사명, 그 전 영역을 포괄하는 단어로 쓰이고 있다. 복음은 원래 문헌이 아니라 소식이었다. 그것은 어떤 이론적 관념이 아니라 그리스도를 통한 하나님의 행위를 선포하는 것이다. 따라서 신약 속에서의 복음이란 철저히 하나님 중심의 복음이다. 그러나 도마의 복음은 신 중심이 아닌 인간 중심의 복음이며, 메시아의 구원의 행위에 대한 예찬이 아닌 역사적 예수, 즉 살아있는 예수의 말씀에 관한 기쁜 소식이다. 그리고 그것은 해석되어야 할 말씀의 소식이다. 그것은 야훼를 향한 메타노이아가 아니라, 야훼를 철저히 단절시키는 메타노이아이다. 도마의 예수는 선포하는 살아있는 예수이지, 선포되어지는 그리스도가 아니다. 로기온의 모음을 마가 이전에 이미 도마가 유앙겔리온이라고 이름했다. 마가는 그러한 용례를 따라 자신의 새로운 드라마(내러티브 가스펠 양식)를 유앙겔리온이라고 이름하였던 것이다. 도마복음의 용례에 따라 큐자료도 큐복음서라고 부르게 된 것이다.

여기서 우리가 중요시해야 할 문제는 도마의 "복음" 용례는 마가의 "복음"보다 더 초기선교시대의 오리지날한 성격을 견지하고 있다는 것이다. 여기 모아 놓은 말씀 자체가 우리에게 행위를 요구한다. 그 행위는 우리 해석자들의 실존 속에서 필연적으로 일어날 수밖에 없는 다이내믹 프로세스이다. 이러한 말씀 자체 속에서 선포되고 있는 복음이 내러티브로써 규정될 때는 그 다이내미즘이 상실된다. 따라서 도마의 복음은 살아있는 목소리의 내러티브에 대한 우위를 강조하며, 내러티브적인 규정 이전에 이미 텍스트화된 말씀의 떨림을 우리의 가슴에 전하고 있는 것이다. 도마의 복음은 영원한 현재적 행위이다. | → 바울의 용법. 최초의 용례는 데살로니카전서에 나오고, 그 뒤로 더 포괄적 의미로서 빌립보서, 갈라디아서, 고린도전서, 고린도후서, 로마서 등에 나온다. 기독교인에 대한 단순한 메시지의 뜻(살전 1:5, 2:2, 4, 8, 9).
보다 포괄적인 기독교인의 삶과 사명의 전 영역을 뜻하는 용법(살전 3:2, 빌 1:5, 4:15, 갈 2:5, 고전 9:12, 고후 10:14, 롬 1:1, 9, 11:28, 15:16). |

The Gospel of Thomas
The Nag Hammadi Text

ⲚⲀⲈⲒ ⲚⲈ ⲚϢⲀϪⲈ ⲈⲐⲎⲠ ⲈⲚⲦⲀⲒⲤ ⲈⲦⲞⲚϨ ϪⲞⲞⲨ
ⲀⲨⲰ ⲀϤⲤϨⲀⲒⲤⲞⲨ ⲚϬⲒ ⲆⲒⲆⲨⲘⲞⲤ ⲒⲞⲨⲆⲀⲤ
ⲐⲰⲘⲀⲤ

1 ⲀⲨⲰ ⲠⲈϪⲀϤ ϪⲈ ⲠⲈⲦⲀϨⲈ ⲈⲐⲈⲢⲘⲎⲚⲈⲒⲀ
ⲚⲚⲈⲈⲒϢⲀϪⲈ ϤⲚⲀϪⲒ ϮⲠⲈ ⲀⲚ ⲘⲠⲘⲞⲨ

2 ⲠⲈϪⲈ ⲒⲤ ⲘⲠⲦⲢⲈϤ[15]ⲖⲞ ⲚϬⲒ ⲠⲈⲦϢⲒⲚⲈ ⲈϤϢⲒⲚⲈ
ϢⲀⲚⲦⲈϤϬⲒⲚⲈ ⲀⲨⲰ ϨⲞⲦⲀⲚ ⲈϤϢⲀⲚϬⲒⲚⲈ
ϤⲚⲀϢⲦⲢⲦⲢ ⲀⲨⲰ ⲈϤϢⲀⲚϢⲦⲞⲢⲦⲢ ϤⲚⲀⲢ ϢⲠⲎⲢⲈ
ⲀⲨⲰ ϤⲚⲀⲢ ⲢⲢⲞ ⲈϪⲘ ⲠⲦⲎⲢϤ

3 ⲠⲈϪⲈ ⲒⲤ ϪⲈ ⲈⲨϢⲀ[20]ϪⲞⲞⲤ ⲚⲎⲦⲚ ⲚϬⲒ ⲚⲈⲦⲤⲰⲔ
ϨⲎⲦ ⲐⲨⲦⲚ ϪⲈ ⲈⲒⲤϨⲎⲎⲦⲈ ⲈⲦⲘⲚⲦⲈⲢⲞ ϨⲚ ⲦⲠⲈ
ⲈⲈⲒⲈ ⲚϨⲀⲖⲎⲦ ⲚⲀⲢ ϢⲞⲢⲠ ⲈⲢⲰⲦⲚ ⲚⲦⲈ ⲦⲠⲈ
ⲈⲨϢⲀⲚϪⲞⲞⲤ ⲚⲎⲦⲚ ϪⲈ ⲤϨⲚ ⲐⲀⲖⲀⲤⲤⲀ ⲈⲈⲒⲈ
ⲚⲦⲂⲦ ⲚⲀⲢ ϢⲞⲢⲠ ⲈⲢⲰⲦⲚ [25] ⲀⲖⲖⲀ ⲦⲘⲚⲦⲈⲢⲞ
ⲤⲘⲠⲈⲦⲚϨⲞⲨⲚ ⲀⲨⲰ ⲤⲘⲠⲈⲦⲚⲂⲀⲖ

ϨⲞⲦⲀⲚ ⲈⲦⲈⲦⲚϢⲀⲚⲤⲞⲨⲰⲚ ⲐⲨⲦⲚ ⲦⲞⲦⲈ
ⲤⲈⲚⲀⲤⲞⲨⲰⲚ 33 ⲐⲎⲚⲈ ⲀⲨⲰ ⲦⲈⲦⲚⲀⲈⲒⲘⲈ ϪⲈ ⲚⲦⲰⲦⲚ
ⲠⲈ ⲚϢⲎⲢⲈ ⲘⲠⲈⲒⲰⲦ ⲈⲦⲞⲚϨ ⲈϢⲰⲠⲈ ⲆⲈ
ⲦⲈⲦⲚⲀⲤⲞⲨⲰⲚ ⲐⲨⲦⲚ ⲀⲚ ⲈⲈⲒⲈ ⲦⲈⲦⲚϢⲞⲞⲠ ϨⲚ
ⲞⲨⲘⲚⲦϨⲎⲔⲈ ⲀⲨⲰ ⲚⲦⲰⲦⲚ [5] ⲠⲈ ⲦⲘⲚⲦϨⲎⲔⲈ

4 ⲠⲈϪⲈ ⲒⲤ ϤⲚⲀϪⲚⲀⲨ ⲀⲚ ⲚϬⲒ ⲠⲢⲰⲘⲈ ⲚϨⲖⲖⲞ
ϨⲚ ⲚⲈϤϨⲞⲞⲨ ⲈϪⲚⲈ ⲞⲨⲔⲞⲨⲈⲒ ⲚϢⲎⲢⲈ ϢⲎⲘ ⲈϤϨⲚ
ⲤⲀϢϤ ⲚϨⲞⲞⲨ ⲈⲦⲂⲈ ⲠⲦⲞⲠⲞⲤ ⲘⲠⲰⲚϨ ⲀⲨⲰ
ϤⲚⲀⲰⲚϨ ϪⲈ ⲞⲨⲚ ϨⲀϨ ⲚϢⲞⲢⲠ ⲚⲀⲢ ϨⲀ[10]Ⲉ ⲀⲨⲰ
ⲚⲤⲈϢⲰⲠⲈ ⲞⲨⲀ ⲞⲨⲰⲦ

5 ⲠⲈϪⲈ ⲒⲤ ⲤⲞⲨⲰⲚ ⲠⲈⲦⲘⲠⲘⲦⲞ ⲘⲠⲈⲔϨⲞ ⲈⲂⲞⲖ
ⲀⲨⲰ ⲠⲈⲐⲎⲠ ⲈⲢⲞⲔ ϤⲚⲀϬⲰⲖⲠ ⲈⲂⲞⲖ ⲚⲀⲔ ⲘⲚ
ⲖⲀⲀⲨ ⲄⲀⲢ ⲈϤϨⲎⲠ ⲈϤⲚⲀⲞⲨⲰⲚϨ ⲈⲂⲞⲖ ⲀⲚ

6 ⲁⲩⲇⲛⲟⲧⲩ ⲛ̄ϭⲓ ⲛⲉϥⲙⲁⲑⲏⲧⲏⲥ ¹⁵ ⲡⲉϫⲁⲩ ⲛⲁⲩ
ϫⲉⲕⲟⲩⲱϣ ⲉⲧⲣ̄ⲛ̄ⲣⲛⲏⲥⲧⲉⲩⲉ ⲁⲩⲱ ⲉϣ ⲧⲉ ⲑⲉ
ⲉⲛⲁϣⲗⲏⲗ ⲉⲛⲁϯ ⲉⲗⲉⲏⲙⲟⲥⲩⲛⲏ ⲁⲩⲱ
ⲉⲛⲁⲣ̄ⲡⲁⲣⲁⲧⲏⲣⲉⲓ ⲉⲟⲩ ⲛ̄ϭⲓⲟⲩⲱⲙ

ⲡⲉϫⲉ ⲓ̄ⲥ̄ ϫⲉ ⲙ̄ⲡⲣ̄ϫⲉ ϭⲟⲗ ⲁⲩⲱ ⲡⲉⲧⲉⲧⲙ̄ⲙⲟⲥⲧⲉ
ⲙ̄ⲙⲟϥ ⲙ̄ⲡⲣ̄ⲁⲁϥ ϫⲉ ²⁰ ⲥⲉⲃⲟⲗⲡ ⲧⲏⲣⲟⲩ ⲉⲃⲟⲗ
ⲙ̄ⲡⲉⲙⲧⲟ ⲉⲃⲟⲗ ⲛ̄ⲧⲡⲉ ⲙⲛ̄ ⲗⲁⲁⲩ ⲅⲁⲣ ⲉϥϩⲏⲡ
ⲉϥⲛⲁⲟⲩⲱⲛϩ ⲉⲃⲟⲗ ⲁⲛ ⲁⲩⲱ ⲙⲛ̄ ⲗⲁⲁⲩ ⲉϥϩⲟⲃⲥ̄
ⲉⲩⲛⲁϭⲱ ⲟⲩⲉϣⲛ̄ ϭⲟⲗⲡϥ

7 ⲡⲉϫⲉ ⲓ̄ⲥ̄ ⲟⲩⲙⲁⲕⲁⲣⲓⲟⲥ ⲡⲉ ⲡⲙⲟⲩⲉⲓ ⲡⲁⲉⲓ ⲉⲧⲉ
²⁵ ⲡⲣⲱⲙⲉ ⲛⲁⲟⲩⲟⲙϥ ⲁⲩⲱ ⲛ̄ⲧⲉⲡⲙⲟⲩⲉⲓ ϣⲱⲡⲉ
ⲣ̄ⲣⲱⲙⲉ ⲁⲩⲱ ϥⲃⲏⲧ ⲛ̄ϭⲓ ⲡⲣⲱⲙⲉ ⲡⲁⲉⲓ ⲉⲧⲉ
ⲡⲙⲟⲩⲉⲓ ⲛⲁⲟⲩⲟⲙϥ ⲁⲩⲱ ⲡⲙⲟⲩⲉⲓ ⲛⲁϣⲱⲡⲉ
ⲣ̄ⲣⲱⲙⲉ

8 ⲁⲩⲱ ⲡⲉϫⲁϥ ϫⲉ ⲉⲡⲣⲱⲙⲉ ⲧⲛ̄ⲧⲱⲛ ⲁⲩⲟⲩⲱϩⲉ ³⁰
ⲣ̄ⲣⲙⲛ̄ϩⲏⲧ ⲡⲁⲉⲓ ⲛ̄ⲧⲁϩⲛⲟⲩϫⲉ ⲛ̄ⲧⲉϥⲁⲃⲱ
ⲉⲑⲁⲗⲁⲥⲥⲁ ⲁϥⲥⲱⲕ ⲙ̄ⲙⲟⲥ ⲉϩⲣⲁⲓ̈ ϩⲛ̄ ⲑⲁⲗⲁⲥⲥⲁ
ⲉⲥⲙⲉϩ ⲛ̄ⲧⲃⲧ ⲛ̄ⲕⲟⲩⲉⲓ ⲛ̄ϩⲣⲁⲓ̈ ⲛ̄ϩⲏⲧⲟⲩ ⲁϥϩⲉ
ⲁⲩⲛⲟϭ ⲛ̄ⲧⲃⲧ ⲉⲛⲁⲛⲟⲩϥ ⲛ̄ϭⲓ ⲡⲟⲩⲱϩⲉ ⲣ̄ⲣⲙⲛ̄ϩⲏⲧ
ⲁϥⲛⲟⲩϫ ³⁵ ϫⲉ ⲛ̄ⲛ̄ⲕⲟⲩⲉⲓ ⲧⲏⲣⲟⲩ ⲛ̄ⲧⲃⲧ ⲉⲃⲟⲗ
ⲉ[ⲡⲉ]³⁴ⲥⲏⲧ ⲉⲑⲁⲗⲁⲥⲥⲁ ⲁϥⲥⲱⲧⲡ ⲙ̄ⲡⲛⲟϭ ⲛ̄ⲧⲃⲧ
ⲭⲱⲣⲓⲥ ϩⲓⲥⲉ ⲡⲉⲧⲉ ⲟⲩⲛ̄ ⲙⲁⲁϫⲉ ⲙ̄ⲙⲟϥ ⲉⲥⲱⲧⲙ̄
ⲙⲁⲣⲉϥⲥⲱⲧⲙ̄

9 ⲡⲉϫⲉ ⲓ̄ⲥ̄ ϫⲉ ⲉⲓⲥϩⲏⲏⲧⲉ ⲁϥⲉⲓ ⲉⲃⲟⲗ ⲛ̄ϭⲓ
ⲡⲉⲧⲥⲓⲧⲉ ⲁϥⲙⲉϩ ⲧⲟⲟⲧϥ̄ ⁵ ⲁϥⲛⲟⲩϫⲉ ⲁϩⲟⲉⲓⲛⲉ ⲙⲉⲛ
ϩⲉ ⲉϫⲛ̄ ⲧⲉϩⲓⲏ ⲁⲩⲉⲓ ⲛ̄ϭⲓ ⲛ̄ϩⲁⲗⲁⲧⲉ ⲁⲩⲕⲁⲧϥⲟⲩ
ϩⲛ̄ⲕⲟⲟⲩⲉ ⲁⲩϩⲉ ⲉϫⲛ̄ ⲧⲡⲉⲧⲣⲁ ⲁⲩⲱ ⲙ̄ⲡⲟⲩϫⲉ
ⲛⲟⲩⲛⲉ ⲉⲡⲉⲥⲏⲧ ⲉⲡⲕⲁϩ ⲁⲩⲱ ⲙ̄ⲡⲟⲩⲧⲉⲩⲉ ϩⲙ̄ⲥ
ⲉϩⲣⲁⲓ̈ ⲉⲧⲡⲉ ⲁⲩⲱ ϩⲛ̄ⲕⲟⲟⲩⲉ ⲁⲩϩⲉ ⲉϫⲛ̄
ⲛ̄ϣⲟⲛ¹⁰ⲧⲉ ⲁⲩⲱϭⲧ ⲙ̄ⲡⲉϭⲣⲟϭ ⲁⲩⲱ ⲁⲡϥⲛ̄ⲧ
ⲟⲩⲟⲙⲟⲩ ⲁⲩⲱ ⲁϩⲛ̄ⲕⲟⲟⲩⲉ ϩⲉ ⲉϫⲛ̄ ⲡⲕⲁϩ
ⲉⲧⲛⲁⲛⲟⲩϥ ⲁⲩⲱ ⲁϥϯ ⲕⲁⲣⲡⲟⲥ ⲉϩⲣⲁⲓ̈ ⲉⲧⲡⲉ
ⲉⲛⲁⲛⲟⲩϥ ⲁϥⲉⲓ ⲛ̄ⲥⲉ ⲉⲥⲟⲧⲉ ⲁⲩⲱ ϣⲉϫⲟⲩⲱⲧ
ⲉⲥⲟⲧⲉ

10   ⲡⲉϫⲉ ⲓ̅ⲥ̅ ϫⲉ ⲁⲉⲓⲛⲟⲩϫⲉ ⲛ̅ⲟⲩⲕⲱϩ̣ⲧ ⲉϫⲛ̅ ¹⁵
ⲡⲕⲟⲥⲙⲟⲥ ⲁⲩⲱ ⲉⲓⲥϩⲏⲏⲧⲉ ϯⲁⲣⲉϩ ⲉⲣⲟϥ ˈ
ϣⲁⲛⲧⲉϥϫⲉⲣⲟ

11   ⲡⲉϫⲉ ⲓ̅ⲥ̅ ϫⲉ ⲧⲉⲉⲓⲡⲉ ⲛⲁⲣ̅ⲡⲁˈⲣⲁⲅⲉ ⲁⲩⲱ
ⲧⲉⲧⲛ̅ⲡⲉ ⲙ̅ⲙⲟⲥ ⲛⲁⲣ̅ⲡⲁⲣⲁⲅⲉˈ
  ⲁⲩⲱ ⲛⲉⲧⲙⲟⲟⲩⲧ ⲥⲉⲟⲛϩ ⲁⲛ ⲁⲩⲱ ⲛⲉⲧⲟⲛϩ ˈ
ⲥⲉⲛⲁⲙⲟⲩ ⲁⲛ
  ⲛ̅ϩⲟⲟⲩ ⲛⲉⲧⲉⲧⲛ̅ⲟⲩⲱⲙ ²⁰ ⲙ̅ⲡⲉⲧⲙⲟⲟⲩⲧ
ⲛⲉⲧⲉⲧⲛ̅ⲉⲓⲣⲉ ⲙ̅ⲙⲟϥ ⲙ̅ⲡⲉⲧⲟⲛϩ ϩⲟⲧⲁⲛ
ⲉⲧⲉⲧⲛ̅ϣⲁⲛϣⲱⲡⲉ ϩⲙ̅ ⲡⲟⲩˈⲟⲉⲓⲛ ⲟⲩ ⲡⲉⲧⲉⲧⲛⲁⲁϥ
  ϩⲙ̅ ⲫⲟⲟⲩ ⲉⲧⲉⲧⲛ̅ˈⲟ ⲛ̅ⲟⲩⲁ ⲁⲧⲉⲧⲛ̅ⲉⲓⲣⲉ ⲙ̅ⲡⲥⲛⲁⲩ
ϩⲟⲧⲁⲛ ϫⲉ ˈ ⲉⲧⲉⲧⲛ̅ϣⲁϣⲱⲡⲉ ⲛ̅ⲥⲛⲁⲩ ⲟⲩ ⲡⲉ
ⲉⲧⲉ ²⁵ ⲧⲛ̅ⲛⲁⲁϥ

12   ⲡⲉϫⲉ ⲙ̅ⲙⲁⲑⲏⲧⲏⲥ ⲛ̅ⲓ̅ⲥ̅ ϫⲉ ⲧⲛ̅ˈⲥⲟⲟⲩⲛ ϫⲉ
ⲕⲛⲁⲃⲱⲕ ⲛ̅ⲧⲟⲟⲧⲛ̅ ⲛⲓⲙ ⲡⲉ ˈ ⲉⲧⲛⲁⲣ̅ ⲛⲟϭ ⲉϩⲣⲁⲓ̈
ⲉϫⲱⲛ
  ⲡⲉϫⲉ ⲓ̅ⲥ̅ ⲛⲁⲩ ˈ ϫⲉ ⲡⲙⲁ ⲛ̅ⲧⲁⲧⲉⲧⲛ̅ⲉⲓ ⲙ̅ⲙⲁⲩ
ⲉⲧⲉⲧⲛⲁˈⲃⲱⲕ ϣⲁ ⲓ̈ⲁⲕⲱⲃⲟⲥ ⲡⲇⲓⲕⲁⲓⲟⲥ ⲡⲁⲉⲓ
ⲛ̅ⲧⲁ ³⁰ ⲧⲡⲉ ⲙⲛ̅ ⲡⲕⲁϩ ϣⲱⲡⲉ ⲉⲧⲃⲏⲧϥ̅

13 ⲡⲉϫⲉ ⲓ̄ⲥ̄ ⲛ̄ⲛⲉϥⲙⲁⲑⲏⲧⲏⲥ ϫⲉ ⲧⲛ̄ⲧⲱⲛⲧ
ⲛ̄ⲧⲉⲧⲛ̄ϫⲟⲟⲥ ⲛⲁⲉⲓ ϫⲉ ⲉⲉⲓⲛⲉ ⲛ̄ⲛⲓⲙ

ⲡⲉϫⲁϥ ⲛⲁϥ ⲛ̄ϭⲓ ⲥⲓⲙⲱⲛ ⲡⲉⲧⲣⲟⲥ ϫⲉ ⲉⲕⲉⲓⲛⲉ
ⲛ̄ⲟⲩⲁⲅⲅⲉⲗⲟⲥ ⲛ̄ⲇⲓⲕⲁⲓⲟⲥ

ⲡⲉϫⲁϥ ⲛⲁϥ ⲛ̄ϭⲓ ⲙⲁⲑ35ⲑⲁⲓⲟⲥ ϫⲉ ⲉⲕⲉⲓⲛⲉ
ⲛ̄ⲟⲩⲣⲱⲙⲉ ⲙ̄ⲫⲓⲗⲟⲥⲟⲫⲟⲥ ⲛ̄ⲣⲙ̄ⲛ̄ϩⲏⲧ

ⲡⲉϫⲁϥ ⲛⲁϥ ⲛ̄ϭⲓ ⲑⲱⲙⲁⲥ ϫⲉ ⲡⲥⲁϩ ϩⲟⲗⲱⲥ
ⲧⲁⲧⲁⲡⲣⲟ ⲛⲁϣ‹ϣ›ⲁⲡϥ ⲁⲛ ⲉⲧⲣⲁϫⲟⲟⲥ ϫⲉ
ⲉⲕⲉⲓⲛⲉ ⲛ̄ⲛⲓⲙ

ⲡⲉϫⲉ ⲓⲏ̄ⲥ̄ 5 ϫⲉ ⲁⲛⲟⲕ ⲡⲉⲕⲥⲁϩ ⲁⲛ ⲉⲡⲉⲓ ⲁⲕⲥⲱ
ⲁⲕϯϩⲉ ⲉⲃⲟⲗ ϩⲛ̄ ⲧⲡⲏⲅⲏ ⲉⲧⲃⲣ̄ⲃⲣⲉ ⲧⲁⲉⲓ ⲁⲛⲟⲕ
ⲛ̄ⲧⲁⲉⲓϣⲓⲧⲥ̄

ⲁⲩⲱ ⲁϥϫⲓⲧϥ̄ ⲁϥⲁⲛⲁⲭⲱⲣⲉⲓ ⲁϥϫⲱ ⲛⲁϥ
ⲛ̄ϣⲟⲙⲧ ⲛ̄ϣⲁϫⲉ

ⲛ̄ⲧⲁⲣⲉⲑⲱⲙⲁⲥ ⲇⲉ ⲉⲓ ϣⲁ ⲛⲉϥϣⲃⲉⲉⲣ ⲁⲩϫⲛⲟⲩϥ
ϫⲉ 10 ⲛ̄ⲧⲁ ⲓ̄ⲥ̄ ϫⲟⲟⲥ ϫⲉ ⲟⲩ ⲛⲁⲕ

ⲡⲉϫⲁϥ ⲛⲁⲩ ⲛ̄ϭⲓ ⲑⲱⲙⲁⲥ ϫⲉ ⲉⲓϣⲁⲛϫⲱ
ⲛⲏⲧⲛ̄ ⲟⲩⲁ ϩⲛ̄ ⲛ̄ϣⲁϫⲉ ⲛ̄ⲧⲁϥϫⲟⲟⲩ ⲛⲁⲉⲓ
ⲧⲉⲧⲛⲁϥⲓ ⲱⲛⲉ ⲛ̄ⲧⲉⲧⲛ̄ⲛⲟⲩϫⲉ ⲉⲣⲟⲉⲓ ⲁⲩⲱ
ⲛ̄ⲧⲉ ⲟⲩⲕⲱϩⲧ ⲉⲓ ⲉⲃⲟⲗ ϩⲛ̄ ⲛ̄ⲱⲛⲉ ⲛ̄ⲥⲣⲱϩⲕ ⲙ̄ⲙⲱⲧⲛ̄

14 ⲡⲉϫⲉ 15 ⲓ̄ⲥ̄ ⲛⲁⲩ ϫⲉ ⲉⲧⲉⲧⲛ̄ϣⲁⲛⲣ̄ⲛⲏⲥⲧⲉⲩⲉ
ⲧⲉⲧⲛⲁϫⲡⲟ ⲛⲏⲧⲛ̄ ⲛ̄ⲛⲟⲩⲛⲟⲃⲉ ⲁⲩⲱ
ⲉⲧⲉⲧⲛ̄ϣⲁⲛϣⲗⲏⲗ ⲥⲉⲛⲁⲣ̄ⲕⲁⲧⲁⲕⲣⲓⲛⲉ ⲙ̄ⲙⲱⲧⲛ̄ ⲁⲩⲱ
ⲉⲧⲉⲧⲛ̄ϣⲁⲛϯ ⲉⲗⲉⲏⲙⲟⲥⲩⲛⲏ ⲉⲧⲉⲧⲛⲁⲉⲓⲣⲉ
ⲛ̄ⲟⲩⲕⲁⲕⲟⲛ ⲛ̄ⲛⲉⲧⲙ̄ⲡ̄ⲛ̄ⲁ̄

ⲁⲩⲱ ⲉⲧⲉⲧⲛ̄20ϣⲁⲛⲃⲱⲕ ⲉϩⲟⲩⲛ ⲉⲕⲁϩ ⲛⲓⲙ ⲁⲩⲱ
ⲛ̄ⲧⲉⲧⲛ̄ⲙⲟⲟϣⲉ ϩⲛ̄ ⲛ̄ⲭⲱⲣⲁ ⲉⲩϣⲁⲣ̄ⲡⲁⲣⲁⲇⲉⲭⲉ
ⲙ̄ⲙⲱⲧⲛ̄ ⲡⲉⲧⲟⲩⲛⲁⲕⲁⲁϥ ϩⲁⲣⲱⲧⲛ̄ ⲟⲩⲟⲙϥ̄
ⲛⲉⲧϣⲱⲛⲉ ⲛ̄ϩⲏⲧⲟⲩ ⲉⲣⲓⲑⲉⲣⲁⲡⲉⲩⲉ ⲙ̄ⲙⲟⲟⲩ
ⲡⲉⲧⲛⲁⲃⲱⲕ ⲅⲁⲣ ⲉϩⲟⲩⲛ ϩⲛ̄ ⲧⲉⲧⲛ̄ⲧⲁ25ⲡⲣⲟ
ϥⲛⲁϫⲱϩⲙ̄ ⲧⲏⲩⲧⲛ̄ ⲁⲛ ⲁⲗⲗⲁ ⲡⲉⲧⲛ̄ⲛⲏⲩ ⲉⲃⲟⲗ ϩⲛ̄
ⲧⲉⲧⲛ̄ⲧⲁⲡⲣⲟ ⲛ̄ⲧⲟϥ ⲡⲉⲧⲛⲁϫⲁϩⲙ̄ ⲧⲏⲩⲧⲛ̄

15 ⲡⲉϫⲉ ⲓ̅ⲥ̅ ϫⲉ ϩⲟⲧⲁⲛ ⲉⲧⲉⲧⲛ̅ϣⲁⲛⲛⲁⲩ ⲉⲡⲉⲧⲉ
ⲙ̅ⲡⲟⲩϫⲡⲟϥ ⲉⲃⲟⲗ ϩⲛ̅ ⲧⲥϩⲓⲙⲉ ⲡⲉϩⲧ ⲧⲏⲩⲧⲛ̅ ⲉϫⲙ̅
30 ⲡⲉⲧⲛ̅ϩⲟ ⲛ̅ⲧⲉⲧⲛ̅ⲟⲩⲱϣⲧ ⲛⲁϥ ⲡⲉⲧⲙ̅ⲙⲁⲩ ⲡⲉ
ⲡⲉⲧⲛ̅ⲉⲓⲱⲧ

16 ⲡⲉϫⲉ ⲓ̅ⲥ̅ ϫⲉ ⲧⲁⲭⲁ ⲉⲩⲙⲉⲉⲩⲉ ⲛ̅ϭⲓ ⲣ̅ⲣⲱⲙⲉ ϫⲉ
ⲛ̅ⲧⲁⲉⲓⲉⲓ ⲉⲛⲟⲩϫⲉ ⲛ̅ⲟⲩⲉⲓⲣⲏⲛⲏ ⲉϫⲙ̅ ⲡⲕⲟⲥⲙⲟⲥ
ⲁⲩⲱ ⲥⲉⲥⲟⲟⲩⲛ ⲁⲛ ϫⲉ ⲛ̅ⲧⲁⲉⲓⲉⲓ ⲁⲛⲟⲩϫⲉ
ⲛ̅ϩⲛ̅35ⲡⲱⲣϫ ⲉϫⲛ̅ ⲡⲕⲁϩ ⲟⲩⲕⲱϩⲧ ⲟⲩⲥⲏϥⲉ
ⲟⲩⲡⲟⲗⲉⲙⲟⲥ ⲟⲩⲛ̅ ϯⲟⲩ ⲅⲁⲣ ⲛⲁϣⲱⲡⲉ 36 ϩⲛ̅
ⲟⲩⲏⲉⲓ ⲟⲩⲛ̅ ϣⲟⲙⲧ ⲛⲁϣⲱⲡⲉ ⲉϫⲛ̅ ⲥⲛⲁⲩ ⲁⲩⲱ
ⲥⲛⲁⲩ ⲉϫⲛ̅ ϣⲟⲙⲧ ⲡⲉⲓⲱⲧ ⲉϫⲙ̅ ⲡϣⲏⲣⲉ ⲁⲩⲱ
ⲡϣⲏⲣⲉ ⲉϫⲙ̅ ⲡⲉⲓⲱⲧ ⲁⲩⲱ ⲥⲉⲛⲁⲱϩⲉ ⲉⲣⲁⲧⲟⲩ ⲉⲩⲟ
ⲙ̅ⲙⲟⲛⲁ5ⲭⲟⲥ

17 ⲡⲉϫⲉ ⲓ̅ⲥ̅ ϫⲉ ϯⲛⲁϯ ⲛⲏⲧⲛ̅ ⲙ̅ⲡⲉⲧⲉ ⲙ̅ⲡⲉⲃⲁⲗ
ⲛⲁⲩ ⲉⲣⲟϥ ⲁⲩⲱ ⲡⲉⲧⲉ ⲙ̅ⲡⲉⲙⲁⲁϫⲉ ⲥⲟⲧⲙⲉϥ ⲁⲩⲱ
ⲡⲉⲧⲉ ⲙ̅ⲡⲉϭⲓϫ ϭⲙ̅ϭⲱⲙϥ̅ ⲁⲩⲱ ⲙ̅ⲡⲉϥⲉⲓ ⲉϩⲣⲁⲓ̈ ϩⲓ
ⲫⲏⲧ ⲣ̅ⲣⲱⲙⲉ

18 ⲡⲉϫⲉ ⲙ̅ⲙⲁⲑⲏⲧⲏⲥ ⲛ̅ⲓ̅ⲥ̅ ϫⲉ ϫⲟ10ⲟⲥ ⲉⲣⲟⲛ ϫⲉ
ⲧⲛ̅ϩⲁⲏ ⲉⲥⲛⲁϣⲱⲡⲉ ⲛ̅ⲁϣ ⲛ̅ϩⲉ

ⲡⲉϫⲉ ⲓ̅ⲥ̅ ⲁⲧⲉⲧⲛ̅ϭⲱⲗⲡ̅ ⲅⲁⲣ ⲉⲃⲟⲗ ⲛ̅ⲧⲁⲣⲭⲏ
ϫⲉⲕⲁⲁⲥ ⲉⲧⲉⲧⲛⲁϣⲓⲛⲉ ⲛ̅ⲥⲁ ⲑⲁϩⲏ ϫⲉ ϩⲙ̅ ⲡⲙⲁ
ⲉⲧⲉ ⲧⲁⲣⲭⲏ ⲙ̅ⲙⲁⲩ ⲉⲑⲁϩⲏ ⲛⲁϣⲱⲡⲉ ⲙ̅ⲙⲁⲩ
ⲟⲩⲙⲁⲕⲁⲣⲓⲟⲥ 15 ⲡⲉⲧⲛⲁⲱϩⲉ ⲉⲣⲁⲧϥ̅ ϩⲛ̅ ⲧⲁⲣⲭⲏ
ⲁⲩⲱ ϥⲛⲁⲥⲟⲩⲱⲛ ⲑⲁϩⲏ ⲁⲩⲱ ϥⲛⲁϫⲓ ϯⲡⲉ ⲁⲛ
ⲙ̅ⲙⲟⲩ

19 ⲡⲉϫⲉ ⲓ̅ⲥ̅ ϫⲉ ⲟⲩⲙⲁⲕⲁⲣⲓⲟⲥ ⲡⲉ ⲛ̅ⲧⲁϩϣⲱⲡⲉ ϩⲁ
ⲧⲉϩⲏ ⲉⲙⲡⲁⲧⲉϥϣⲱⲡⲉ

ⲉⲧⲉⲧⲛ̅ϣⲁⲛϣⲱⲡⲉ ⲛⲁⲉⲓ ⲙ̅ⲙⲁⲑⲏ20ⲧⲏⲥ
ⲛ̅ⲧⲉⲧⲛ̅ⲥⲱⲧⲙ̅ ⲁⲛⲁϣⲁϫⲉ ⲛⲉⲉⲓⲱⲛⲉ ⲛⲁⲣ̅ⲇⲓⲁⲕⲟⲛⲉⲓ
ⲛⲏⲧⲛ̅

ⲟⲩⲛ̅ⲧⲏⲧⲛ̅ ⲅⲁⲣ ⲙ̅ⲙⲁⲩ ⲛ̅ϯⲟⲩ ⲛ̅ϣⲏⲛ ϩⲙ̅
ⲡⲁⲣⲁⲇⲓⲥⲟⲥ ⲉⲥⲉⲕⲓⲙ ⲁⲛ ⲛ̅ϣⲱⲙ ⲙ̅ⲡⲣⲱ ⲁⲩⲱ
ⲙⲁⲣⲉⲛⲟⲩϭⲱⲃⲉ ϩⲉ ⲉⲃⲟⲗ ⲡⲉⲧ25ⲛⲁⲥⲟⲩⲱⲛⲟⲩ
ϥⲛⲁϫⲓ ϯⲡⲉ ⲁⲛ ⲙ̅ⲙⲟⲩ

20 ⲡⲉϫⲉ ⲙ̄ⲙⲁⲑⲏⲧⲏⲥ ⲛ̄ⲓ̅ⲥ̅ ϫⲉ ϫⲟⲟⲥ ⲉⲣⲟⲛ ϫⲉ
ⲧⲙ̄ⲛ̄ⲧⲉⲣⲟ ⲛ̄ⲙ̄ⲡⲏⲩⲉ ⲉⲥⲧ̄ⲛ̄ⲧⲱⲛ ⲉⲛⲓⲙ

ⲡⲉϫⲁϥ ⲛⲁⲩ ϫⲉ ⲉⲥⲧ̄ⲛ̄ⲧⲱⲛ ⲁⲩⲃ̄ⲗ̄ⲃⲓⲗⲉ ⲛ̄ϣⲁ̄ⲧⲁⲙ
⟨ⲥ⟩ⲥⲟⲃⲕ̄ ⲡⲁ³⁰ⲣⲁ ⲛ̄ϭⲣⲟϭ ⲧⲏⲣⲟⲩ ϩⲟⲧⲁⲛ ⲇⲉ
ⲉⲥϣⲁⲛϩⲉ ⲉϫⲙ̄ ⲡⲕⲁϩ ⲉⲧⲟⲩⲣ̄ ϩⲱⲃ ⲉⲣⲟϥ
ϣⲁϥⲧⲉⲩⲟ ⲉⲃⲟⲗ ⲛ̄ⲛⲟⲩⲛⲟϭ ⲛ̄ⲧⲁⲣ ⲛ̄ϥϣⲱⲡⲉ
ⲛ̄ⲥⲕⲉⲡⲏ ⲛ̄ϩⲁⲗⲁⲧⲉ ⲛ̄ⲧⲡⲉ

21 ⲡⲉϫⲉ ⲙⲁⲣⲓϩⲁⲙ ⲛ̄ⲓ̅ⲥ̅ ϫⲉ ⲉⲛⲉⲕⲙⲁⲑⲏ³⁵ⲧⲏⲥ
ⲉⲓⲛⲉ ⲛ̄ⲛⲓⲙ

ⲡⲉϫⲁϥ ϫⲉ ⲉⲩⲉⲓⲛⲉ 37 ⲛ̄ϩⲛ̄ϣⲏⲣⲉ ϣⲏⲙ ⲉⲩϭⲉⲗⲓⲧ
ⲁⲩⲥⲱϣⲉ ⲉⲧⲱⲟⲩ ⲁⲛ ⲧⲉ ϩⲟⲧⲁⲛ ⲉⲩϣⲁⲉⲓ ⲛ̄ϭⲓ
ⲛ̄ϫⲟⲉⲓⲥ ⲛ̄ⲧⲥⲱϣⲉ ⲥⲉⲛⲁϫⲟⲟⲥ ϫⲉ ⲕⲉ ⲧⲛ̄ⲥⲱϣⲉ
ⲉⲃⲟⲗ ⲛⲁⲛ ⲛ̄ⲧⲟⲟⲩ ⲥⲉⲕⲁⲕ ⲁϩⲏⲩ ⲙ̄ⲡⲟⲩⲙ̄⁵ⲧⲟ ⲉⲃⲟⲗ
ⲉⲧⲣⲟⲩⲕⲁⲁⲥ ⲉⲃⲟⲗ ⲛⲁⲩ ⲛ̄ⲥⲉϯ ⲧⲟⲩⲥⲱϣⲉ ⲛⲁⲩ

ⲇⲓⲁ ⲧⲟⲩⲧⲟ ϯϫⲱ ⲙ̄ⲙⲟⲥ ϫⲉ ⲉϥϣⲁⲉⲓⲙⲉ ⲛ̄ϭⲓ
ⲡϫⲉⲥϩ̄ⲛⲉⲓ ϫⲉ ϥⲛⲏⲩ ⲛ̄ϭⲓ ⲡⲣⲉϥϫⲓⲟⲩⲉ
ϥⲛⲁⲣⲟⲉⲓⲥ ⲉⲙⲡⲁⲧⲉϥⲉⲓ ⲛ̄ϥⲧⲙ̄ⲕⲁⲁϥ ⲉϣⲟϫⲧ̄
ⲉϩⲟⲩⲛ ⲉⲡⲉϥⲏⲉⲓ ⲛ̄ⲧⲉ ⲧⲉϥ¹⁰ⲙⲛ̄ⲧⲉⲣⲟ ⲉⲧⲣⲉϥϥⲓ
ⲛ̄ⲛⲉϥⲥⲕⲉⲩⲟⲥ ⲛ̄ⲧⲱⲧⲛ̄ ⲇⲉ ⲣⲟⲉⲓⲥ ϩⲁ ⲧⲉϩⲏ
ⲙ̄ⲡⲕⲟⲥⲙⲟⲥ ⲙⲟⲩⲣ ⲙ̄ⲙⲱⲧⲛ̄ ⲉϫⲛ̄ ⲛⲉⲧⲛ̄ϯⲡⲉ
ϩⲛ̄ⲛⲟⲩⲛⲟϭ ⲛ̄ⲇⲩⲛⲁⲙⲓⲥ ϣⲓⲛⲁ ϫⲉ ⲛⲉⲛⲗⲏⲥⲧⲏⲥ
ϩⲉ ⲉϩⲓⲏ ⲉⲉⲓ ϣⲁⲣⲱⲧⲛ̄ ⲉⲡⲉⲓ ⲧⲉⲭⲣⲉⲓⲁ ⲉⲧⲉⲧⲛ̄ϭⲱϣⲧ̄
¹⁵ⲉⲃⲟⲗ ϩⲏⲧⲥ̄ ⲥⲉⲛⲁϩⲉ ⲉⲣⲟⲥ ⲙⲁⲣⲉϥϣⲱⲡⲉ ϩⲛ̄
ⲧⲉⲧⲛ̄ⲙⲏⲧⲉ ⲛ̄ϭⲓ ⲟⲩⲣⲱⲙⲉ ⲛ̄ⲉⲡⲓⲥⲧⲏⲙⲱⲛ

ⲛ̄ⲧⲁⲣⲉⲡⲕⲁⲣⲡⲟⲥ ⲡⲱϩ ⲁϥⲉⲓ ϩⲛ̄ⲛⲟⲩϭⲉⲡⲏ
ⲉⲡⲉϥⲁⲥϩ ϩⲛ̄ ⲧⲉϥϭⲓϫ ⲁϥϩⲁⲥϥ ⲡⲉⲧⲉ ⲟⲩⲛ̄
ⲙⲁⲁϫⲉ ⲙ̄ⲙⲟϥ ⲉⲥⲱⲧⲙ̄ ⲙⲁⲣⲉϥⲥⲱⲧⲙ̄ ²⁰

22 ⲁⲓⲥ ⲛⲁⲩ ⲁϩⲛⲕⲟⲩⲉⲓ ⲉⲧϫⲓ ⲉⲣⲱⲧⲉ ⲡⲉϫⲁϥ
ⲛ'ⲛⲉϥⲙⲁⲑⲏⲧⲏⲥ ϫⲉ ⲛⲉⲉⲓⲕⲟⲩⲉⲓ ⲉⲧϫⲓ ⲉⲣⲱⲧⲉ
ⲉⲩⲧⲛ̄ⲧⲱⲛ ⲁⲛⲉⲧⲃⲏⲕ ⲉϩⲟⲩⲛ ⲁⲧⲙⲛ̄ⲧⲉⲣⲟ

ⲡⲉϫⲁⲩ ⲛⲁϥ ϫⲉ ⲉⲉⲓⲉⲛⲟ ⲛ̄ⲕⲟⲩⲉⲓ ⲧⲛ̄ⲛⲁⲃⲱⲕ
ⲉϩⲟⲩⲛ ⲉⲧⲙⲛ̄ⲧⲉⲣⲟ

ⲡⲉϫⲉ ⲓⲏ̄ⲥ ⲛⲁⲩ 25 ϫⲉ ϩⲟⲧⲁⲛ ⲉⲧⲉⲧⲛ̄ϣⲁⲣ̄
ⲡⲥⲛⲁⲩ ⲟⲩⲁ ⲁⲩⲱ ⲉ'ⲧⲉⲧⲛ̄ϣⲁⲣ̄ ⲡⲥⲁ ⲛϩⲟⲩⲛ ⲛ̄ⲑⲉ
ⲙ̄ⲡⲥⲁ ⲛⲃⲟⲗ'ⲁⲩⲱ ⲡⲥⲁ ⲛⲃⲟⲗ ⲛ̄ⲑⲉ ⲙ̄ⲡⲥⲁ ⲛϩⲟⲩⲛ
ⲁⲩⲱ ⲡⲥⲁ ⲛ'ⲧⲡⲉ ⲛ̄ⲑⲉ ⲙ̄ⲡⲥⲁ ⲙⲡⲓⲧⲛ̄ ⲁⲩⲱ ϣⲓⲛⲁ
ⲉⲧⲉ'ⲧⲛⲁⲉⲓⲣⲉ ⲙ̄ⲫⲟⲟⲩⲧ ⲙⲛ̄ ⲧⲥϩⲓⲙⲉ ⲙ̄ⲡⲓⲟⲩⲁ 30
ⲟⲩⲱⲧ ϫⲉⲕⲁⲁⲥ ⲛⲉϥⲟⲟⲩⲧ ⲣ̄ ϩⲟⲟⲩⲧ ⲛ̄ⲧⲉ'ⲧⲥϩⲓⲙⲉ ⲣ̄
ⲥϩⲓⲙⲉ ϩⲟⲧⲁⲛ ⲉⲧⲉⲧⲛ̄ϣⲁⲉⲓⲣⲉ'ⲛ̄ϩⲛ̄ⲃⲁⲗ ⲉⲡⲙⲁ
ⲛ̄ⲟⲩⲃⲁⲗ ⲁⲩⲱ ⲟⲩϭⲓϫ 'ⲉⲡⲙⲁ ⲛ̄ⲛⲟⲩϭⲓϫ ⲁⲩⲱ
ⲟⲩⲉⲣⲏⲧⲉ ⲉⲡⲙⲁ'ⲛ̄ⲟⲩⲉⲣⲏⲧⲉ ⲟⲩϩⲓⲕⲱⲛ ⲉⲡⲙⲁ
ⲛ̄ⲟⲩϩⲓⲕⲱⲛ 35 ⲧⲟⲧⲉ ⲧⲉⲧⲛⲁⲃⲱⲕ ⲉϩⲟⲩⲛ
ⲉ[ⲧ]ⲙ̄ⲛ̄[ⲧⲉⲣ]ⲟ 38

23 ⲡⲉϫⲉ ⲓ̄ⲥ̄ ϫⲉ ϯⲛⲁⲥⲉⲧⲡ ⲧⲏⲛⲉ ⲟⲩⲁ ⲉⲃⲟⲗ'ϩⲛ̄
ϣⲟ ⲁⲩⲱ ⲥⲛⲁⲩ ⲉⲃⲟⲗ ϩⲛ̄ ⲧⲃⲁ ⲁⲩⲱ'ⲥⲉⲛⲁⲱϩⲉ
ⲉⲣⲁⲧⲟⲩ ⲉⲩⲟ ⲟⲩⲁ ⲟⲩⲱⲧ

24 ⲡⲉ'ϫⲉ ⲛⲉϥⲙⲁⲑⲏⲧⲏⲥ ϫⲉ ⲙⲁⲧⲥⲉⲃⲟⲛ ⲉⲡⲧⲟ 5 ⲡⲟⲥ
ⲉⲧⲕⲙ̄ⲙⲁⲩ ⲉⲡⲉⲓ ⲧⲁⲛⲁⲅⲕⲏ ⲉⲣⲟⲛ ⲧⲉ'ⲉⲧⲣⲛ̄ϣⲓⲛⲉ
ⲛ̄ⲥⲱϥ

ⲡⲉϫⲁϥ ⲛⲁⲩ ϫⲉ ⲡⲉⲧⲉⲩⲛ̄ ⲙⲁⲁϫⲉ ⲙ̄ⲙⲟϥ
ⲙⲁⲣⲉϥⲥⲱⲧⲙ̄ ⲟⲩⲛ̄ ⲟⲩⲟⲉⲓⲛ ϣⲟⲟⲡ ⲙ̄ⲫⲟⲩⲛ
ⲛ̄ⲛⲟⲩⲣⲙ̄ⲟⲩⲟⲉⲓⲛ'ⲁⲩⲱ ϥⲣ̄ ⲟⲩⲟⲉⲓⲛ ⲉⲡⲕⲟⲥⲙⲟⲥ
ⲧⲏⲣϥ ⲉϥⲧⲙ̄ 10 ⲣ̄ ⲟⲩⲟⲉⲓⲛ ⲟⲩⲕⲁⲕⲉ ⲡⲉ

25 ⲡⲉϫⲉ ⲓ̄ⲥ̄ ϫⲉ ⲙⲉⲣⲉ'ⲡⲉⲕⲥⲟⲛ ⲛ̄ⲑⲉ ⲛ̄ⲧⲉⲕⲯⲩⲭⲏ
ⲉⲣⲓⲧⲏⲣⲉⲓ ⲙ̄ⲙⲟϥ'ⲛ̄ⲑⲉ ⲛ̄ⲧⲉⲗⲟⲩ ⲙ̄ⲡⲉⲕⲃⲁⲗ

26 ⲡⲉϫⲉ ⲓ̄ⲥ̄ ϫⲉ ⲡϫⲏ'ⲉⲧϩⲙ̄ ⲡⲃⲁⲗ ⲙ̄ⲡⲉⲕⲥⲟⲛ
ⲕⲛⲁⲩ ⲉⲣⲟϥ ⲡⲥⲟⲉⲓ'ⲇⲉ ⲉⲧϩⲙ̄ ⲡⲉⲕⲃⲁⲗ ⲕⲛⲁⲩ ⲁⲛ
ⲉⲣⲟϥ ϩⲟⲧⲁⲛ 15 ⲉⲕϣⲁⲛⲛⲟⲩϫⲉ ⲙ̄ⲡⲥⲟⲉⲓ ⲉⲃⲟⲗ ϩⲙ̄
ⲡⲉⲕ'ⲃⲁⲗ ⲧⲟⲧⲉ ⲕⲛⲁⲛⲁⲩ ⲉⲃⲟⲗ ⲉⲛⲟⲩϫⲉ ⲙ̄ⲡϫⲏ'
ⲉⲃⲟⲗ ϩⲙ̄ ⲡⲃⲁⲗ ⲙ̄ⲡⲉⲕⲥⲟⲛ

27 ετε⟨τﾝ⟩τﾝρпnн¹стетε επκοсмос τετнаϩε αн
ετмﾝτε¹ρο ετετнтмειρε ﾝπсамвατοн
ﾝсαв²⁰вατοн ﾝτετнαнαꝩ αн επειωτ

28 πεϫε¹ιс ϫε αειωϩε εραт ϩﾝ τмнтε
ﾝπκοсмοс αꝩω αειοꝩωнϩ εвολ нαꝩ ϩﾝ сαρϩ
¹αειϩε εροοꝩ тнροꝩ εϥταϩε ﾝπιϩε ελααꝩ
ﾝϩнтοꝩ εϥοвε αꝩω αταψꝩχн † τκαс ²⁵εϫﾝ
ﾝϣнρε ﾝρρωмε ϫε ϩﾝвλλεεтε нε ϩмιποꝩϩнт
αꝩω сεнαꝩ εвολ αн¹ϫε ﾝтαꝩει επκοсмος
εꝩϣοꝩειт εꝩϣιнε οн ετροꝩει εвολ ϩмι
πκοсмος¹εꝩϣοꝩειт πλнн τεноꝩ сετοϩε
ϩο³⁰ταн εꝩϣαннεϩ ποꝩнρπ τοτε
сεнα ρ¹мετανοει

29 πεϫε ιс εϣϫε ﾝταтсαρϩι¹ϣωπε ετвε πﾝα
οꝩϣπнρε тε εϣ¹ϫε πﾝα ϫε ετвε πсωма
οꝩϣπнρε¹ﾝϣπнρε πε αλλα αнοκ †ρι ϣπнρε
³⁹ﾝπαει ϫε πωс ατεειнοϭ ﾝмﾝтρﾝмα¹ο
αсοꝩωϩ ϩﾝ τεειмﾝтϩнκε

30 πεϫε ιс¹ϫε πмα ετﾝ ϣοмт ﾝноꝩтε ﾝмαꝩ
ϩﾝ¹ноꝩтε нε πмα ετﾝ сναꝩ н οꝩα αнοκ ⁵
†ϣοοπ нммαϥ

31 πεϫε ιс мﾝ πρoφнт'нс ϣнπ ϩмι πεϥ†мε
мαρεсοειн ρθεραπεꝩε ﾝнετсοοꝩн ﾝмοϥ

32 πεϫε ιс¹ϫε οꝩπολις εꝩκωт ﾝмος ϩιϫн
οꝩτο'οꝩ εϥϫοсε εсταϫρнꝩ мﾝ ϭομ нсϩε ¹⁰
οꝩϫε сναϣϩωπ αн

33 πεϫε ιс πετκнα¹сωтﾝ εροϥ ϩмι πεκмααϫε
ϩмι πκεμα¹αϫε ταϣε οειϣ ﾝмοϥ ϩιϫﾝ
нετﾝϫε¹нεπωρ мαρελααꝩ ℩αρ ϫερε ϩнвс
ﾝϥ¹κααϥ ϩα мααϫε οꝩϫε мαϥκααϥ ϩмι μα ¹⁵
εϥϩнπ αλλα εϣαρεϥκααϥ ϩιϫﾝ ταꝩ¹χнια
ϫεκαασ οꝩοн ним ετвнκ εϩοꝩн¹αꝩω ετнннꝩ
εвολ ετнαнαꝩ απεϥοꝩ¹οειн

34   ⲡⲉϫⲉ ⲓ̅ⲥ̅ ⲇⲉ ⲟⲩⲃⲗ̅ⲗⲉ ⲉϥϣⲁⲛⲥⲱⲕˈϩⲏⲧϥ
      ⲛ̅ⲛⲟⲩⲃⲗ̅ⲗⲉ ϣⲁⲩϩⲉ ⲙ̅ⲡⲉⲥⲛⲁⲩ ²⁰ⲉⲡⲉⲥⲏⲧ ⲉⲩϩⲓⲉⲓⲧ

35   ⲡⲉϫⲉ ⲓ̅ⲥ̅ ⲙ̅ⲛ̅ ϭⲟⲙˈⲛ̅ⲧⲉⲟⲩⲁ ⲃⲱⲕ ⲉϩⲟⲩⲛ ⲉⲡⲏⲉⲓ
      ⲙ̅ⲡϫⲱⲱⲣⲉ ⲛ̅ϥϫⲓⲧϥ ⲛ̅ϫⲛⲁϩ ⲉⲓ ⲙⲏⲧⲓ ⲛ̅ϥⲙⲟⲩⲣˈ
      ⲛ̅ⲛⲉϥϭⲓϫ ⲧⲟⲧⲉ ϥⲛⲁⲡⲱⲛⲉ ⲉⲃⲟⲗˈⲙ̅ⲡⲉϥⲏⲉⲓ

36   ⲡⲉϫⲉ ⲓ̅ⲥ̅ ⲙ̅ⲛ̅ϥⲓ ⲣⲟⲟⲩϣ ϫⲓⲛ ²⁵ϩⲧⲟⲟⲩⲉ ϣⲁ
      ⲣⲟⲩϩⲉ ⲁⲩⲱ ϫⲓⲛ ϩⲓⲣⲟⲩϩⲉˈϣⲁ ϩⲧⲟⲟⲩⲉ ϫⲉ ⲟⲩ
      ⲡⲉ⟨ⲧ⟩ⲉⲧⲛⲁⲧⲁⲁϥ ϩⲓⲱⲧˈⲧⲏⲩⲧⲛ̅

37   ⲡⲉϫⲉ ⲛⲉϥⲙⲁⲑⲏⲧⲏⲥ ϫⲉ ⲁϣ ⲛ̅ϩⲟⲟⲩ
      ⲉⲕⲛⲁⲟⲩⲱⲛϩ ⲉⲃⲟⲗ ⲛⲁⲛ ⲁⲩⲱ ⲁϣˈⲛ̅ϩⲟⲟⲩ
      ⲉⲛⲁⲛⲁⲩ ⲉⲣⲟⲕ

      ⲡⲉϫⲉ ⲓ̅ⲥ̅ ⲇⲉ ϩⲟ³⁰ⲧⲁⲛ ⲉⲧⲉⲧⲛ̅ϣⲁⲕⲉⲕ ⲧⲏⲩⲧⲛ̅
      ⲉϩⲏⲩ ⲙ̅ⲡⲉˈⲧⲛ̅ϣⲓⲡⲉ ⲁⲩⲱ ⲛ̅ⲧⲉⲧⲛ̅ϥⲓ ⲛ̅ⲛⲉⲧⲛ̅ϣⲧⲏⲛˈ
      ⲛ̅ⲧⲉⲧⲛ̅ⲕⲁⲁⲩ ϩⲁ ⲡⲉⲥⲏⲧ ⲛ̅ⲛⲉⲧⲛ̅ⲟⲩⲉⲣⲏˈⲧⲉ ⲛ̅ⲑⲉ
      ⲛ̅ⲛⲓⲕⲟⲩⲉⲓ ⲛ̅ϣⲏⲣⲉ ϣⲏⲙ ⲛ̅ⲧⲉˈⲧⲛ̅ϫⲟⲡϫ̅ⲡ̅ ⲙ̅ⲙⲟⲟⲩ
      ⲧⲟⲧⲉ [ⲧⲉⲧ]ⲛ̣ⲁ̣ⲛ̣ⲁⲩ ⁴⁰ⲉⲡϣⲏⲣⲉ ⲙ̅ⲡⲉⲧⲟⲛϩ ⲁⲩⲱ
      ⲧⲉⲧⲛⲁⲣ̅ˈϩⲟⲧⲉ ⲁⲛ

38   ⲡⲉϫⲉ ⲓ̅ⲥ̅ ⲇⲉ ϩⲁϩ ⲛ̅ⲥⲟⲡ ⲁⲧⲉⲧⲛ̅ⲣ̅ⲉⲡⲓⲑⲩⲙⲉⲓ
      ⲉⲥⲱⲧⲙ̅ ⲁⲛⲉⲉⲓϣⲁϫⲉ ⲛⲁⲉⲓˈⲉϯϫⲱ ⲙ̅ⲙⲟⲟⲩ ⲛⲏⲧⲛ̅
      ⲁⲩⲱ ⲙⲛ̅ⲧⲏⲧⲛ̅ ⁵ⲕⲉⲟⲩⲁ ⲉⲥⲟⲧⲙⲟⲩ ⲛ̅ⲧⲟⲟⲧϥ̅ ⲟⲩⲛ̅
      ϩⲛ̅ϩⲟˈⲟⲩ ⲛⲁϣⲱⲡⲉ ⲛ̅ⲧⲉⲧⲛ̅ϣⲓⲛⲉ ⲛ̅ⲥⲱⲉⲓ ⲧⲉˈⲧⲛⲁϩⲉ
      ⲁⲛ ⲉⲣⲟⲉⲓ

39   ⲡⲉϫⲉ ⲓ̅ⲥ̅ ⲇⲉ ⲙ̅ⲫⲁⲣⲓⲥⲁⲓⲟⲥ ⲙ̅ⲛ̅ ⲛ̅ⲅⲣⲁⲙⲙⲁⲧⲉⲩⲥ
      ⲁⲩϫⲓ ⲛ̅ϣⲁϣⲧˈⲛ̅ⲧⲅⲛⲱⲥⲓⲥ ⲁⲩϩⲟⲡⲟⲩ ⲟⲩⲧⲉ
      ⲙ̅ⲡⲟⲩⲃⲱⲕ ¹⁰ⲉϩⲟⲩⲛ ⲁⲩⲱ ⲛⲉⲧⲟⲩⲱϣ ⲉⲃⲱⲕ ⲉϩⲟⲩⲛ
      ⲙ̅ⲡⲟⲩⲕⲁⲁⲩ ⲛ̅ⲧⲱⲧⲛ̅ ⲇⲉ ϣⲱⲡⲉ ⲙ̅ⲫⲣⲟⲛⲓⲙⲟⲥˈⲛ̅ⲑⲉ
      ⲛ̅ⲛ̅ϩⲟϥ ⲁⲩⲱ ⲛ̅ⲁⲕⲉⲣⲁⲓⲟⲥ ⲛ̅ⲑⲉ ⲛ̅ⲛ̅ϭⲣⲟⲙⲡⲉ

40   ⲡⲉϫⲉ ⲓ̅ⲥ̅ ⲟⲩⲃⲉⲛⲉⲗⲟⲟⲗⲉ ⲁⲩⲧⲟϭⲥ ⲙ̅ⲡⲥⲁ ⲛⲃⲟⲗ
      ⲙ̅ⲡⲉⲓⲱⲧ ⲁⲩⲱ ⲉⲥⲧⲁ¹⁵ϫⲣⲏⲩ ⲁⲛ ⲥⲉⲛⲁⲡⲟⲣⲕⲥ̅ ϩⲁ
      ⲧⲉⲥⲛⲟⲩⲛⲉ ⲛ̅ⲥⲧⲁⲕⲟ

41   ⲡⲉϫⲉ ⲓ̅ⲥ̅ ⲇⲉ ⲡⲉⲧⲉⲩⲛ̅ⲧⲁϥ ϩⲛ̅ ⲧⲉϥˈϭⲓϫ ⲥⲉⲛⲁϯ
      ⲛⲁϥ ⲁⲩⲱ ⲡⲉⲧⲉ ⲙⲛ̅ⲧⲁϥ ⲡⲕⲉˈϣⲏⲙ ⲉⲧⲟⲩⲛ̅ⲧⲁϥ
      ⲥⲉⲛⲁϥⲓⲧϥ̅ ⲛ̅ⲧⲟⲟⲧϥ̅ˈ

42 ⲡⲉϫⲉ ⲓ̅ⲥ̅ ϫⲉ ϣⲱⲡⲉ ⲉⲧⲉⲧⲛ̅ⲣ̅ⲡⲁⲣⲁⲅⲉ 20

43 ⲡⲉϫⲁⲩ ⲛⲁϥ ⲛ̅ϭⲓ ⲛⲉϥⲙⲁⲑⲏⲧⲏⲥ ϫⲉ ⲛ̅ⲧⲁⲕ
ⲛⲓⲙ ⲉⲕϫⲱ ⲛ̅ⲛⲁⲓ̈ ⲛⲁⲛ

ϩⲛ̅ ⲛⲉϯϫⲱ ⲙ̅ⲙⲟⲟⲩ ⲛⲏⲧⲛ̅ ⲛ̅ⲧⲉⲧⲛⲉⲓⲙⲉ ⲁⲛ ϫⲉ ⲁⲛⲟⲕ ⲛⲓⲙ ⲁⲗⲗⲁ ⲛ̅ⲧⲱⲧⲛ̅ ⲁⲧⲉⲧⲛ̅ϣⲱⲡⲉ ⲛ̅ⲑⲉ ⲛ̅ⲛⲓ̈ⲟⲩⲇⲁⲓⲟⲥ ϫⲉ ⲥⲉⲙⲉ ⲙ̅ⲡϣⲏⲛ ⲥⲉⲙⲟⲥ 25 ⲧⲉ ⲙ̅ⲡⲉϥⲕⲁⲣⲡⲟⲥ ⲁⲩⲱ ⲥⲉⲙⲉ ⲙ̅ⲡⲕⲁⲣⲡⲟⲥ ⲥⲉⲙⲟⲥⲧⲉ ⲙ̅ⲡϣⲏⲛ

44 ⲡⲉϫⲉ ⲓ̅ⲥ̅ ϫⲉ ⲡⲉⲧⲁϫⲉ ⲟⲩⲁ ⲁⲡⲉⲓⲱⲧ ⲥⲉⲛⲁⲕⲱ ⲉⲃⲟⲗ ⲛⲁϥ ⲁⲩⲱ ⲡⲉⲧⲁϫⲉ ⲟⲩⲁ ⲉⲡϣⲏⲣⲉ ⲥⲉⲛⲁⲕⲱ ⲉⲃⲟⲗ ⲛⲁϥ ⲡⲉⲧⲁϫⲉ ⲟⲩⲁ ⲇⲉ ⲁⲡⲡ̅ⲛ̅ⲁ̅ ⲉⲧⲟⲩⲁⲁⲃ 30 ⲥⲉⲛⲁⲕⲱ ⲁⲛ ⲉⲃⲟⲗ ⲛⲁϥ ⲟⲩⲧⲉ ϩⲙ̅ ⲡⲕⲁϩ ⲟⲩⲧⲉ ϩⲛ̅ ⲧⲡⲉ

45 ⲡⲉϫⲉ ⲓ̅ⲥ̅ ⲙⲁⲩϫⲉⲗⲉ ⲉⲗⲟⲟⲗⲉ ⲉⲃⲟⲗ ϩⲛ̅ ϣⲟⲛⲧⲉ ⲟⲩⲧⲉ ⲙⲁⲩⲕⲱⲧϥ̅ ⲕ̅ⲛ̅ⲧⲉ ⲉⲃⲟⲗ ϩⲛ̅ ⲥⲣ̅ϭⲁⲙⲟⲩⲗ ⲙⲁⲩϯ ⲕⲁⲣⲡⲟⲥ ⲅⲁⲣ ⲟⲩⲁ̅ⲅ̅ⲁⲑⲟⲥ ⲛ̅ⲣⲱⲙⲉ ϣⲁϥⲉⲓⲛⲉ ⲛ̅ⲟⲩⲁⲅⲁⲑⲟⲛ ⲉⲃⲟⲗ ϩⲙ̅ ⲡⲉϥⲉϩⲟ ⲟⲩⲕⲁⲕ[ⲟⲥ] ⲛ̅ⲣⲱⲙⲉ ϣⲁϥⲉⲓⲛⲉ ⲛ̅ϩⲛ̅ⲡⲟⲛⲏⲣⲟⲛ ⲉⲃⲟⲗ ϩⲙ̅ ⲡⲉϥⲉϩⲟ ⲉⲑⲟⲟⲩ ⲉⲧϩⲛ̅ ⲡⲉϥϩⲏⲧ ⲁⲩⲱ ⲛ̅ϥϫⲱ ⲛ̅ϩⲛ̅ⲡⲟⲛⲏⲣⲟⲛ ⲉⲃⲟⲗ ⲅⲁⲣ ϩⲙ̅ 5 ⲫⲟⲩⲟ ⲙ̅ⲫⲏⲧ ϣⲁϥⲉⲓⲛⲉ ⲉⲃⲟⲗ ⲛ̅ϩⲛ̅ⲡⲟⲛⲏⲣⲟⲛ

46 ⲡⲉϫⲉ ⲓ̅ⲥ̅ ϫⲉ ϫⲓⲛ ⲁⲇⲁⲙ ϣⲁ ⲓ̈ⲱϩⲁⲛⲛⲏⲥ ⲡⲃⲁⲡⲧⲓⲥⲧⲏⲥ ϩⲛ̅ ⲛ̅ϫⲡⲟ ⲛ̅ⲛ̅ϩⲓⲟⲙⲉ ⲙⲛ̅ ⲡⲉⲧϫⲟⲥⲉ ⲁⲓ̈ⲱϩⲁⲛⲛⲏⲥ ⲡⲃⲁⲡⲧⲓⲥⲧⲏⲥ ϣⲓⲛⲁ ϫⲉ ⲛⲟⲩⲱϭⲡ ⲛ̅ϭⲓ ⲛⲉϥⲃⲁⲗ 10 ⲁⲉⲓϫⲟⲟⲥ ⲇⲉ ϫⲉ ⲡⲉⲧⲛⲁϣⲱⲡⲉ ϩⲛ̅ ⲧⲏⲩⲧⲛ̅ ⲉϥⲟ ⲛ̅ⲕⲟⲩⲉⲓ ϥⲛⲁⲥⲟⲩⲱⲛ ⲧⲙ̅ⲛ̅ⲧⲉⲣⲟ ⲁⲩⲱ ϥⲛⲁϫⲓⲥⲉ ⲁⲓ̈ⲱϩⲁⲛⲛⲏⲥ

47 ⲡⲉϫⲉ ⲓ̅ⲥ̅ ϫⲉ ⲙ̅ⲛ ϭⲟⲙ ⲛ̅ⲧⲉⲟⲩⲣⲱⲙⲉ ⲧⲉⲗⲟ ⲁϩⲧⲟ
ⲥⲛⲁⲩ ⲛ̅ϥϫⲱⲗⲕ ⲙ̅ⲡⲓⲧⲉ ⲥⲛ̅ⲧⲉ ⲁⲩⲱ ⲙ̅ⲛ̅ ¹⁵ ϭⲟⲙ
ⲛ̅ⲧⲉⲟⲩⲙ̅ϩⲁⲗ ϣⲙ̅ϣⲉ ϫⲟⲉⲓⲥ ⲥⲛⲁⲩ ⲏ ϥⲛⲁⲣ̅ⲧⲓⲙⲁ
ⲙ̅ⲡⲟⲩⲁ ⲁⲩⲱ ⲡⲕⲉⲟⲩⲁ ϥⲛⲁⲣ̅ϩⲩⲃⲣⲓϫⲉ ⲙ̅ⲙⲟϥ
ⲙⲁⲣⲉⲣⲱⲙⲉ ⲥⲉ ⲣ̅ⲡⲁⲥ ⲁⲩⲱ ⲛ̅ⲧⲉⲩⲛⲟⲩ
ⲛ̅ϥⲉⲡⲓⲑⲩⲙⲉⲓ ⲁⲥⲱ ⲏⲣⲡ ⲃ̅ⲃⲣ̅ⲣⲉ ⲁⲩⲱ ⲙⲁⲩⲛⲟⲩϫ
ⲏⲣⲡ ⲃ̅ⲃⲣ̅ⲣⲉ ⲉⲁⲥ²⁰ⲕⲟⲥ ⲛ̅ⲁⲥ ϫⲉⲕⲁⲁⲥ ⲛ̅ⲛⲟⲩⲡⲱϩ
ⲁⲩⲱ ⲙⲁⲩⲛⲉϫ ⲏⲣⲡ ⲛ̅ⲁⲥ ⲉⲁⲥⲕⲟⲥ ⲃ̅ⲃⲣ̅ⲣⲉ ϣⲓⲛⲁ
ϫⲉ ⲛⲉϥⲧⲉⲕⲁϥ ⲙⲁⲩϫⲁⲗϭ ⲧⲟⲉⲓⲥ ⲛ̅ⲁⲥ ⲁϣⲧⲏⲛ
ⲛ̅ϣⲁⲉⲓ ⲉⲡⲉⲓ ⲟⲩⲛ ⲟⲩⲡⲱϩ ⲛⲁϣⲱⲡⲉ

48 ⲡⲉϫⲉ ⲓ̅ⲥ̅ ϫⲉ ⲉⲣϣⲁⲥⲛⲁⲩ ⲣ̅ ⲉⲓⲣⲏⲛⲏ ⲙ̅ⲛ ²⁵
ⲛⲟⲩⲉⲣⲏⲩ ϩⲙ̅ ⲡⲉⲓⲏⲉⲓ ⲟⲩⲱⲧ ⲥⲉⲛⲁϫⲟⲟⲥ ⲙ̅ⲡⲧⲁⲩ
ϫⲉ ⲡⲱⲛⲉ ⲉⲃⲟⲗ ⲁⲩⲱ ϥⲛⲁⲡⲱⲱⲛⲉ

49 ⲡⲉϫⲉ ⲓ̅ⲥ̅ ϫⲉ ϩⲉⲛⲙⲁⲕⲁⲣⲓⲟⲥ ⲛⲉ ⲛ̅ⲙⲟⲛⲁⲭⲟⲥ
ⲁⲩⲱ ⲉⲧⲥⲟⲧⲡ ϫⲉ ⲧⲉⲧⲛⲁϩⲉ ⲁⲧⲙ̅ⲛⲧⲉⲣⲟ ϫⲉ
ⲛ̅ⲧⲱⲧⲛ̅ ϩⲛ̅ⲉⲃⲟⲗ ³⁰ ⲛ̅ϩⲏⲧⲥ̅ ⲡⲁⲗⲓⲛ ⲉⲧⲉⲧⲛⲁⲃⲱⲕ
ⲉⲙⲁⲩ

50 ⲡⲉϫⲉ ⲓ̅ⲥ̅ ϫⲉ ⲉⲩϣⲁⲛϫⲟⲟⲥ ⲛⲏⲧⲛ̅ ϫⲉ
ⲛ̅ⲧⲁⲧⲉⲧⲛ̅ϣⲱⲡⲉ ⲉⲃⲟⲗ ⲧⲱⲛ ϫⲟⲟⲥ ⲛⲁⲩ ϫⲉ
ⲛ̅ⲧⲁⲛⲉⲓ ⲉⲃⲟⲗ ϩⲙ̅ ⲡⲟⲩⲟⲉⲓⲛ ⲡⲙⲁ ⲉⲛⲧⲁⲡⲟⲩⲟⲉⲓⲛ
ϣⲱⲡⲉ ⲙ̅ⲙⲁϥ ⲉⲃⲟⲗ ³⁵ ϩⲓⲧⲟⲟⲧϥ ⲟⲩⲁⲁⲧϥ ⲁϥⲱϩⲉ
ⲉ[ⲣⲁⲧϥ] 42 ⲁⲩⲱ ⲁϥⲟⲩⲱⲛϩ ⲉ[ⲃ]ⲟⲗ ϩⲛ̅ ⲧⲟⲩϩⲓⲕⲱⲛ
ⲉⲩϣⲁϫⲟⲟⲥ ⲛⲏⲧⲛ̅ ϫⲉ ⲛ̅ⲧⲱⲧⲛ̅ ⲡⲉ ϫⲟⲟⲥ ϫⲉ
ⲁⲛⲟⲛ ⲛⲉϥϣⲏⲣⲉ ⲁⲩⲱ ⲁⲛⲟⲛ ⲛ̅ⲥⲱⲧⲡ ⲙ̅ⲡⲉⲓⲱⲧ
ⲉⲧⲟⲛϩ ⲉⲩϣⲁⲛϫⲛⲉ ⲧⲏⲩⲧⲛ̅ ⁵ ϫⲉ ⲟⲩ ⲡⲉ ⲡⲙⲁⲉⲓⲛ
ⲙ̅ⲡⲉⲧⲛ̅ⲉⲓⲱⲧ ⲉⲧϩⲛ̅ ⲧⲏⲩⲧⲛ̅ ϫⲟⲟⲥ ⲉⲣⲟⲟⲩ ϫⲉ
ⲟⲩⲕⲓⲙ ⲡⲉ ⲙ̅ⲛ ⲟⲩⲁⲛⲁⲡⲁⲩⲥⲓⲥ

51 ⲡⲉϫⲁⲩ ⲛⲁϥ ⲛ̅ϭⲓ ⲛⲉϥⲙⲁⲑⲏⲧⲏⲥ ϫⲉ ⲁϣ
ⲛ̅ϩⲟⲟⲩ ⲉⲧⲁⲛⲁⲡⲁⲩⲥⲓⲥ ⲛ̅ⲛⲉⲧⲙⲟⲟⲩⲧ ⲛⲁϣⲱⲡⲉ
ⲁⲩⲱ ⲁϣ ⲛ̅ϩⲟⲟⲩ ¹⁰ ⲉⲡⲕⲟⲥⲙⲟⲥ ⲃ̅ⲃⲣ̅ⲣⲉ ⲛⲏⲩ
ⲡⲉϫⲁϥ ⲛⲁⲩ ϫⲉ ⲧⲏ ⲉⲧⲉⲧⲛ̅ϭⲱϣⲧ ⲉⲃⲟⲗ ϩⲏⲧⲥ̅
ⲁⲥⲉⲓ ⲁⲗⲗⲁ ⲛ̅ⲧⲱⲧⲛ̅ ⲧⲉⲧⲛ̅ⲥⲟⲟⲩⲛ ⲁⲛ ⲙ̅ⲙⲟⲥ

52 ⲡⲉϫⲁⲩ ⲛⲁϥ ⲛϭⲓ ⲛⲉϥⲙⲁⲑⲏⲧⲏⲥ ϫⲉ
ϫⲟⲩⲧⲁϥⲧⲉ ⲙⲡⲣⲟⲫⲏⲧⲏⲥ ⲁⲩϣⲁϫⲉ ϩⲙ ⲡⲓⲥⲣⲁⲏⲗ
15 ⲁⲩⲱ ⲁⲩϣⲁϫⲉ ⲧⲏⲣⲟⲩ ϩⲣⲁⲓ̈ ⲛϩⲏⲧⲕ
ⲡⲉϫⲁϥ ⲛⲁⲩ ϫⲉ ⲁⲧⲉⲧⲛⲕⲱ ⲙⲡⲉⲧⲟⲛϩ
ⲙⲡⲉⲧⲛⲙⲧⲟ ⲉⲃⲟⲗ ⲁⲩⲱ ⲁⲧⲉⲧⲛϣⲁϫⲉ ϩⲁ
ⲛⲉⲧⲙⲟⲟⲩⲧ

53 ⲡⲉϫⲁⲩ ⲛⲁϥ ⲛϭⲓ ⲛⲉϥⲙⲁⲑⲏⲧⲏⲥ ϫⲉ ⲡⲥⲃⲃⲉ
ⲣ̄ⲱⲫⲉⲗⲉⲓ ⲏ ⲙⲙⲟⲛ
ⲡⲉϫⲁϥ 20 ⲛⲁⲩ ϫⲉ ⲛⲉϥⲣ̄ⲱⲫⲉⲗⲉⲓ ⲛⲉⲡⲟⲩⲉⲓⲱⲧ
ⲛⲁϫⲡⲟⲟⲩ ⲉⲃⲟⲗ ϩⲛ ⲧⲟⲩⲙⲁⲁⲩ ⲉⲩⲥⲃⲃⲏⲩ ⲁⲗⲗⲁ
ⲡⲥⲃⲃⲉ ⲙⲙⲉ ϩⲙ ⲡⲛⲁ ⲁϥϭⲛ ϩⲏⲩ ⲧⲏⲣϥ

54 ⲡⲉϫⲉ ⲓ̅ⲥ̅ ϫⲉ ϩⲛⲙⲁⲕⲁⲣⲓⲟⲥ ⲛⲉ ⲛϩⲏⲕⲉ ϫⲉ
ⲧⲱⲧⲛ̄ ⲧⲉ ⲧⲙⲛ̄ⲧⲉⲣⲟ ⲛⲙⲡⲏⲩⲉ 25

55 ⲡⲉϫⲉ ⲓ̅ⲥ̅ ϫⲉ ⲡⲉⲧⲁⲙⲉⲥⲧⲉ ⲡⲉϥⲉⲓⲱⲧ ⲁⲛ ⲙⲛ
ⲧⲉϥⲙⲁⲁⲩ ϥⲛⲁϣⲣ̄ ⲙⲁⲑⲏⲧⲏⲥ ⲁⲛ ⲛⲁⲉⲓ ⲁⲩⲱ
ⲛϥⲙⲉⲥⲧⲉ ⲛⲉϥⲥⲛⲏⲩ ⲙⲛ ⲛⲉϥⲥⲱⲛⲉ ⲛϥϥⲓ
ⲙⲡⲉϥⲥⲣⲟⲥ ⲛⲧⲁϩⲉ ϥⲛⲁϣⲱⲡⲉ ⲁⲛ ⲉϥⲟ ⲛⲁⲝⲓⲟⲥ
ⲛⲁⲉⲓ

56 ⲡⲉ30ϫⲉ ⲓ̅ⲥ̅ ϫⲉ ⲡⲉⲧⲁϩⲥⲟⲩⲱⲛ ⲡⲕⲟⲥⲙⲟⲥ ⲁϥϩⲉ
ⲉⲩⲡⲧⲱⲙⲁ ⲁⲩⲱ ⲡⲉⲛⲧⲁϩϩⲉⲉ ⲁⲡⲧⲱⲙⲁ ⲡⲕⲟⲥⲙⲟⲥ
ⲙⲡϣⲁ ⲙⲙⲟϥ ⲁⲛ

57 ⲡⲉϫⲉ ⲓ̅ⲥ̅ ϫⲉ ⲧⲙⲛⲧⲉⲣⲟ ⲙⲡⲉⲓⲱⲧ ⲉⲥⲧⲛⲧⲱⲛ
ⲁⲩⲣⲱⲙⲉ ⲉⲩⲛⲧⲁϥ ⲙⲙⲁⲩ ⲛⲛⲟⲩϭⲣⲟϭ 35 ⲉⲛ[ⲁⲛⲟ]ⲩϥ
ⲁⲡⲉϥϫⲁϫⲉ ⲉⲓ ⲛⲧⲟⲩϣⲏ 43 ⲁϥⲥⲓⲧⲉ
ⲛⲟⲩⲍⲓⲍⲁⲛⲓ[ⲟ]ⲛ ⲉϫⲛ ⲡⲉϭⲣⲟϭ ⲉ]ⲧⲛⲁⲛⲟⲩϥ
ⲙⲡⲉⲡⲣⲱⲙⲉ ⲕⲟⲟⲩ ⲉϩⲱⲗⲉ ⲙⲡⲍⲓⲍⲁⲛⲓⲟⲛ ⲡⲉϫⲁϥ
ⲛⲁⲩ ϫⲉ ⲙⲏⲡⲱⲥ ⲛⲧⲉⲧⲛⲃⲱⲕ ϫⲉ ⲉⲛⲁϩⲱⲗⲉ
ⲙⲡⲍⲓⲍⲁⲛⲓⲟⲛ 5 ⲛⲧⲉⲧⲛϩⲱⲗⲉ ⲙⲡⲥⲟⲩⲟ ⲛⲙⲙⲁϥ ϩⲙ
ⲫⲟⲟⲩ ⲅⲁⲣ ⲙⲡⲱϩⲥ ⲛⲍⲓⲍⲁⲛⲓⲟⲛ ⲛⲁⲟⲩⲱⲛϩ ⲉⲃⲟⲗ
ⲥⲉϩⲟⲗⲟⲩ ⲛⲥⲉⲣⲟⲕϩⲟⲩ

58 ⲡⲉϫⲉ ⲓ̅ⲥ̅ ϫⲉ ⲟⲩⲙⲁⲕⲁⲣⲓⲟⲥ ⲡⲉ ⲡⲣⲱⲙⲉ
ⲛⲧⲁϩϩⲓⲥⲉ ⲁϥϩⲉ ⲁⲡⲱⲛϩ

59 ⲡⲉϫⲉ ⲓⲥ ϫⲉ ϭⲱϣⲧ ⲛⲥⲁ ⲡⲉ¹⁰ⲧⲟⲛϩ ϩⲱⲥ
ⲉⲧⲉⲧⲛⲟⲛϩ ϩⲓⲛⲁ ϫⲉ ⲛⲉⲧⲙ̄ⲙⲟⲩ ⲁⲩⲱ ⲛ̄ⲧⲉⲧⲛ̄ϣⲓⲛⲉ
ⲉⲛⲁⲩ ⲉⲣⲟϥ ⲁⲩⲱ ⲧⲉⲧⲛⲁϣϭⲙ̄ ϭⲟⲙ ⲁⲛ ⲉⲛⲁⲩ

60 ⟨ⲁⲩⲛⲁⲩ⟩ ⲁⲩⲥⲁⲙⲁⲣⲉⲓⲧⲏⲥ ⲉϥϥⲓ ⲛ̄ⲛⲟⲩϩⲓⲉⲓⲃ
ⲉϥⲃⲏⲕ ⲉϩⲟⲩⲛ ⲉϯⲟⲩⲇⲁⲓⲁ

ⲡⲉϫⲁϥ ⲛ̄ⲛⲉϥⲙⲁⲑⲏⲧⲏⲥ ϫⲉ ⲡⲏ ⲙ̄ⲡⲕⲱⲧⲉ ¹⁵
ⲙ̄ⲡⲉϩⲓⲉⲓⲃ

ⲡⲉϫⲁⲩ ⲛⲁϥ ϫⲉⲕⲁⲁⲥ ⲉϥⲛⲁⲙⲟⲟⲩⲧϥ
ⲛ̄ϥⲟⲩⲟⲙϥ

ⲡⲉϫⲁϥ ⲛⲁⲩ ϩⲱⲥ ⲉϥⲟⲛϩ ϥⲛⲁⲟⲩⲟⲙϥ ⲁⲛ
ⲁⲗⲗⲁ ⲉϥϣⲁⲙⲟⲟⲩⲧϥ ⲛϥϣⲱⲡⲉ ⲛ̄ⲟⲩⲡⲧⲱⲙⲁ

ⲡⲉϫⲁⲩ ϫⲉ ⲛ̄ⲕⲉⲥⲙⲟⲧ ϥⲛⲁϣⲁⲥ ⲁⲛ

ⲡⲉϫⲁϥ ⲛⲁⲩ ²⁰ ϫⲉ ⲛ̄ⲧⲱⲧⲛ̄ ϩⲱⲧⲧⲏⲩⲧⲛ̄ ϣⲓⲛⲉ
ⲛ̄ⲥⲁ ⲟⲩⲧⲟⲡⲟⲥ ⲛⲏⲧⲛ̄ ⲉϩⲟⲩⲛ ⲉⲧⲁⲛⲁⲡⲁⲩⲥⲓⲥ
ϫⲉⲕⲁⲁⲥ ⲛ̄ⲛⲉⲧⲛ̄ϣⲱⲡⲉ ⲙ̄ⲡⲧⲱⲙⲁ ⲛ̄ⲥⲉⲟⲩⲱⲙ
ⲧⲏⲩⲧⲛ̄

61 ⲡⲉϫⲉ ⲓⲥ ⲟⲩⲛ ⲥⲛⲁⲩ ⲛⲁⲙ̄ⲧⲟⲛ ⲙ̄ⲙⲁⲩ ϩⲓ
ⲟⲩϭⲗⲟϭ ⲡⲟⲩⲁ ⲛⲁⲙⲟⲩ ⲡⲟⲩ²⁵ⲁ ⲛⲁⲱⲛϩ

ⲡⲉϫⲉ ⲥⲁⲗⲱⲙⲏ ⲛ̄ⲧⲁⲕ ⲛⲓⲙ ⲡⲣⲱⲙⲉ ϩⲱⲥ ⲉⲃⲟⲗ
ϩⲛ ⲟⲩⲁ ⲁⲕⲧⲉⲗⲟ ⲉϫⲙ̄ ⲡⲁϭⲗⲟϭ ⲁⲩⲱ ⲁⲕⲟⲩⲱⲙ
ⲉⲃⲟⲗ ϩⲛ̄ ⲧⲁⲧⲣⲁⲡⲉⲍⲁ

ⲡⲉϫⲉ ⲓⲥ ⲛⲁⲥ ϫⲉ ⲁⲛⲟⲕ ⲡⲉ ⲡⲉⲧϣⲟⲟⲡ ⲉⲃⲟⲗ
ϩⲙ̄ ⲡⲉⲧϣⲏϣ ⲁⲩϯ ³⁰ ⲛⲁⲉⲓ ⲉⲃⲟⲗ ϩⲛ̄ ⲛⲁ ⲡⲁⲉⲓⲱⲧ
ⲁⲛⲟⲕ ⲧⲉⲕⲙⲁⲑⲏⲧⲏⲥ

ⲉⲧⲃⲉ ⲡⲁⲉⲓ ϯϫⲱ ⲙ̄ⲙⲟⲥ ϫⲉ ϩⲟⲧⲁⲛ ⲉϥϣⲁϣⲱⲡⲉ
ⲉϥϣⲏ⟨ϣ⟩ ϥⲛⲁⲙⲟⲩϩ ⲟⲩⲟⲉⲓⲛ ϩⲟⲧⲁⲛ ⲇⲉ
ⲉϥϣⲁⲛϣⲱⲡⲉ ⲉϥⲡⲏϣ ϥⲛⲁⲙⲟⲩϩ ⲛ̄ⲕⲁⲕⲉ

62 ⲡⲉϫⲉ ⲓⲥ ϫⲉ ⲉⲓ ³⁵ ϫⲱ ⲛ̄ⲛⲁⲙⲩⲥⲧⲏⲣⲓⲟⲛ
ⲛ̄ⲛⲉ[ⲧⲙ̄ⲡϣⲁ] ⲛ̄44[ⲛⲁ]ⲙⲩⲥⲧⲏⲣⲓⲟⲛ ⲡⲉ[ⲧ]ⲉ
ⲧⲉⲕⲟⲩⲛⲁⲙ ⲛⲁⲁϥ ⲙ̄ⲛ̄ⲧⲣⲉⲧⲉⲕϩⲃⲟⲩⲣ ⲉⲓⲙⲉ ϫⲉ ⲉⲥⲣ
ⲟⲩ

63 ⲡⲉϫⲉ ⲓ̅ⲥ̅ ϫⲉ ⲛⲉⲩ̅ⲛ̅ ⲟⲩⲣⲱⲙⲉ ⲙ̅ⲡⲗⲟⲩⲥⲓⲟⲥ
ⲉⲩⲛ̅ⲧⲁϥ ⲙ̅ⲙⲁⲩ ⲛ̅ϩⲁϩ ⲛ̅ⲭⲣⲏⲙⲁ ⲡⲉϫⲁϥ ϫⲉ
ϯⲛⲁⲣ̅ⲭⲣⲱ ⲛ̅⁵ⲛⲁⲭⲣⲏⲙⲁ ϫⲉⲕⲁⲁⲥ ⲉⲉⲓⲛⲁϫⲟ
ⲛ̅ⲧⲁⲱⲥϩ ⲛ̅ⲧⲁⲧⲱϭⲉ ⲛ̅ⲧⲁⲙⲟⲩϩ ⲛ̅ⲛⲁⲉϩⲱⲣ
ⲛ̅ⲕⲁⲣⲡⲟⲥ ϣⲓⲛⲁ ϫⲉ ⲛⲓⲣ̅ ϭⲣⲱϩ ⲗ̅ⲗⲁⲁⲩ ⲛⲁⲉⲓ
ⲛⲉⲛⲉϥⲙⲉⲉⲩⲉ ⲉⲣⲟⲟⲩ ϩⲙ̅ ⲡⲉϥϩⲏⲧ ⲁⲩⲱ ϩⲛ̅
ⲧⲟⲩϣⲏ ⲉⲧⲙ̅ⲙⲁⲩ ⲁϥⲙⲟⲩ ⲡⲉⲧⲉⲩ̅ ⲙⲁϫⲉ ¹⁰ⲙ̅ⲙⲟϥ
ⲙⲁⲣⲉϥⲥⲱⲧⲙ̅

64 ⲡⲉϫⲉ ⲓ̅ⲥ̅ ϫⲉ ⲟⲩⲣⲱⲙⲉ ⲛⲉⲩⲛ̅ⲧⲁϥ ϩⲛ̅ϣⲙ̅ⲙⲟ
ⲁⲩⲱ ⲛ̅ⲧⲁⲣⲉϥⲥⲟⲃ̅ⲧⲉ ⲙ̅ⲡⲇⲓⲡⲛⲟⲛ ⲁϥϫⲟⲟⲩ
ⲙ̅ⲡⲉϥϩⲙ̅ϩⲁⲗ ϣⲓⲛⲁ ⲉϥⲛⲁⲧⲱϩⲙ̅ ⲛ̅ⲛ̅ϣⲙ̅ⲙⲟⲉⲓ

ⲁϥⲃⲱⲕ ⲙ̅ⲡϣⲟⲣⲡ ⲡⲉϫⲁϥ ⲛⲁϥ ϫⲉ ⲡⲁϫⲟⲉⲓⲥ
ⲧⲱϩⲙ̅ ¹⁵ ⲙ̅ⲙⲟⲕ

ⲡⲉϫⲁϥ ϫⲉ ⲟⲩⲛ̅ⲧⲁⲉⲓ ϩⲛ̅ϩⲟⲙⲧ̅ ⲁϩⲉⲛⲉⲙⲡⲟⲣⲟⲥ
ⲥⲉⲛ̅ⲛⲏⲩ ϣⲁⲣⲟⲉⲓ ⲉⲣⲟⲩϩⲉ ϯⲛⲁⲃⲱⲕ ⲛ̅ⲧⲁⲟⲩⲉϩ
ⲥⲁϩⲛⲉ ⲛⲁⲩ ϯⲣ̅ⲡⲁⲣⲁⲓⲧⲉⲓ ⲙ̅ⲡⲇⲓⲡⲛⲟⲛ

ⲁϥⲃⲱⲕ ϣⲁ ⲕⲉⲟⲩⲁ ⲡⲉϫⲁϥ ⲛⲁϥ ϫⲉ
ⲁⲡⲁϫⲟⲉⲓⲥ ⲧⲱϩⲙ̅ ⲙ̅ⲙⲟⲕ ²⁰

ⲡⲉϫⲁϥ ⲛⲁϥ ϫⲉ ⲁⲉⲓⲧⲟⲟⲩ ⲟⲩⲏⲉⲓ ⲁⲩⲱ
ⲥⲉⲣ̅ⲁⲓⲧⲉⲓ ⲙ̅ⲙⲟⲉⲓ ⲛ̅ⲟⲩϩⲏⲙⲉⲣⲁ ϯⲛⲁⲥⲣ̅ϥⲉ ⲁⲛ

ⲁϥⲉⲓ ϣⲁ ⲕⲉⲟⲩⲁ ⲡⲉϫⲁϥ ⲛⲁϥ ϫⲉ ⲡⲁϫⲟⲉⲓⲥ
ⲧⲱϩⲙ̅ ⲙ̅ⲙⲟⲕ

ⲡⲉϫⲁϥ ⲛⲁϥ ϫⲉ ⲡⲁϣⲃⲏⲣ ⲛⲁⲣ̅ ϣⲉⲗⲉⲉⲧ ⲁⲩⲱ
ⲁⲛⲟⲕ ⲉⲧⲛⲁⲣ̅ ⲇⲓⲡⲛⲟⲛ ²⁵ ϯⲛⲁϣⲓ ⲁⲛ ϯⲣ̅ⲡⲁⲣⲁⲓⲧⲉⲓ
ⲙ̅ⲡⲇⲓⲡⲛⲟⲛ

ⲁϥⲃⲱⲕ ϣⲁ ⲕⲉⲟⲩⲁ ⲡⲉϫⲁϥ ⲛⲁϥ ϫⲉ ⲡⲁϫⲟⲉⲓⲥ
ⲧⲱϩⲙ̅ ⲙ̅ⲙⲟⲕ

ⲡⲉϫⲁϥ ⲛⲁϥ ϫⲉ ⲁⲉⲓⲧⲟⲟⲩ ⲛ̅ⲟⲩⲕⲱⲙⲏ ⲉⲉⲓⲃⲏⲕ
ⲁϫⲓ ⲛ̅ϣⲱⲙ ϯⲛⲁϣⲓ ⲁⲛ ϯⲣ̅ⲡⲁⲣⲁⲓⲧⲉⲓ

ⲁϥⲉⲓ ⲛ̅ϭⲓ ⲡϩⲙ̅ϩⲁⲗ ⲁϥϫⲟ³⁰ⲟⲥ ⲁⲡⲉϥϫⲟⲉⲓⲥ ϫⲉ
ⲛⲉⲛⲧⲁⲕⲧⲁϩⲙⲟⲩ ⲁⲡⲇⲓⲡⲛⲟⲛ ⲁⲩⲡⲁⲣⲁⲓⲧⲉⲓ

ⲡⲉϫⲉ ⲡϫⲟⲉⲓⲥ ⲙ̅ⲡⲉϥϩⲙ̅ϩⲁⲗ ϫⲉ ⲃⲱⲕ ⲉⲡⲥⲁ
ⲛⲃⲟⲗ ⲁⲛϩⲓⲟⲟⲩⲉ ⲛⲉⲧⲕⲛⲁϩⲉ ⲉⲣⲟⲟⲩ ⲉⲛⲓⲟⲩ
ϫⲉⲕⲁⲁⲥ ⲉⲩⲛⲁⲣ̅ⲇⲓⲡⲛⲉⲓ

ⲛ̅ⲣⲉϥⲧⲟⲟⲩ ⲙⲛ̅ ⲛⲉϣⲟ³⁵ⲧ[ⲉ ⲥⲉⲛⲁⲃ]ⲱⲕ ⲁⲛ
ⲉϩⲟⲩⲛ ⲉⲛⲧⲟⲡⲟⲥ ⲙ̅ⲡⲁⲓ̈ⲱⲧ 45

65 ⲡⲉϫⲁϥ ϫⲉ ⲟⲩⲣⲱⲙⲉ ⲛ̄ⲭⲣⲏ[ⲥⲧ.]ⲥ ⲛⲉⲩⲛⲧ̣[ⲁϥ]·
ⲛ̄ⲟⲩⲙⲁ ⲛ̄ⲉⲗⲟⲟⲗⲉ ⲁϥⲧⲁⲁϥ ⲛ̄ϩⲛ̄ⲟⲩⲟⲉⲓⲉ · ϣⲓⲛⲁ
ⲉⲩⲛⲁⲣ̄ ϩⲱⲃ ⲉⲣⲟϥ ⲛ̄ϥϫⲓ ⲙ̄ⲡⲉϥⲕⲁⲣ·ⲡⲟⲥ ⲛ̄ⲧⲟⲟⲧⲟⲩ
ⲁϥϫⲟⲟⲩ ⲙ̄ⲡⲉϥϩⲙ̄ϩⲁⲗ ϫⲉ⁵ⲕⲁⲁⲥ ⲉⲛⲟⲩⲟⲉⲓⲉ ⲛⲁϯ
ⲛⲁϥ ⲙ̄ⲡⲕⲁⲣⲡⲟⲥ ⲙ̄ⲡⲙⲁ ⲛ̄ⲉⲗⲟⲟⲗⲉ ⲁⲩⲉⲙⲁϩⲧⲉ
ⲙ̄ⲡⲉϥϩⲙ̄ϩⲁⲗ · ⲁⲩϩⲓⲟⲩⲉ ⲉⲣⲟϥ ⲛⲉⲕⲉⲕⲟⲩⲉⲓ ⲡⲉ
ⲛ̄ⲥⲉⲙⲟⲟⲩⲧϥ · ⲁⲡϩⲙ̄ϩⲁⲗ ⲃⲱⲕ ⲁϥϫⲟⲟⲥ
ⲉⲡⲉϥϫⲟⲉⲓⲥ ⲡⲉϫⲉ ⲡⲉϥϫⲟⲉⲓⲥ ϫⲉ ⲙⲉϣⲁⲕ
ⲙ̄ⲡⲉϥⲥⲟⲩⲱ¹⁰ⲛⲟⲩ ⲁϥϫⲟⲟⲩ ⲛ̄ⲕⲉϩⲙ̄ϩⲁⲗ ⲁⲛⲟⲩⲟⲉⲓⲉ
ϩⲓ·ⲟⲩⲉ ⲉⲡⲕⲉⲟⲩⲁ ⲧⲟⲧⲉ ⲁⲡϫⲟⲉⲓⲥ ϫⲟⲟⲩ
ⲙ̄ⲡⲉϥϣⲏⲣⲉ ⲡⲉϫⲁϥ ϫⲉ ⲙⲉϣⲁⲕ ⲥⲉⲛⲁϣⲓⲡⲉ · ϩⲏⲧϥ
ⲙ̄ⲡⲁϣⲏⲣⲉ ⲁⲛⲟⲩⲟⲉⲓⲉ ⲉⲧⲙ̄ⲙⲁⲩ ⲉⲡⲉⲓ · ⲥⲉⲥⲟⲟⲩⲛ
ϫⲉ ⲛ̄ⲧⲟϥ ⲡⲉ ⲡⲉⲕⲗⲏⲣⲟⲛⲟⲙⲟⲥ ¹⁵ ⲙ̄ⲡⲙⲁ ⲛ̄ⲉⲗⲟⲟⲗⲉ
ⲁⲩϭⲟⲡϥ ⲁⲩⲙⲟⲟⲩⲧϥ · ⲡⲉⲧⲉⲩⲙ̄ ⲙⲁⲁϫⲉ ⲙ̄ⲙⲟϥ
ⲙⲁⲣⲉϥⲥⲱⲧⲙ̄

66 ⲡⲉ·ϫⲉ ⲓ̄ⲥ̄ ϫⲉ ⲙⲁⲧⲥⲉⲃⲟⲉⲓ ⲉⲡⲱⲛⲉ ⲡⲁⲉⲓ
ⲛ̄ⲧⲁⲩ·ⲥⲧⲟϥ ⲉⲃⲟⲗ ⲛ̄ϭⲓ ⲛⲉⲧⲕⲱⲧ ⲛ̄ⲧⲟϥ ⲡⲉ ⲡⲱⲛⲉ
ⲛ̄ⲕⲱϩ

67 ⲡⲉϫⲉ ⲓ̄ⲥ̄ ϫⲉ ⲡⲉⲧⲥⲟⲟⲩⲛ ⲙ̄ⲡⲧⲏⲣϥ ²⁰ ⲉϥⲣ̄ ϭⲣⲱϩ
ⲟⲩⲁⲁϥ ⟨ϥ⟩ⲣ̄ ϭⲣⲱϩ ⲙ̄ⲡⲙⲁ ⲧⲏⲣϥ ·

68 ⲡⲉϫⲉ ⲓ̄ⲥ̄ ϫⲉ ⲛ̄ⲧⲱⲧⲛ̄ ϩⲙ̄ⲙⲁⲕⲁⲣⲓⲟⲥ ϩⲟⲧⲁⲛ ·
ⲉⲩϣⲁⲛⲙⲉⲥⲧⲉ ⲧⲏⲩⲧⲛ̄ ⲛ̄ⲥⲉⲣⲇⲓⲱⲕⲉ ⲙ̄·ⲙⲱⲧⲛ̄ ⲁⲩⲱ
ⲥⲉⲛⲁϩⲉ ⲁⲛ ⲉⲧⲟⲡⲟⲥ ϩⲙ̄ ⲡⲙⲁ · ⲉⲛⲧⲁⲩⲇⲓⲱⲕⲉ
ⲙ̄ⲙⲱⲧⲛ̄ ϩⲣⲁⲓ̈ ⲛ̄ϩⲏⲧϥ

69 ⲡⲉ²⁵ϫⲉ ⲓ̄ⲥ̄ ϩⲙ̄ⲙⲁⲕⲁⲣⲓⲟⲥ ⲛⲉ ⲛⲁⲉⲓ ⲛ̄ⲧⲁⲩⲇⲓⲱⲕⲉ
·ⲙ̄ⲙⲟⲟⲩ ϩⲣⲁⲓ̈ ϩⲙ̄ ⲡⲟⲩϩⲏⲧ ⲛⲉⲧⲙ̄ⲙⲁⲩ ·
ⲛⲉⲛⲧⲁϩⲥⲟⲩⲱⲛ ⲡⲉⲓⲱⲧ ϩⲛ ⲟⲩⲙⲉ ϩⲙ̄·ⲙⲁⲕⲁⲣⲓⲟⲥ
ⲛⲉⲧϩⲕⲁⲉⲓⲧ ϣⲓⲛⲁ ⲉⲩⲛⲁ·ⲧⲥⲓⲟ ⲛ̄ⲑϩⲏ ⲙ̄ⲡⲉⲧⲟⲩⲱϣ

70 ⲡⲉϫⲉ ⲓ̄ⲥ̄ ϩⲟ³⁰ⲧⲁⲛ ⲉⲧⲉⲧⲛ̄ϣⲁϫⲡⲉ ⲡⲏ ϩⲛ̄
ⲧⲏⲩⲧⲛ̄ ⲡⲁⲓ̈ · ⲉⲧⲉⲩⲛ̄ⲧⲏⲧⲛ̄ϥ ϥⲛⲁⲧⲟⲩϫⲉ ⲧⲏⲩⲧⲛ̄
ⲉϣⲱⲡⲉ ⲙⲛ̄ⲧⲏⲧⲛ̄ ⲡⲏ ϩⲛ̄ ⲧ[ⲏ]ⲩⲧⲛ̄ ⲡⲁⲉⲓ ⲉⲧⲉ ·
ⲙⲛ̄ⲧⲏⲧⲛ̄ϥ ϩⲛ̄ ⲧⲏⲛⲉ ϥ[ⲛⲁ]ⲙⲟⲩⲧ ⲧⲏⲛⲉ ·

71 πεϫε ιс ϫε ϯnαϣορ[ϣρ ⲙⲡⲉⲉ]ⲏⲉⲓ ³⁵ αⲩⲱ
ⲙⲛ λααⲩ nαϣⲕοⲧϥ .[. . . . .] 46

72 [πⲉ]ϫε ⲟⲩρ[ⲱⲙ]ⲉ ⲛαϥ ϫε ϫⲟⲟс ⲛⲛασⲛⲏⲩ·
ϣⲓⲛα ⲉⲩⲛαⲡⲱϣⲉ ⲛⲛϩⲛααⲩ ⲙⲡαⲉⲓⲱⲧ· ⲛⲙⲙαⲉⲓ
      πⲉϫαϥ ⲛαϥ ϫε ⲱ ⲡⲣⲱⲙⲉ ⲛⲓⲙ· ⲡⲉ ⲛⲧαϩααⲧ
ⲛⲣⲉϥⲡⲱϣⲉ
      αϥⲕⲟⲧϥ α⁵ⲛⲉϥⲙαⲑⲏⲧⲏс πⲉϫαϥ ⲛαⲩ ϫε ⲙⲏ
ⲉⲉⲓϣⲟⲟⲡ ⲛⲣⲉϥⲡⲱϣⲉ

73 πεϫε ιс ϫε ⲡⲱϩс· ⲙⲉⲛ ⲛαϣⲱϥ ⲛⲉⲣⲅαⲧⲏс
ϫε сⲟⲃⲕ сⲟⲡс· ϫε ⲙⲡϫⲟⲉⲓс ϣⲓⲛα ⲉϥⲛαⲛⲉϫ
ⲉⲣⲅαⲧⲏс· ⲉⲃⲟλ ⲉⲡⲱϩс

74 πⲉϫαϥ ϫⲉ ⲡϫⲟⲉⲓс ⲟⲩⲛ ¹⁰ ϩαϩ ⲙⲡⲕⲱⲧⲉ
ⲛⲧϫⲱⲧⲉ ⲙⲛ λααⲩ ϫε ϩⲛ· ⲧϣⲱ‹ⲧ›ⲉ

75 πⲉϫε ιс ⲟⲩⲛ ϩαϩ αϩⲉⲣαⲧⲟⲩ· ϩⲓⲣⲙ ⲡⲣⲟ
αλλα ⲙⲙⲟⲛαⲭⲟс ⲛⲉⲧⲛαⲃⲱⲕ· ⲉϩⲟⲩⲛ ⲉⲡⲙα
ⲛϣⲉλⲉⲉⲧ

76 πⲉϫε ιс ϫε· ⲧⲙⲛⲧⲉⲣⲟ ⲙⲡⲉⲓⲱⲧ ⲉсⲧⲛⲧⲱⲛ
αⲩⲣⲱⲙⲉ ¹⁵ⲛⲉϣⲱⲧ ⲉⲩⲛⲧαϥ ⲙⲙαⲩ
ⲛⲟⲩⲫⲟⲣⲧⲓⲟⲛ ⲉαϥϩⲉ αⲩⲙαⲣⲅαⲣⲓⲧⲏс πⲉϣⲱⲧ·
ⲉⲧⲙⲙαⲩ ⲟⲩсαⲃⲉ ⲡⲉ αϥϯ ⲡⲉϥⲫⲟⲣⲧⲓⲟⲛ· ⲉⲃⲟλ
αϥⲧⲟⲟⲩ ⲛαϥ ⲙⲡⲓⲙαⲣⲅαⲣⲓⲧⲏс· ⲟⲩⲱⲧ ⲛⲧⲱⲧⲛ
ϩⲱⲧⲧⲏⲩⲧⲛ ϣⲓⲛⲉ ⲛ²⁰сα ⲡⲉϥⲉϩⲟ ⲉⲙαϥⲱϫⲛ
ⲉϥⲙⲏⲛ ⲉⲃⲟλ· ⲡⲙα ⲉⲙαⲣⲉϫⲟⲟλⲉс ⲧϩⲛⲟ ⲉϩⲟⲩⲛ
ⲉⲙαⲩ· ⲉⲟⲩⲱⲙ ⲟⲩϫⲉ ⲙαⲣⲉϥϥⲛⲧ ⲧαⲕⲟ

77 πⲉϫε· ιс ϫε αⲛⲟⲕ ⲡⲉ ⲡⲟⲩⲟⲉⲓⲛ ⲡαⲉⲓ
ⲉⲧϩⲓϫⲱⲟⲩ ⲧⲏⲣⲟⲩ αⲛⲟⲕ ⲡⲉ ⲡⲧⲏⲣϥ
ⲛⲧα²⁵ⲡⲧⲏⲣϥ ⲉⲓ ⲉⲃⲟλ ⲛϩⲏⲧ αⲩⲱ ⲛⲧαⲡⲧⲏⲣϥ·
ⲡⲱϩ ϣαⲣⲟⲉⲓ ⲡⲱϩ ⲛⲛⲟⲩϣⲉ αⲛⲟⲕ· ϯⲙⲙαⲩ ϥⲓ
ⲙⲡⲱⲛⲉ ⲉϩⲣαⲓ αⲩⲱ ⲧⲉⲧⲛαϩⲉ ⲉⲣⲟⲉⲓ ⲙⲙαⲩ

78 πⲉϫε ιс ϫε ⲉⲧⲃⲉ ⲟⲩ· αⲧⲉⲧⲛⲉⲓ ⲉⲃⲟλ ⲉⲧсⲱϣⲉ
ⲉⲛαⲩ ⲉⲩⲕαϣ ³⁰ⲉϥⲕⲓⲙ ⲉ[ⲃⲟλ] ϩⲓⲧⲙ ⲡⲧⲏⲩ αⲩⲱ
ⲉⲛαⲩ· ⲉⲩⲣⲱⲙ[ⲉ ⲉ]ⲩⲛϣⲧⲏⲛ ⲉⲩϭⲏⲛ ϩⲓⲱⲱϥ· ⲛⲑⲉ
ⲛⲛⲉⲧⲛⲣⲣⲱⲟⲩ ⲙⲛ ⲛⲉⲧⲙⲙⲉⲅ47сⲧαⲛⲟс ⲛαⲉⲓ
ⲉⲛ[ⲉ]ϣⲧⲏⲛ ⲉ[ⲧ]ϭⲏⲛ ϩⲓⲱⲟⲩ αⲩⲱ сⲉⲛ[α]ϣсⲟⲩⲛ·
ⲧⲙⲉ αⲛ

79 ⲡⲉϫⲉ ⲟⲩⲥϩⲓⲙ[ⲉ] ⲛⲁϥ ϩⲙ ⲡⲙⲏϣⲉ ϫⲉ ⲛⲉⲉⲓⲁⲧⲥ
[ⲛ]ⲑϩ ⲛⲧⲁϩϥⲓ ϩⲁⲣⲟⲕ ⲁⲩⲱ ⲛⲕⲓ[ⲃ]ⲉ
ⲉⲛⲧⲁϩⲥⲁⲛⲟⲩϣⲕ

ⲡⲉϫⲁϥ ⲛⲁ[ⲥ] ϫⲉ ⲛⲉⲉⲓⲁⲧⲟⲩ ⲛⲛⲉⲛⲧⲁϩⲥⲱⲧⲙ
ⲁⲡⲗⲟⲅⲟⲥ ⲙⲡⲉⲓⲱⲧ ⲁⲩⲁⲣⲉϩ ⲉⲣⲟϥ ϩⲛ ⲟⲩⲙⲉ ⲟⲩⲛ
ϩⲛϩⲟⲟⲩ ⲅⲁⲣ ⲛⲁϣⲱⲡⲉ ⲛⲧⲉⲧⲛϫⲟⲟⲥ ϫⲉ
ⲛⲉⲉⲓⲁⲧⲥ ⲛⲑϩ ⲧⲁⲉⲓ ⲉⲧⲉ ⲙⲡⲥⲱ ⲁⲩⲱ ⲛⲕⲓⲃⲉ
ⲛⲁⲉⲓ ⲉⲙⲡⲟⲩϯ ⲉⲣⲱⲧⲉ

80 ⲡⲉϫⲉ ⲓⲥ ϫⲉ ⲡⲉⲛⲧⲁϩⲥⲟⲩⲱⲛ ⲡⲕⲟⲥⲙⲟⲥ ⲁϥϩⲉ
ⲉⲡⲥⲱⲙⲁ ⲡⲉⲛⲧⲁϩϩⲉ ⲇⲉ ⲉⲡⲥⲱⲙⲁ ⲡⲕⲟⲥⲙⲟⲥ
ⲙⲡϣⲁ ⲙⲙⲟϥ ⲁⲛ

81 ⲡⲉϫⲉ ⲓⲥ ϫⲉ ⲡⲉⲛⲧⲁϩⲣ ⲣⲙⲙⲁⲟ ⲙⲁⲣⲉϥⲣ ⲣⲣⲟ
ⲁⲩⲱ ⲡⲉⲧⲉⲛⲧⲁϥ ⲛⲟⲩⲇⲩⲛⲁⲙⲓⲥ ⲙⲁⲣⲉϥⲁⲣⲛⲁ

82 ⲡⲉϫⲉ ⲓⲥ ϫⲉ ⲡⲉⲧϩⲏⲛ ⲉⲣⲟⲉⲓ ⲉϥϩⲏⲛ ⲉⲧⲥⲁⲧⲉ
ⲁⲩⲱ ⲡⲉⲧⲟⲩⲏⲩ ⲙⲙⲟⲉⲓ ϥⲟⲩⲏⲩ ⲛⲧⲙⲛⲧⲉⲣⲟ

83 ⲡⲉϫⲉ ⲓⲥ ϫⲉ ⲛϩⲓⲕⲱⲛ ⲥⲉⲟⲩⲟⲛϩ ⲉⲃⲟⲗ
ⲙⲡⲣⲱⲙⲉ ⲁⲩⲱ ⲡⲟⲩⲟⲉⲓⲛ ⲉⲧⲛϩⲏⲧⲟⲩ ϥϩⲏⲡ ϩⲛ
ⲑⲓⲕⲱⲛ ⲙⲡⲟⲩⲟⲉⲓⲛ ⲙⲡⲉⲓⲱⲧ ϥⲛⲁϭⲱⲗⲡ ⲉⲃⲟⲗ ⲁⲩⲱ
ⲧⲉϥϩⲓⲕⲱⲛ ϩⲏⲡ ⲉⲃⲟⲗ ϩⲓⲧⲛ ⲡⲉϥⲟⲩⲟⲉⲓⲛ

84 ⲡⲉϫⲉ ⲓⲥ ⲛϩⲟⲟⲩ ⲉⲧⲉⲧⲛⲛⲁⲩ ⲉⲡⲉⲧⲛⲉⲓⲛⲉ
ϣⲁⲣⲉⲧⲛⲣⲁϣⲉ ϩⲟⲧⲁⲛ ⲇⲉ ⲉⲧⲉⲧⲛϣⲁⲛⲛⲁⲩ
ⲁⲛⲉⲧⲛϩⲓⲕⲱⲛ ⲛⲧⲁϩϣⲱⲡⲉ ϩⲓ ⲧⲉⲧⲛⲉϩⲏ ⲟⲩⲧⲉ
ⲙⲁⲩⲙⲟⲩ ⲟⲩⲧⲉ ⲙⲁⲩⲟⲩⲱⲛϩ ⲉⲃⲟⲗ ⲧⲉⲧⲛⲁϥⲓ ϩⲁ
ⲟⲩⲏⲣ

85 ⲡⲉϫⲉ ⲓⲥ ϫⲉ ⲛⲧⲁⲁⲇⲁⲙ ϣⲱⲡⲉ ⲉⲃⲟⲗ
ϩⲛⲛⲟⲩⲛⲟϭ ⲛⲇⲩⲛⲁⲙⲓⲥ ⲙⲛ ⲟⲩⲛⲟϭ ⲙⲙⲛⲧⲣⲙⲙⲁⲟ
ⲁⲩⲱ ⲙⲡⲉϥϣⲱⲡⲉ ⲉ(ϥⲙ)ⲡϣⲁ ⲙⲙⲱⲧⲛ ⲛⲉⲩⲁⲝⲓⲟⲥ
ⲅⲁⲣ ⲡⲉ [ⲛⲉϥⲛⲁϫⲓ] ϯⲡ[ⲉ] ⲁⲛ ⲙⲡⲙⲟⲩ

86 ⲡⲉϫⲉ ⲓⲥ ϫⲉ [ⲛⲃⲁϣⲟⲣ ⲟⲩⲛⲧ]ⲁⲩ ⲛⲟⲩ[ⲃ]ⲏⲃ
ⲁⲩⲱ ⲛϩⲁⲗⲁⲧⲉ ⲟⲩⲛⲧⲁⲩ ⲙⲙⲁⲩ ⲙⲡⲉⲩⲙⲁϩ
ⲡϣⲏⲣⲉ ⲇⲉ ⲙⲡⲣⲱⲙⲉ ⲙⲛⲧⲁϥ ⲛⲛ[ⲟ]ⲩⲙⲁ ⲉⲣⲓⲕⲉ
ⲛⲧⲉϥⲁⲡⲉ ⲛϥⲙⲧⲟⲛ ⲙⲙ[ⲟ]ϥ

87 ⲡⲉϫⲁϥ ⲛ̄ϭⲓ ⲓ̄ⲥ ϫⲉ ⲟⲩⲧⲁⲗⲁⲓ[5]ⲡⲱⲣⲟⲛ ⲡⲉ ⲡⲥⲱⲙⲁ ⲉⲧⲁϣⲉ ⲛ̄ⲟⲩⲥⲱⲙⲁ ⲁⲩⲱ ⲟⲩⲧⲁⲗⲁⲓⲡⲱⲣⲟⲥ ⲧⲉ ⲧⲯⲩⲭⲏ ⲉⲧⲁϣⲉ ⲛ̄ⲛⲁⲉⲓ ⲙ̄ⲡⲥⲛⲁⲩ

88 ⲡⲉϫⲉ ⲓ̄ⲥ ϫⲉ ⲛ̄ⲁⲅⲅⲉⲗⲟⲥ ⲛⲏⲩ ϣⲁⲣⲱⲧⲛ̄ ⲙⲛ̄ ⲙ̄ⲡⲣⲟⲫⲏⲧⲏⲥ ⲁⲩⲱ ⲥⲉⲛⲁϯ ⲛⲏⲧⲛ̄ ⲛ̄ⲛⲉⲧⲉⲩⲛ̄ⲧⲏⲧⲛ̄ⲥⲉ ⲁⲩⲱ [10]ⲛ̄ⲧⲱⲧⲛ̄ ϩⲱⲧⲧⲏⲩⲧⲛ̄ ⲛⲉⲧⲛ̄ⲧⲟⲧⲧⲏⲛⲉ ⲧⲁⲁⲩ ⲛⲁⲩ ⲛ̄ⲧⲉⲧⲛ̄ϫⲟⲟⲥ ⲛⲏⲧⲛ̄ ϫⲉ ⲁϣ ⲛ̄ϩⲟⲟⲩ ⲡⲉⲧⲟⲩⲛ̄ⲛⲏⲩ ⲛ̄ⲥⲉϫⲓ ⲡⲉⲧⲉ ⲡⲱⲟⲩ

89 ⲡⲉϫⲉ ⲓ̄ⲥ ϫⲉ ⲉⲧⲃⲉ ⲟⲩ ⲧⲉⲧⲛ̄ⲉⲓⲱⲉ ⲙ̄ⲡⲥⲁ ⲛ̄ⲃⲟⲗ ⲙ̄ⲡⲡⲟⲧⲏⲣⲓⲟⲛ ⲧⲉⲧⲛ̄ⲣ̄ⲛⲟⲉⲓ ⲁⲛ ϫⲉ [15]ⲡⲉⲛⲧⲁϩⲧⲁⲙⲓⲟ ⲙ̄ⲡⲥⲁ ⲛ̄ϩⲟⲩⲛ ⲛ̄ⲧⲟϥ ⲟⲛ ⲡⲉⲛⲧⲁϥⲧⲁⲙⲓⲟ ⲙ̄ⲡⲥⲁ ⲛ̄ⲃⲟⲗ

90 ⲡⲉϫⲉ ⲓ̄ⲏ̄ⲥ̄ ϫⲉ ⲁⲙⲏⲉⲓⲧⲛ̄ ϣⲁⲣⲟⲉⲓ ϫⲉ ⲟⲩⲭⲣⲏⲥⲧⲟⲥ ⲡⲉ ⲡⲁⲛⲁϩⲃ ⲁⲩⲱ ⲧⲁⲙⲛ̄ⲧϫⲟⲉⲓⲥ ⲟⲩⲣⲙ̄ⲣⲁϣ ⲧⲉ ⲁⲩⲱ ⲧⲉⲧⲛⲁϩⲉ ⲁⲩⲁⲛⲁⲩⲡⲁⲥⲓⲥ ⲛⲏ[20]ⲧⲛ̄

91 ⲡⲉϫⲁⲩ ⲛⲁϥ ϫⲉ ϫⲟⲟⲥ ⲉⲣⲟⲛ ϫⲉ ⲛ̄ⲧⲕ ⲛⲓⲙ ϣⲓⲛⲁ ⲉⲛⲁⲣ̄ⲡⲓⲥⲧⲉⲩⲉ ⲉⲣⲟⲕ
ⲡⲉϫⲁϥ ⲛⲁⲩ ϫⲉ ⲧⲉⲧⲛ̄ⲣ̄ⲡⲓⲣⲁⲍⲉ ⲙ̄ⲡϩⲟ ⲛ̄ⲧⲡⲉ ⲙⲛ̄ ⲡⲕⲁϩ ⲁⲩⲱ ⲡⲉⲧⲛ̄ⲡⲉⲧⲛ̄ⲙ̄ⲧⲟ ⲉⲃⲟⲗ ⲙ̄ⲡⲉⲧⲛ̄ⲥⲟⲩⲱⲛϥ ⲁⲩⲱ ⲡⲉⲉⲓⲕⲁⲓⲣⲟⲥ ⲧⲉ[25]ⲧⲛ̄ⲥⲟⲟⲩⲛ ⲁⲛ ⲛ̄ⲣ̄ⲡⲓⲣⲁⲍⲉ ⲙ̄ⲙⲟϥ

92 ⲡⲉϫⲉ ⲓ̄ⲥ ϫⲉ ϣⲓⲛⲉ ⲁⲩⲱ ⲧⲉⲧⲛⲁϭⲓⲛⲉ ⲁⲗⲗⲁ ⲛⲉⲧⲁⲧⲉⲧⲛ̄ϫⲛⲟⲩⲉⲓ ⲉⲣⲟⲟⲩ ⲛ̄ⲛⲓϩⲟⲟⲩ ⲉⲙⲡⲓϫⲟⲟⲩ ⲛⲏⲧⲛ̄ ⲙ̄ⲫⲟⲟⲩ ⲉⲧⲙ̄ⲙⲁⲩ ⲧⲉⲛⲟⲩ ⲉϩⲛⲁⲓ̈ ⲉϫⲟⲟⲩ ⲁⲩⲱ ⲧⲉⲧⲛ̄ϣⲓⲛⲉ ⲁⲛ ⲛ̄ⲥⲱ[30]ⲟⲩ

93 ⲙ̄ⲡⲣ̄ϯ ⲡⲉⲧⲟⲩⲁⲁⲃ ⲛ̄ⲛⲟⲩϩⲟⲟⲣ ϫⲉⲕⲁⲥ ⲛⲟⲩⲛⲟϫⲟⲩ ⲉⲧⲕⲟⲡⲣⲓⲁ ⲙ̄ⲡⲣ̄ⲛⲟⲩϫⲉ ⲛ̄ⲙ̄ⲙⲁⲣⲅⲁⲣⲓⲧⲏ[ⲥ ⲛ̄]ⲛⲉϣⲁⲩ ϣⲓⲛⲁ ϫⲉ ⲛⲟⲩⲁⲁϥ ⲛ̄ⲗⲁ[. . .]

94 [ⲡⲉϫ]ⲉ ⲓ̄ⲥ ⲡⲉⲧϣⲓⲛⲉ ϥⲛⲁϭⲓⲛⲉ [ⲡⲉⲧⲧⲱϩⲙ̄ ⲉ]ϩⲟⲩⲛ ⲥⲉⲛⲁⲟⲩⲱⲛ ⲛⲁϥ [35]

95 [ⲡⲉϫⲉ ⲓ̄ⲥ ϫⲉ] ⲉϣⲱⲡⲉ ⲟⲩⲛ̄ⲧⲏⲧⲛ̄ ϩⲟⲙⲧ [49] ⲙ̄ⲡⲣ̄ϯ ⲉⲧⲙⲏⲥⲉ ⲁⲗⲗⲁ ϯ [ⲙ̄ⲙⲟϥ] ⲙ̄ⲡⲉⲧ[ⲉ]ⲧⲛⲁϫⲓⲧⲟⲩ ⲁⲛ ⲛ̄ⲧⲟⲟⲧϥ

96 π[εϫ]ε ⲓ̅ⲥ̅ ⲇⲉ ⲧⲙ̅ⲛ̅ⲧⲉⲣⲟ ⲙ̅ⲡⲉⲓⲱⲧ ⲉⲥⲧ̅ⲛ̅ⲧⲱ[ⲛ
ⲁⲩ]ⲥϩⲓⲙⲉ ⲁⲥϫⲓ ⲛ̅ⲟⲩⲕⲟⲩⲉⲓ ⲛ̅ⲥⲁⲉⲓⲣ ⲁ[ⲥϩ]ⲟⲡϥ̅
ϩⲛ̅ ⁵ⲟⲩϣⲱⲧⲉ ⲁⲥⲁⲁϥ ⲛ̅ϩⲛ̅ⲛⲟ[ϭ ⲛ̅]ⲛⲟⲉⲓⲕ ⲡⲉⲧⲉⲩⲛ̅
ⲙⲁⲁϫⲉ ⲙ̅ⲙⲟϥ ⲙⲁ[ⲣⲉ]ϥⲥⲱⲧⲙ̅

97 ⲡⲉϫⲉ ⲓ̅ⲥ̅ ϫⲉ ⲧⲙ̅ⲛ̅ⲧⲉⲣⲟ ⲙ̅ⲡⲉ[ⲓⲱⲧ ⲉ]ⲥⲧ̅ⲛ̅ⲧⲱⲛ
ⲁⲩⲥϩⲓⲙⲉ ⲉⲥϥⲓ ϩⲁ ⲟⲩϭⲁ[ⲙⲉⲉⲓ] ⲉϥⲙⲉϩ ⲛ̅ⲛⲟⲉⲓⲧ
ⲉⲥⲙⲟⲟϣⲉ ϩ[ⲓ ⲟⲩ]ϩⲓⲏ ¹⁰ⲉⲥⲟⲩⲏⲟⲩ ⲁⲡⲙⲁⲁϫⲉ
ⲙ̅ⲡϭⲁⲙ[ⲉ]ⲉⲓ ⲟⲩⲱϩⲡ ⲁⲡⲛⲟⲉⲓⲧ ϣⲟⲩⲟ ⲛ̅ⲥⲱⲥ [ϩ]ⲓ
ⲧⲉϩⲓ̣'ⲏ ⲛⲉⲥⲥⲟⲟⲩⲛ ⲁⲛ ⲡⲉ ⲛⲉⲙⲡⲉⲥⲉⲓⲙⲉ ⲉϩⲓⲥⲉ
ⲛ̅ⲧⲁⲣⲉⲥⲡⲱϩ ⲉϩⲟⲩⲛ ⲉⲡⲉⲥⲏⲉⲓ ⲁⲥⲕⲁ ⲡϭⲁⲙⲉⲉⲓ
ⲁⲡⲉⲥⲏⲧ ⲁⲥϩⲉ ⲉⲣⲟϥ ⲉϥ¹⁵ϣⲟⲩⲉⲓⲧ

98 ⲡⲉϫⲉ ⲓ̅ⲥ̅ ⲧⲙ̅ⲛ̅ⲧⲉⲣⲟ ⲙ̅ⲡⲉⲓⲱⲧ ⲉⲥⲧ̅ⲛ̅ⲧⲱⲛ ⲉⲩⲣⲱⲙⲉ
ⲉϥⲟⲩⲱϣ ⲉⲙⲟⲩⲧ ⲟⲩⲣⲱⲙⲉ ⲙ̅ⲙⲉⲅⲓⲥⲧⲁⲛⲟⲥ
ⲁϥϣⲱⲗⲙ̅ ⲛ̅ⲧⲥⲏϥⲉ ϩⲙ̅ ⲡⲉϥⲏⲉⲓ ⲁϥϫⲟⲧⲥ̅ ⲛ̅ⲧϫⲟ
ϫⲉⲕⲁⲁⲥ ⲉϥⲛⲁⲉⲓⲙⲉ ϫⲉ ⲧⲉϥϭⲓϫ ⲛⲁⲧⲱⲕ ²⁰ⲉϩⲟⲩⲛ
ⲧⲟⲧⲉ ⲁϥϩⲱⲧⲃ̅ ⲙ̅ⲡⲙⲉⲅⲓⲥⲧⲁⲛⲟⲥ

99 ⲡⲉϫⲉ ⲙ̅ⲙⲁⲑⲏⲧⲏⲥ ⲛⲁϥ ϫⲉ ⲛⲉⲕⲥⲛⲏⲩ ⲙⲛ̅
ⲧⲉⲕⲙⲁⲁⲩ ⲥⲉⲁϩⲉⲣⲁⲧⲟⲩ ϩⲓ ⲡⲥⲁ ⲛ̅ⲃⲟⲗ
    ⲡⲉϫⲁϥ ⲛⲁⲩ ϫⲉ ⲛⲉⲧⲛ̅ⲛⲉⲉⲓⲙⲁ ⲉⲧⲣⲉ ⲙ̅ⲡⲟⲩⲱϣ
ⲙ̅ⲡⲁⲉⲓⲱⲧ ⲛⲁⲉⲓ ⲛⲉ ²⁵ⲛⲁⲥⲛⲏⲩ ⲙⲛ̅ ⲧⲁⲙⲁⲁⲩ
ⲛ̅ⲧⲟⲟⲩ ⲡⲉ ⲉⲧⲛⲁⲃⲱⲕ ⲉϩⲟⲩⲛ ⲉⲧⲙⲛ̅ⲧⲉⲣⲟ
ⲙ̅ⲡⲁⲉⲓⲱⲧ

100 ⲁⲩⲧⲥⲉⲃⲉ ⲓ̅ⲥ̅ ⲁⲩⲛⲟⲩⲃ ⲁⲩⲱ ⲡⲉϫⲁⲩ ⲛⲁϥ ϫⲉ
ⲛⲉⲧⲏⲡ ⲁⲕⲁⲓⲥⲁⲣ ⲥⲉϣⲓⲧⲉ ⲙ̅ⲙⲟⲛ ⲛ̅ⲛ̅ϣⲱⲙ
    ⲡⲉϫⲁϥ ⲛⲁⲩ ϫⲉ † ⲛⲁ ⲕⲁⲓⲥⲁⲣ ³⁰ⲛ̅ⲕⲁⲓⲥⲁⲣ †
ⲛⲁ ⲡⲛⲟⲩⲧⲉ ⲙ̅ⲡⲛⲟⲩⲧⲉ ⲁⲩⲱ ⲡⲉⲧⲉ ⲡⲱⲉⲓ ⲡⲉ
ⲙⲁⲧⲛ̅ⲛⲁⲉⲓϥ

101 ⲡⲉⲧⲁⲙⲉⲥⲧⲉ ⲡⲉϥⲉⲓ[ⲱⲧ] ⲁⲛ ⲙⲛ̅ ⲧⲉϥⲙⲁⲁⲩ
ⲛ̅ⲧⲁϩⲉ ϥⲛⲁϣⲣ̅ ⲙ̅[ⲁⲑⲏⲧ]ⲏⲥ ⲛⲁⲉⲓ ⲁⲛ ⲁⲩⲱ
ⲡⲉⲧⲁⲙ̅ⲣ̅ⲣⲉ ⲡⲉϥ[ⲉⲓⲱⲧ] ⲁⲛ ⲙ[ⲛ̅] ⲧⲉϥ³⁵ⲙⲁⲁⲩ ⲛ̅ⲧⲁϩⲉ
ϥⲛⲁϣⲣ̅ ⲙ̅[ⲁⲑⲏⲧⲏⲥ ⲛⲁ]ⲉⲓ ⲁⲛ ⲧⲁⲙⲁⲁⲩ ⲅⲁⲣ
ⲛ̅ⲧⲁⲥ[. . . . . 50. .]ⲟⲗ ⲧⲁ[ⲙⲁⲁ]ⲩ̣ ⲇⲉ ⲙ̅ⲙⲉ
ⲁⲥϯ ⲛⲁⲉⲓ ⲙ̅ⲡⲱⲛϩ

102 ΠΕϪΕ ΙC [ϪΕ Ο]ΥΟΕΙ ΝΑΥ ΜΦΑΡΙCΑΙΟC ϪΕ
ΕΥΕΙΝΕ [ΝΝ]ΟΥΟΥϨΟΡ ΕϤΝΚΟΤΚ ϨΙϪΝ ΠΟΥΟΝΕϤ
ΝϨ[Ν]ΝΕϨΟΟΥ ϪΕ ΟΥΤΕ ϤΟΥѠΜ ΑΝ ⁵ ΟΥΤΕ ϤΚ[Ѡ]
ΑΝ ΝΝΕϨΟΟΥ ΕΟΥѠΜ

103 ΠΕϪΕ ΙC ϪΕ ΟΥΜΑ[ΚΑ]ΡΙΟC ΠΕ ΠΡѠΜΕ ΠΑΕΙ
ΕΤCΟΟΥΝ ϪΕ Ϩ[Ν ΑϢ] ΜΜΕΡΟC ΕΝΛΗCΤΗC ΝΗΥ
ΕϨΟΥΝ ϢΙΝΑ [ΕϤ]ΝΑΤѠΟΥΝ ΝϤCѠΟΥϨ
ΝΤΕϤΜΝΤΕ[ΡΟ] ΑΥѠ ΝϤΜΟΥΡ ΜΜΟϤ ΕϪΝ
ΤΕϤ¹⁰ϮΠΕ Ϩ[Α] ΤΕϨΗ ΕΜΠΑΤΟΥΕΙ ΕϨΟΥΝ

104 ΠΕϪΑΥ Ν[Ι]C ϪΕ ΑΜΟΥ ΝΤΝϢΛΗΛ ΜΠΟΟΥ
ΑΥѠ ΝΤΝΡΝΗCΤΕΥΕ
ΠΕϪΕ ΙC ϪΕ ΟΥ ΓΑΡ ΠΕ ΠΝΟΒΕ ΝΤΑΕΙΑΑϤ Η
ΝΤΑΥϪΡΟ ΕΡΟΕΙ ϨΝ ΟΥ ΑΛΛΑ ϨΟΤΑΝ
ΕΡϢΑΝΠΝΥΜΦΙΟC ΕΙ ¹⁵ ΕΒΟΛ ϨΜ ΠΝΥΜΦѠΝ ΤΟΤΕ
ΜΑΡΟΥΝΗCΤΕΥΕ ΑΥѠ ΜΑΡΟΥϢΛΗΛ

105 ΠΕϪΕ ΙC ϪΕ ΠΕΤΝΑCΟΥѠΝ ΠΕΙѠΤ ΜΝ ΤΜΑΑΥ
CΕΝΑΜΟΥΤΕ ΕΡΟϤ ϪΕ ΠϢΗΡΕ ΜΠΟΡΝΗ

106 ΠΕϪΕ ΙC ϪΕ ϨΟΤΑΝ ΕΤΕΤΝϢΑΡ ΠCΝΑΥ ΟΥΑ
ΤΕΤΝΑϢѠ²⁰ΠΕ ΝϢΗΡΕ ΜΠΡѠΜΕ ΑΥѠ
ΕΤΕΤΝϢΑΝϪΟΟC ϪΕ ΠΤΟΟΥ ΠѠѠΝΕ ΕΒΟΛ
ϤΝΑΠѠѠΝΕ

107 ΠΕϪΕ ΙC ϪΕ ΤΜΝΤΕΡΟ ΕCΤΝΤѠΝ ΕΥΡѠΜΕ
ΝϢѠC ΕΥΝΤΑϤ ΜΜΑΥ ΝϢΕ ΝΕCΟΟΥ ΑΟΥΑ
ΝϨΗΤΟΥ CѠΡΜ ΕΠΝΟϬ ΠΕ ²⁵ ΑϤΚѠ ΜΠCΤΕϤϢΙΤ
ΑϤϢΙΝΕ ΝCΑ ΠΙΟΥΑ ϢΑΝΤΕϤϨΕ ΕΡΟϤ
ΝΤΑΡΕϤϨΙCΕ ΠΕϪΑϤ ΜΠΕCΟΟΥ ϪΕ ϮΟΥΟϢΚ
ΠΑΡΑ ΠCΤΕϤϢΙΤ

108 ΠΕϪΕ ΙC ϪΕ ΠΕΤΑCѠ ΕΒΟΛ ϨΝ ΤΑΤΑΠΡΟ
ϤΝΑϢѠΠΕ ΝΤΑϨΕ ΑΝΟΚ ϨѠ ϮΝΑϢѠΠΕ ³⁰ ΕΝΤΟϤ
ΠΕ ΑΥѠ ΝΕΘΗΠ ΝΑΟΥѠΝϨ ΕΡΟϤ

The Coptic text in *the Gospel of Thomas* by Marvin Meyer

109 ⲡⲉϫⲉ ⲓ̅ⲥ̅ ϫⲉ ⲧⲙ̅ⲛⲧⲉⲣⲟ ⲉⲥⲧⲛ̅ⲧⲱⲛ ⲉⲩⲣⲱˈⲙⲉ
ⲉⲩⲛ̅ⲧⲁϥ ⲙ̅ⲙⲁⲩ ϩⲛ̅ ⲧⲉϥⲥⲱϣⲉ ⲛ̅ⲛⲟⲩˈⲉϩⲟ ⲉϥϩⲏ[ⲡ
ⲉ]ϥⲟ ⲛ̅ⲁⲧⲥⲟⲟⲩⲛ ⲉⲣⲟϥ ⲁⲩⲱ ⲙ̅[ⲙⲛ̅ⲛⲥⲁ ⲧ]ⲣⲉϥⲙⲟⲩ
ⲁϥⲕⲁⲁϥ ⲙ̅ⲡⲉϥ³⁵[ϣⲏⲣⲉ ⲛⲉ]ⲡϣⲏⲣⲉ ⲥⲟⲟⲩⲛ ⲁⲛ
ⲁϥϥⲓ 51 ⲧⲥⲱϣⲉ ⲉⲧⲙ̅ⲙⲁⲩ ⲁϥⲧⲁⲁⲥ̣ [ⲉⲃⲟ]ⲗ ⲁⲩⲱ
ⲡⲉ[ⲛ]ⲧⲁϩⲧⲟⲟⲩⲥ ⲁϥⲉⲓ ⲉϥⲥⲕⲁⲉⲓ ⲁ[ϥϩ]ⲉ̣ ⲁⲡⲉϩⲟ
ⲁϥⲁⲣⲭⲉⲓ ⲛ̅ϯ ϩⲟⲙⲧ ⲉⲧⲙⲏⲥⲉ ⲛ̅[ⲛⲉ]ⲧ̣ϥⲟⲩⲟϣⲟⲩˈ

110 ⲡⲉϫⲉ ⲓ̅ⲥ̅ ϫⲉ ⲡⲉⲛⲧⲁϩϭⲓⲛⲉ ⲙ̅ⲡⲕⲟⲥⲙⲟⲥ ⁵ ⲛ̅ϥⲣ̅
ⲣⲙ̅ⲙⲁⲟ ⲙⲁⲣⲉϥⲁⲣⲛⲁ ⲙ̅ⲡⲕⲟⲥⲙⲟⲥˈ

111 ⲡⲉϫⲉ ⲓ̅ⲥ̅ ϫⲉ ⲙ̅ⲡⲏⲩⲉ ⲛⲁϭⲱⲗ ⲁⲩⲱ ⲡⲕⲁϩˈ
ⲙ̅ⲡⲉⲧⲛ̅ⲙ̅ⲧⲟ ⲉⲃⲟⲗ ⲁⲩⲱ ⲡⲉⲧⲟⲛϩ ⲉⲃⲟⲗ ϩⲛ̅ˈⲡⲉⲧⲟⲛϩ
ϥⲛⲁⲛⲁⲩ ⲁⲛ ⲉⲙⲟⲩ
ⲟⲩⲭ ϩⲟⲧⲓ ⲉⲓ̅ⲥ̅ˈϫⲱ ⲙ̅ⲙⲟⲥ ϫⲉ ⲡⲉⲧⲁϩⲉ ⲉⲣⲟϥ
ⲟⲩⲁⲁϥ ⲡⲕⲟⲥ¹⁰ⲙⲟⲥ ⲙ̅ⲡϣⲁ ⲙ̅ⲙⲟϥ ⲁⲛ

112 ⲡⲉϫⲉ ⲓ̅ⲥ̅ ϫⲉ ⲟⲩⲟⲉⲓˈⲛ̅ⲧⲥⲁⲣⲝ ⲧⲁⲉⲓ ⲉⲧⲟϣⲉ
ⲛ̅ⲧⲯⲩⲭⲏ ⲟⲩⲟⲉⲓˈⲛ̅ⲧⲯⲩⲭⲏ ⲧⲁⲉⲓ ⲉⲧⲟϣⲉ ⲛ̅ⲧⲥⲁⲣⲝ

113 ⲡⲉϫⲁⲩˈⲛⲁϥ ⲛ̅ϭⲓ ⲛⲉϥⲙⲁⲑⲏⲧⲏⲥ ϫⲉ ⲧⲙ̅ⲛⲧⲉⲣⲟˈ
ⲉⲥⲛ̅ⲛⲏⲩ ⲛ̅ⲁϣ ⲛ̅ϩⲟⲟⲩ
ⲉⲥⲛ̅ⲛⲏⲩ ⲁⲛ ϩⲛ̅ ⲟⲩ¹⁵ϭⲱϣⲧ ⲉⲃⲟⲗ ⲉⲩⲛⲁϫⲟⲟⲥ
ⲁⲛ ϫⲉ ⲉⲓⲥϩⲏⲏⲧⲉ ⲙ̅ⲡⲓⲥⲁ ⲏ ⲉⲓⲥϩⲏⲏⲧⲉ ⲧⲏ ⲁⲗⲗⲁ
ⲧⲙ̅ⲛⲧⲉⲣⲟˈⲙ̅ⲡⲉⲓⲱⲧ ⲉⲥⲡⲟⲣϣ ⲉⲃⲟⲗ ϩⲓϫⲙ̅ ⲡⲕⲁϩ
ⲁⲩⲱˈⲣ̅ⲣⲱⲙⲉ ⲛⲁⲩ ⲁⲛ ⲉⲣⲟⲥ

114 ⲡⲉϫⲉ ⲥⲓⲙⲱⲛ ⲡⲉⲧⲣⲟⲥˈⲛⲁⲩ ϫⲉ ⲙⲁⲣⲉⲙⲁⲣⲓϩⲁⲙ
ⲉⲓ ⲉⲃⲟⲗ ⲛ̅ϩⲏⲧⲛ̅ ²⁰ ϫⲉ ⲛ̅ⲥϩⲓⲟⲙⲉ ⲙ̅ⲡϣⲁ ⲁⲛ
ⲙ̅ⲡⲱⲛϩ
ⲡⲉϫⲉ ⲓ̅ⲥ̅ˈϫⲉ ⲉⲓⲥϩⲏⲏⲧⲉ ⲁⲛⲟⲕ ϯⲛⲁⲥⲱⲕ ⲙ̅ⲙⲟⲥ
ϫⲉˈⲕⲁⲁⲥ ⲉⲉⲓⲛⲁⲁⲥ ⲛ̅ϩⲟⲟⲩⲧ ϣⲓⲛⲁ ⲉⲥⲛⲁϣⲱⲡⲉ
ϩⲱⲱⲥ ⲛ̅ⲟⲩⲡ̅ⲛ̅ⲁ̅ ⲉϥⲟⲛϩ ⲉϥⲉⲓⲛⲉ ⲙ̅ⲙⲱⲧⲛ̅ ⲛ̅ϩⲟⲟⲩⲧ
ϫⲉ ⲥϩⲓⲙⲉ ⲛⲓⲙ ⲉⲥⲛⲁⲁⲥ ²⁵ ⲛ̅ϩⲟⲟⲩⲧ ⲥⲛⲁⲃⲱⲕ
ⲉϩⲟⲩⲛ ⲉⲧⲙ̅ⲛⲧⲉⲣⲟˈⲛ̅ⲙ̅ⲡⲏⲩⲉˈ

ⲡⲉⲩⲁⲅⲅⲉⲗⲓⲟⲛˈⲡⲕⲁⲧⲁ ⲑⲱⲙⲁⲥ

우리말 도마복음

【서 장】 이는 살아있는 예수께서 이르시고 쌍둥이 유다 도마가 기록한 은밀한 말씀들이라.

【제1장】 ^{1}그리고 그가 말하였다: "이 말씀들의 해석을 발견하는 자는 누구든지 죽음을 맛보지 아니하리라."

【제2장】 ^{1}예수께서 가라사대, "구하는 자는 찾을 때까지 구함을 그치지 말지어다. ^{2}찾았을 때 그는 고통스러우리라. ^{3}고통스러울 때 그는 경이로우리라. ^{4}그리하면 그는 모든 것을 다스리게 되리라."

【제3장】 ^{1}예수께서 가라사대, "너희를 이끈다 하는 자들이 너희에게 이르기를, '보라! 나라(천국)가 하늘에 있도다' 한다면, 하늘의 새들이 너희보다 먼저 나라에 이를 것이다. ^{2}그들이 또 너희에게 이르기를, '나라는 바다 속에 있도다' 한다면, 물고기들이 너희보다 먼저 나라에 이를 것이다. ^{3}진실로, 나라는 너희 안에 있고, 너희 밖에 있다. ^{4}너희가 너희 자신을 알 때, 비로소 너희는 알려질 수 있으리라. 그리하면 너희는 너희가 곧 살아있는 아버지의 아들이라는 것을 깨닫게 되리라. ^{5}그러나 너희가 너희 자신을 알지 못한다면, 너희는 빈곤 속에 살게 되리라. 그리하면 너희 존재는 빈곤 그 자체이니라."

【제4장】 ^{1}예수께서 가라사대, "나이 먹은 어른이 칠일 갓난 작은 아이에게 삶의 자리에 관해 묻는 것을 주저치 아니한다면, 그 사람은 생명의 길을 걸을 것이다. ^{2}첫째의 많은 자들이 꼴찌가 될 것이요, ^{3}또 하나된 자가 될 것이니라."

【제5장】 ¹예수께서 가라사대, "네 눈앞에 있는 것을 먼저 알라. 그리하면 너로부터 감추어져 있는 것이 다 너에게 드러나리라. ²감추인 것은 나타나지 않을 것이 없기 때문이니라."

【제6장】 ¹그의 따르는 자들이 그에게 여쭈어 가로되, "우리가 금식하기를 원하시나이까? 우리가 어떻게 기도하오리이까? 구제는 해야 하오리이까? 음식 금기는 무엇을 지켜야 하오리이까?" ²예수께서 가라사대, "마음에도 없는 거짓말을 하지말라. ³그리고 너희가 싫어하는 것을 하지 말라. ⁴모든 것은 하늘 앞에 드러나 있기 때문이다. ⁵감추인 것은 나타나지 않을 것이 없고, ⁶덮힌 것은 벗겨지지 않을 것이 없나니라."

【제7장】 ¹예수께서 가라사대, "복되도다 사자여! 사람이 그대를 먹어삼키기에 그대는 사람이 되는 도다. ²저주 있을진저 사람이여! 사자가 그대를 먹어삼킬 것이니, 사자가 사람이 될 것이로다."

【제8장】 ¹그리고 그께서 가라사대, "사람된 자는 슬기로운 어부와도 같도다. 그는 그의 그물을 바다에 던져 작은 고기가 가득찬 채로 바다로부터 끌어올리는도다. ²그 가득한 고기 가운데서 슬기로운 어부는 잘생긴 큰 고기 한 마리를 발견하는도다. ³그는 모든 작은 고기를 다시 바다 속으로 던져 버린다. 그리고 어려움 없이 그 큰 고기 한 마리를 가려 얻는다. ⁴들을 귀가 있는 자들이여! 누구든지 들어라."

【제9장】 ¹예수께서 가라사대, "보라! 씨 뿌리는 자는 나갔다. 한 줌의 씨를 손에 가득 쥐고 그것을 뿌렸다. ²더러는 길가에 떨어지매 새들이 와서 쪼아 먹어 버렸고, ³더러는 바위 위에 떨어지매 땅속에 뿌리를 내리지 못해 이삭을 내지 못했고, ⁴더러는 가시떨기에 떨어지매 가시가 기운을 막았고 벌레가 삼켜버렸다. ⁵그리고 더러는 좋은 땅에 떨어지매 그것은 좋은 열매를 내었다. 그것은 육십 배, 그리고 백이십 배의 결실이 되었느니라."

【제10장】 ¹예수께서 가라사대, "나는 이 세상에 불을 던졌노라. 그리고 보라! 나는 그 불이 활활 타오를 때까지 그 불을 지키노라."

【제11장】 ¹예수께서 가라사대, "이 하늘도 사라지리라. 그리고 이 하늘 위에 있는 저 하늘도 사라지리라. ²죽은 자들은 살아있지 아니 하다. 그리고 살아

있는 자들은 죽지 아니 하리라. ³너희가 죽은 것을 먹던 그 날에는 너희는 죽은 것을 살아있는 것으로 만들었도다. 너희가 빛 속에 거하게 되었을 때는 과연 너희는 무엇을 할 것이냐? ⁴너희가 하나였던 바로 그 날에 너희는 둘이 되었도다. 그러나 너희가 둘이 되었을 때 과연 너희는 무엇을 할 것이냐?"

【제12장】 ¹따르는 자들이 예수께 말하였다: "당신이 언젠가 우리를 떠나리라는 것을 우리가 아나이다. 누가 우리의 지도자가 되오리이까?" ²예수께서 그들에게 말씀하시었다: "너희가 어느 곳에 있든지, 너희는 의로운 자 야고보에게 갈 것이니라. 그를 위하여 하늘과 땅이 생겨났느니라."

【제13장】 ¹예수께서 그의 따르는 자들에게 가라사대, "나를 무엇엔가 비교해보아라. 그리고 내가 무엇과 같은지 말해 보라." ²시몬 베드로가 예수께 말하였다: "당신은 의로운 천사 같나이다." ³마태가 예수께 말하였다: "당신은 현명한 철학자 같나이다." ⁴도마가 예수께 말하였다: "스승님이시여! 제 입은 지금 당신이 무엇과 같은지 전혀 언표(言表)할 수 없나이다." ⁵예수께서 가라사대, "나는 그대의 스승도 아니로다. 그대는 내가 보살펴온, 부글부글 솟아오르는 광천샘으로부터 직접 많이 마셨기에 취하였도다." ⁶그리고 예수께서 도마만을 데리고 은밀한 곳으로 가시었다. 그리고 도마에게 세 마디 말씀을 전하였다. ⁷도마가 그의 친구들이 있는 곳으로 되돌아 왔을 때에, 그들이 도마에게 물었다: "예수께서 너에게 무엇을 말씀하셨느뇨?" ⁸도마가 그들에게 대답하여 말하였다: "내가 예수께서 나에게 하신 말씀 중 하나만 너희에게 이야기해도, 너희들은 돌을 주워 나를 쳐죽이려고 할 것이다. 그리하면 너희 손에 있는 그 돌로부터 불길이 솟아 너희들을 삼켜버릴 것이다."

【제14장】 ¹예수께서 그들에게 가라사대, "너희가 금식(禁食)한다면, 너희는 너희 자신에게 죄를 자초(自招)하리라. ²그리고 너희가 기도한다면, 너희는 정죄(定罪)되리라. ³그리고 너희가 구제(救濟)한다면, 너희는 너희 영혼에 해악(害惡)을 끼치리라. ⁴너희가 어느 땅에 가든지, 한 시골동네를 거닐게 될 때에, 사람들이 너희를 영접하면, 그들이 대접하는 음식을 그대로 먹으라. 그리고 그들 가운데 있는 병자(病者)를 고쳐주

어라. ⁵너희 입으로 들어가는 것은 너희를 더럽힐 수 없기 때문이다. 차라리 너희를 더럽히는 것은 너희 입으로부터 나오는 것이니라."

【제15장】 ¹예수께서 가라사대, "너희가 여자에게서 태어나지 않은 자를 볼 때에는 너희 얼굴을 땅에 대고 엎드려 그를 경배하라. 그 이가 곧 너희 아버지니라."

【제16장】 ¹예수께서 가라사대, "아마도 사람들은 내가 이 세상에 평화를 던지러 온 줄로 생각할 것이다. ²그들은 내가 이 땅위에 충돌을 던지러 온 줄을 알지 못한다: 불과 칼과 싸움을 선사하노라. ³한집에 다섯이 있게 될 때, 셋은 둘에, 둘은 셋에, 아비는 아들에게, 아들은 아비에게 대항할 것이기 때문이니라. ⁴그리고 그들은 모두 각기 홀로 서게 되리라."

【제17장】 ¹예수께서 가라사대, "나는 너희에게 여태 눈이 보지 못한 것, 귀가 듣지 못한 것, 손이 만지지 못한 것, 사람의 마음에 떠오르지 아니 한 것을 주리라."

【제18장】 ¹따르는 자들이 예수께 가로되, "우리의 종말이 어떻게 될 것인지 우리에게 말하여 주옵소서." ²예수께서 가라사대, "너희가 시작을 발견하였느뇨? 그러하기 때문에 너희가 지금 종말을 구하고 있느뇨? 보아라! 시작이 있는 곳에 종말이 있을지니라. ³시작에 서있는 자여, 복되도다. 그이야말로 종말을 알 것이니, 그는 죽음을 맛보지 아니 하리라."

【제19장】 ¹예수께서 가라사대, "존재하기 이전에 존재한 자여, 복되도다. ²너희가 나의 따르는 자들이 되어 내 말을 듣는다면, 이 돌들도 너희를 섬기게 되리라. ³왜냐하면 너희를 위하여 파라다이스에 다섯 그루의 나무가 준비되어 있나니, 그 나무는 여름과 겨울에 따라 변하지도 아니 하며, 그 잎사귀는 떨어지지도 아니 하기 때문이다. ⁴그 나무들을 아는 자는 누구든지 죽음을 맛보지 아니 하리라."

【제20장】 ¹따르는 자들이 예수께 가로되, "하늘 나라가 어떠한지 우리에게 말하여 주소서." ²그께서 그들에게 일러 가라사대, "그것은 한 알의 겨자씨와 같도다. ³겨자씨는 모든 씨 중에서 가장 작은 것이로되, ⁴그것이 잘 갈아놓은 땅에 떨어지면 그것은 하나의 거대한 식물을 내니, 하늘의 새들을 위한 보금자리가 되나니라."

【제21장】 ¹마리아가 예수께 여쭈어 가로되, "당신의 따르는 자들이 어떠 하오니이까?" ²예수께서 가라사대, "그들은 그들의 것이 아닌 밭에서 사는 아해들과 같도다. ³그 밭의 주인들이 올 때에, 그 주인들은 '우리의 밭을 우리에게 돌려다오'라고 말할 것이다. ⁴아해들은 주인들 앞에서 그들의 옷을, 주인들에게 밭을 돌려주기 위하여, 벗어버릴 것이다. 그리고 아해들은 그들의 밭을 주인들에게 돌려줄 것이다. ⁵이러한 연유로 내가 이르노니, 한 집의 주인이 한 도적이 오고 있다는 것을 안다면, 그 주인은 그 도적이 도착하기 이전에 방비태세에 있을 것이요, 그 도적이 그의 소유인 집을 뚫고 들어와 그의 물건을 훔쳐 내가지 못하도록 할 것이다. ⁶그렇다면 너희들이야말로 이 세상에 대하여 방비태세에 있으라. ⁷너희 자신들을 강건한 힘으로 무장하여, 도둑들이 너희에게 도달하는 길을 발견할 수 없도록 할 것이다. ⁸왜냐하면 너희가 기대하는 환난이 결국 닥치고야 말 것이기 때문이라. ⁹너희들 가운데 내 말을 이해하는 한 사람이 있기를 바라노라. ¹⁰곡식이 익었을 때가 되면, 곧 그 사람이 손에 낫을 들고 와서 그것을 추수하였나니라. ¹¹들을 귀가 있는 자들이여! 누구든지 들어라."

【제22장】 ¹예수께서 몇 아기들이 젖을 빨고 있는 것을 보시었다. ²예수께서 그의 따르는 자들에게 이르시되, "이 젖을 빨고 있는 아기들이야말로 나라에 들어가는 자들과 같나니라." ³그들이 예수께 가로되, "그리하면 우리는 아기로서만 나라에 들어갈 수 있겠삽나이까?" ⁴예수께서 그들에게 일러 가라사대, "너희들이 둘을 하나로 만들 때, 그리고 너희들이 속을 겉과 같이 만들고, 또 겉을 속과 같이 만들고, 또 위를 아래와 같이 만들 때, ⁵그리고 너희가 남자와 여자를 하나된 자로 만들어 남자가 남자 되지 아니 하고 여자가 여자 되지 아니할 때, ⁶그리고 너희가 눈 있는 자리에 눈을 만들고, 손 있는 자리에 손을 만들고, 발 있는 자리에 발을 만들고, 모습 있는 자리에 모습을 만들 때, ⁷비로소 너희는 나라에 들어가게 되리라."

【제23장】 ¹예수께서 가라사대, "내가 너희를 택하리라. 천 명 가운데서 하나를, 만 명 가운데서 둘을. ²그리고 그들은 하나된 자로서 서있게 되리라."

【제24장】 ¹그의 따르는 자들이 가로되, "당신이 계신 곳을 우리에게 보여주소서. 우리가 그곳을 찾아야 하겠나이다." ²예수께서 저희에게 가라사대, "귀가 있는 자들이여! 누구든지 들어라. ³빛의 사람 속에는 반드시 빛이 있나니, 그 빛은 온 세상을 비추나니라. 그것이 빛나지 아니하면 그것은 곧 어둠이니라."

【제25장】 ¹예수께서 가라사대, "네 형제를 네 영혼과 같이 사랑하라. ²그 사람을 네 눈의 동자처럼 보호하라."

【제26장】 ¹예수께서 가라사대, "너는 네 형제의 눈 속에 있는 티는 보는도다. 그러나 너는 네 자신의 눈 속에 있는 들보는 보지 못하는도다. ²네 자신의 눈으로부터 들보를 빼낼 때에야 비로소 너는 밝히 보리니, 그제야 너의 형제의 눈으로부터 티를 빼줄 수 있으리라."

【제27장】 ¹(예수께서 가라사대,) "너희가 이 세상으로부터 금식하지 않는다면, 너희는 나라를 발견하지 못하리라. ²너희가 안식일을 안식일으로서 지키지 않는다면, 너희는 아버지를 볼 수 없으리라."

【제28장】 ¹예수께서 가라사대, "나는 이 세상 한가운데 자리를 잡았다. 그리고 나는 육신으로 세상사람들에게 나타났다. ²나는 그들이 모두 술에 취하였음을 발견하였다. 나는 그들 어느 누구도 목마른 자를 발견할 수 없었다. ³나의 영혼은 사람의 자식들을 위하여 고통스러워 하노라. 왜냐하면 그들은 그들의 가슴속이 눈멀어 보지를 못하기 때문이요, 또 텅 빈 채 이 세상으로 왔다가, 텅 빈 채 이 세상을 떠나기만을 갈구하기 때문이다. ⁴그러나 지금 이 순간 그들은 확실하게 취해 있도다. 그들이 그들의 술을 뒤흔들게 될 때에는 그들은 그들의 생각을 바꾸게 되리라."

【제29장】 ¹예수께서 가라사대, "육신이 영혼으로 인하여 존재케 되었다면, 그것은 기적이로다. ²그러나 영혼이 몸으로 인하여 존재케 되었다면, 그것은 기적 중의 기적이로다. ³그러나 진실로 나는 어떻게 이토록 위대한 부유함이 이토록 빈곤함 속에 거(居)하게 되었는지 불가사의하게 생각하노라."

【제30장】 ¹예수께서 가라사대, "세 명의 신들이 있는 곳에선, 그들은 신들일 뿐이다. ²두 명이나 한 명이 있는 곳에선 나는 그 한 명과 함께 하노라."

【제31장】 ¹예수께서 가라사대, "선지자가 고향에서 환영을 받는 자가 없느니라. ²의사는 그 의사를 아는 자들을 고치지 아니 한다."

【제32장】 ¹예수께서 가라사대, "높은 산 위에 지어진, 요새처럼 강화된 동네는 무너질 수 없고, 또한 숨겨질 수도 없다."

【제33장】 ¹예수께서 가라사대, "너의 귀로 네가 듣는 것을, 너희 집 지붕 위에서 타인의 귀로 전파하라. ²그 어느 누구도 등불을 켜서 됫박 아래 감추거나, 숨겨진 장소에 두거나 하지 않는다. ³오히려 그것을 등경 위에 올려놓나니, 이는 집안에 들어오고 나가는 모든 사람들로 하여금 그 빛을 보게하려 함이니라."

【제34장】 ¹예수께서 가라사대, "눈먼 자가 눈먼 자를 인도하면 둘이 다 구덩이에 빠지리라."

【제35장】 ¹예수께서 가라사대, "누구든지 강한 자의 집에 쳐들어가, 그의 양손을 결박하지 않고서는, 그 집을 늑탈하지 못하리라. ²결박한 후에야 강한 자의 집을 샅샅이 약탈할 수 있으리라."

【제36장】 ¹예수께서 가라사대, "아침부터 저녁까지, 그리고 저녁부터 아침까지 무엇을 입을까 염려하지 말라."

【제37장】 ¹그를 따르는 자들이 여쭈어 가로되, "언제 당신은 우리에게 드러나게 되오리이까, 그리고 언제 우리가 당신을 보게 되오리이까?" ²예수께서 가라사대, "너희가 부끄럼 없이 발가벗을 때, 그리고 너희가 어린 아해들처럼 너희 옷을 벗어 발 아래 두고, 짓밟을 때, ³비로소 너희는 살아있는 자의 아들을 보게 되리라. 그리고 너희는 두렵지 않게 되리라."

【제38장】 ¹예수께서 가라사대, "여러 번 너희는 내가 지금 너희에게 하고 있는 이 말들을 듣기를 갈구하였도다. 그리고 너희는 이 말들을 나 이외에 어느 누구로부터도 들을 수 없도다. ²너희가 나를 구하고자 하나 나를 발견치 못하는 그런 날들이 있으리라."

【제39장】 ¹예수께서 가라사대, "바리새인들과 서기관들은 지식의 열쇠들을 움켜쥐고 그것들을 숨겨버렸다. ²그들은 그들 자신이 (지식의 세계로) 들어가지도 않았고 또 들어가고자 하는 자들이 들어가도록 허락하지도 않았다. ³그러므로 너희는 뱀처럼 지혜롭고 비둘기처럼 순결하라."

【제40장】 ¹예수께서 가라사대, "한 그루의 포도나무가 아버지 밖에 심어졌다. ²그 나무는 견고하지 못하므로, 그것은 뿌리채 뽑힐 것이며, 멸망할 것이다."

【제41장】 ¹예수께서 가라사대, "손에 무엇이라도 가진 자는 더욱 받게 될 것이요, ²그리고 가지지 못한 자는 그가 조금 가지고 있는 것마저 빼앗기게 될 것이다."

【제42장】 ¹예수께서 가라사대, "방랑하는 자들이 되어라."

【제43장】 ¹그의 따르는 자들이 그에게 여쭈었다: "당신이 도대체 뉘시길래 이 같은 일들을 우리에게 말씀하시나이까?" ²(예수께서 대답하시었다:) "너희는 내가 너희에게 말하는 것으로부터 내가 누구인지를 알아차리지 못하는도다. ³차라리 너희는 유대사람들처럼 되어버렸구나. 그들은 나무를 사랑하면서 그 열매를 증오하기도 하고, 열매를 사랑하면서 그 나무를 증오하기도 하기 때문이다."

【제44장】 ¹예수께서 가라사대, "누구든지 아버지에 대해 모독하는 자는 용서받을 수 있다. ²그리고 누구든지 아들에 대해 모독하는 자도 용서받을 수 있다. ³그러나 누구든지 성령에 대해 모독하는 자는, 이 땅에서도 저 하늘에서도, 용서받을 수 없다."

【제45장】 ¹예수께서 가라사대, "포도는 가시나무에서 수확되지 않고, 무화과는 엉겅퀴에서 수확되지 않나니, 이것들은 열매를 맺지 않음이라. ²선한 사람은 창고로부터 선한 것을 내온다. ³나쁜 사람은 가슴속에 있는 나쁜 창고로부터 나쁜 것들을 내오고 또 나쁜 것들을 말한다. ⁴왜냐하면 나쁜 사람은 가슴에 쌓여 넘치는 것으로부터 나쁜 것들을 내올 수밖에 없기 때문이다."

【제46장】 ¹예수께서 가라사대, "아담으로부터 세례요한에 이르기까지 여자가 낳은 자 중에서 세례요한보다 더 위대한 이는 없도다. 그러므로 세례요한의 눈길은 돌려져서는 아니 된다. ²그러나 이미 나는 말했노라, 너희 중에서 누구든지 아기가 되는 자는 나라를 알 것이요, 요한보다 더 위대하게 되리라."

【제47장】 ¹예수께서 가라사대, "한 사람이 동시에 두 말 위에 올라탈 수 없고, 한 사람이 동시에 두 활을 당길 수 없다. ²그리고 한 종이 두 주인을

섬기지 못한다. 그렇게 되면 그 종은 한 주인은 영예롭게 할 것이나 또 한 주인은 거스르게 되리라. ³그 어느 누구도 오래 묵은 (양질의) 포도주를 마시고 나서 금방 새 포도주를 마시기를 원치 아니 한다. ⁴그리고 새 포도주는 낡은 가죽부대에 부어넣지 않는다. 낡은 가죽부대가 터져버릴 수 있기 때문이다. 그리고 오래 묵은 (양질의) 포도주를 새 가죽부대에 쏟아 붓지도 않는다. 그 (양질의 포도주의)맛을 버릴 수 있기 때문이다. ⁵낡은 천조각을 새 옷에다가 기워 붙이지 않는다. 그것은 새 천에 안 맞아 다시 터질 것이기 때문이니라."

【제48장】 ¹예수께서 가라사대, "한 집안 속에서 둘이 서로 평화를 이룩할 수 있으면, 그들이 산을 보고 '여기서 움직여라!'라고 말하면, 산이 움직이리라."

【제49장】 ¹예수께서 가라사대, "복이 있을지어다! 홀로 되고 선택된 자여! 너희는 나라를 발견할 것이기 때문이라. ²왜냐하면 너희는 나라에서 왔고, 또 다시 나라로 돌아갈 것이기 때문이니라."

【제50장】 ¹예수께서 가라사대, "만약 그들이 너희에게 묻기를, '너희는 어디서 왔느뇨?' 하면 그들에게 말하라: '우리는 빛에서 왔노라. 빛이 스스로 생겨나는 곳에서 왔노라. 빛은 스스로 존재하며, 자립하며, 그들의 형상으로 자신을 드러내는도다.' ²만약 그들이 너희에게 묻기를, '그 빛이 너희뇨?' 하면 그들에게 말하라: '우리는 빛의 자녀들이다. 그리고 우리는 살아있는 아버지의 선택된 자이다.' ³만약 그들이 너희에게 묻기를, '너희 아버지께서 너희 속에 계시다는 증표가 무엇이뇨?'라고 하면 그들에게 말하라: '그것은 운동이요, 안식이로다.'"

【제51장】 ¹그의 따르는 자들이 그에게 여쭈어 가로되, "언제 죽은 자의 안식이 이루어지리이까? 그리고 언제 새 세상이 오리이까?" ²그가 그들에게 가라사대, "너희가 기다리는 것은 이미 와 있노라. 단지 너희가 그것을 알지 못할 뿐이니라."

【제52장】 ¹그의 따르는 자들이 그에게 가로되, "스물넷 예언자들이 이스라엘에서 예언하였나이다. 그리고 그들이 모두 당신을 지목하여 말하였나이다." ²그께서 그들에게 이르시되, "너희가 너희 면전에 있는 살아있는 자를 보지 아니 하고, 죽은 자들만을 이야기하는구나!"

【제53장】 ¹그의 따르는 자들이 그에게 가로되, "할례가 유용합니까, 유용하지 않습니까?" ²그께서 그들에게 이르시되, "만약 할례가 유용하다면, 그 아기들의 아버지가 그 아기들을 그들 엄마의 태 속에서부터 이미 할례된 채로 낳게 하였으리라. ³차라리 영 속에서의 진정한 할례야말로 온전하게 유용하리라."

【제54장】 ¹예수께서 가라사대, "가난한 자는 복이 있나니, 하늘나라가 너희 것임이라."

【제55장】 ¹예수께서 가라사대, "누구든지 그의 아버지와 그의 엄마를 미워하지 않는 자는 나를 따르는 자가 될 수 없나니라. ²그리고 누구든지 그의 형제와 그의 자매를 미워하지 아니 하고, 또 나의 길에서 그 자신의 십자가를 짊어지지 아니 하는 자는 내게 합당치 아니 하니라."

【제56장】 ¹예수께서 가라사대, "이 세상을 알게된 사람은 누구든지 시체를 발견하게 된다. ²그리고 시체를 발견하게 된 사람에게는 누구든지 이 세상이 합당치 아니 하다."

【제57장】 ¹예수께서 가라사대, "아버지의 나라는 좋은 씨를 (심은 밭을) 가지고 있는 사람과도 같다. ²그의 원수가 밤중에 몰래 와서 그 좋은 씨들 사이에 가라지를 덧뿌렸다. ³그러나 그 사람(밭의 주인)은 종들을 시켜 그 가라지를 뽑게 하지도 않았고, 오히려 그들에게 이와 같이 말했다: '내 버려 두어라! 너희가 가서 가라지를 뽑으려 하다가, 가라지와 더불어 좋은 곡식까지 뽑을까 염려하노라.' ⁴왜냐하면 추수의 그 날에는 가라지는 현저히 드러나게 마련이므로 뽑히어 불사르게 될 것이기 때문이다."

【제58장】 ¹예수께서 가라사대, "고통을 겪기에 생명을 발견하는 자여! 복이 있도다."

【제59장】 ¹예수께서 가라사대, "너희가 살아있을 동안에 살아있는 자를 주의깊게 보라. 너희가 죽어서는 아무리 살아있는 자를 보려고 하여도 그를 볼 수 없을 터이니."

【제60장】 ¹예수께서 유대지방으로 가실 때 양을 들고가는 사마리아 사람을 보시게 되었다. ²그는 그의 따르는 자들에게 이르시되, "저 사람이 양을 메고 가는구나!" ³그들이 예수께 가로되, "분명 저 자는 그 양을 죽여서 먹을 것이외다." ⁴예수께서 그들에게 이르시되, "저 자는 저 양이

살아있을 동안에는 먹을 수 없을 것이다. 반드시 죽여서 그것이 시체가 된 후에야 먹을 것이다." ⁵따르는 자들이 가로되, "딴 수가 없겠지요. 산 채로 먹을 수는 없지 않겠습니까?" ⁶예수께서 그들에게 이르시되, "그렇다면 너희 또한 그러하다. 너희 스스로 참된 안식의 자리를 구하라. 그렇지 아니 하면 너희도 시체가 되어 먹히우리라."

【제61장】 ¹예수께서 가라사대, "둘이 한 침대에서 안식을 취하고 있다면 하나는 죽을 것이고, 하나는 살 것이니라." ²살로메가 가로되, "남자여! 당신은 도대체 뉘시니이까? 당신은, 마치 누가 보낸 아주 특별한 사람처럼, 내 침대에 올라와 동침하고 나의 식탁에서 식사를 하시나이다." ³예수께서 그녀에게 이르시되, "나는 분열되지 않은 전체로부터 온 사람이다. 나는 나의 아버지의 풍요로운 소유물을 부여받은 사람이다." ⁴살로메가 가로되, "나는 당신을 따르는 자이로소이다." ⁵예수께서 가라사대, "그러하기에 내가 너에게 말하노라. 누구든지 분열되지 않은 전체 속에 있으면 빛으로 가득차게 되고, 누구든지 분열되면 어둠으로 가득차게 되나니라."

【제62장】 ¹예수께서 가라사대, "나는 나의 신비로운 가르침을 듣기에 합당한 자들에게만 나의 신비를 드러내노라. ²너의 왼손이 너의 오른손이 하고 있는 것을 알지 못하게 하라."

【제63장】 ¹예수께서 가라사대, "돈을 많이 지닌 부자가 있었다. ²그가 말하기를, '나의 돈을 투자하여 뿌리고, 거두고, 심고 하여 나의 곡창을 곡물로 가득 채우리라. 그리하여 부족함이 없이 살리라.' ³이것들이 바로 그 부자가 그의 가슴속에 간직한 생각들이었다. 그러나 바로 그날 밤 그는 죽었다. ⁴귀 있는 자는 들어라."

【제64장】 ¹예수께서 가라사대, "한 사람이 손님을 받고 있었다. 그가 만찬을 준비한 후에 손님들을 초청하기 위하여 종을 내보냈다. ²그 종이 최초의 사람에게 가서, 그에게 말했다: '저의 주인께서 당신을 초청합니다.' ³그 사람이 말하였다: '몇몇의 상인들이 나에게 빚을 지었습니다. 그들이 오늘 밤 나에게 오기로 되어 있습니다. 나는 가서 그들에게 상환의 지시를 해야만 합니다. 죄송하지만 만찬을 사양할 수 있도록 해

주십시오.' ⁴그 종은 다음 사람에게 갔다. 그리고 그 사람에 말하였다: '저의 주인께서 당신을 초청하셨습니다.' ⁵그 사람이 종에게 말하였다: '나는 방금 집을 하나 샀습니다. 그래서 하루 동안 볼 일을 보러 가야합니다. 저는 시간이 없을 것 같습니다.' ⁶그 종이 또 한 사람에게 가서, 그 사람에게 말하였다: '저의 주인께서 당신을 초청합니다.' ⁷그 사람이 종에게 말하였다: '나의 친구가 결혼합니다. 제가 그 피로연을 마련해주기로 되어 있습니다. 저는 갈 수가 없을 것 같군요. 죄송하지만 만찬을 사양할 수 있도록 해주십시오.' ⁸그 종이 또 한 사람에게 가서, 그 사람에게 말하였다: '저의 주인께서 당신을 초청합니다.' ⁹그 사람이 종에게 말하였다: '나는 최근 큰 농장을 하나 샀습니다. 그래서 소작료를 거두러 가야합니다. 저는 갈 수가 없을 것 같군요. 죄송하지만 사양할 수 있도록 해주십시오.' ¹⁰그 종이 돌아와서 그의 주인에게 아뢰었다: '당신께서 만찬에 초청하신 분들은 모두 사양할 수 있도록 해달라고 요청했습니다.' ¹¹그 주인이 그의 종에게 말하였다: '길거리로 나아가서 네가 만나는 누구든지 만찬에 올 수 있다고 하면 데리고 오라.' ¹²거래인들(비지니스맨)과 상인들은 나의 아버지의 자리들에는 들어가지 못하리라."

【제65장】 ¹그께서 가라사대, "포도원을 소유한 한 사람(고리대금업자)이 있었나니라. 그 사람이 포도원을 소작농부들에게 빌려주어, 그들이 포도원을 경작하게 하고, 그리고 그는 그들로부터 소출을 거두려 하였다. ²그는 그의 종을 보내어, 소작농부들이 종에게 포도원의 소출을 주도록 하였다. ³그들은 그의 종을 붙잡아, 그를 때리고, 거의 죽일 뻔하였다. 그 종이 돌아와 그의 주인에게 아뢰었다. ⁴그의 주인이 이르기를, '아마도 그들이 너를 알아보지 못한 것 같구나' 하였다. ⁵그는 또 다른 종을 보내었다. 그러자 소작농부들은 그 종까지도 마찬가지로 구타하였다. ⁶그러자 그 주인은 그 아들을 보내며 이르기를, '아마도 그들은 나의 아들에게는 충분한 존경심을 보일 것이다' 하였다. ⁷그러나 그 소작농부들은 그가 이 포도원의 상속자라는 것을 알았기 때문에, 그들은 그를 붙잡아 죽여버렸다. ⁸귀가 있는 자는 누구든지 들으라!"

【제66장】 ¹예수께서 가라사대, "집짓는 자들이 버린 바로 그 돌을 나에게 보여다오. 그것이야말로 모퉁이의 머릿돌이로다."

【제67장】 ¹예수께서 가라사대, "누군가 모든 것을 안다 해도, 자기를 모르면, 모든 것을 모르는 것이다."

【제68장】 ¹예수께서 가라사대, "너희가 미움을 받고 박해를 당할 때에 너희는 복이 있도다. ²너희가 박해를 당하는 그 곳에는 아무 자리도 발견되지 않으리라."

【제69장】 ¹예수께서 가라사대, "가슴속에서 박해를 당하는 그들이여, 복이 있도다! 그들이야말로 아버지를 참되게 알게 되는 자들이로다. ²굶주린 그들이여, 복이 있도다! 배고파하는 자의 배가 채워질 것이기 때문이로다."

【제70장】 ¹예수께서 가라사대, "만약 너희가 너희 내면에 있는 것을 끊임없이 산출해낸다면, 너희가 가지고 있는 그것이 너희를 구원하리라. ²만약 너희가 그것을 너희 내면에 가지고 있지 못하다면, 너희가 너희 내면에 가지고 있지 못한 그 상태가 너희를 죽이리라."

【제71장】 ¹예수께서 가라사대, "내가 이 집을 헐겠노라. 그리고 아무도 그것을 다시 짓지 못하리라."

【제72장】 ¹한 사람이 그에게 가로되, "나의 형제들에게 나의 아버지의 재산을 나에게 분할하도록 말해주소서." ²그께서 그 사람에게 가라사대, "이 사람아! 누가 나를 분할자로 만들었단 말인가?" ³그는 그의 따르는 자들에게 몸을 돌려 그들에게 물었다: "나는 분할자가 아니로다. 그렇지 아니한가?"

【제73장】 ¹예수께서 가라사대, "추수할 것은 많되 일꾼이 적으니, 그러므로 주인에게 청하여 추수할 일꾼들을 보내어 주소서 하라."

【제74장】 ¹그께서 가라사대, "오 주여! 샘물 주변에 많은 사람들이 서성거리고 있나이다. 그러나 샘 속에는 아무도 없나이다."

【제75장】 ¹예수께서 가라사대, "문간에서 많은 사람들이 서성거리고 있다. 그러나 단독자만이 신부의 혼방(婚房)에 들어갈 수 있다."

【제76장】 ¹예수께서 가라사대, "아버지의 나라는 한 상인과도 같도다. 그는 매매할 많은 상품을 가지고 있었으나 언젠가 영롱한 한 진주를 발견하고

말았다. ²그 상인은 매우 신중하였다. 그는 그 상품을 모두 팔아 자기 자신을 위하여 그 단 하나의 진주를 샀느니라. ³그러하므로 너희도 그리하라. 좀이 갉아먹거나 벌레가 궤멸시키지 못하는 곳에서 썩지도 않고 변치도 않는 그의 보물을 구하라."

【제77장】 ¹예수께서 가라사대, "나는 존재하는 모든 것 위에 존재하는 빛이다. 나는 전부이다. 나로부터 모든 것이 나왔고, 그리고 나에게로 모든 것이 돌아온다. ²한 편의 장작을 쪼개보아라! 나는 거기에 있을 것이다. ³돌 하나를 들어보아라! 그리하면 너희는 나를 거기서 발견할 수 있으리라."

【제78장】 ¹예수께서 가라사대, "너희는 무엇 때문에 모래벌판에 나왔느뇨? 바람에 흔들리는 갈대를 보기 위함이냐? ²그렇지 않으면, 너희 왕들이나 너희 궁전의 힘센 고관들처럼 화려한 옷을 두른 사람을 만나기 위함이냐? ³진실로 그들은 화려한 옷을 둘렀으나 그들은 진리를 깨달을 수 없느니라."

【제79장】 ¹무리 속의 한 여인이 예수를 향해 외쳤다: "너를 낳은 자궁과 너를 먹인 유방이여, 복이 있도다!" ²예수가 그 여인에게 말하였다: "아버지의 말씀을 듣고 그것을 참되게 지킨 자들이여, 복이 있도다! ³너희가 '애기 밴 적이 없는 자궁과 젖을 먹인 적이 없는 유방이야말로 복되도다'라고 말할 날이 올 것이기 때문이니라."

【제80장】 ¹예수께서 가라사대, "이 세상을 알게된 사람은 누구든지 육체를 발견하게 된다. ²그리고 육체를 발견하게 된 사람에게는 누구든지 이 세상이 합당치 아니 하다."

【제81장】 ¹예수께서 가라사대, "풍요롭게 된 자로 하여금 다스리게 하라. ²그리고 힘을 가진 자로 하여금 그것을 부정하게 하라."

【제82장】 ¹예수께서 가라사대, "누구든지 나와 가까이 있는 자는 불과 가까이 있는 것이니라. ²그리고 누구든지 나로부터 멀리 있는 자는 나라로부터 멀리 있는 것이니라."

【제83장】 ¹예수께서 가라사대, "모습들은 사람들에게 보일 수 있는 것으로 드러난다. 그러나 그 모습들 속에 있는 빛은 아버지의 빛의 모습 속에 가리워져 있다. ²아버지도 드러날 것이다. 그러나 아버지의 모습은 항상 아버지의 빛 속에 숨겨져 있다."

【제84장】 ¹예수께서 가라사대, "너희가 (하나님을) 닮은 너희 모습을 볼 때에, 너희는 행복하도다. ²그러나 너희가, 너희 이전에 존재한, 그리고 죽지도 아니 하고 보여지지도 아니 하는 너희 형상들을 볼 때에는, 과연 너희가 얼마나 감내할 수 있으랴!"

【제85장】 ¹예수께서 가라사대, "아담은 거대한 힘과 거대한 부로부터 태어났다. 그러나 그는 너희에게도 합당치 아니 하다. ²만약 그가 합당한 자라고 한다면 그는 죽음을 맛보지 아니 하였을 것이기 때문이니라."

【제86장】 ¹예수께서 가라사대, "여우도 굴이 있고 새도 둥지가 있는데, ²인간의 자식인 나는 머리를 뉘어 안식할 곳조차 없도다."

【제87장】 ¹예수께서 가라사대, "한 몸에 매달리는 그 몸은 얼마나 비참한가! ²그리고 이 양자에 매달리는 그 영혼은 얼마나 비참한가!"

【제88장】 ¹예수께서 가라사대, "천사들과 예언자들이 너희에게 올 것이다. 그리고 그들은 너희가 이미 가지고 있는 그런 것들을 너희에게 주리라. ²그때엔 너희도 보답으로, 너희가 세상에서 발견한 그런 것들을 그들에게 주어라. 그리고 너희 자신에게 자문해보라, '언제나 그들은 다시 와서 그들 자신의 것을 가져갈 것인가?'라고."

【제89장】 ¹예수께서 가라사대, "어찌하여 너희는 잔의 겉만을 씻으려 하느뇨? ²안을 만드신 이가 또한 겉을 만드신 이라는 것을 너희는 알지 못하느뇨?"

【제90장】 ¹예수께서 가라사대, "나에게로 오라! 나의 멍에는 쉽고, 나의 다스림은 부드럽기 때문이니라. ²그리고 너희는 너희 자신을 위하여 안식을 발견하리라."

【제91장】 ¹그들이 그에게 이르되, "우리가 당신을 믿고자 하오니, 당신이 과연 누구인지를 우리에게 말하여 주소서." ²그께서 그들에게 가라사대, "너희는 하늘과 땅의 표정을 읽을 줄 알면서 너희 면전에 서있는 그 사람을 알지 못하는도다. 그러니까 너희는 바로 이 순간을 읽을 줄을 알지 못하는도다."

【제92장】 ¹예수께서 가라사대, "찾으라! 그러면 너희는 발견할 것이다. ²허나 지난 시절에는, 너희가 나에게 구하는 것들에 관하여 나는 너희에게 말하지 않았다. 나는 지금 바로 그것들을 말하려하나 너희가 그것들을 찾고 있지 않구나!"

【제93장】 ¹(예수께서 가라사대,) "거룩한 것들을 개들에게 주지말라. 그들이 그것들을 똥거름 더미에 던지지 않도록 하라. ²진주들을 돼지들에게 주지 말라. 그들이 그것들을 진창 속에 밟지 않도록 하라."

【제94장】 ¹예수께서 가라사대, "찾는 자는 발견할 것이다. ²두드리는 자에게는 열릴 것이다."

【제95장】 ¹예수께서 가라사대, "너희가 돈을 가지고 있다면, 이자 받을 생각하고 빌려주지 말라. ²차라리, 그 돈을 너희가 다시 돌려받을 수 없는 사람에게 주어버려라."

【제96장】 ¹예수께서 가라사대, "아버지의 나라는 한 여인과도 같도다. ²그 여인은 아주 소량의 효모를 가져다가 밀가루 반죽 속에 숨기어, 그것을 많은 갯수의 빵으로 부풀리었도다. ³귀가 있는 자는 누구든지 들으라!"

【제97장】 ¹예수께서 가라사대, "아버지의 나라는 밀가루를 가득 채운 동이를 이고 가는 한 여인과도 같다. ²그녀가 먼 길을 걸어가는 동안, 이고 가는 동이의 손잡이가 깨져서, 밀가루가 새어나와 그녀가 가는 길가에 흩날려 뿌려졌다. ³그러나 그녀는 그 사실을 전혀 알지 못했다. 그녀는 문제를 눈치채지 못했던 것이다. ⁴그 여인이 집에 당도했을 때, 그녀는 그 동이를 내려놓았다. 그리고 그것이 비어있는 것을 발견했다."

【제98장】 ¹예수께서 가라사대, "아버지의 나라는 엄청난 강자를 죽이려고 노력하는 사람과도 같다. ²집에 있을 때 그는 그의 칼을 뽑아, 자신의 팔이 그것을 감당해낼 수 있을까를 시험하기 위하여, 벽 속으로 세차게 찔러 넣었다. ³그러자 그는 그 강자를 죽이고 말았다."

【제99장】 ¹따르는 자들이 그에게 말하였다: "당신의 형제들과 모친이 밖에 서 있나이다." ²그가 그들에게 말하였다: "나의 아버지의 뜻을 실천하는 여기 있는 이 사람들이야말로 나의 형제들이요 나의 모친이니라. ³이들이야말로 나의 아버지의 나라에 들어갈 사람들이니라."

【제100장】 ¹그들이 예수에게 한 개의 금화를 보이며, 그에게 말하였다: "카이사의 사람들이 우리에게 세금을 요구하나이다." ²그께서 그들에게 가라사대, "카이사의 것들은 카이사에게 주어라. 하나님의 것들은 하나님에게 주어라. 그리고 나의 것은 나에게 주어라."

【제101장】 ¹(예수께서 가라사대,) "내가 증오하는 것처럼 아버지와 어머니를 증오하지 아니 하는 자는 누구든지 나의 도반이 될 수 없다. ²그리고 내가 사랑하는 것처럼 아버지와 어머니를 사랑하지 아니 하는 자는 누구든지 나의 도반이 될 수 없다. ³나의 엄마는 거짓을 주었지만 나의 참된 엄마는 나에게 생명을 주었다."

【제102장】 ¹예수께서 가라사대, "부끄러워할지어다! 바리새인들이여. 그들은 소 구유에서 잠자고 있는 개와 같기 때문이다. 개는 여물을 먹지도 않으면서 또 소들로 하여금 여물을 먹지도 못하게 하기 때문이다."

【제103장】 ¹예수께서 가라사대, "도둑놈들이 어느 시점에 어디로 들어올지를 미리 아는 자는 복되도다! 그는 일어나서 그의 중요한 자산들을 접검하고, 도둑놈들이 들어오기 전에 자신을 무장할 것이기 때문이다."

【제104장】 ¹그들이 예수께 가로되, "오소서! 오늘 같이 기도합시다. 그리고 같이 금식합시다." ²예수께서 가라사대, "내가 도대체 무슨 죄를 저질렀단 말인가? 또한 내가 어떻게 파멸되었단 말인가? ³차라리, 신랑이 혼방을 떠난다면, 그제서야 사람들로 하여금 금식하고 기도케하라."

【제105장】 ¹예수께서 가라사대, "(세속적)아버지와 엄마만을 아는 자는 누구든지 창녀의 자식이라 불릴 것이니라."

【제106장】 ¹예수께서 가라사대, "너희가 둘을 하나로 만들 때는 너희는 사람의 자식들이 될 것이니라. ²그리고 너희가 '산이여! 여기서 움직여라'라고 말하면, 산이 움직이리라."

【제107장】 ¹예수께서 가라사대, "나라는 일백 마리의 양을 가지고 있는 목자와도 같다. ²백 마리 중에 가장 큰, 그 한 마리가 무리를 떠났다. 목자는 아흔아홉 마리를 버려두고 그 한 마리를 찾을 때까지 헤매었다. ³그리고 이 모든 수고를 끝내었을 때, 목자는 그 양에게 말했다: '나는 아흔아홉 마리보다도 너를 더 사랑하노라.'"

【제108장】 ¹나의 입으로부터 나오는 것을 마시는 자는 누구든지 나와 같이 되리라. ²나 자신 또한 그 사람과 같이 되리라. ³그리고 감추어져 있는 것들이 그 사람에게 드러나게 되리라.

【제109장】 ¹예수께서 가라사대, "나라는 그의 밭에 한 보물이 숨겨져 있는데도

그것이 거기에 있는 줄을 모르는 한 사람과도 같다. ²그리고 그가 죽었을 때에 그는 그 밭을 그의 아들에게 물려주었다. 그 아들 또한 보물에 관해서는 전혀 알지를 못했다. 그 아들은 그 밭을 상속받은 후에 곧 팔아버렸다. ³그 밭을 산 사람은 밭을 갈았고 그 보물을 발견하기에 이르렀다. 그리고 그가 원하는 누구에게든지 이자를 붙여서 돈을 빌려주기 시작했다."

【제110장】 ¹예수께서 가라사대, "세상을 발견하여 부자가 된 자는 누구든지, 그로 하여금 세상을 부정케 하라."

【제111장】 ¹예수께서 가라사대, "하늘들과 땅이 너희 면전에서 두루말릴 것이다. ²그러나 살아있는 자로부터 살아있는 자는 누구든지 죽음을 보지 아니하리라." ³예수께서 말씀하시지 아니 하느뇨?: "자신을 발견한 자는 누구든지, 이 세상이 그에게 합당치 아니 하리라."

【제112장】 ¹예수께서 가라사대, "부끄러울지이다. 영혼에 매달린 육체여! ²부끄러울지이다. 육체에 매달린 영혼이여!"

【제113장】 ¹그의 따르는 자들이 그에게 가로되, "언제 나라가 오리이까?" ²(예수께서 가라사대,) "나라는 너희들이 그것을 쳐다보려고 지켜보고 있는, 그런 방식으로는 결코 오지 않는다. ³'보아라, 여기 있다!' '보아라, 저기 있다!' 아무도 이런 말을 할 수 없을 것이다. ⁴차라리, 아버지의 나라는 이 땅 위에 깔려 있느니라. 단지 사람들이 그것을 보지 못할 뿐이니라."

【제114장】 ¹시몬 베드로가 그들에게 가로되, "마리아는 우리를 떠나야 한다. 여자는 생명에 합당치 아니 하기 때문이다." ²예수께서 가라사대, "보라! 내가 마리아를 인도하여 그녀 스스로 남성이 되도록 만드리라. 그리하여 그녀도 너희 남성들을 닮은 살아있는 정기(精氣)가 되도록 하리라. ³어떠한 여인이라도 자신을 남성으로 만드는 모든 자는 하늘나라에 들어갈 것이니라."

【제 목】 토마스에 의한 복음

The Gospel According to Thomas

찾아보기

【가】

가나안 16, 75, 79, 103, 151, 357, 362
가난한 자(의 축복) 153, 154, 165
가라지(의 비유) 160, 383
가버나움 54
가브리엘천사 278
가시나무 120
가족 78, 311, 326
가족공동체 326
가족주의 311
가죽부대 125, 129
가톨릭 21, 255, 370, 372
가현적 존재(docetic being) 39
각(覺) 31
간약시대(間約時代) 369
갈구(desire) 87, 89
갈대아 우르 357
갈라디아서 115, 116
갈리아지방(Gaul) 322
갈릴리 54, 112, 174, 198, 211, 223, 247, 275, 287, 311, 318, 329, 387
갈릴리의 유다(Judas the Galilean) 317
갈릴리호수 57, 198
감리교신학대학 24
감사의 시(Thanksgiving Psalms) 205
강자(강한 자의 비유) 307
개 292, 328
개방성(openness) 61
개신교 21
개인 52
거짓 예언자 113
게벨 알 타리프 15
겨자씨의 비유 299, 379, 386
격물(格物) 33
견성성불(見性成佛) 369
견유학파 105, 165, 275, 328, 387
경건주의 194
경장(經藏) 291
계로(季路: 자로子路) 168
계림 306
『계림수필』 332
계시(revelation) 51, 285, 287, 361

계약 147
고독 346, 380
고리대금업 296
고린도교회 85, 154
고린도전서 133
『고린도후서 WBC 40』 85
古之學者爲己, 今之學者爲人。 207
고행 105
"고향"(파트리스) 54
골고다 247, 300
공관복음(서) 50, 54, 62, 71, 72, 77, 91, 93, 100, 113, 114, 123, 127, 132, 155, 164, 174, 179, 193, 196, 199, 202, 204, 205, 230, 254, 266, 290, 308, 314, 316, 333
공관(복음)자료 31, 32, 56, 77, 101, 193
공구(孔丘) 57, 312
攻其惡, 無攻人之惡, 非脩慝與? 30
공동번역 55, 222
공동식사 300, 311, 345
공동체 62
공생애 312
공자 30, 31, 168, 212
공적 마인드(public mind) 235
과학적 세계관 194
광야 242
괴레메 182, 206, 213, 217, 223, 224, 240
괴레메계곡 176
교리사 314
교부(철학자) 35, 36
교외별전(教外別傳) 20
교활하다 96
교황 255
교회 35, 51, 74, 117, 190
교회공동체 50, 194, 309
교회론 35
교회운동 321
구레네 247
구세주 46, 243, 376
구세주의 29
구속사 135, 198

구속신화(redeemer myth) 38
구약 38, 50, 75, 103, 146, 205, 217, 219, 258, 263, 278, 282, 293, 323, 325, 327, 336, 347, 379, 382, 384, 386
구원 29, 31, 41, 52, 174, 373, 375
구원론 116, 345, 347
구원론적 독단(soteriological dogma) 52
구전(oral tradition) 95
구제 232, 277
구중천 139
구함 92, 263, 290
군자 30
궁켈(Hermann Gunkel) 205
권위주의 111, 282
귀납 285
그노스티시즘 356
그노시스 94, 139, 207, 237
그룬트만(Grundmann) 232
그리스도 116, 124, 149, 194, 195, 205, 265, 314, 324, 376, 389
그리스도의 권능 73
그리스도인 84
그발(Gebal) 145
극히 작은 자 123
근세 38
『금강경』 383
『금강경』「장엄정토분莊嚴淨土分」 208
금강산 옥류동 332
금식 33, 34, 36, 104, 331, 333, 335, 336, 358, 380
금욕주의 34, 166
금화(aureus) 313, 322
及吾無身, 吾有何患? 282, 385
급전(急轉) 81
기도 333
기독교 21, 22, 23, 24, 29, 31, 38, 49, 91, 107, 130, 135, 151, 163, 165, 195, 214, 278, 287, 313, 314, 321, 324, 347, 349, 369, 375
기독교(Christianity) 314
기독교 왕국 338

기독교통합연구소 25
기독론 211, 288, 314, 324
기독론적 기독교운동 196
기득권자 74
기린(麒麟) 107
기적 58, 110, 132, 133
기화(氣化) 349
긴박한 종말 106
길 잃은 양(The Lost Sheep) 344, 387
길 잃은 양의 비유 347
김경재 24, 25
김광식 25
김명수 25
김용준 20
김은규 25
김준우 25
김철 85
까란르크Karanlık교회 176
까마귀 77
깨달음(enlightenment) 51
『꾸란』 357

【나】

나그함마디 21
나그함마디문서(라이브러리) 15, 82, 181, 339, 340
나눔 102
나라 34, 36, 43, 51, 52, 95, 123, 135, 136, 137, 139, 140, 143, 153, 175, 217, 257, 272, 303, 311, 354, 368, 369, 378, 388
나라운동 124, 379, 380
나레이터 360, 362, 368, 388
나르메르 팔레트 137
나무 112
나무아래교회(Beneath The Tree Church) 265
나물(토마르자) 312
나사렛 54, 217
나사로 223
나오스(지성소) 59
나윔('nāwîm) 154
나의 것 313
나의 아버지의 자리들
  (the places of my father) 186
나일강 18, 145, 369
나치 323
나크트의 무덤(Tomb of Nakht) 203
남근석군 251

남미 151
남자수도원 182
남전대장경 106
내러티브 57, 104, 110, 124, 171, 195, 222
내러티브복음서 157
내레이션 87
내면 278
내면의 갈등(internal conflicts) 210
내면적 깨달음(interior knowledge) 66
내면적 주체성이나 정체성
  (the new subjectivity and identity) 130
내성불구(內省不疚) 30
내재성 368, 385
네비임 146
네크로폴리스 141
노(魯)나라 57
노동 166, 282
노드로프(F. S. C. Northrop) 220
노예 155
노자(老子) 23, 82, 102, 124, 140, 153, 175, 207, 220, 249, 255, 261, 263, 268, 282, 303
『노자』(노자도덕경) 23, 62, 103, 134, 175, 268, 382, 385
노장적 사유 303
『논어』 30, 212, 302
『논어』「헌문」 207
논장(論藏) 291
논쟁대화 335
농부들의 처벌 197
누가 29, 56, 65, 72, 77, 90, 101, 120, 126, 128, 130, 152, 155, 164, 173, 186, 189, 201, 211, 218, 221, 222, 232, 242, 247, 250, 266, 276, 285, 290, 297, 298, 310, 314, 316, 325, 334, 345, 370, 376
누가복음 18, 180
누가자료 29, 55, 56, 66, 68, 89, 94, 117, 174, 188, 310
눈 32
눈길을 돌리다 124
눈먼 자 68
눈멀(다) 41, 42, 52, 58
눈 속에 있는 들보 27
눈 속에 있는 티 27
뉴킹덤(New Kingdom) 18왕조 203
늑탈 71
능근취비(能近取譬) 212
니느웨(Nineveh) 357
니르바나(Nirvana) 36

니르바나(nirvāṇa) 269
니므롯 성채 341
니므롯 왕 342
니체 23, 325
니파타(nipāta) 106

【다】

다곤신전(Temple of Dagon) 137
다넬(darnel, 毒麥, 독보리) 162
다니야 268
다니엘교회(The Church of St. Daniel) 265
다드(C. H. Dodd) 198
다마스쿠스(Damascus) 377
다마스쿠스 박물관 113
다메섹 371, 376
다빈치 183
다스림 43, 254, 378
다윗 54, 327
다이애스포라 88, 91
단군상 22
단독자(monachos) 58, 136, 229, 337, 343, 373, 380
단절 58
단체 52
달란트의 비유 101
달의 신전(Temple of Sin) 365~367
당나라 165
대구역병행법(對句逆竝行法) 128
대궁정 23
대부정 23
대사작용 258
대상(caravan) 357
대성전 376
대속자 38
대승 267
『大正』2~101 120
대제사장 315
대하 24:21 202
『대학』 30, 33
『대학·학기 한글역주』 33
『더 래핑 세이비어
  The Laughing Savior』(웃는 구세주) 20
덕산(德山) 238
데나리온 319, 322
데린쿠유(Derinkuyu) 288, 293, 297, 306
데미우르고스인 얄다바오쓰
  (the demiurge Yaldabaoth) 140
데살로니카전서 375, 389

데이비스(Stevan Davies) 92
데칸고원 213
도(道) 153, 220, 261
도가(道家) 41
도가도비상도(道可道非常道) 255, 287
『도덕경』 82, 135, 140
도둑놈 331
도마(기록자) 217
도마 50, 51, 61, 67, 70, 72, 74, 77, 87,
　91, 98, 101, 111, 117, 123, 126, 130,
　139, 143, 144, 146, 152, 155, 157,
　161, 162, 165, 178, 181, 182, 211,
　214, 217, 219, 227, 230, 238, 242,
　247, 250, 263, 267, 281, 285, 289,
　292, 295, 299, 318, 349, 356, 376
도마공동체 77, 134, 176, 195, 196, 223,
　327, 372
도마복음(서) 15, 18, 22, 39, 40, 48, 50,
　52, 53, 55, 56, 58, 81, 85, 86, 95, 99,
　104, 106, 107, 110, 114, 116, 120,
　134, 149, 151, 155, 171, 173, 176,
　187, 196, 197, 205, 207, 217, 234,
　251, 254, 265, 309, 313, 316, 321,
　348, 358, 360, 369, 370, 374
『도마복음한글역주』 15
『도마복음한글역주』 제2권 206
도마의 원자료(Ur-Thomas) 101
도마(복음서)자료 29, 55, 56, 60, 64, 69,
　89, 94, 101, 117, 128, 130, 174, 188,
　193, 202, 221, 232, 297, 310, 317,
　334, 336, 344, 347
도마전통 287
도반(들) 28, 29, 77, 80, 86, 89, 92, 94,
　96, 98, 99, 101, 105, 112, 113, 121,
　127, 134, 139, 142, 146, 149, 151,
　157, 158, 165, 205, 211, 265, 271,
　272, 276, 283, 291, 307, 309, 331,
　336, 343, 361, 370, 379, 380
도시국가 169
도적 231
독각(獨覺) 107
독생자 39, 46, 111
독일신학 19, 64
돈(頓) 121, 381
동(動) 303
동(動)과 정(靜) 140, 382
동곽자(東郭子) 239
동굴교회 177, 182
동굴의 비유 38
동록 231

동방고전한글역주대전 17
동방박사 223
동자(눈) 32
동정(動靜) 303
동정녀 마리아 탄생설화 115
돼지 57, 292
두로(Tyre) 96, 145, 166, 340
득도 52
득일자(得一者) 134
들보 31
등경 61, 64, 67, 70, 78, 95, 381
등불 61, 64, 67, 78, 95, 381
등잔 70
디도미(didōmi) 320
디토그라피(dittography) 65
디프 스트럭쳐 134
땅의 제자들 131
떨기나무 257

【라】

라스 샴라(Ras Shamra) 103, 113
라티푼디움(latifundium) 198
라헬 357
람브딘(Lambdin) 65
랍비 219, 351
랍비문헌 49
랍비 시므온 벤 요하이 353
랍비 아키바(Rabbi Akiba) 151
랍비 타르폰(Rabbi Tarfon) 31
랠프 P. 마틴 85
레바논 21, 159, 163, 329
레바논 국립박물관 166
레방트 162
레셰프(Resheph) 157
레아 357
로고스 39, 42, 43, 139
로고스기독론 38, 39, 288, 380
로기온 18, 28, 30, 32, 50, 55, 61~68, 72,
　74, 76, 87, 98, 101~110, 119, 122,
　131, 133, 146, 150, 164, 174, 182,
　195, 204, 226, 238, 243, 250, 253,
　256, 270, 272, 287, 291, 292, 299,
　302, 313~326, 328, 331, 333, 340,
　348, 350, 360, 364, 368, 374
로마 59, 75, 144, 177, 234, 301, 305,
　317, 319, 321, 322, 323
로마가도 157
로마서 123, 265

로마자 103
로만 포럼 319
로빈슨(James M. Robinson) 15
로스앤젤레스 타임스 21
롤리움 테물렌툼(lolium temulentum) 162
루돌프 오토(Rudolf Otto) 99, 240
루이 암스트롱 89
루터 21, 24
리(理) 361
리브가 357

【마】

마가 55, 72, 90, 128, 173, 204, 216, 274,
　309, 313, 314, 317, 318, 321, 324,
　336, 338, 376
마가(St. Mark the Apostle) 32
마가복음(서) 18, 42, 174, 374, 389
마가자료 101, 116, 130, 197, 201, 310,
　316, 334
『마니교 시편Manichaean Psalm Book』 92
마드라사 305
마르완 2세(Marwan II) 365
마리아 57, 248, 252, 269, 278, 310, 311, 372
마리아(추종자) 228
마리아 칼라스 365
마사다 요새 61, 63
마술사 시몬(Simon the Magician) 340
마을광장 293
마조(馬祖) 180
마지막 심판 84, 222, 256
마지막 아담(The Last Adam) 124
마태 29, 50, 51, 55, 61, 65, 66, 72, 77,
　90, 93, 96, 98, 117, 123, 126, 128,
　130, 131, 152, 155, 160, 162, 164,
　173, 179, 187, 189, 191, 193, 202,
　211, 216, 218, 221, 222, 230, 232,
　235, 242, 266, 276, 280, 285, 290,
　292, 298, 309, 314, 316, 325, 334,
　345, 355, 376, 383
마태교단 161
마태복음 18, 42, 50, 97
마태자료 29, 66, 67, 69, 89, 120, 201
마하트마 간디 318
마히강 268
만유재신론(panentheism) 237
만행(卍行) 105
말라기 3:1 243
말라빠진 똥막대기(乾屎橛) 240

말씀 27, 65, 110, 112, 143, 167, 195, 238, 263, 287, 288, 295, 305, 349, 361, 375, 389
맨슨(Manson) 232
맷돌 173
맹자 137
멍에 281
메가스테네스 107
메디아 357
메렌디즈 강(the Melendiz River) 255, 259
메소포타미아 103, 332, 357, 365
메시아 146, 153, 155, 195, 211, 243, 267, 327, 336, 369, 376, 382, 384
메시아 대망사상 143
메시아(의)시대 73, 118, 127, 335
메시아의(적) 잔치(the messianic banquet) 186, 211, 335, 338, 383
메이어(Marvin Mayer) 35, 65, 71, 139, 151, 198, 208, 229, 286, 292, 353
메타노이아(μετάνοια) 42, 51, 240, 325, 376
메타노이에인(metanoiein) 42
멸집(滅執) 36
명(名) 176
모세 16, 94, 147, 151, 257
모세오경 21, 146
모스크 305, 365
모습(shape) 260
모퉁이의 머릿돌 200, 204
목동 325
목마름 40, 70
목사(牧師) 327, 329, 330
목수 57
목자 327, 330, 344
목자적 관심(pastoral care) 345
몽골 305
무굴제국 106
무교병(無酵餠) 299
무명(無名) 176
무명지박(無名之樸) 175
『무문관無門關』 240
無物之象 261
무산자(無産者) 155
無狀之狀 261, 263
무소유(無所有) 105, 180, 219, 346, 379, 381, 382
무소주(無所住) 105, 209, 383
무슬림 151, 365
무시간적 구성(timeless construction) 154
무신론 325

무여열반 282
무위(無爲) 373
無爲之世, 于此告終。 304
무하마드 알리 15
무화과 120, 132
묵시론 74, 351, 370
문학장르 374
물의 세례 124
물폐(物蔽) 34
뮈스테리움 트레멘둠 (mysterium tremendum) 99, 240, 278
미국 89
『미드라쉬 라바Midrash Rabbah』 353, 356
미래형(estai) 153
미륵신앙 214
미분할된 심미적 시공간 (undifferentiated aesthetic continuum) 220
미쉬나(Mishnah) 95, 275
민담 271, 356
민중 19, 248, 305, 323, 356
믿음(피스티스) 121, 132, 133, 287
밀가루 302, 304, 355
밀교 63, 66

【바】

바꿈(메타) 42
바돌로매 376
바라다 강(Barada River) 377
바르바라 240
바리새인 72, 84, 93, 94, 98, 142, 168, 274, 277, 281, 284, 314, 317, 323, 329, 335, 345, 370, 381
바빌로니아 357
바빌로니아어 75
바빌로니아인 145
『바빌로니안 탈무드』 31
바빌론 75
바실레이아 323
바실리카양식 182
바알 75, 144
바알라트 그발 신전 (Temple of Baalat Gebal) 144
바알베크 43, 59
바알세불 71
바알신 72
바알신상 137
바알신전(Temple of Baal) 73, 86, 137
바알신전(The Temple of Bel) 75

바울 21, 23, 83, 84, 91, 95, 105, 106, 107, 111, 115, 121, 123, 124, 132, 133, 147, 150, 154, 159, 165, 194, 196, 232, 238, 265, 288, 300, 301, 306, 314, 320, 324, 325, 349, 358, 374, 376, 381, 382, 385, 389
바울낙마교회(Saint Paul Vision Patriarchal Abbey) 376
바울비젼교회 376
바울전통 287
바이블 145
바카스신전 43, 59
박(樸) 220, 278, 337, 362, 365
樸散則爲器 175
박시어민(博施於民) 212
박해 62, 164, 384
반(反) 135, 303
반구저기신(反求諸其身) 30
반야(여성성) 175
반자도지동(反者道之動) 140, 303
발가벗음 85, 95
발견 40, 51, 81, 87, 90, 176, 178, 207, 290, 305, 352, 359, 361, 362, 385
발효 299
방랑 243, 268, 346
방랑자 52, 58, 134, 136, 165, 276, 380
방랑하는 자 36, 104, 209, 306, 381, 382
방편(남성성) 175
방편설법 358
방하착(放下着) 305
방할(棒喝) 305, 369
밭 350
백합 77, 79
백향목 137, 145
뱀 93, 96, 105
뱀교회(Yılanlı Church) 217, 271
버림 220, 346, 356
번역 19
번지 30
벌거벗는다 82
벌레 230
벌집 가옥(Beehives Houses) 359, 362
범신론(pantheism) 237
법왕(法王) 319
『베니스 상인』 297
베드로 21, 372, 376
베들레헴 54
베스타(Vesta) 319
베야(Beya) 113
베이루트 145, 166

433

찾아보기

베카밸리 99
벨(Bel) 75
벨마르둑(Bel-Marduk) 75
벼락방망이(금강저) 137
『벽암록碧巖錄』 238
벽화 223
변모산 223
변혁(變革) 349
병고치심 71
보물 231, 233, 350, 355, 356
보살 209, 267
보성학교 18
보편성 61
보편윤리 323
보편주의 95, 281, 346
보화 231, 235
復歸於無物 261
復歸於樸 175
복음 375
복음서 41, 374
복음서 작가(기자, 저자) 87, 129, 132, 181, 217, 248, 250, 267, 277, 290, 299, 313, 333
본래적 자아 62, 174, 346
봉선(封禪) 133
부유 44
부자 155
부처님 208
부행독각(部行獨覺) 107
부활 23, 85, 105, 110, 115, 116, 142, 165, 167, 195, 223, 266, 336, 361
부활론 217
부활절 336
부활케리그마 21
북방문화 75
분열되지 않은 전체 220
분열된 자아 174
분할자 219
불 256, 379, 384
불가지론 194
불교 36, 105, 107, 108, 267, 282, 283
불교 교학 107
불법(佛法) 240
불의 세례 124
불타 31, 40
불토 209
불트만 3, 17, 19, 38, 56, 81, 139, 143, 193, 194, 218, 256, 309, 314, 316, 324, 336, 348, 374
불편한 진실 23

불피동의 사동자(the Unmoved Mover) 139
브라마니즘 325
브라만 329, 349
브리타니아지방(Britania) 322
비구니 107
비권위주의 95
비너스 59
비단 306
비둘기 93, 96
비레직(Birecik) 332
비밀(뮈스테리아) 133, 179
비본래적 자아 174, 346, 356
비블로스(Byblos) 144, 145, 157, 159, 163, 166
비신화화(demythologization) 194
비쎈샤프트(Wissenschaft) 19
비옥한 초승달 지역 203
비유(Parable) 179, 196, 230, 303, 307
비잔틴 301
비트겐슈타인 186
비합리적 탈선(disorientation) 40
빈곤 44
빈자 155
빌립 376
빔(Emptiness) 303
빛 61, 66, 70, 95, 139, 140, 141, 176, 214, 237, 239, 257, 260, 369, 380, 381, 382, 383

【사】

사두개인 94, 284
사람의 자식 41, 343
사랑(아가페) 133, 258
사랑의 장 133
사렙다(Zarephath) 96
사리즈(Sariz) 306
사리즈 강 306
사마광(司馬光) 33
사마담(司馬談) 133
사마리아 54, 171
사마리아 사람 171
사마천(司馬遷) 133
사막 133
사망 258
사바크 15
사바톤(sabbaton) 35
4복음서 18, 53, 58, 91, 94, 111, 126, 163, 181, 194, 314

사성제(四聖諦) 107
사악한 농부들의 비유(the Parable of the Wicked Husbandmen) 193, 204, 383
사울 376
사자 380
사짜(sacca) 107
사탄 72, 215, 347
사회운동가 74
사회적 관심(social concern) 78, 223
사회적 무관심 78
사회적 앙가쥬망 78
산 131, 135
산리우르파(Şanlıurfa) 338
산리우르파 박물관 357
산삼 332
산상수훈 61, 152, 281, 318, 382
살라딘 성채 377
살로메 174, 176, 178, 383
살아있는 아버지의 선택된 자
  (the chosen of the living father) 139
살아있는 예수 24, 51, 58, 65, 80, 86, 149, 167, 171, 182, 214, 233, 238, 286, 356, 361, 362, 375
살아있는 자 85, 86, 149, 167, 171, 361, 381, 383, 388
살아있는 자의 아들 85
살아있는 정기(a living spirit) 373
삶 168
삶의 형태(Lebensform) 186
『삼강행실도』 228
삼바톤(sambaton) 35
삼위일체 49, 114, 118, 381
삼태극적 통전(統全) 149
상인 230, 233
상호내거(相互內居) 98, 111, 238
새로운 생명(new life) 300
새로운 성(new gender) 300
새로운 주체(new subjectivity) 300
새롭게 됨 195
새 술은 새 부대에 127
샌달교회 177, 209, 223
생각(노이아) 42
생명(Life) 144, 257, 384
생이불유(生而不有) 249
샹들리에 70
서(恕) 30
서구 182
서기관 93, 94, 274, 277, 315, 323, 345, 381
서원출 18
석관(비블로스) 159, 166

석굴교회 213, 223, 255
선(禪) 180
선과(善果) 120
선(禪)문답 81, 178
선민의식 323, 355
선사 369
선악과 82
선인(善因) 120
선종(禪宗) 166
선지자 53, 54, 88, 347
선택받은 자 136
선포 376
『설교집 Sermon』(아우구스티누스) 83
설봉(雪峰) 238
설형문자(cuneiform) 103
설형알파벳문자 103, 113
설화복음서(narrative gospel) 374
섭리사관 135
성(聖, das Heilige) 212
성(the Holy) 240, 327, 386
성각문자(hieroglyphics) 103
성 다니엘교회(the Church of St. Daniel) 278
성령 114, 116, 118, 121, 381
성립연대 49
성만찬 324
성모마리아상 73
성문서 146
성부 50, 114
성서주석학 62
성선(性善) 137
성소(會幕) 79
성신 50, 114
성 아우구스티누스 35
성자 50, 114
성전 216, 329, 384
성전건축 166
성찬 314
성채 78, 363
성 테오도르교회 293, 294
성화 182
세계(cosmos) 98
『세계의 문학』 15
세계인식 28
세금 316
세네카 248
세례(baptism) 82, 223, 324, 373
세례요한 42, 118, 122, 124, 242, 335, 337, 382
세례요한파 336
세례운동 124

세리 345
세상 33, 158, 171, 358
세상사람들 70
세상으로부터 금식함 33, 34, 36, 104
세상으로부터의 물러남 34
세상의 사람들 58
세속 33, 35
세이크 아부드 알쿠르나(Sheikh Abd el-Qurna) 203
세인트 바르바라 교회(Chapel of St. Barbara) 240
세존 209
센서스(census) 318
셀레우코스 177
셀주크 305
셈족 75
셰익스피어 297
소경 99
소마(sōma) 253
소수의 해석자 65
소아시아 271
소양지판 322
소외된 자(소수) 345, 359
소작농부 197
소포클레스 248
속제 175
속주(province) 177
손수건 206
솔로몬 79, 166
송나라 33
송장 158
수난 195, 205, 267, 347
수난드라마(Passion drama) 118, 193, 317, 324, 374, 383
수난사(受難死) 193
수난 - 십자가 죽음 - 부활 157
수난 - 죽음 - 부활 - 재림 90
수로(우가리트) 169
수보리 208
수신 - 제가 - 치국 - 평천하 31
수육(受肉) 39, 46
수행자 78, 107
수행자전통 75
순결 96
순례자 228
「술이述而」편(『논어』) 302
숫타(Sutta) 106
『숫타니파타』 106, 108, 268, 346, 381, 387
쉐마(shema) 85
스물넷 예언자들(twenty-four prophets) 146

스키타이 357
스탈린 226
스테반 데이비스 205
스테판 217, 384
스투파(塔) 107
스틱스 강 17
스파르타쿠스(Spartacus) 157
승천 91, 223, 265, 267, 278
시구야(是丘也) 302
시나고그 329
시내광야 16
시누다3세 32
시돈 96, 339
시례야(是禮也) 302
시리아 21, 94, 113, 151, 314, 329, 359, 376
시몬 57, 247, 376
시몬 보봐르(Simone Beauvoir) 251
시체 158, 171, 253, 358, 383
시카리(Sicarii) 318
시킴굿 276
식물 79
신 47
신(Sin, 달의 신) 357
신독(愼獨) 30, 31
신라 306
신랑 175, 333, 336, 337
신발 105
신부 175, 229
신생(新生) 349
신성(Divinity) 326
신앙 214
신약 147, 193, 281, 327, 375
『신약성서 신학사전』 375
신의 임재(셰키나) 49
신적 영혼 340
신중하다 96
신학 111
신화적 요소(mythical element) 324
실로(Shiloh) 79
실존적 고독 58
실존주의적 결단 194
실존철학 62
실천이성 370
실체(ousia) 50
실체론 386, 388
실체화 84, 118, 238, 288, 355, 370
실크로드 306
심령이 가난한 자 152
심령화(spiritualization) 211
심리치료 31

심층차원(depth dimension) 99
심판의 날 66, 173
십자가 105, 110, 156, 199, 204, 247, 265, 278, 311
십자가사건(crucifixion) 157
십자가처형 174
싯달타 119, 268, 325
싯달타운동 108
싸이프러스 103

【아】

아고리아(agoria) 197
아그라 106
아그라파(agrapha) 126
아기 123, 124, 134, 378, 382
아나니아 376
『아나바시스 Anabasis』 294
아나톨리아 278, 312, 365
아나톨리아고원 213
아네모네 코로나리아
　(Anemone coronaria) 79
아니마 380
아니무스 380
아담 82, 83, 122, 140, 264
아담과 그리스도 123, 265, 382, 385
아담과 이브 134
아델포이(adelphoi) 310
아도니스 157
아돌프 쥐리허(Adolf Jülicher) 197
아들 114, 116, 197, 381
아라비아사막 236
아라비아의 로렌스 236
아라이(荒井 獻) 29, 49, 64
아람어 127, 153, 154, 253, 267, 377
아랍 305
아랍 격언(Arabic proverb) 56
아랍문화 73
아랍어 106
아르켈라우스 1세
　(Archelaus Ⅰ Philopatria) 177
아리스토텔레스 139
아만(我慢) 154
아모리인 145
아바(Abba) 386
아버지 33, 36, 50, 95, 97, 98, 99, 114, 116, 118, 131, 141, 151, 156, 186, 210, 233, 261, 278, 311, 323, 340, 376, 381

아버지의 나라 43, 52, 74, 153, 171, 229, 233, 234, 299, 305, 323, 325, 338, 368, 369, 370, 373, 378, 383, 386, 388
아버지의 나라운동 31
아버지의 자리 189, 229, 233
아버지의 질서 43
아브가르 우카마 206
아브라함 151, 340, 341, 342, 357, 362
아브라함탄생동굴(Hazreti ibrahim'in Doğum Mağarası) 342
아비셰무(Abichemou) 157, 159
아빠(Abba) 148, 310
아스타르테 59, 157
아시아 182, 354
아시아대륙 213
아우구스티누스 83
아일랜드 198
아잔타 석굴사원 213
아카드말(어) 113, 357
아크로폴리스(acropolis) 135, 137
아크바르(Akbar, 1556~1605년 재위) 106
아크사레이(Aksaray) 255
아키타입 134, 181
아타나시우스 15, 32
아테네 43, 59
아트만 349
아펜젤러 21
아포도테(apodote) 320
아포칼립스 74, 134, 361
아포템(apothegm) 218
아포프테그마 218, 314, 316, 321, 335, 336
아포프템(apophthegm) 218
아프리카 151
아피안 가도(the Appian Way) 157
아해 95
아히람(Ahiram) 166
악과(惡果) 120
악령 57
악인(惡因) 120
안드레 376
안병무 19
안식 36, 140, 171, 173, 228, 267, 281, 282, 331, 380, 383, 385
안식일(Sabbath) 33, 35, 36, 104, 141
안연 30
안중근(安重根) 227
안티레바논 99
안회(顔回) 168
알레고리 163, 193, 198, 333, 335

알레고리적 표상(allegorical representation) 197
알레고리적 해석 197, 204, 216, 233, 303, 336, 383
알레고리화(allegorization) 197, 201, 204
알렉산더대왕 145, 177
알렉산드리아 36
알로스(allos) 197
알마자(Almaza) 163
알몸 82
알파벳문자 103, 166
암무라피(Ammurapi) 113
압록강 304
앗시리아인 145
앗시리아제국 357
앙겔로스(angelos) 272
앱시스(반원형으로 파인 제단) 183
야고보 57
『야고보 제1묵시록』 373
야곱 376
야곱의 우물 54
야생화 79
야이로 57
야피셰무 아비(Yp-Shemu-Abi) 159
야훼 35, 75, 137, 147, 151, 258, 323, 324, 325, 327, 336, 353, 376
야훼의 나라 95
야훼의 지배 95
양 344, 378, 387
양귀비 79
양명좌파 290
양식사학 98
양지(良知) 290
어둠 176, 214, 369, 380, 383
어둠교회(Dark Church) 176, 183, 191, 206, 209, 212, 215, 228
어록복음서 375
어록자료 195
어록집 374
『어류語類』 361
어린 아해 81
언더우드 21
언어도단(言語道斷) 287
엄마 156
엉겅퀴 120
에고 에이미 담론(egō eimi saying) 238
에데사(Edessa) 206, 338
에데사왕국 306
에덴 134
에소테릭(esoteric) 65

『에스드라스 제2서 2 Esdras』 146
에콜로지 212
에클레시아 107
엑소시즘 74
엑소시즘(exorcism) 73
엑스타시 43
엘랑비탈(élan vital) 256
엘레인 페이겔즈(Elain Pagels) 176
엘로힘 323
엘 카스르 15
엣세네파 369
여래 209
여순감옥 227
여승 107
『여씨춘추呂氏春秋』 126
여인 299, 300
여인(밀가루 동이) 302, 355
여인존중사상 271
여자수도원 182
여호수아 79
역사(役事, 에네르게오) 22
역사적 예수 28, 95, 112, 116, 153, 171, 182, 193, 194, 195, 196, 217, 222, 223, 275, 288, 291, 299, 309, 314, 327, 329, 355, 380, 381
역설적인 축복(macarism) 154
연기론(緣起論) 120, 381
연기설(paṭiccasamuppāda) 119
연자방아 226, 227
연추(烟秋) 227
열두제자 376
열매 112
열심당원 198, 317, 323
염화미소(拈華微笑) 20
영(pneuma) 115, 140
영과 육 159
영국 198
영락한 자 165
영생 143
영아(嬰兒) 82, 124
영적공동체 326
영적 리더 69
영적인 몸(a spiritual body) 84, 85, 159
영적인 몸의 발견 253
영적인 진주(spiritual pearl) 236
영지 38, 66, 94
영지주의 38, 39, 43, 51, 56, 85, 123, 134, 137, 138, 141, 181, 223, 237
영혼 37, 40, 44, 271, 364, 388
『영혼의 해석 The Exegesis on the Soul』 340

예레미아스 3, 19, 196, 202
예루살렘 54, 91, 223, 247, 274, 318
예루살렘 멸망 318
예루살렘성전 75, 112, 171, 217
「예루살렘의 시릴Cyril of Jerusalem」 83
예배 314
예배사 314
예수 24, 27, 33, 37, 39, 40, 42, 44, 46, 47, 50, 52, 53, 58, 60, 64, 68, 71, 72, 75, 76, 85, 86, 87, 89, 92, 93, 94, 95, 99, 102, 106, 111, 115, 118, 124, 139, 141, 142, 144, 146, 148, 149, 151, 155, 163, 168, 174, 175, 178, 180, 182, 195, 198, 206, 217, 219, 223, 226, 237, 238, 240, 248, 252, 257, 258, 265, 267, 269, 271, 273, 275, 276, 278, 287, 290, 296, 299, 303, 305, 306, 307, 311, 323, 324, 327, 328, 336, 337, 345, 349, 354, 356, 358, 362, 369, 370, 376, 381
예수 그리스도 197, 375
예수 무덤 228
예수비유 193
예수운동 27, 28, 29, 31, 32, 36, 51, 52, 58, 62, 74, 81, 98, 105, 108, 123, 134, 151, 189, 222, 265, 270, 275, 299, 300, 321, 379, 380, 382, 386
예수의 변모(Transfiguration) 177
『예수의 비유』 202
『예수의 비유담론 Die Gleichnisreden Jesu』 197
예언서 146
예언자 197
오리겐(Origen) 225
오벨리스크신전(Obelisk Temple) 157
오스만제국 305
오시리스 145
오시리스 신화 145
오행(五行) 257
옥시린쿠스사본 47, 51, 56, 76
옥타비아누스 319
옥타비아누스 아우구스투스 324
왕들의 계곡 203
왕선산(王船山) 140
왕자의 상아조각상(우가리트) 141
왕필(王弼) 134
외경 15, 181
외면 278
외면적 선포의 사명(external mission) 66
요단강 198, 243

요르단 21
요새 60, 95
요세푸스 67
요셉 57, 278, 310
요아킴 예레미아스(Joachim Jeremias) 193
요정의 굴뚝 바위(fairy chimneys) 220
요한 92, 144, 216, 316, 376
요한공동체 176, 288
요한복음 18, 22, 38, 43, 50, 54, 91, 97, 111, 139, 143, 149, 176, 194, 196, 209, 238, 286, 380
『요한복음강해』(불트만) 139
『요한비서 제2서 the Secret Book of John Ⅱ』 140
『요한행전 Acts of John』 92
욕례(縟禮) 35
욥(Job) 347
욥기 347
용서 116
우가리트(Ugarit) 103, 113, 135, 141, 168, 169
우가리트 문자 113
우르파 306, 332, 341, 347
우마야드 왕조 365
우물 225
우물(욥) 347
우상숭배 320
우찌사르(Uçhisar) 224
우크라이나 사람 226
우파니샤드 107
운동(motion, movement) 140, 282
운문화상(雲門和尙) 240
울루 까미(Ulu Cami) 365
원(原) 도마(자료) 62, 181
원시기독교 115, 191
원시불교 106, 107
원왈반(遠日反) 135
원자료 28, 62, 72, 77, 87, 90, 91, 93, 117, 120, 161, 193, 204, 242, 313, 317, 324
원죄 264
원죄(Original Sin)의식 336
원초적 아담 134
원형극장 144
원효 135
위르귑(Ürgüp) 220
위선 34, 379
위선자 31, 113
유교(Confucianism) 312
유다 57, 209, 223

유다복음서 209
유다이오스(Ioudaios) 112
유대계 기독교인들(Judaizers) 151
유대광야 63, 151, 369
유대교 35, 49, 54, 78, 95, 130, 142, 147, 151, 323, 329, 351
유대기독교인 292
유대문학 158
유대민족 327
유대인 38, 50, 82, 84, 88, 91, 94, 111, 112, 115, 130, 147, 150, 168, 174, 188, 274, 277, 296, 299, 317, 319, 320, 323, 324, 336, 372, 381, 385
유대인 속담 56
『유대인을 반박함Against the Jewish People』 35
『유대인전쟁 The Wars of the Jews』 67
유대인 크리스챤 50
유대인학살 323
유대지방(Judea) 54, 75, 112, 151, 171, 275, 319
유동식(柳東植) 24, 25, 149
유방 246
유앙겔리온 374, 389
유앙겔리온 카타 마르콘 374
유여열반 282
유월절 174, 299
유위(有爲) 373
유일신 38, 115, 147
유일신론 52, 86, 95, 98, 147, 325, 386
유일신론자(monotheism-theorist) 95
유태엽 25
유프라테스 강 332
육신 37, 40, 44, 83
육욕 83
육적인 몸(a physical body) 159
육체 270, 364, 388
율법 115, 121, 128, 151, 258, 275, 281, 282, 329, 351, 379, 385
율법사 94, 277, 323
율법주의 323
율장(律藏) 105
융합 134
으흐랄라 269, 271, 278
으흐랄라계곡(Ihlara Valley) 252, 255, 265, 273
은밀한 말씀 58, 63, 65, 75, 99, 102
은사 115
은화 319
음식 76

응무소주이생기심(應無所住而生其心) 209
의복 76
의사 53, 55
의심하는 도마(Doubting Thomas) 176
의원 55
의존성(dependency) 271
의주 304
이니시에이션 59
『이단들에 대하여 Against Heresies』 91, 340
이데아 38, 263
이레나에우스 91, 340
이론이성 370
이방선교 292
이방인 292
이방인기독교 91
이방인 기독교인들(Gentiles) 151
이삭 151, 357, 362
『이상국가론』 378
이솝우화 328, 354, 387
이스라엘 188, 197, 243, 327
이스라엘민족 16, 147, 257, 258, 357
이스라엘백성 205
이스마엘 151
이슬람 347
이승훈 21
이시스 145
27서 정경 15, 278
이어오병 102
이원론 38, 45, 84, 232, 235, 277, 364, 369, 373
이원성 293
이원적 대비 236
이자 296
이정배 24, 25
이집트 18, 26, 32, 103, 113, 137, 145, 151, 157, 203, 257, 369
이집트인 145
이탈리아 아풀리아(Apulia) 359
이토바알(Ittobaal) 166
이해(understanding) 293
인각유독각(麟角喩獨覺) 107
인간 263
인간실존(Da-Sein) 176
인격신 38
인도 106, 108, 213, 271
인도불교 240
인두세(poll tax) 318
인류개념 28

인식 370
인식론 38
인자(人子) 41, 116, 161, 164, 266
인자담론 90, 267, 385
인자의 영광스러운 날들(the days of the Son of Man) 90
인지방(仁之方) 212
일꾼 221, 222
일반화 285
一, 數之始, 而物之極也。 134
일체개유심조(一切皆唯心造) 135
임재 52, 116
임재성 368, 382

【자】

자궁 246
자기계시 286
자기부정(Self-Negation) 105, 384
자력신앙(自力信仰) 214
자매 156
자비(慈悲) 40
자성(自省) 31
自勝者强 207
자아혁명 371
自然而然 304
자유 78
自知者明 207
『자치통감資治通鑑』 33
잔치 187
잠언 353
『잡록雜錄 Stromateis』(클레멘트) 36
『雜阿含經』 120
장로(莊老) 64
장로사상(莊老思想) 62
장안 306
장자(莊子) 239, 24
『장자』 21, 62
『장자莊子』「지북유知北遊」 239, 384
재림 23, 84, 90, 106, 195, 232, 266, 267
재물(mammon) 127
재판관(장) 49, 219
쟝 도레쓰(Jean Doresse) 15
전국(戰國) 126
전도주의 29, 135, 385
전령 272
전승 72
전승사 348
전적인 타자(the Wholly Other) 99, 240

『절차탁마대기만성』 21
점(漸) 121, 381
점토판 문서 103
정결(Tohoroth) 275
정교분리(政教分離) 321
정기(精氣) 372
정신적 고양(spiritual elevation) 158
정약용 21
정체성 175
정화(purification) 276, 385
제2밀레니엄 177
제2성전시대(the time of the Second Temple) 142
제2의 성(The Second Sex) 251
제3교회 149
제3밀레니엄 145
제사장 94, 323, 329
제식적 정결ceremonial purity 276
제식주의 35
제우스(Zeus) 75
제자 파송 96, 378
제중(濟衆) 212
『조스트리아노스』 131, 2-10 373
조주(趙州) 178, 240
존 다트(John Dart) 20
존재 370
좀 230
종 125
종교 99, 258
종교개혁 21
종교혁명 329
종말 124, 144, 310
종말론 17, 81, 84, 85, 87, 89, 90, 94, 102, 105, 117, 123, 129, 142, 143, 155, 161, 162, 173, 186, 189, 191, 222, 232, 247, 250, 256, 266, 281, 283, 285, 331, 333, 351, 352, 354, 355, 358, 369, 379, 381, 383, 384
종말론적 공동체 193
종말론적 시간성 (eschatological temporality) 331
종말론적 안식(eschatological rest) 281
종말론적 의인론(義認論) 85
종말론적 잔치(the eschatological banquet) 186
종말론적 전제(eschatological premises) 121
종말론적 회중(Eschatological Congregation) 81
종말의 현재화 144
죄인 345

주기도문 290
주님(Lord) 75
『周易』 382
주인 125
주피터(Jupiter) 75
주피터신전 59
주피터컬트 59
주희(朱熹) 361
죽어 있는 세계 158
죽은 자의 안식(the rest for the dead) 142
죽음 168, 195, 336, 361, 362, 378
죽음과 부활 115, 124
줄리어스 시저 319, 322
중간기 84
중국 306
중동 327, 361, 369
중동문명 151
『중용中庸』 30, 133
중원 133
중유(中有, antarā-bhava) 84
知其雄, 守其雌, 爲天下谿。爲天下谿, 常德不離, 復歸於嬰兒。 82
지대무외(至大無外) 239
지배(Reign) 95
지복수훈(至福垂訓) 36, 154
지성무식(至誠無息) 133
지성소(naos) 43
지소무내(至小無內) 239
지속성(durability) 235
지식(그노시스) 133
지식의 독점(monopoly of knowledge) 95
지식의 열쇠(tēn kleida tēs gnōsēos) 93, 94
지옥 271
지자니아(zizania) 162
지저스 세미나(The Jesus Seminar) 191
지중해 137
지팡이 105
지하도시 288, 293, 294, 297, 300, 301
지혜 85, 189
지혜론적 담론 189, 191
지혜문학 38
직선시간 135
직신(直信) 290
직오(直惡) 290
직지인심(直指人心) 369
진리 293
진정한 앎 210
진제(眞諦) 175, 240, 263
진주 230, 233, 234, 384
진주를 산 상인 351, 356

질서(Order) 43, 95
집일(執一) 126
집착 105
쩔레 121

【차】

此有故彼有, 此起故彼起。 119
참된 안식의 자리 171
창세기 140, 260
창녀 339, 340
창조 35
찾음 290, 385
채수일 25
채식주의 270
챠이티야(塔院) 107
처녀탄생 110
천국 43, 51, 52, 101, 102, 124, 153, 154, 155, 162, 171, 186, 189, 211, 229, 231, 234, 248, 250, 257, 281, 295, 299, 300, 303, 351, 354, 355, 356, 358, 369, 370, 386, 388
천국문 93, 94
천국사상 318
천국운동 21, 36, 102, 222, 258, 275, 291, 299, 311, 359
천국의 문 94
『천국의 비유들The Parables of the Kingdom』 198
천사 162, 272
「천상의 대화Heavenly Dialogue」 225
천상의 하나님 아버지의 사유(the first Thought of his mind) 340
천지 361
천지지도(天地之道) 133
체화(體化: 실체화) 118
초가족주의(超家族主義) 379, 380, 382, 384, 387
초기교회 300, 345
초기기독교 27, 31, 50, 88, 98, 177, 278
초대 188, 281
초대교단 162
초대교회 70, 81, 82, 85, 131, 132, 133, 142, 151, 165, 193, 194, 197, 203, 232, 301, 324, 336, 339, 369
초월성(transcendentality) 235
초월적 인격신관 38
초월주의 232, 293
초청 188, 190

최고 제사장 319
최재형(崔在亨) 226, 227
최후의 만찬 183
최후의 심판 144, 161, 174
추구 40, 51, 75, 78, 87, 90, 99, 102, 153, 207, 263, 286, 359
추수 160, 221, 222, 380
취하(다) 40, 42, 52, 58, 70
취함(intoxication) 40
츄가노프카 227
츠빙글리 21
치엔 무(錢穆) 62

【카】

카라반 306
카론 17
카스타 디바 365
카이로 32
카이로 콥틱박물관 26
카이사 52, 313, 319, 322, 324, 381, 386
카이사레아 305
카이사의 것 313
카이세리(Kayseri) 305
카자흐스탄 226
카즈린 마을 67
카파도키아(Cappadocia) 177, 220, 245, 251, 252, 283, 297, 301, 305, 306
카파도키아 강 255
칼라일 347
칼리프 오마르 365
칼뱅 24
칼빈 21
케리그마 23, 133, 157, 195, 324
『케리그마와 신화』(불트만) 143
케리그마화된 그리스도 194
케투빔 146
켄소스(kēnsos) 316
『켈수스 논박Against Celsus』 225, 339
코뿔소(khagga) 106
코뿔소의 외뿔(khaggavisāṇasutta) 106, 108, 134, 346, 387
코우덱스 26
콘스탄티누스(대제) 228, 324
콥트어 17, 28, 35, 42, 48, 51, 127, 155, 165, 197, 253, 272, 331
콥틱기독교 32
콥틱기독교 교황청 32
콥틱 텍스트 292

쿰란공동체 81, 115, 369
『퀴리누스에게로의 증언 세 책Three Books of Testimonies to Quirinus』 92
퀴리니우스 총독 317, 318
퀴케온(kykeōn, κὔκεών) 42
큐복음서 18, 27, 56, 60, 62, 68, 71, 88, 93, 101, 116, 120, 122, 126, 132, 152, 156, 164, 173, 180, 186, 195, 208, 221, 230, 231, 241, 247, 266, 274, 284, 289, 295, 297, 298, 328, 344, 347, 370, 375
『큐복음서』 42, 60
큐복음서와 한국교회 25
큐(복음서)자료 28, 29, 60, 64, 68, 71, 76, 89, 117, 128, 164, 195, 211, 218, 232, 242, 266, 276, 344, 375
크레스테스(chrē[stē]s) 198
크레스토스(chrē[sto]s) 197
크로쌍 309
크리논(κρίνον) 79
크리스챤 258
크리스텐툼(Christentum) 257
크세노폰(Xenophon) 294
클레멘트(Clement of Alexandria) 36
『클레멘트 위서Pseudo-Clementine Recognitions』 94
키프리안(Cyprian of Carthage) 92
킷텔 375

【타】

타락(The Fall) 82
타력신앙 132, 214, 286, 290, 332, 384
타우루스 산맥 312, 325
託於无窮之間, 忽然无異騏驥之馳過隙也。 21
탈무드 95
탈선상태 40
탈(脫)앙가쥬망(disengagement) 105
탐구 178
태산(泰山) 133
태양신 157
터키 21, 177, 213
테르툴리아누스(Tertulianus) 35
테베 203
텍스트 62
텍스트비평 181
텔로스(telos) 141
토라(모세오경) 94, 146, 275

통나무(樸) 175
트로이의 헬레나 340
티 31
티베리우스(황제) 177, 305, 319, 322
티베리우스 쥴리우스 아브데스 판테라(Tiberius Julius Abdes Panthera) 339
티베트 밀교 84
티베트 불교 175

【파】

파견 39
파라게(parage) 106
파라다이스 83
파라렐리즘(parallelism) 34, 89, 232
파라볼레(Parabolē) 196
파라오 113, 137
파르메니데스 42
파르테논
파르테논(신전) 43, 59
파코미우스 수도원 15
파테푸르 시크리(Fatehpur-Sikri) 106
파티마 이슬람 왕조(Fāṭimid Dynasty) 363
파피루스 26, 145
판테라(Panthera) 339
팔레스타인 21, 23, 27, 66, 79, 103, 108, 113, 219, 225, 257, 275, 304, 314, 339, 361
팔리어 106
팔미라 73, 75, 86
팔미라 여인 73
「팔일八佾」 30, 302
패션 드라마 94
페네스(penēs) 155
페니아(Penia) 155
페니키아 145, 159
페니키아(가나안)문명 75
페니키아문자 103, 166
페르시아 257, 265
페르시아인 145, 177
페미니즘 251, 388
평등주의 347
평안북도 304
포도 120, 203
포도나무 97
포도밭 99
포도밭의 노래 97
포도원 197, 199

포도원 노래 202
포도원 소작인의 비유 193
포도주 42, 125, 127, 129, 183, 382
포로스(phoros) 316
폰투스(Pontus) 177
풍류신학 149
프로나오스 59
프로니모이(phronimoi) 96
프린스턴대학 176
프토마(ptōma) 253
프토코스(ptōchos) 155
프토코이(ptōchoi) 155
플라톤 38, 43, 86, 260, 263, 378
플라톤철학 38
플루시오스(plousios) 155
플루투스(Plutus) 155
피그라(pigra) 253
피라미드 21
피로 140
피정(避靜) 35
핍박(persecution) 164

【하】

하나 278
하나님 39, 52, 118, 168, 197, 214, 222, 258, 260, 262, 290, 313, 322, 325, 340, 349, 376, 381, 386
하나님과 재물 127
하나님(의)나라(the kingdom of God) 73, 95, 123, 152, 186, 191, 370, 375
하나님 아버지 326
하나님 아버지의 아들 115
하나님 어머니 300
하나님 엄마 326
하나님의 것 313
하나님의 생명력(the life-giving power of God) 336
하나님의 섭리(Providence) 77
하나님의 아들 85
하나님의 의(the righteousness of God) 106, 121, 265
하나님 중심의 삶의 비전
 (a radically theocentric vision of life) 293
하나된 자 134, 349, 365, 373, 378, 379
하나됨 343, 349
하늘 171
하늘나라(the kingdom of heaven) 52, 73, 74, 123, 153, 163, 233, 378, 379

하늘에 계신 내 아버지
 (my Father in heaven) 131
하늘의 몸 84
하란(Harran) 357, 359, 362, 365
하란 도성 357
하바드 디비니티 스쿨 20
하사(下士) 103
하산다그(Mt. Hasandağ) 255, 278, 283
한국(의)기독교 22, 24, 31, 147
한국신학대학 20, 147
한무제(漢武帝) 133
한어(扞禦) 33
한인(연해주) 226
할례 150, 151, 336
할례석 151
합방처소(bridal chamber) 175
합체불(合體佛) 175, 337
해석 58, 75, 78, 81, 99, 143, 167, 176, 178, 207, 375
해석의 발견 158
해탈(解脫) 52, 58, 82, 108, 141, 267, 283, 373
향원 112
허(虛) 41, 153, 303, 355, 356, 386
허혁 3, 19
헤라클레이토스 41, 43
헤로도토스 73
헤롯당(원) 94, 314, 316, 317
헤롯 대왕 157, 177
헤롯 안티파스(Herod Antipas) 317
헤르몬 산 377
헤케(hēke) 155
헬라인 88, 374
헬라제국 145
헬레나(순례자) 228
헬레나(Helenā) 340
헬레니즘 38, 42, 86, 108, 139, 175, 275, 310, 314, 324, 328, 387, 389
현성파(現成派) 290
현재성 368
현재형(estin) 153
현존재 45
혈구지도(絜矩之道) 30
혈연공동체 311
형상(Form) 260
형제 27, 156
혜능 209
혜시 239
호구조사 318
호렙산 257

호베쓰 362
호세아 2:18 336
혼돈(混沌) 124
혼방(婚房) 229, 333, 337, 373, 383, 387
혼융 45, 250, 337
혼인잔치 190, 335
혼자서 깨달은 사람(paccekabuddha) 106
홀로서기 271, 385
홀로 서다 379
화이트헤드(A. N. Whitehead) 140
환원주의(reductionism) 365
활쏘기 30
황제 319, 323, 375, 386
황제교 370
황제숭배 21, 375, 389
황하문명 257
황홀경 43
회창(會昌) 박해 165
효(孝) 278
효모 299
후리아왕조 357
훼밀리즘 312
흑인 89
희랍 75, 91, 294
희랍 비극 248
희랍어 17, 42, 47, 79, 103, 127, 155, 196, 232, 242, 253
희랍어성경 79
희랍인 42, 91, 107, 145
희랍적 사유 139
히람왕 166
히브리 103
히브리 바이블 147
히브리어 154
히아신스교회(Hyacinth Church) 273
히에라콘폴리스 신전 137
히타이트제국 177, 288, 294, 301, 305
히타히트 363
힉소스인 145

【A】
akkodano 269
Arland J. Hultgren 193

【B】
B. Layton 98
Bultmann 345

【C】
Carson 153

【D】
Das Evangelium nach Lukas 248
dokēsis 39
duddhakhīo 269

【E】
eikōn 260, 263

【F】
Fable 328, 354
Funk 18

【H】
Helmut Koester 18
holistic aspect 43

【I】
I. Howard Marshall 276

【J】
J. D. Crossan 155
J. Dupont 345
Jesus Seminar(Funk & Jesus Seminar) 18
John Dominic Crossan 18

【K】
K. E. Bailey 345

【L】
Linnemann 345
L자료 232

【M】
Matthew, NIGTC 352
M. Mayer 98, 140
M자료 232, 280

【N】
NIGTC:Luke 276
NIGTC Matthew 66, 352
Nolland, John 352
NRSV 152
N. T. Wright 148

【P】
pakkodano 269
patris 54
peirao 286
Pharisaism 329
PONTIFEX MAXIMUS 319
POxy 1.23-30 47
POxy 655 76

【R】
RSV 152

【S】
Schulz 345
Song of Songs 353
Stephen Patterson 18
Stevan Davies 18, 49
Stuttgart 345

【T】
Temple of Sin 367
The Expositor's Bible Commentary 153
The Five Gospels 18
The Historical Jesus(크로쌍) 155
The History of the Synoptic Tradition 56, 317, 325
the Mission Speech 96
the Parables of Jesus(Hultgren) 193
TI CAESAR DIVI AUG F AUGUSTUS 319, 322
T. O. Lambdin 98, 134, 140

【U】
Undifferentiated Aesthetic Continuum 384
Ur-Thomas 62

【V】
vigatakhīo 269

【W】
W. Grundmann 248
「What a wonderful world」 89
What Saint Paul Really said 148
W. Pesch 345

성구 찾아보기

【창세기】
창 1:1~2:4 140
창 1:2 260
창 1:26 262
창 1:27 260
창 2:25 82
창 11:31 357
창 24:3~4 357
창 28:1~2 357

【출애굽기】
출 2:14 219
출 3:2 257
출 13:21~22 257
출 22:24 296

【민수기】
민 15:37~41 85

【신명기】
신 6:4~9 85
신 11:13~21 85
신 20:5~7 188
신 24:5 188

【여호수아】
수 13:5 145

【사무엘상·하】
삼상 17:43 293
삼상 24:14 293

【열왕기상·하】
왕상 5:1 166
왕상 14:11 293
왕상 21:19 293
왕하 8:13 293
왕하 19:12 357

【욥기】
욥 30:1 293

【시편】
시 78:70~72 327
시 104:2~4 258
시 102:25~27 361
시 118:22 205

【잠언】
잠 2:1~5 353
잠 26:11 293

【전도서】
전 9:4 293

【이사야】
이사야 34:4 361
이사야 54:5~8 336
이사야 62:5 336
이사야 66:3 293
이사야 5:1~7 97, 202

【에스겔】
에스겔 27:23 357

【마태복음】
마 1:15 42
마 3:2 42
마 5:3 152
마 5:6 211
마 5:10~11 164
마 5:11~12 208
마 5:14~15 61
마 5:15 67
마 5:42 297
마 6:19~21 231
마 6:24 126
마 6:25 76
마 6:28 79
마 7:2 101
마 7:3~5 28
마 7:6 292
마 7:7 289
마 7:8 295
마 7:16~18 120
마 7:16~20 113
마 7:24~25 60
마 8:20 266
마 9:14~15 334
마 9:16 129
마 9:17 128
마 9:35~37 222
마 9:37~38 221
마 10:16 93
마 10:26 66
마 10:27 65
마 10:37~38 156
마 11:7~9 241
마 11:11 122
마 11:19 275
마 11:28~30 280
마 12:29 71
마 12:31 116
마 12:32 116
마 12:33~34 113

마 12:33~35 120
마 12:46~50 309
마 13:11 179
마 13:12 100
마 13:16 89
마 13:16~17 91
마 13:17 88
마 13:24~30 161
마 13:33 298
마 13:37~43 161
마 13:44 231, 351
마 13:45~46 231, 351
마 13:57 53
마 15:13 97
마 15:14 68
마 16:1~3 284
마 16:19 94
마 17:1~9 177
마 17:20 132
마 18:12~14 344
마 18:19 131, 134
마 18:19~20 50
마 21:21 132
마 21:33~44 200
마 21:41 197
마 21:42 204
마 21:43 191, 197
마 22:1~14 190
마 22:9 191
마 22:15~22 315
마 23:13 93, 328
마 23:25~26 276
마 24:35 361
마 24:40~42 173
마 25:29 101
마 26:61 216

【마가복음】
막 2:4 67
막 2:18~20 333
막 2:21 129
막 2:22 128
막 3:27 71
막 3:28~29 116
막 3:31~35 249, 308
막 4:11 179
막 4:21 67
막 4:24~25 100
막 6:1~6 57

막 6:4 53
막 7:1~5 274
막 11:23 132
막 12:1~11 199
막 12:9 197
막 12:10 204
막 12:13~17 314
막 12:17 316
막 13: 31 361
막 14:58 216
막 15:40 174
막 15:40~41 300
막 16:1 174

【누가복음】
눅 4:23~24 53
눅 4:26 96
눅 5:19 67
눅 5:30 334
눅 5:33 335
눅 5:33~35 334
눅 5:36 129
눅 5:37~38 128
눅 5:38 127
눅 5:39 127
눅 6:20 152
눅 6:21 211
눅 6:22 164
눅 6:22~23 208
눅 6:30 297
눅 6:39 68
눅 6:40 68
눅 6:41~42 28
눅 6:43~45 113, 121
눅 6:47~48 60
눅 7:24~26 242
눅 7:28 122
눅 7:34 275
눅 8:10 179
눅 8:16 67
눅 8:18 100
눅 8:19~21 309
눅 9:57~10:16 105
눅 9:58 266
눅 10:2 221
눅 10:23 89
눅 10:23~24 91
눅 10:24 88
눅 11:9 289

눅 11:10 295
눅 11:21~22 72
눅 11:27~28 247
눅 11:28 249
눅 11:33 67
눅 11:34~36 67
눅 11:37~41 276
눅 11:52 94, 328
눅 12:3 65
눅 12:10 116
눅 12:13~15 219
눅 12:16~21 181
눅 12:22~23 76
눅 12:33~34 231
눅 12:54~56 285
눅 13:20 298
눅 14:15 186
눅 14:16 187
눅 14:26~27 156
눅 15:4~7 345
눅 16:13 126
눅 17:6 132
눅 17:20~21 143, 370
눅 17:22 88, 90, 91
눅 17:24 90
눅 17:34~35 173
눅 18:12 335
눅 19:26 101
눅 20:9~18 200
눅 20:17 204
눅 20:20~26 315
눅 21:33 361
눅 23:27~29 247

【요한복음】
요 1장 98
요 1:14 39
요 2:19 217
요 3:16 39
요 4:43~45 54
요 5:24~25 143
요 5:37~40 149
요 7:33~36 88, 91
요 7:42 54
요 8:12 237
요 8:19 111
요 8:25~26 111
요 8:41 340
요 8:52~53 149

요 13:27　209
요 14:8~11　111
요 15:6　97
요 20:27　176

【사도행전】
행 2:9　177
행 6:14　217
행 7장　384
행 7:48　217
행 9:4　376
행 15:1　151

【로마서】
롬 1:1　389
롬 1:9　389
롬 2:28~29　150
롬 5장　123
롬 5:12~21　265
롬 11:28　389
롬 11:36　237
롬 12장　349
롬 13:1~2　321
롬 15:16　389

【고린도전·후서】
고전 1:27~29　154
고전 8:6　237
고전 9:12　389
고전 12:3~5　115
고전 12장　115
고전 13:2　133
고전 15장　123
고전 15:44　159
고전 15:45　124
고전 15:51~58　84
고후 3:14~16　147
고후 5:1~4　83
고후 10:14　389

【갈라디아서】
갈 2:5　389
갈 4:4~6　116

【에베소서】
엡 4:6　149

【빌립보서】
빌 1:5　389
빌 3:20~21　84
빌 4:15　389

【데살로니카전서】
살전 1:5　375
살전 2:2　375
살전 2:4　375
살전 2:8　375
살전 2:9　375
살전 3:2　375
살전 4:13~18　84

【야고보서】
야고보서 2:5　154

【디모데전·후서】
딤전 3:16　39

【히브리서】
히브리서 1:10~12　361
히브리서 8:7　148

【베드로전서】
벧전 1:1　177
벧전 2:13~17　321

【요한계시록】
요한계시록 20:2　73

【도마복음】
서장　167, 286, 349, 360, 368
Th.1　136, 143, 168, 360, 362, 368, 371
Th.2　135, 136, 254, 263, 290, 368, 371
Th.3　52, 69, 86, 137, 144, 153, 355, 368
Th.4　81, 134, 136, 171
Th.5　349
Th.6　336, 349
Th.7　307
Th.8　136, 196, 346
Th.9　196
Th.10　258
Th.11　144, 167
Th.13　40
Th.14　78, 296, 303, 336, 337
Th.16　58, 78, 136, 139, 219, 229, 311
Th.20　153, 196, 299, 373
Th.21　196, 331
Th.22　81, 124, 134, 136, 277, 373
Th.23　134, 136, 229
Th.24　67, 171, 176, 214, 239
Th.27　104, 141, 358
Th.28　70, 139
Th.29　39, 364
Th.30　48
Th.31　311
Th.31~36　72
Th.32　70, 78, 95
Th.33　61, 70, 78, 95, 239
Th.35　78
Th.36　104
Th.37　77, 92, 95, 167
Th.39　328
Th.41　215
Th.42　36, 52, 78, 136, 155, 267, 269, 302
Th.43　149
Th.44　121
Th.46　134, 136, 242
Th.48　343
Th.49　139, 229
Th.50　149
Th.51　136, 143, 239, 267, 282
Th.52　151, 167
Th.53　336
Th.54　78, 373
Th.55　58, 311
Th.56　171, 253, 358
Th.57　196, 234
Th.59　171
Th.60　174, 267
Th.61　178, 215, 220
Th.63　186, 196, 199, 205, 233, 305
Th.64　171, 193, 196, 199, 233
Th.65　196, 204, 233
Th.67　215
Th.68　210
Th.73　229
Th.74　229

Th.75　136, 175, 337, 373
Th.76　196, 277, 299, 346, 351, 353, 356
Th.77　48
Th.79　311
Th.80　359
Th.81　359
Th.83　139, 262
Th.84　264
Th.86　343
Th.87　364
Th.94　290
Th.95　350, 356
Th.96　196, 234, 362
Th.97　196, 234, 355
Th.98　196, 234
Th.99　58, 136, 326
Th.100　52
Th.101　156, 300, 311, 340
Th.102　94
Th.104　175
Th.105　58, 311
Th.106　134
Th.107　196
Th.108　86, 362
Th.109　196
Th.111　167
Th.112　270, 369
Th.114　136, 153, 175, 251

【큐복음서】
Q9　152
Q10　211
Q13　164, 208
Q15　297
Q19　68, 98
Q21　120
Q22　60
Q24　122, 241
Q26　275
Q27　266
Q28　105, 221
Q29　105
Q30　105
Q31　105
Q33　88
Q35　289, 295
Q37　71
Q40　247
Q42　61, 64

Q43　274
Q44　93, 328
Q45　64
Q48　117
Q50　180
Q51　76
Q54　231
Q59　284
Q62　298
Q69　186
Q70　156
Q74　126
Q79　132
Q80　370
Q81　173
Q82　101

【나사렛사람들복음서】
『나사렛사람들복음서
　　Gospel of Nazoreans』(2)　337

【변자도마서】
『변자도마서Book of Thomas』(144, 8~10)
　　339

【비법전수교리문답】
『비법전수 교리문답
　　Mystagogical Catechesis』2.2　83

【빌립복음】
『빌립복음서Gospel of Philip』　83

【에스드라스 제2서】
『에스드라스 제2서』14:45　146

【야고보서 제1묵시록】
『야고보 제1묵시록』41, 15-19　373

도올 김용옥선생님의 저술목록

『여자란 무엇인가』,『東洋學 어떻게 할 것인가』

『절차탁마대기만성』,『루어투어 시앙쯔』(上·下)

『논술과 철학강의』(1·2),『아름다움과 추함』

『이땅에서 살자꾸나』,『새춘향뎐』

『老子哲學 이것이다』,『나는 佛敎를 이렇게 본다』

『길과 얻음』,『도올세설』,『三國遺事引得』

『白頭山神曲·氣哲學의 構造』,『新韓國紀』

『태권도철학의 구성원리』,『이성의 기능』

『도올논문집』,『天命·開闢』,『시나리오 將軍의 아들』

『石濤畵論』,『삼국통일과 한국통일』(上·下)

『醫山問答: 기옹은 이렇게 말했다』,『대화』

『너와 나의 한의학』,『도올선생 中庸講義』

『건강하세요 I』,『氣哲學散調』

『話頭, 혜능과 셰익스피어』,『도올 김용옥의 金剛經 강해』

『노자와 21세기』(1·2·3),『달라이라마와 도올의 만남』(1·2·3)

『기독교성서의 이해』,『요한복음강해』,『큐복음서』

『도올의 도마복음한글역주』(1·2·3),『효경한글역주』

『논어한글역주』(1·2·3),『대학·학기한글역주』,『중용한글역주』(근간)

도올문집시리즈

제1집:『도올의 淸溪川 이야기』- 서울, 유교적 풍류의 미래도시
제2집:『讀氣學說』- 최한기의 삶과 생각
제3집:『혜강 최한기와 유교』-『기학』과『인정』을 다시 말한다
제4집:『삼봉 정도전의 건국철학』-『조선경국전』『불씨잡변』의 탐구
제5집:『도올심득 동경대전』- 플레타르키아의 신세계
제8집:『도올의 국가비젼』- 신행정수도와 남북화해
제9집·10집:『앙코르와트 월남가다』(上·下) - 조선인의 아시아 문명탐험

도올의 도마복음한글역주 3

2010년 4월 28일 초판발행
2019년 11월 27일 1판 4쇄

지은이   도올 김용옥
펴낸이   남호섭
펴낸곳   통나무

서울특별시 종로구 동숭동 199-27
전화: 02) 744-7992
출판등록 1989. 11. 3. 제1-970호

© Kim Young-Oak, 2010   값 30,000원
ISBN 978-89-8264-116-9 (03230)
ISBN 978-89-8264-117-6 (전3권)